江戸JAPAN

極秘手相術

超入門から極秘伝まで一挙公開

波木星龍【著】

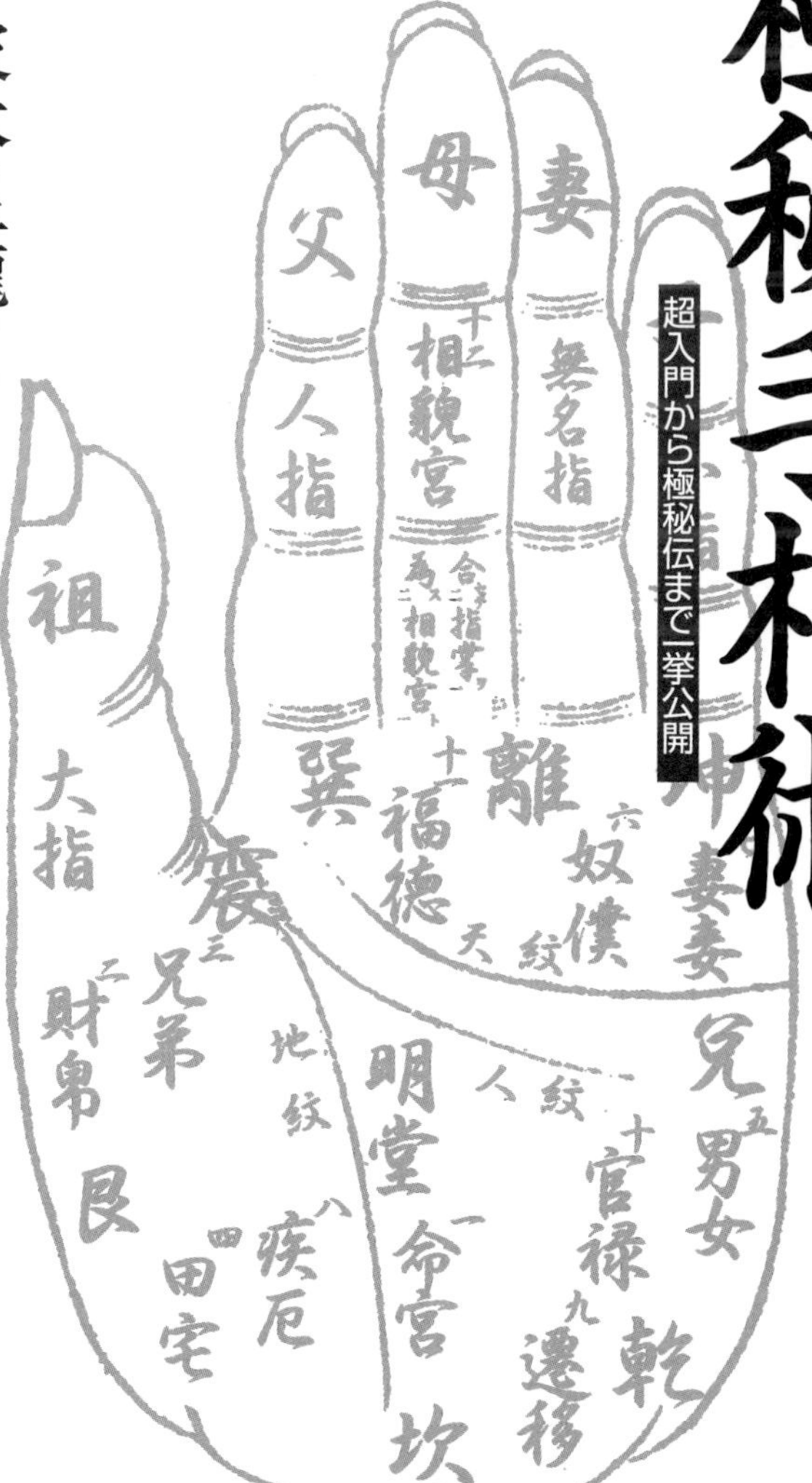

八幡書店

はじめに

最近、書店の「占いコーナー」に出向くと、手相の本が増えてきています。

女性雑誌で根強い人気を持つ「手相占い」を特集として何度も取り上げたり、タレント的な手相占い師がベストセラーを出したことで、久しく書店から姿を消していた手相の本が一気に増え始めたのかもしれません。そのこと自体は歓迎すべきですが、実際にその中身を調べてみると、どの本も、著者も、似たり寄ったりの内容で、その違いを探すのが難しいくらいです。そのせいなのか一般の方でも、手相術とはそういう占いなのだ、と何となく理解したつもりになっている方が多いように思われます。

けれども、実は手相占いには〝さまざまな判断の方法がある〟のです。私が本書で公開するのは、その判断方法の中でも、私たち日本人にとって郷愁を誘う〝江戸時代に行われていた手相術〟です。日本古来の伝統的手相術を蘇らせることが本書のテーマです。

実は、私はプロ占い師として〝手相の実践家〟であると同時に、〝手相術を研究している者〟でもあります。世界各地へと出掛けるたびに、その国の占い事情を観察し、実際に占ってもらい、その国で発行された手相書を購入し、日本に持ち帰って研究もしています。そういう比較研究の一環として、我が国の江戸時代に書かれた手相の本も読破してきたのです。もちろん、読むだけではありません。実際にプロ占い師でもある私は、日頃から多数の方の手相を見て、それが当てはまるかどうか試してきてもいるのです。その結果、十分合格点を与えられるだけでなく、現代の手相占いに欠けている「現象判断法」（今現在の出来事を判断する方法）を教えてくれるのが、江戸時代に行われていた手相術だと知ったのです。

残念ながら、近年、日本において発行された手相書で、現象判断法の主役である「気血色」（掌上の部分色）が本格的に取り上げられることはありませんでした。人相書であれば「気血色」について詳しく述べられている書籍もありますが、手相書においてはほとんど皆無ですし、掌の各線を「和式」で統一し解説している手相書さえ見当たらないのが現状です。

本書は、本邦初といってもよい「和式手相術」の本ですが、江戸時代そのままの記述や図解では、現代の日本人には理解できません。そこで現代人にも十分に理解できるよう、やさしく、わかりやすく、興味深く、沢山の実例手型や手相写真を用いながら、「いにしえの手相術」をご紹介していきます。

波木星龍

❖❖❖ 江戸JAPAN極秘手相術 目次 ❖❖❖

第二章　五行による手形分類法と幸運な生き方……39

序章　なぜ、江戸時代の東洋式手相術は消えたのか

●現在、日本で行われているのは西洋式手相術

あなたは日本で一般に行われている手相術が、実は大正時代以降になって日本へ輸入された「西洋式手相術」であると知っていましたか？　そして、それまでは「和式（日本式）手相術」が広く行われていたことを知っていましたか？　この事実はプロ占い師の方でも、意外なほど、ご存知ない方が多いのです。

近年流行の手相術では、てのひらの線にもさまざまな新しい名称を与えて、いかにも「新しい手相占い」であるかのような体裁を装っていますが、実際には名称だけを勝手に増やしているだけで、基本となる観方、判断の仕方は少しも新しくなどありません。それに正しく当てはまっている〝線の名称〟なら良いのですが、実際には〝名称とは異なる現象を表わす線〟であるケースも多いものです。何十年も観察し、多数の事例を元に与えた名称ならふさわしい線名となるはずですが、何百名かを見た程度、一年や二年見た程度で「新たな手相・新たな掌線」など生み出せるはずがありません。そういうタレント占い師を起用するTV局側や、本を出させる出版社側にも責任はありますが、それらを簡単に信用してしまう一般読者にも多少、反省しなければならない点があるのかもしれません。

西洋式手相術は、古代インドが発祥地だという説もありますが、実際のところよくわかっていないというのが真実です。ただ『旧約聖書』に〝手相占い〟に関しての記述があるところから、紀元前の

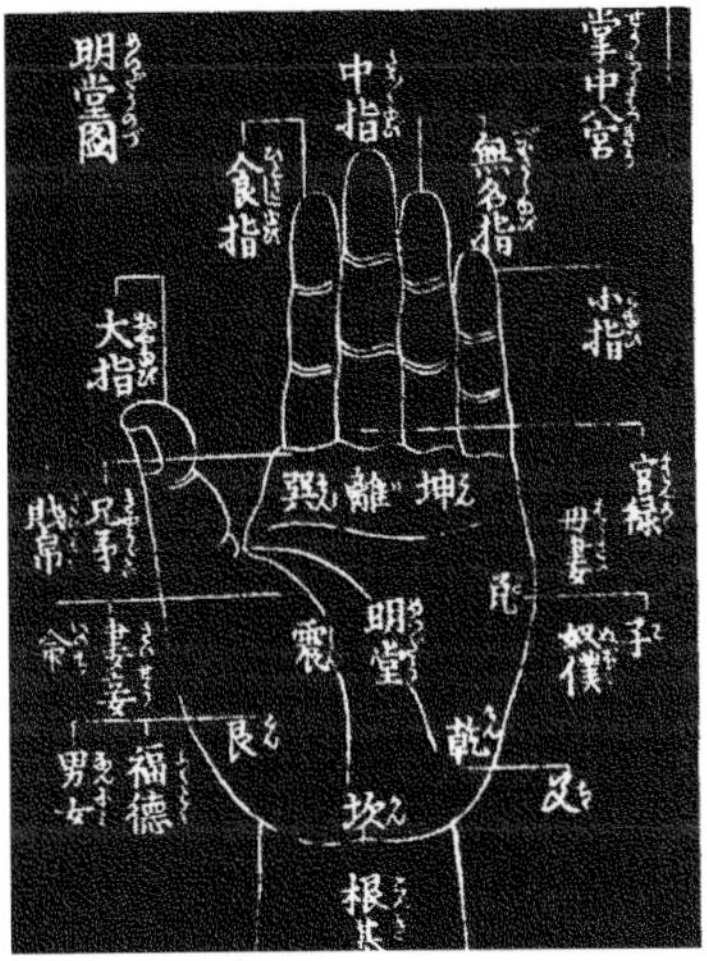

江戸時代の和式手相術
『永代大雑書萬暦大成』より

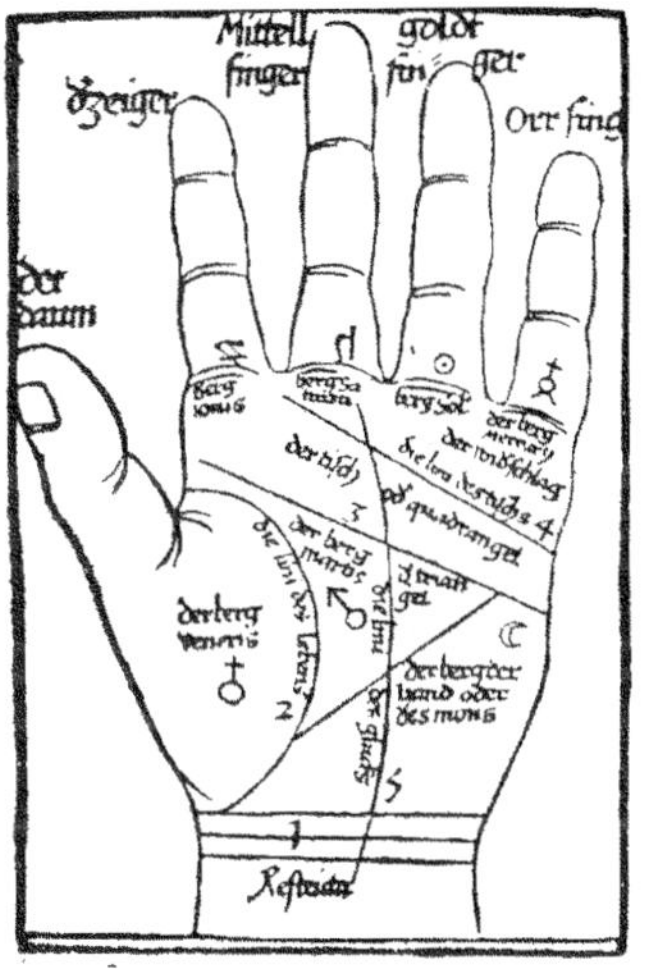

16世紀のヨーロッパ手相術
コクレス著『人相・手相術要綱』より

昔から現在の〝西洋式手相術〟に近い観方・判断の仕方が実際に行われていたことは間違いありません。その後、古代ギリシャ・ローマの賢人たちの研究を経てヨーロッパ全土へと広がりました。けれども、キリスト教の教えに反する手相術は、教会の力によって封印されて、数百年の間、地下に潜伏せざるを得ませんでした。

再び脚光が当てられたのは、ルネッサンス期の芸術が花開き、木版画と印刷技術が生まれて、手相の図解が本として多数掲載できるようになってからのことです。中世の貴族階級の間に、またたく間に手相術は浸透したのです。大正の初期に、日本に西洋式手相術が入って来た時にも、同じようなことが起こりました。それまでの手相書は、手書き和綴じ本として一部の愛好家だけが読むことが出来る秘伝書でした。

新しい西洋手相術の本は、活字印刷で〝わかりやすい多数の図解〟が見た目にも美しく、学術的な印象を与え、何よりも的中率が高く、エピソード満載で面白かったのです。さらに「秘伝書」としての小部数発行ではなく、一般書店に並ぶ「教養書・実用書」として、誰でも読むことが可能だったからでしょう。

こうして、ルネッサンス期のフランスと同じように、あっと言う間に日本では〝西洋式手相術〟が普及し、その研究者・実践家が続出していったのです。もちろん現在では百パーセントに近い手相家が、西洋式の手相の観方、判断の仕方を行っているのです。残り数パーセントを〝中国式手相術〟と〝和式手相術〟の使い手が細々と継承しているにすぎません。もちろん、新しい〝掌線名称〟を沢山掲げて、新しい手相術であるかのふうを装っている手相の本も、これまでと同じ〝西洋式手相術の焼き直し〟です。その証拠に、もしも新しい線を発見したのなら、それを証明する意味でも多数の実例を掲載しなければなりませんが、それすらもしていないのが現代の〝エセ手相術〟なのです。

●消えてしまった本当の「東洋・和式手相術」

日本に〝中国式手相術〟が伝来したのは今から千二百年以上も前のことです。このとき、一緒に伝来したのは「遁甲《とんこう》」「七政《しちせい》」「六壬《りくじん》」などの難しい占術でした。

ただ当初伝えられた〝中国式手相術〟は、実際には「観相《かんそう》」の一部門として、概略的な観方だけが記述されている簡単なもので、それ自体が独立した占いであるとは認識されていませんでした。したがって、わが国でも「観相術」と言えば〝顔面の人相〟を指し、「手相」は〝その枝葉〟とみなされて、あまり本格的な研究には至らなかった時代が長く続きました。

江戸時代後期になって、全国的に名を知られるような易占家や観相家が何人も現れ、その中には新井白蛾《あらいはくが》、真勢中州《ませちゅうしゅう》、水野南北《みずのなんぼく》、菅沼梅荘《すがぬまばいそう》、林文嶺《はやしぶんれい》、山口千枝《やまぐちちえだ》など、今なお占い師たちに強い影響を与えている人達がいます。

「和式手相術」は、元々〝中国式手相術〟を下敷きとして発展した観方ですが、古典的な中国の観方で実情に合わない部分は切り捨て、より深く微細に日本的な観方・判断の仕方を追求していった結果生まれた手相術であると言えます。特に〝血色・気色の詳細な判断方法〟は、観察力が優れた日本人だからこそ発展・完成させることの出来た〝世界に誇るべき観方〟であり、西洋式には存在しなかった手相判断の技術であると言えます。

香港や台湾の中華圏においては、西洋式の手相術を導入後も、東洋式の観方や判断の仕方が廃れてしまうことはありませんでした。むしろ二つの手相術を当然のように併用し続けている手相家が多くいることに驚かされます。同じ著者が西洋式の手相の本と、中国式の手相の本の二冊を書いていたりするのです。

ところが日本では、西洋式の観方が世間に浸透し始めると、何故か巷に沢山いたはずの「和式手相術」の実占家があっという間に消えてしまったのです。それまで街頭で観ていた〝和式の実占家達〟が急速に看板を下ろし始めたのです。当時、マスコミはなぜか〝西洋式手相術〟をもてはやし、次々と取り上げて〝科学的な占い〟であるかのように喧伝したことが、人気を分けたのだと思われます。

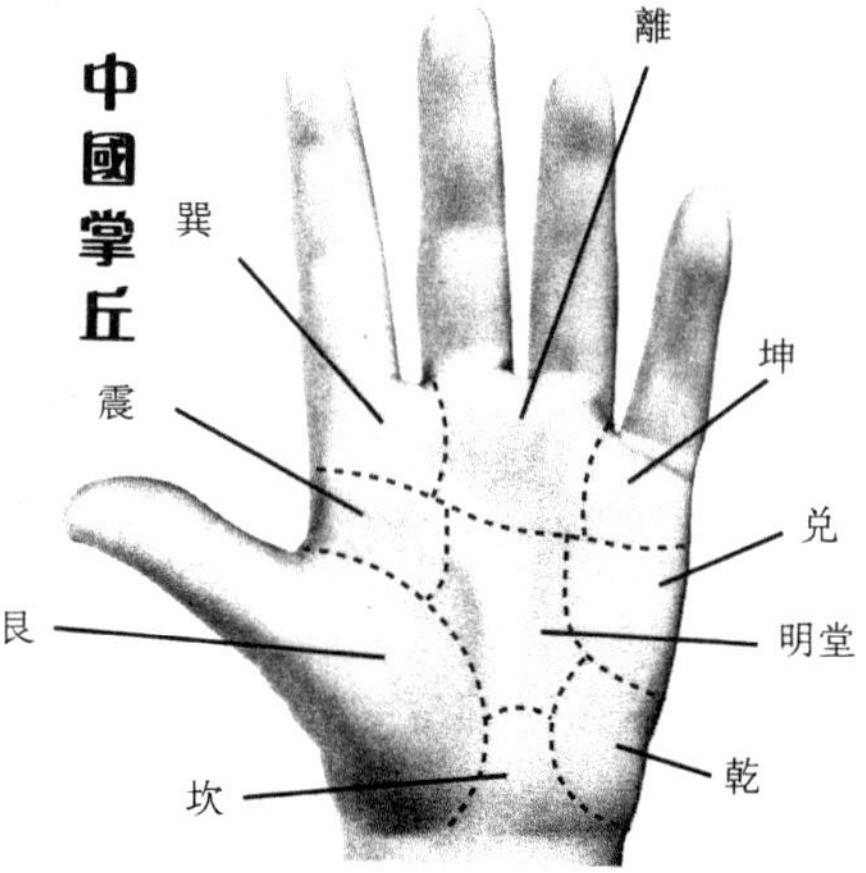

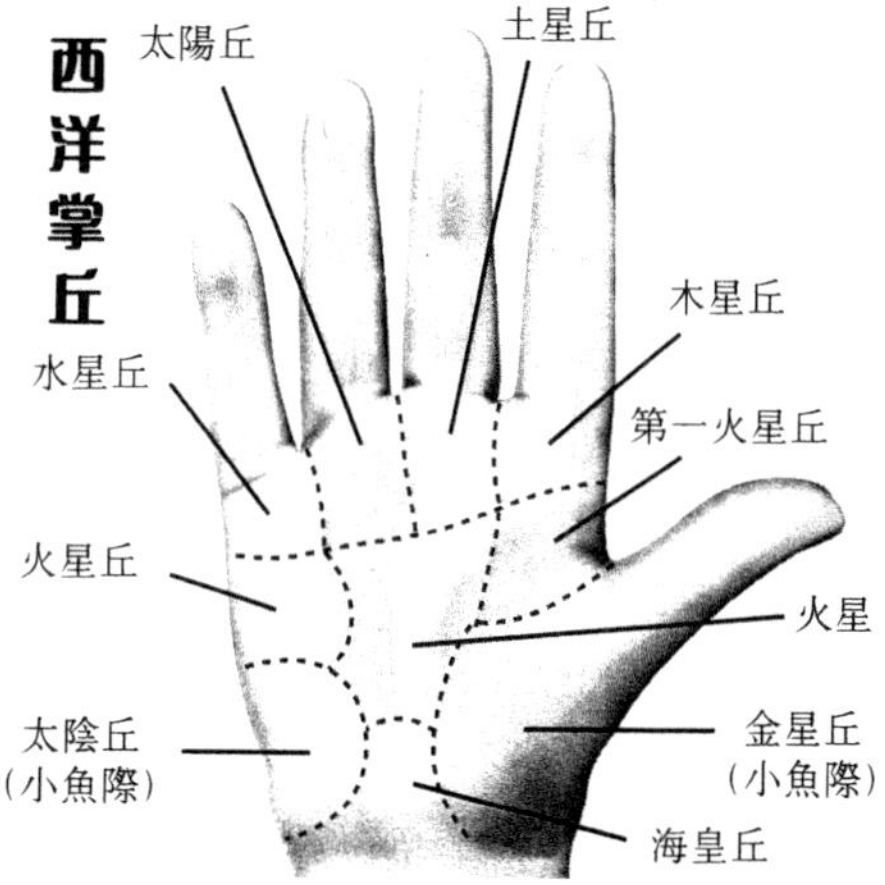

香港・林國雄著『掌相與你』に掲載されている東洋と西洋の掌丘図解。中華系の手相書では、東洋と西洋の手相術を同時に解説しているテキストも珍しいものではない。

大正時代の日本は、あらゆる面で欧米の文化を取り入れ、それまで培われた〝和の魅力〟を失っていった時代だったのです。占いの分野もご多分にもれず、欧米帰りの文化人が盛んに欧米の占術書を翻訳出版し始めた時期でした。江戸末期から明治にかけて、街頭易者《がいとうえきしゃ》となったのは、武家の血を引く〝浪人崩れ〟の人物が多く、どこかやつれた風情があり、伝統的な〝和式手相術〟に誇りを失っている人物が多かったよう感じられます。時代は、和式手相の占術家を〝非科学的〟と嘲笑する風潮が芽生え始めていたのかもしれません。

いわば時代の波に呑み込まれる形で「和式手相術」は姿を消してしまったのです。

手相の極秘メモ①

手相はどう変化するのか

今日では「手相が変化する」ということについては、多くの研究者が同一の見解を持っています。けれども、その変化がどのような特徴を持っているかについては、語られることがありません。私の個人的見解では、手相は男性よりも女性の方が変化しやすく、それも十代半ばから二十代半ばにかけてが、もっとも変化しやすい傾向を持っています。また、変化しやすい線（紋）と、変化しにくい線（紋）があり、その年代や職業や感受性によっても、変化が生じやすい線（紋）や部位などが微妙に異なってくるものです。

一般的にいえば、左手の方が右手よりも変化しやすく、環境や健康状態の変化、愛の出逢いや別れによって変わり始めるケースもあります。実際の出来事が具体化する少し前（早い時には数月前、遅い時には前日）から変わっていく手相や、ほぼ同時進行で変わっていく手相もあります。日常的な出来事は気血色の変化で示されるケースが多く、一生を左右する出来事は線（紋）の出現や消失、形状変化などで示されてくるものです。

手相の極秘メモ②

掌の東洋式十二宮判断とは

東洋の「十二宮」という名称は、紫微斗数《しびとすう》や七政四余《しちせいしよ》の占術でよく使われますが、人相や手相でも使用することがあります。本書では「掌の九宮」と重なるエリアが多く煩雑となるため、詳しい説明を省いていますので、ここでその概略を説明しておきましょう。

元々「十二宮」は、西洋占星術の影響を強くうけて成立した「七政四余」に始まった見方で、1＝命宮、2＝財帛宮、3＝兄弟宮、4＝田宅宮、5＝男女宮、6＝奴僕宮、7＝妻妾宮、8＝疾厄宮、9＝遷移宮、10＝官禄宮、11＝福徳宮、12＝相貌宮（或いは禍害宮）を指します。十二番目の宮は、本当は「禍害宮」の方が正しいのですが、人相でも手相でも「相貌宮」として定着しています。ただ人相の方は、早くから十二宮の部位が定着して普及し、その観方が今日まで伝わっていますが、手相の方は「九宮」と重なるせいか、その観方・判断の仕方が、きちんとした形で継承されていません。いずれ機会を見て、それらも述べてみようと思っています。

第一章　さまざまな東洋式の「極秘手相術」

●敗戦がもたらした中村文聰の「気血色判断法」

いったん時代の波に呑み込まれる形で姿を消した「和式手相術」でしたが、それ以降全く顧みられることがなかったのかというと、そうではありません。中国伝来の観方の中には、確かに現実離れした〝掌紋判断法〟も含まれていたのですが、和式手相術には気色・血色による〝現象（今現在の出来事）判断の方法〟など、西洋式手相術を凌駕する観方も存在していたからです。

ただ「和式手相術」全体に対する否定的風潮が強かった時代において、それを全面的に掲げて商売とすることは難しかったように思われます。第二次世界大戦後になって、何人かの手相家が〝独自の気血色判断法〟を試みたり、〝手指による和式判断法〟を試みていますが、それは秘伝として一般には市販化されず、大きく普及した形跡は見受けられません。

その代表的な実占家の一人に中村文聰《なかむらぶんそう》がいます。彼は元々研究心の強い手相家として知られ、内外の貴重な手相書を集めていましたが、東京大空襲によって、それまで所有していた占術書・運命学書のすべてを失いました。彼はその時、戦前の研究書をすべて失ったということは、神が自分に「新たな手相術を創始せよ」と命じたのだ、と受け止め、気血色研究の第一歩を踏み出すのです。

そして、半年ほど試行錯誤を重ねた後、手相における独自の気血色理論を創始し、その実証のため街頭に出て一日何十人もの手相を観察し、次々と新しい気血色の観方、判断の仕方を試していったの

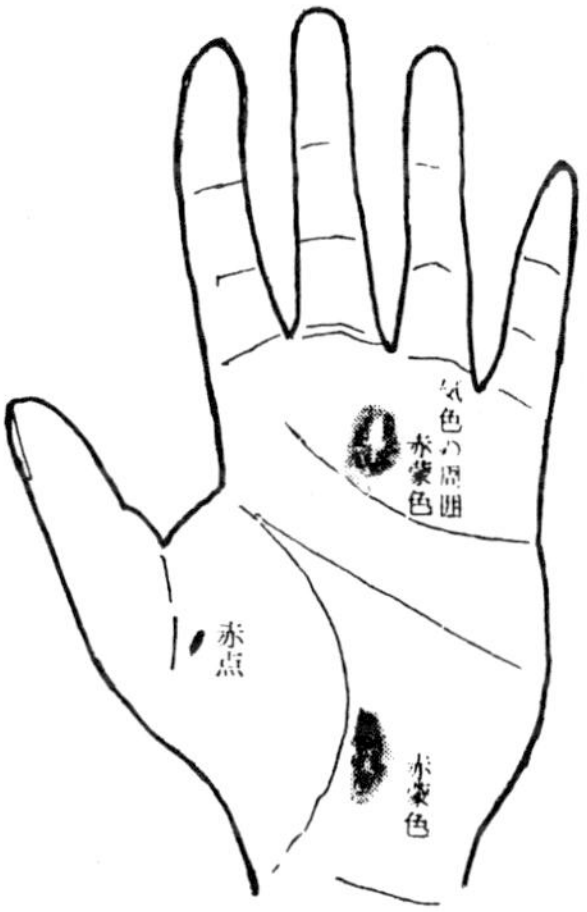

中村文聰著『手相現象秘録』より。
彼が掲げる12室気血色判断の一例。

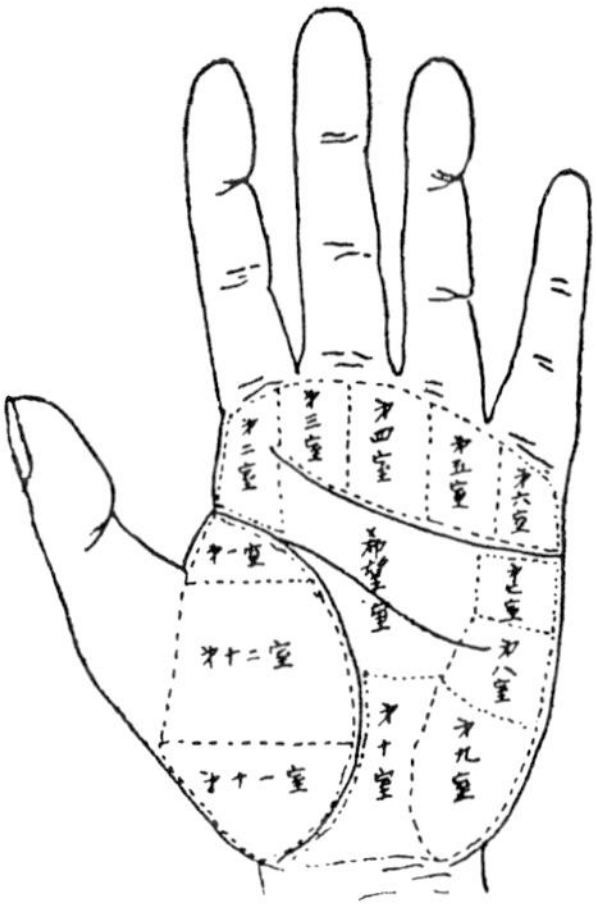

中村文聰著『手相現象秘録』より。彼が
創見した「12ハウス方式」の室区分。

です。そうして自らの観方に確信を持った後、『手相幽玄録』（後に改定して『手相現象秘録』）という著述で、その観方と実験記録を世に問うことになるのです。

彼の気血色判断の特徴は、その観方の土台として「西洋占星術」の〝12ハウス判断法〟を取り入れていることで、気血色の判断でありながら、江戸時代からの〝和式判断法〟は全く用いていないのです。人相の方でも著名であった彼が、和式の気血色判断法を知らなかったとは思われず、どうして西洋式の占星術の方から、掌に12ハウスを当てはめる方法へと至ったのかについては謎としか言いようがありません。

もしかすると、人相は〝東洋式〟、手相は〝西洋式〟と分けて捉えていたからかもしれず、実際、彼の著述した人相の本は、顔面上に易卦を当てはめるなど〝徹底的に和風〟で「手書き和綴じ本」なのに対し、手相の本は惑星や12ハウスを掌に当てはめるなど〝徹底的に洋風〟で、『手相現象秘録』以外は「ハードカバー活字印刷本」であり、欧米の手相書からの引用とか、実占上からの反論とかも少なくありません。

ただ手相の気血色判断法に関しては、西洋式の〝12ハウス判断法〟よりも、東洋式の〝易卦宮判断法〟の方が実占上の矛盾は少なく、私自身も和式を採用せざるを得ない、というのが現状です。

もっとも、個々の気血色判断の観方、中でも〝掌線に対する血色の当てはめ方〟に関しては中村文聰の方が優れており、大いに学ぶべき点があります。ところが、彼の死後、どういうわけか中村流の気血色判断方法は衰退し、彼に続くような研究も著述も行われていません。衰退という観点からいえば、彼以降の手相術全体の研究が、迷路に入り込んでしまったかのようで、真摯な研究も発見も途絶えてしまっているよう感じられてならないのです。

●日本独自の〝和式手相書〟と、中国伝来の〝三つの手相術〟

日本における手相術の研究は、主として中国で十世紀の頃に発行された『神相全編』という書籍を基に開始されています。中国では早くから観相術が実践されていましたが、「人相」と「手相」とは〝一対のもの〟として扱われ、多くは人相の一分科として「手相」が扱われる傾向を持っていました。日本でも、その流れを受け継いで、純粋独自な「手相術」は、江戸時代半ばまであまり研究された形跡がありません。

江戸時代を代表する観相家の一人・水《みず》野《の》南北《なんぼく》も、手相だけを分離させた観方は述べていません。それでもほかの観相家に比べると本格的に手相術を実占していた形跡が見受けられます。

日本で最初に手相を独立させて書籍化しているのは『天和手筋占』という書物で、それに続くものとしては『手相独稽古』『手相観法秘訣』『手相血色法』（全二冊）等があります。この内、『手相血色法』は〝気血色判断法〟としては優れた著述ですが、掌紋判断がやや未熟な内容です。江戸時代の手

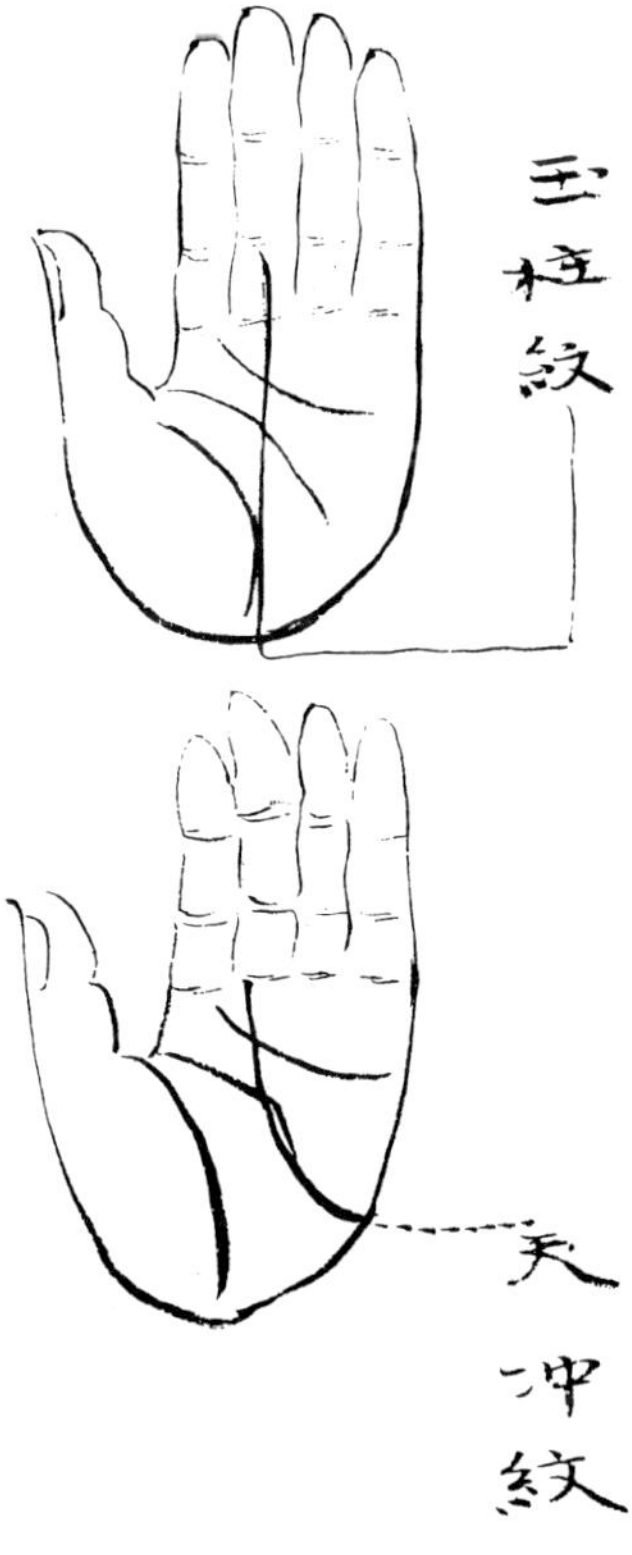

和式手相の古書『手相観法秘訣』より。玉柱紋や天冲紋が図解で示される。図解も解説も薄い和紙に筆を使い、アッサリ描かれている。

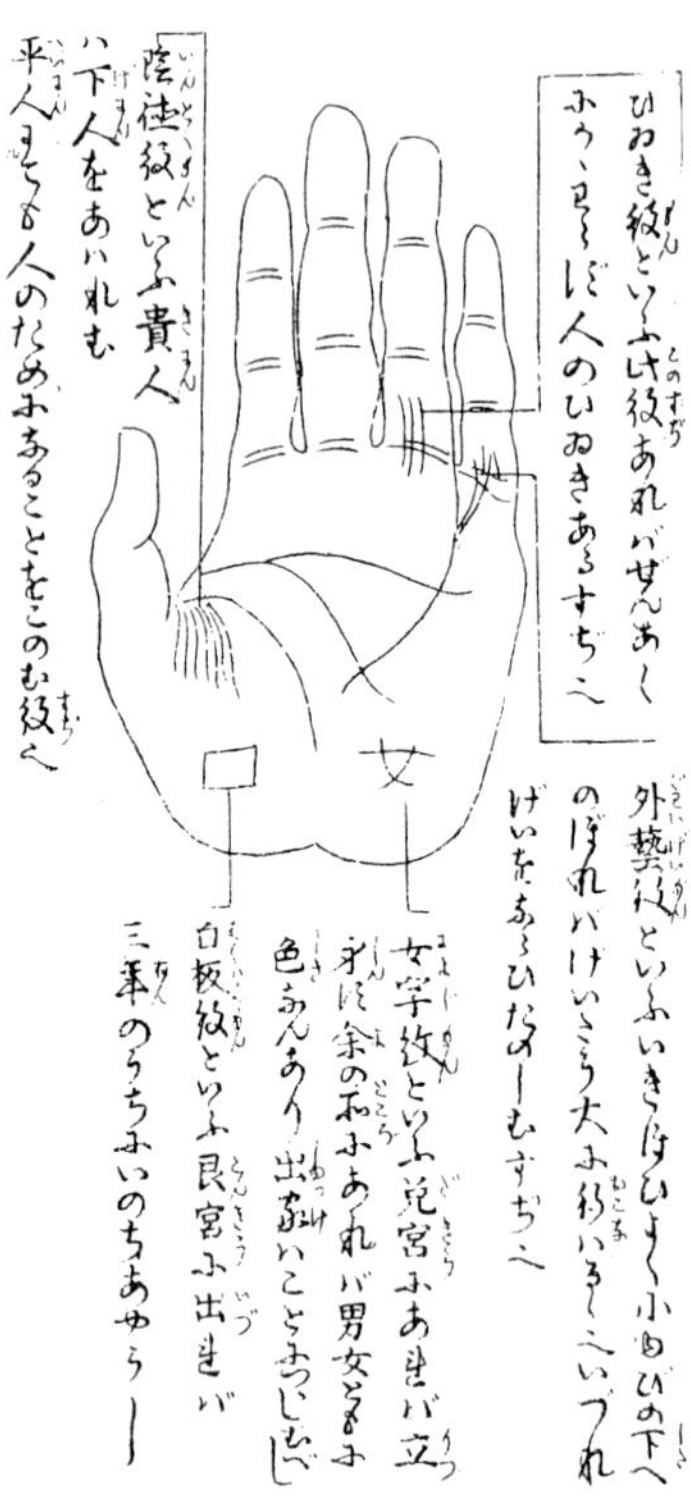

和式手相の古書『手相独稽古』より。種々の紋の形状とその解説が記される。
図解中の線（紋）や記号は、本来描かれるべき位置からズレているケースも多い。

相書としてもっとも広く普及したのは蘆塚《あしづか》齋《いつき》著『手相即座考』（全二冊）かもしれません。和綴じ本として今でも入手しやすく、その後の和式手相術の中でもしばしばその判断方法が引用されているからです。

昭和初期の時代に〝和式〟の方で注目に値する手相書は、鈴木亨斎著『手相講義録』と岡田泰山著『手相吉凶大全』でしょう。二人に共通しているのは、西洋式の観方や判断方法を知っていながら、東洋式（和式）にこだわって研究・実占していたことです。

ところで中国から伝わった手相術には、これらとは異なった系統からの手相術もあります。あまり浸透はしなかったのですが『金面玉掌記』に基づく〝玉掌流《ぎょくしょうりゅう》の観方〟というのがそれです。この観方は昭和四十年代になって台湾から日本に紹介されていますが、「玉掌流」という呼び方には補足が必要で、より正しく言うと〝近代における玉掌流の観方〟なのです。というのも「玉掌流」という表記自体は極めて古くからあって、そこで行われていた手相術は近代以降の〝玉掌流の観方〟とは異なるからです。

つまり、古くから存在した玉掌流では、「麻衣相法」の流れをくむ『神相全編』等と同じように、生命線を「地紋」、頭脳線を「人紋」、感情線を「天紋」と表記してあります。近代以降の玉掌流では、

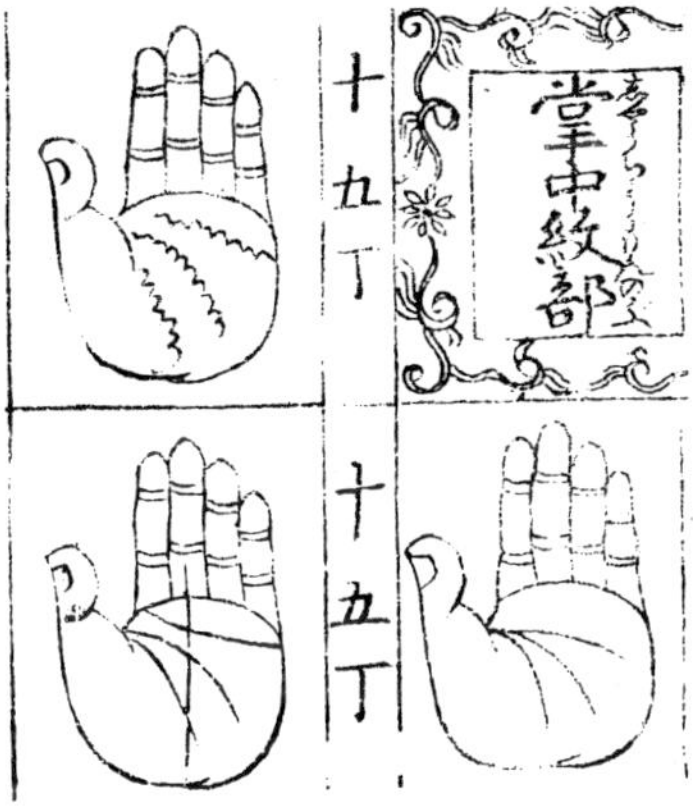

和式手相の古書『手相即座考』より。さまざまな紋に対する解説と気血色判断が述べられる。

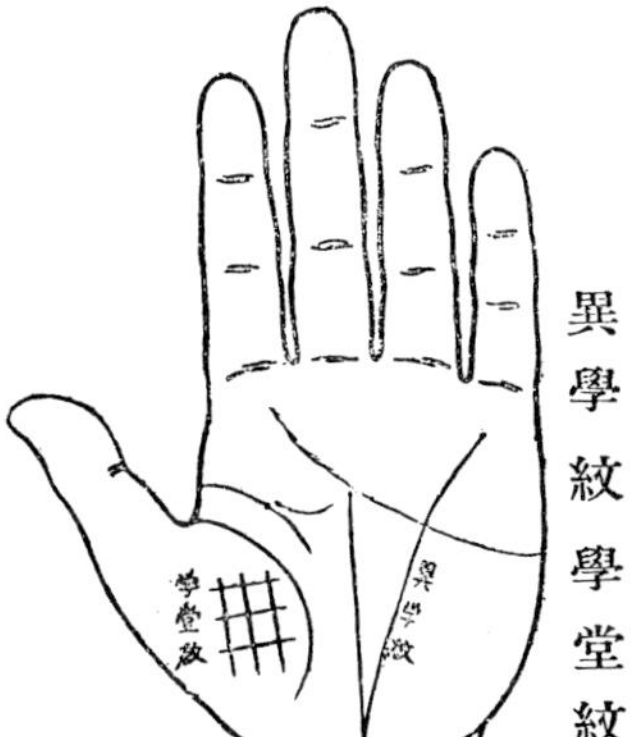

昭和初期に出された『手相講義録』より。西洋式の「水星線」を「異学紋」と紹介している。

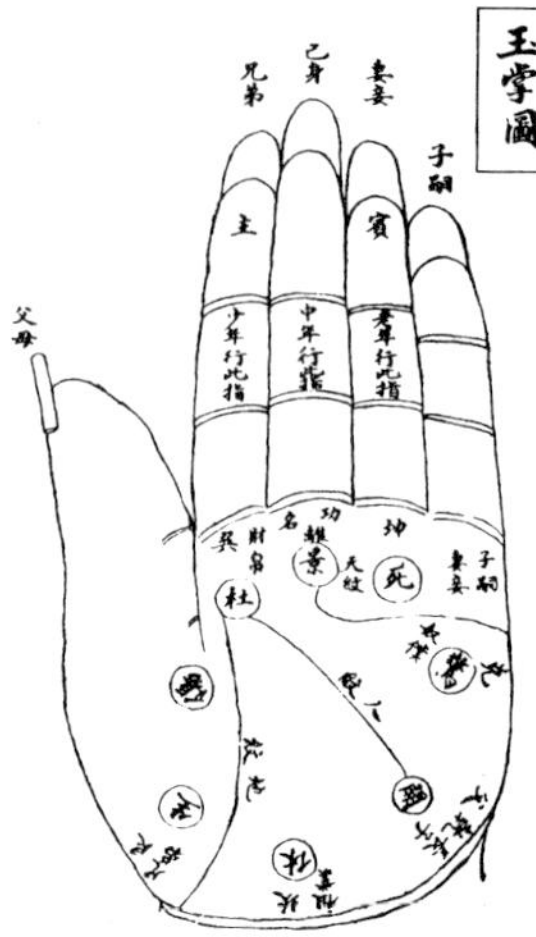

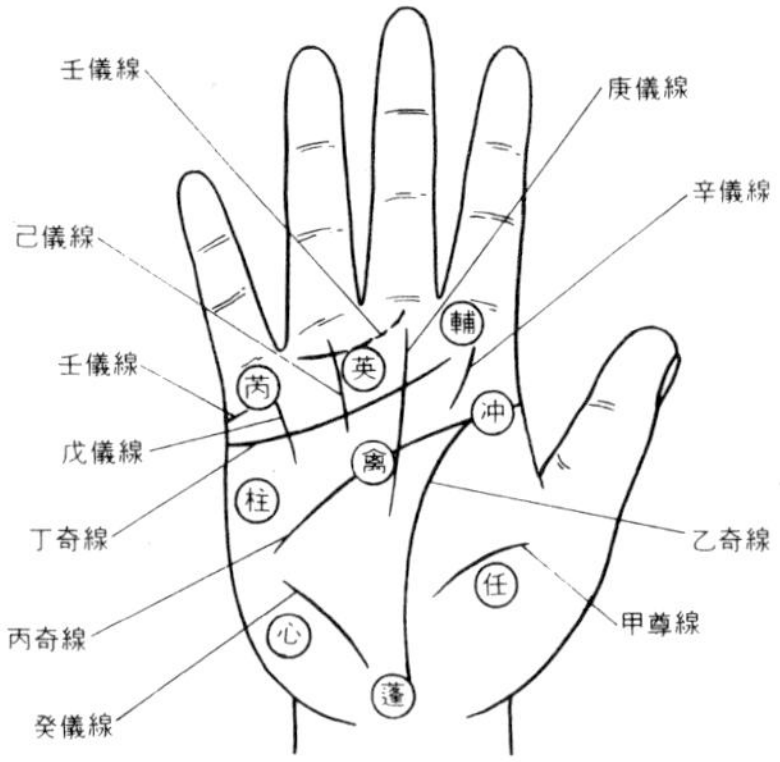

左は「古代からの伝統的な玉掌流」による手相図解。
右は「近代に生まれた玉掌流」『奇門遁甲手相術』より。

奇門遁甲《きもんとんこう》という占いの理論を掌に応用し、掌の線には全面的に〝三奇・六儀〟の名称を当てはめ、生命線を「乙奇線」、頭脳線を「丙奇線」、感情線を「丁奇線」として扱います。掌の丘には〝九星（気学の九星とは異なる）〟の名称を当てはめ、掌線上に表われる記号には〝八門〟の名称を当てはめるなど徹底しています。この観方の欠点は、奇門遁甲に精通している方であれば、ある程度呑み込みやすいのですが、それ以外の方にとっては馴染み難い判断方法だという点です。

「麻衣相法」に基づく手相術の欠点は、一般的な手相の解説をあまりせず、〝特異な吉相〟〝特異な凶相〟に的を絞って解釈していこうとする点で、ある程度、手相を見慣れていないと速やかに抽出できないケースが多いよう思われることです。ただ、ある種のパターン認識なので、見慣れて抽出さえできれば判断そのものは楽な観方だと言えるでしょう。

もう一つ「鉄関刀相法」と呼ばれる観方があるのですが、これは今日まで本格的な形で日本国内では発表されていません。該当する三ヶ所を瞬時に見て、当てはまっていればその内容を判断していく方法で、初心者にはやや難しい観方と言えるかもしれません。中国国内においても研究者の少ない観方です。

●独自な運勢予測の方法としての「流年法」と「流月法」

西洋式手相判断で重要視されてきた観方の一つに、「流年法」と呼ばれる〝年時判断の方法〟があります。極めて古くから行われてきた観方らしく、古典的なインドの手相書にも記述がありますし、近代以降の世界各国の手相書で、その項目が扱われています。通常、西洋式「生命線」や「運命線」に対して年齢を当てはめていくケースが多く、各国の研究者によっては頭脳線・感情線・太陽線・結婚線などにも当てはめようと試みている人たちもいます。

和式手相術の場合、西洋式の観方とは異なり、それぞれの線（紋）に年齢を目盛りのように当てはめる方法はとられていません。三大線（紋）に対しては、大まかな年齢範囲を与えてはいますが、そこには地紋（生命線）は一〜二十歳迄の運勢を表す紋、人紋（頭脳線）は二十一〜四十歳までの運勢

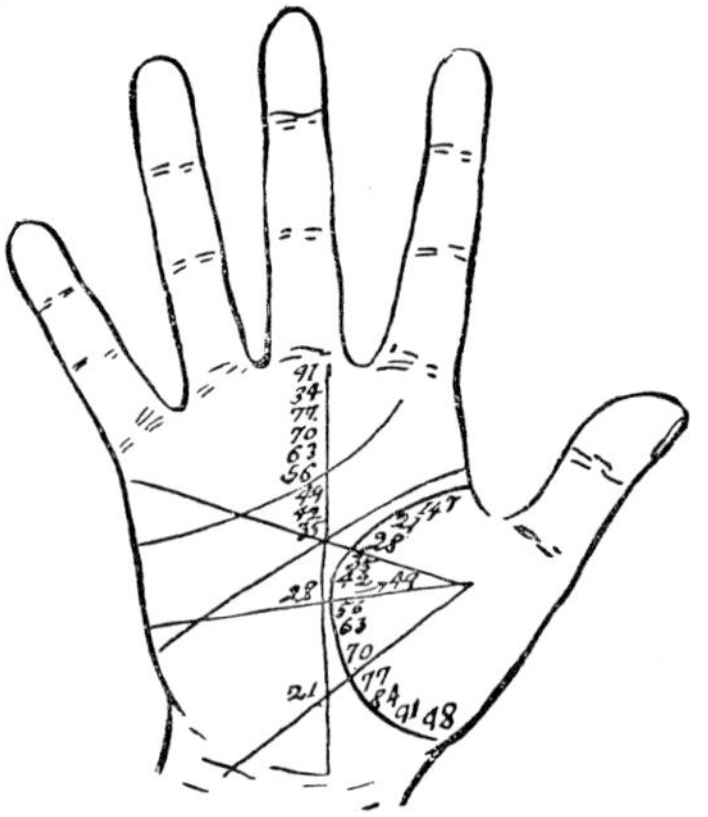

19世紀後半の手相家キロによる流年法。キロによる著書は世界各国で引用されている。

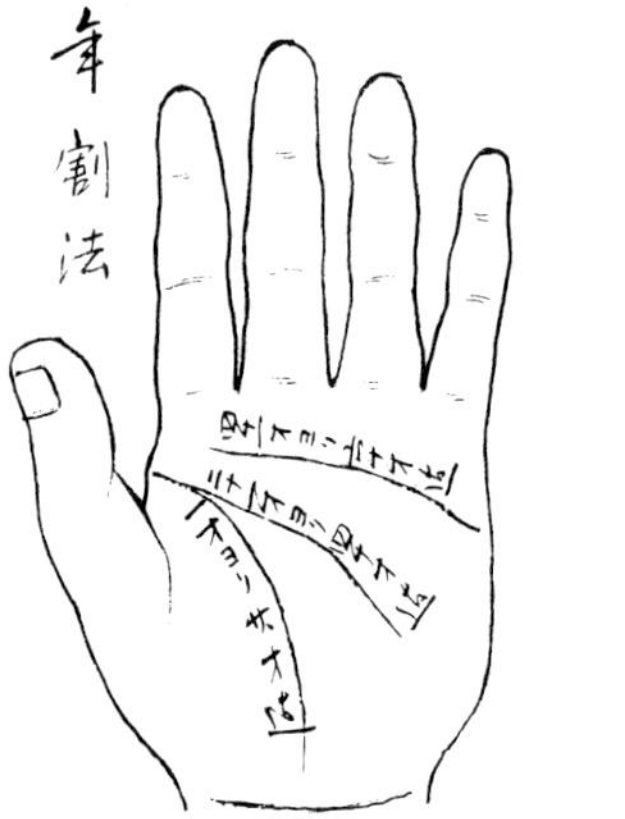

和式手相術に紹介されている流年法。和式手相の古書『手相血色法』より。

を表す紋、天紋（感情線）は四十一～六十歳までの運勢を表す紋――というように〝運気の強弱〟が三大線（紋）の吉凶に暗示されていることを述べているだけです（『手相血色法』の「年割法」による）。つまり、地紋が良好な相をしていれば、一～二十歳までの間は幸運に包まれ、人紋に弱点あれば二十一～四十歳までは不運な出来事に遭遇しやすい人生を歩む、といったように見立てるのです。具体的に「何歳の時に何が起こるか」を予知するための流年法ではないのです。

　年齢表示の観方としての流年法は、一部の流派（朝晋流）では各指の節間に年齢を当てはめる観方が存在していました。人差し指根元の節間をスタートラインとして「一歳」から起こし、人差し指中

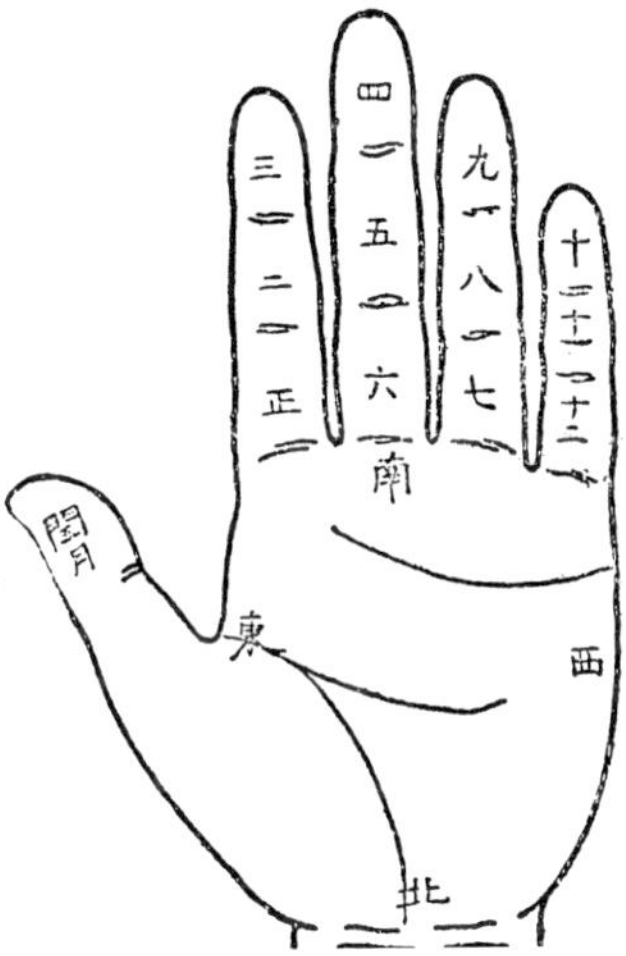

和式の朝晋流による流月法。各指の節間ごとの気血色による運勢判断。

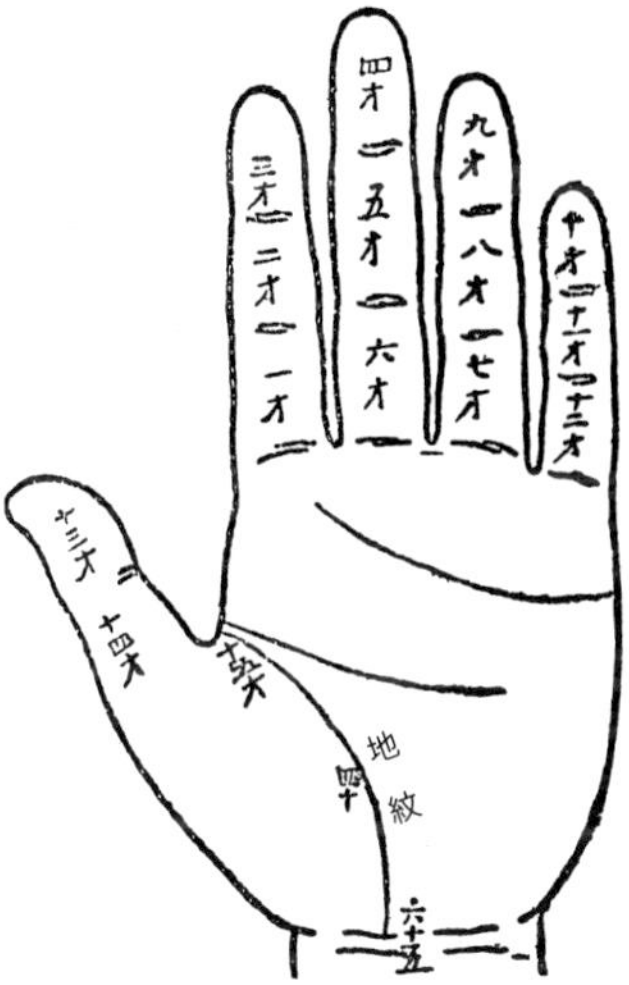

和式の朝晋流による流年法。15歳までは各指の節間ごとの「長さ・太さ・肉付き」により判断、15歳以降は地紋により判断。

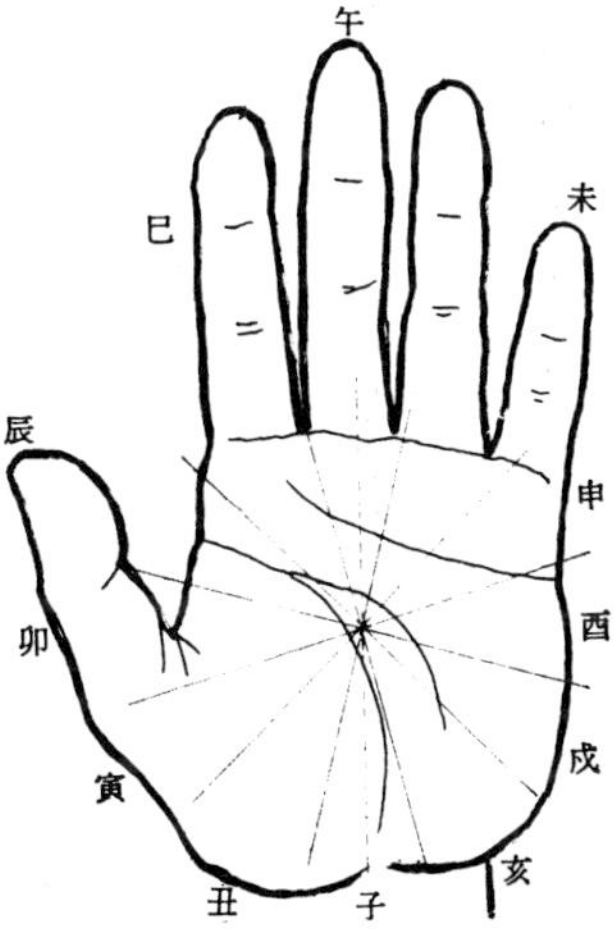

増田一斎による古典的12支流月法。指だけでなく掌全体に当てはめるのが特徴。

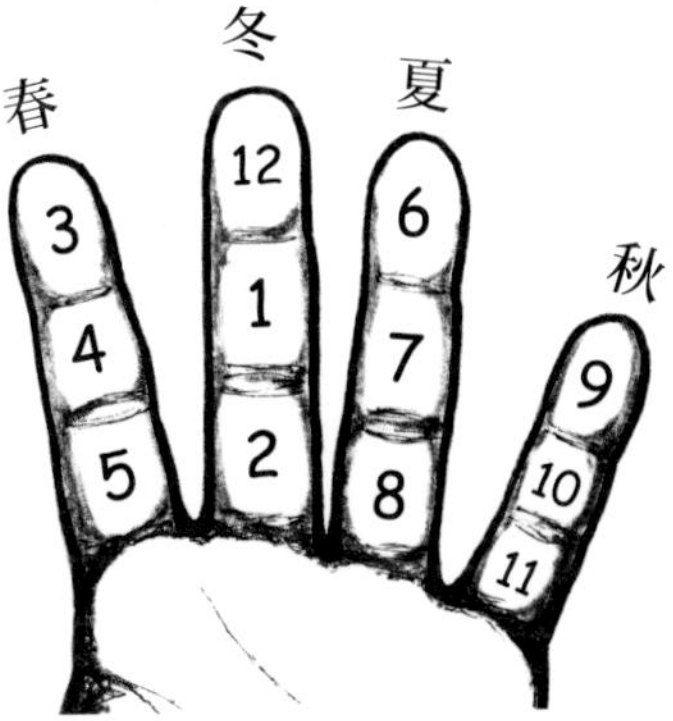

門脇尚平が紹介しているアラビア方式の流月法。朝晋流による流月法とは配当が異なっている。

間の節間を「二歳」、指先を含む節間を「三歳」とし、中指、薬指、小指と廻って、親指先を含む節間が「十三歳」、親指根元の節間が「十四歳」と、年齢を配当していく表示法です。そして各節間の〝長さ・太さ・肉付き〟等によって運勢判断をしていく方法です。この流派の場合、通常と異なり十五歳以降になってから地紋に対して年齢を配布するという捉え方をしていて「十五歳から六十五歳までを表すのが地紋」という風に示唆されています。ある意味では西洋式と同様な年時判断の方法が用いられていたのです。ところが、その同じ本の中で「流月法」も紹介されていて、人差し指根元の節間を「正月」とし、上に「二月」「三月」と上がって行って、中指は指先の方から「四月」「五月」「六月」と下りてくる観方が紹介されてもいます。こちらの方は各節間の〝気血色〟を中心に流月判断をしていたようです。

若干矛盾しているような気もしますが、多分、これは写本なので、古来より各流派に伝わった秘伝各種を、実占検証なく、そのまま述べ伝えようとしたのかもしれません。

実はそれら以外にも「流月法」としては、昭和に活躍した門脇尚平が「アラビアの本」から転載する形で紹介している判断方法があり、これも同じように四指に対して各月を配当していくのですが、配当月は微妙に異なり、人差し指の先の節間から「三月」「四月」「五月」と下りてくるのです。中指も同じように指先の節間から「十二月」「一月」「二月」と下りてくるのです。したがって、日本の観方がそのまま海を渡ったとは思えず、それでありながら判断の基本は〝気血色〟を中心に同じような観方をする方法が述べられています。

これら以外にも、和式の手相術を極めていた昭和初期の増田一斎は、掌全体に対して十二支方位を当てはめ、それに基づく「気血色による流月法」を指導していました。さらに、手相にも人相と同じように「画相（心霊写真的な人物画像）」が出現するとして、それを自らの鑑定に取り入れようとしていたのが真勢易龍《ませえきりゅう》です。もっとも、私個人は彼に直接逢ったことがなく、観てもらった人にも出逢ったことがなく、彼自身の本格的な手相の著述も知らないので、具体的にどのような観方、判断の仕方をするのかはわかりません。

とにかく、世の中に知られていない「和式手相術」の判断方法はいろいろとあるのです。誰もがすぐに習得できる判断方法とは言えないかもしれませんが、〝西洋式だけがすべてではない〟ということを再確認することで、新たな手相術の可能性を探っていくことが重要なのです。これは手相だけではありませんが、一つの観方、捉え方、判断の仕方以外は受け付けないような狭量な占い師の方が近年多すぎるように思われます。「幸せを見つける方法」は様々あって良いのです。

●江戸時代の観相家・北渓老僊が用いた「吸気十体の秘伝」

もう一つ、付け加えておきたい日本独自の観方として、『切り紙の伝』に記されている方法があります。この観方を伝授しているのは江戸時代に九州で活躍した北渓老僊《ほくけいろうせん》という観相家で、微細な一瞬の動きを読み取っていく観察力に優れた日本人らしい判断方法であると言えます。

これは占いの依頼者が、占い師に対して両手を差し出した時、その差し出された両手を凝視しながら、一瞬息を止め、占断依頼者の息を吸い込むことによって、差し出されている指のいずれかが無意識に動く、というのです。この微妙な動きを捉えて判断するので「吸気十体の秘伝」とも呼ばれます。したがって、かなり練習を要するのですが、的中率は高く、江戸時代から一部の手相家に用いられていたものです。

この秘伝を現代風に多少アレンジして公開すると、

★右手親指が動くと——故郷や親元に何らかの災難や心配事が生じていること、或いは本人が恋愛で人知れず悩んでいることを表します。

★左手親指が動くと——実家や親戚で婚礼・新築・出産などのお祝いごとがあること、或いは本人に新たな異性との出逢いが訪れることを表します。

★右手人差し指が動くと――自分の欲求や願望が思うようにならないこと、欲しいと思っていたものが手に入らないことを表します。

★左手人差し指が動くと――仕事上でトラブルが生じて口論になるとか、約束事が果たされずに怒りをぶつけるなどのことが生じます。

★右手中指が動くと――目上の人、或いは第三者からちょっとしたことで褒められるとか、予期せぬプレゼントがもらえることを表します。

★左手中指が動くと――心がふさぎ込んでしまうような悲しい出来事が起こるとか、憂鬱になってしまうようなことを聞かされます。

★右手薬指が動くと――新たな願望が生まれ、それに向かってスタートを切るとか、環境が切り替わってやる気が生まれてくることを表します。

★左手薬指が動くと――身内とか仲間のことで大い

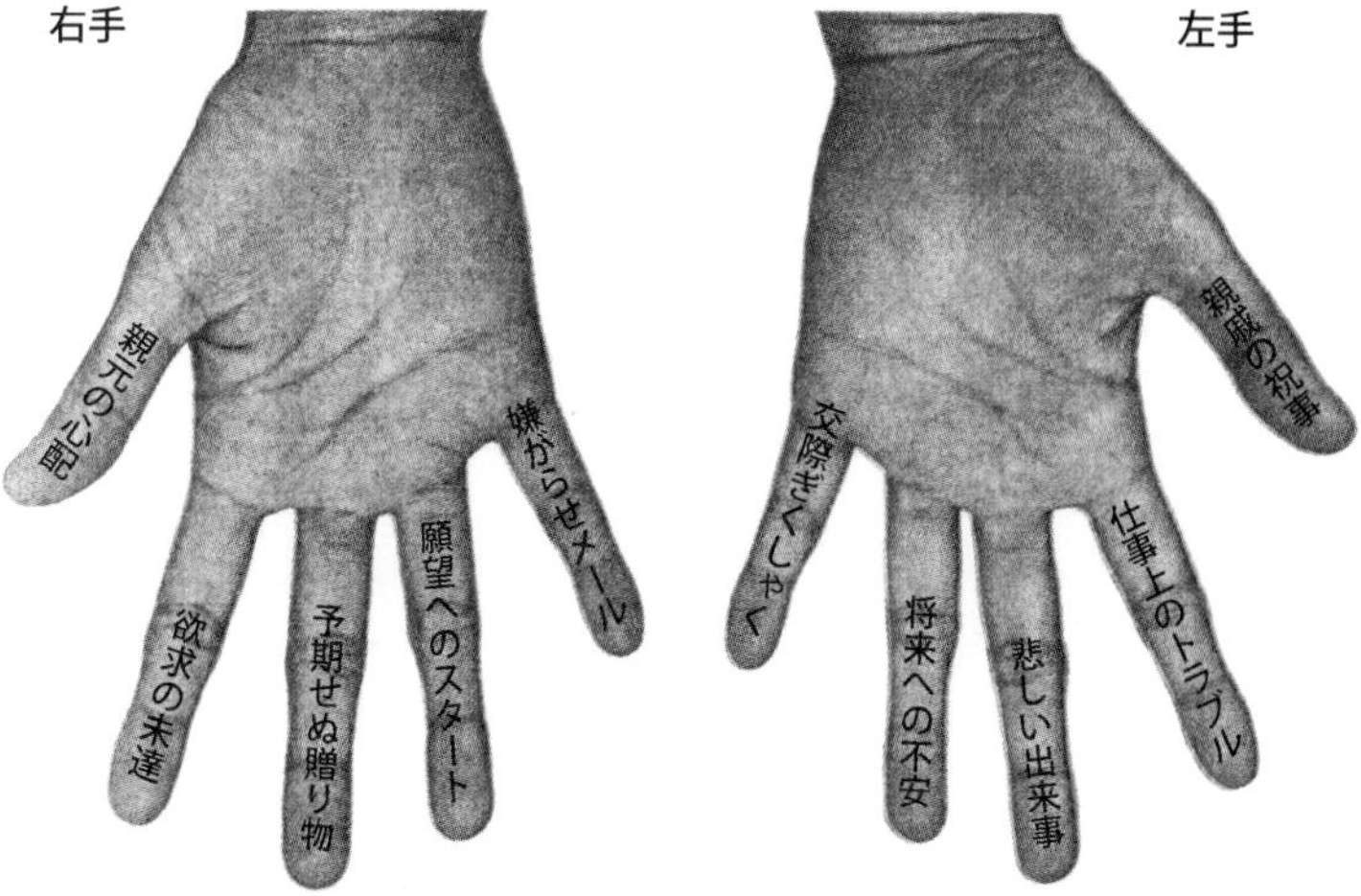

江戸時代の手相家・北渓老僊による「吸気十体の秘伝」の判断方法。
占断依頼者の息を吸い込むことで、差し出されている指のいずれかが無意識に動く。

なる心配事が出てくるとか、将来に対して不安が生じてくることを表します。

★右手小指が動くと――見知らぬ相手から嫌がらせのメールが届くとか、昔の相手からストーカー的な行為を受けるとかします。

★左手小指が動くと――やることなすことうまく行かず落ち込んでしまうとか、それまで良好だった交際関係がぎくしゃくしてきます。

ところが、このような判断法とは明らかに異なる「指の動き」に基づく占断の秘法もあります。

●近代に活躍した伊藤通象による「求占察知の法」

易占の方で有名な高島嘉右衛門の門下生である伊藤通象は、明治時代に台湾へと渡って台北稲荷神社で神職を務め、その後、日本に引き揚げてから本格的に占術家として活躍した人物です。彼の書物を読むと、元々が優れた霊感を持っていて、そういう能力も生かして習得したと思われる判断技法も少なくありません。その一つが「求占察知の法」であるように思います。その文章の書き方からして伊藤通象は「吸気十体の秘伝」を知らないように思われ、偶然の結果、二人それぞれが〝指の動きによる判断方法〟を生み出しているよう推測されます。

北渓の秘伝と伊藤の秘伝は、どちらも指の動きで判断するのですが、それぞれの方法は微妙に違っています。伊藤通象の場合、まず占いの依頼者の片掌を自分の右掌の上に載せるのです。その際、載せてもらう掌の手首の脈どころを左手で軽く押さえます。こうすると相手方の注意が占い師に引き寄せられ、その結果、一本、ないし二本の指がピクピクと微かに動く、というのです。

この秘伝を簡略化して、わかりやすいように記しますと、

☆**右手親指が動くと**――祖先の恩を忘れて祭祀を怠っているとか、先祖代々の財産が人手に渡るとか、家系的遺伝病で悩み苦しんでいることを表します。

☆**左手親指が動くと**――先祖供養や法要など積極的

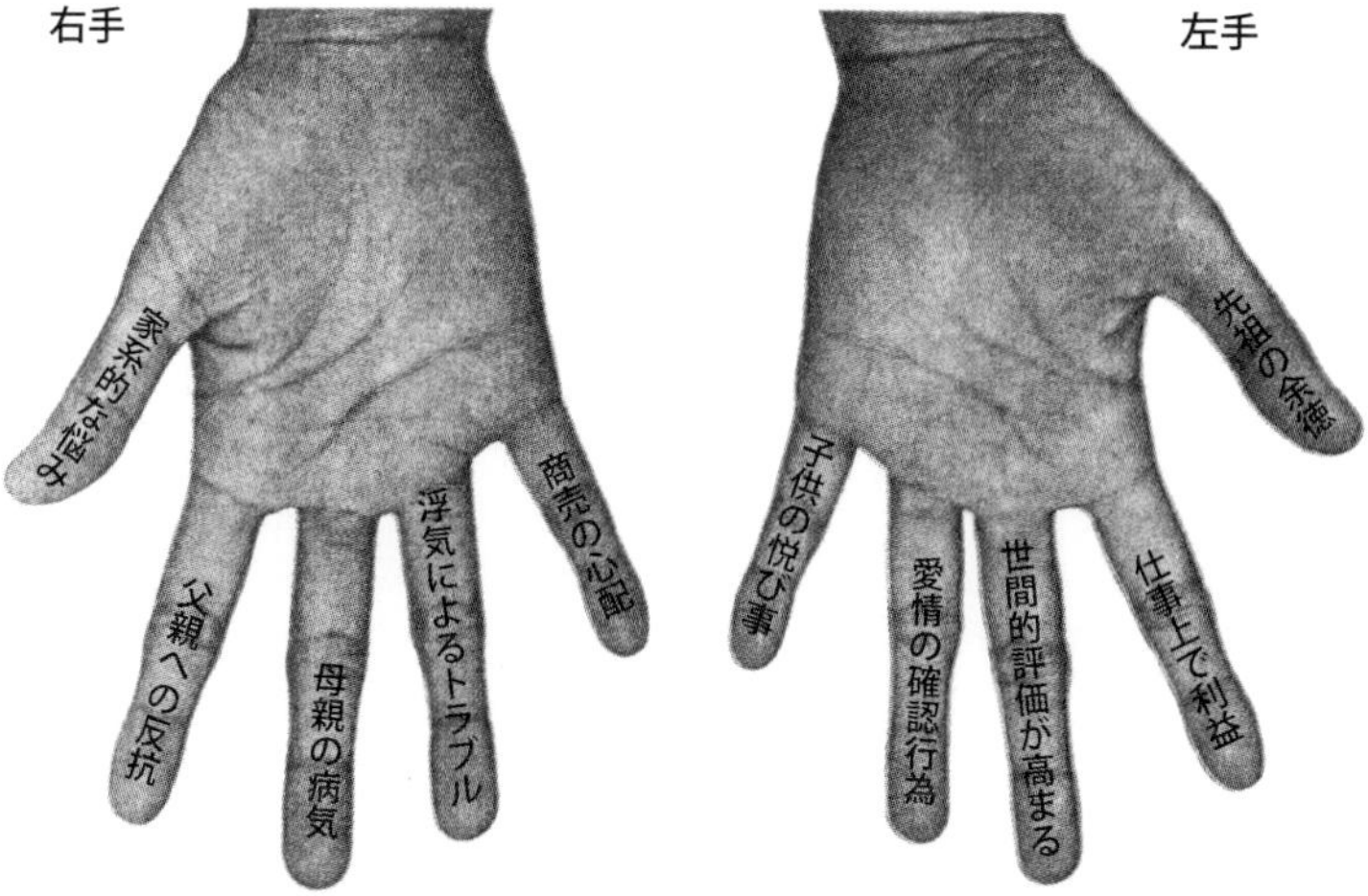

近代に活躍した手相家・伊藤通象による「求占察知の法」の判断方法。
手首の脈どころを軽く押さえながら掌を出させると、1本ないし2本の指がピクピク動く。

に行い、先祖から余徳を受けていること、或いは郷土・墓地等が原因で目上から引立てを得ることを表します。

☆右手人差し指が動くと——父親に反抗して生活が不安定になること、或いは目上の者と意見が衝突して地位が危うくなることを表します。

☆左手人差し指が動くと——父親に関して良いことが起こるとか、試験に合格するとか、仕事上で大きな利益を得られることを表します。

☆右手中指が動くと——母親または兄弟姉妹に関することで悩んでいるとか、母親または兄弟姉妹が重い病気で苦しんでいることを表します。

☆左手中指が動くと——母親または兄弟姉妹に関しての悦び事が生じるとか、本人の献身的努力が実って世間的な評価が高まることを表します。

☆右手薬指が動くと——恋人や配偶者との間で重大なもめ事が起こっているとか、不倫や浮気によってトラブルが生じることを表します。

☆左手薬指が動くと——恋愛中の人は婚約・結婚が成立しようとしているとか、既婚者は二人一緒に何かを行おうとしていることを表します。

☆右手小指が動くと——子供や孫のために心配事が生じているとか、商売が衰微していって焦燥に駆られていることを表します。

☆左手小指が動くと――子供に関連あることで悦び事が生じているとか、事業・商売が大いに栄え繁盛していることを表します。

北渓老僊と伊藤通象の二つの見方が、それぞれ微妙に異なった意味合いを表しているのが興味深いところです。

手相の極秘メモ③

「流年法」はなぜ信用できないか

和式手相術では、各紋に対しての「流年法」を重視していません。なぜなら、手相の紋（線）は変化するからです。長くなったり、短くなったりするからです。時には消えてしまったり、新たに出現したりするからです。そういう紋（線）に対して、何十年も先の未来が、そのまま変化せず「存在する」と主張されるのは、愚かなこととしか言いようがありません。数カ月先の未来ならまだしも、何年も、何十年も先の未来を「変化する紋（線）」に託すのは賢い人のすべきことではありません。

ただ一つの目安として、未来を見据えて方向性を定めるうえで活用するのは悪いことではありません。和式手相術では、独朝紋がクッキリ刻まれている人は二十歳代から社会的に頭角を表し、立身紋がクッキリ刻まれていれば三十歳代から実力を発揮し、贔屓紋や外芸紋がクッキリ刻まれていれば中年以降に活躍する相と観ます。他の紋（線）より外芸紋が目立つ人は、六十歳代以降に大成功します。

手相の極秘メモ④

あなたの生命を左右する「愛する人」の紋

地紋（西洋式→生命線）に平行して刻まれる紋（線）には、貴人紋（影響線）と逸野紋（火星線）とがあります。通常の場合、貴人紋は地紋から三ミリ以内に平行し、逸野紋は地紋から一センチ以内に平行する紋（線）です。本書では逸野紋に関しては、その詳細を省いてあります。貴人紋は細く微かに出現するケースも多く、見逃しやすい紋です。また、その時々で変化しやすい紋（線）の一つです。

逸野紋は、地紋の二重線のように最初から最後まで平行することもあれば、一部分だけに表出されるケースもあります。地紋の中央部分に二〜四センチ力強く平行する方が、気力・体力とも旺盛でエネルギッシュなケースが少なくありません。この逸野紋も、貴人紋も、時として「地紋の補強紋（線）」としての働きも表しています。特に貴人紋は、そういう働きが見逃されがちですが、あなたにとっての「愛する人」が、地紋に寄り添うことで、重い病に侵されても乗り越える奇跡をしばしば目撃します。

第二章　五行による手形分類法と幸運な生き方

●樹木の枝を連想させる「木行の手」の性質と、その幸運な生き方

和式手相術の「手形分類」は、中国から伝わった〝陰陽・五行思想〟を取り入れ構成されています。したがって、手指全体の形状は五行に基づく五種類の形状です。

その中でも「**木行の手**」は、比較的見分けやすい手指で、手指全体が痩せていて節や骨や血管が目立ち、丁度、**太い樹木から四方へ枝が伸びている**ように、時に血管が浮き立つ手の甲、時に指関節が目立つ細い指、時に異常なほどスラリ伸びた長い指などの印象が強い手指のことを言います。手指全体としても、〝細く長い印象〟を与えるのが特徴で、手の甲にも、掌にも、四指にも肉付きは乏しく、手指のどこを見ても、ふっくらとした部分はありません。全体に〝水分不足〟の印象を与える手指です。

西洋手相術の分類では「哲学者の手」（節くれだった手）と呼ばれる形状がそれに近く、「霊感型の手」（白魚のような手）に多少「哲学者の手」の骨っぽさが混合している形状の場合もあります。

研究者、技術者、教育関係者に多く見掛ける手で、潔癖感と精神性が強く、自分が興味を持つ世界に対し、どこまでも探求してやまない人の手で、現実社会にはやや疎い傾向が見受けられます。

「**木行の手**」の場合、紋（線）では**人紋**（頭脳線）の形状と、**独朝紋**（希望線・木星線）の有無が重要で、それらに恵まれている場合は、才能豊かで社会的に成功しやすく、幸運な人生を歩むことになります。

「**木行の手**」の人たちが**幸福な人生を歩む**ためには、経済的な成功を求めるのではなく、自分自身の

知識とか技術において、人よりも優れた価値のある存在になろうと努力していくことが大切です。社会的な地位とか経済力とかに幸福の条件を求めてはいけないのです。兄弟や親友との関係が良好であることも、心豊かに暮らすうえでの大切な要素です。また、思想とか信仰など精神的な方面で共鳴し合う相手をパートナーとして得られると幸せに満ちた人生となります。

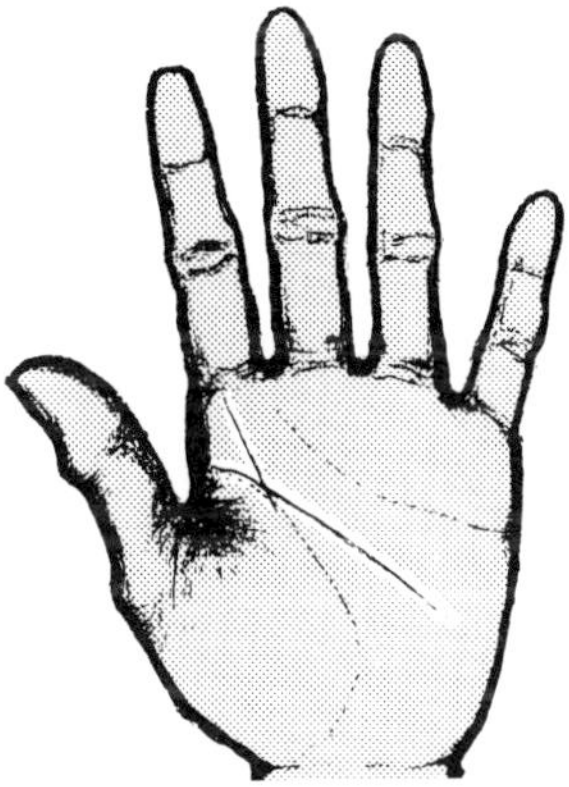

「木行の手」では、人紋と独朝紋の形状や優劣が成功の鍵を握る場合が多い。

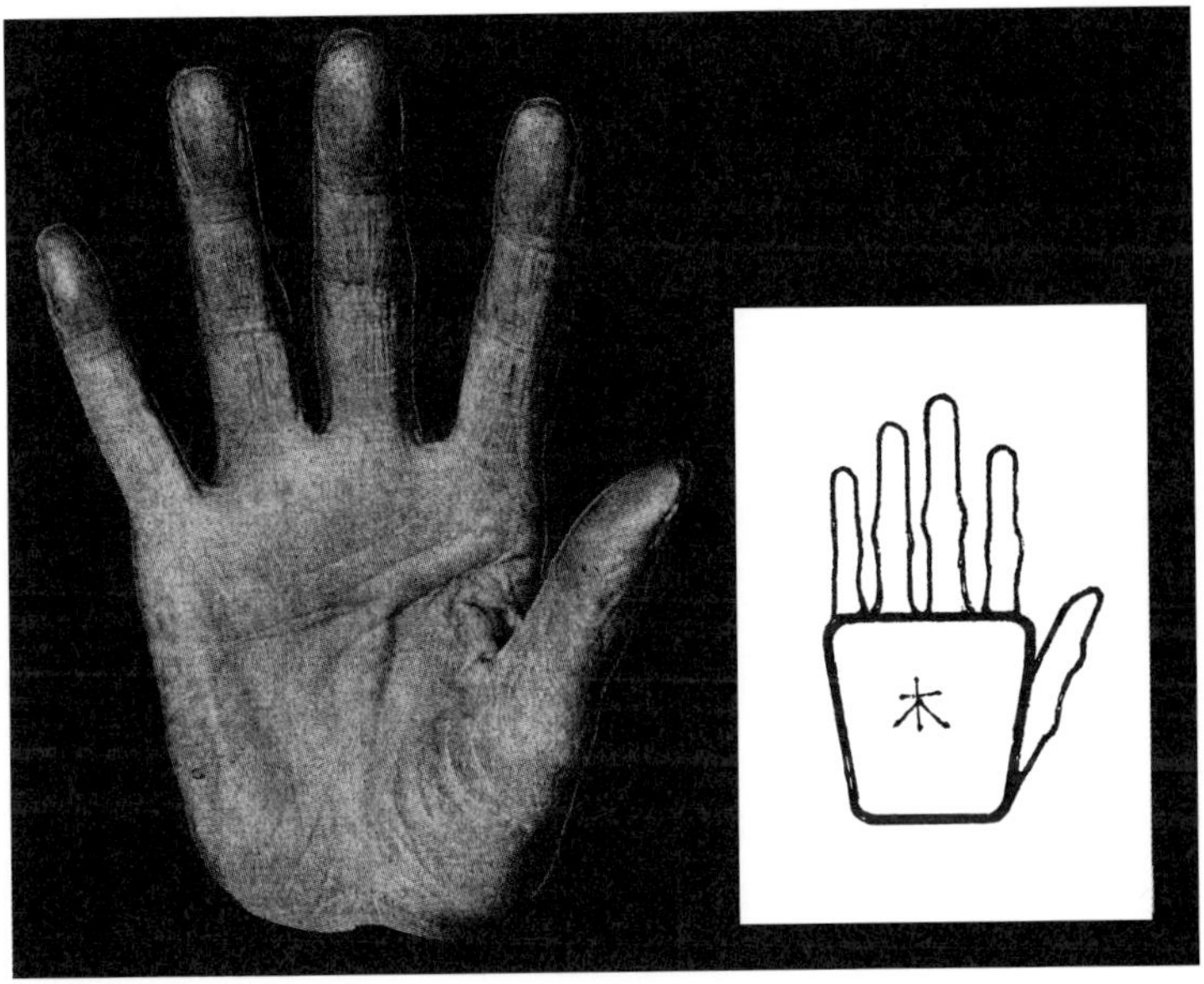

●炎の先細りと共通する「火行の手」の性質と、その幸運な生き方

東洋系の手相術書で述べられている「**火行の手**」の形状説明はわかりにくいものが多いのですが、単純に言えば〝**ろうそくの炎のような形**〟だと思えば間違いがないのです。つまり、手指全体が何となく先細りになっていて、柔らかい印象を与えるのが特徴で、手の甲全体がふっくらとし、指関節なども目立たず、指先の爪も美しく磨かれていることが多いものです。それでいて〝分厚い手〟という印象はなく、どちらかといえば〝可愛らしい手〟或いは〝美しい手〟といった印象の方が強いものです。

西洋手相術の分類では、「芸術家の手」(卵形の手)と呼ばれる手の形状がそれに近く、「霊感型の手」(先細りの手)でも、指関節が目立たず柔らかい印象を与える〝細すぎない手指〟であれば、この分類に当てはめることが出来ます。

接客業、営業販売業、アパレル関係などの分野で活躍している人に多く見掛ける手の形状で、本能的な勘が鋭く、想像力と情緒性が豊かで、フィーリングを大切にして生きていく人の相で、組織の中で規則や型にはめられることを極端に嫌うので、団体生活は苦手なのが常です。

「**火行の手**」の場合、紋(線)では**天紋**(感情線)の形状と、**贔屓紋**(太陽線)の有無が重要で、それらに恵まれている場合、周囲の愛情に恵まれ、目上から引き立てられて運勢を開いていきます。

「**火行の手**」の人たちが**幸福な人生を歩む**ためには、職業上の成功を求めるのではなく、自分自身の

趣味や嗜好が満たされ、人よりも情緒性豊かな人生を歩めるよう努力していくことが大切です。社会的な成功とか仕事上の名誉に幸福の条件を求めてはいけないのです。愛する異性との関係が良好であることも、心豊かに暮らすうえでの大切な要素です。また、恋愛観やオシャレセンスが一致していて、趣味的な部分で共通している相手をパートナーとして得られると幸せに満ちた人生となります。

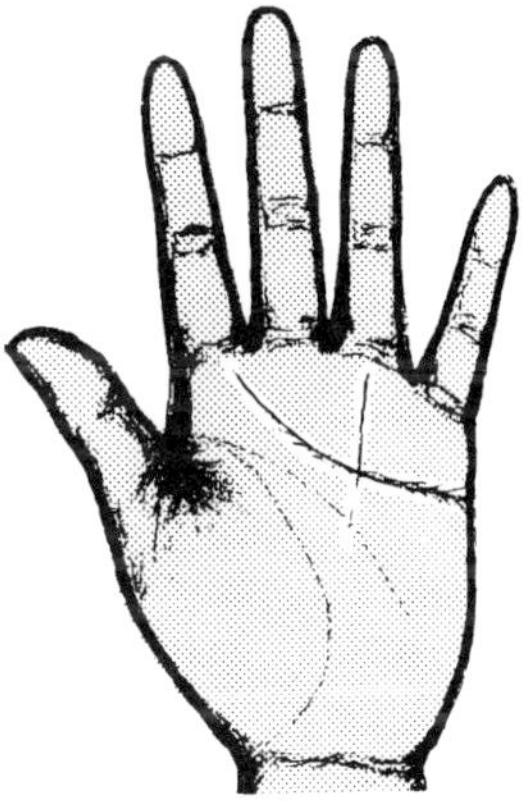

「火行の手」では、天紋と贔屓紋の形状や優劣が成功の鍵を握る場合が多い。

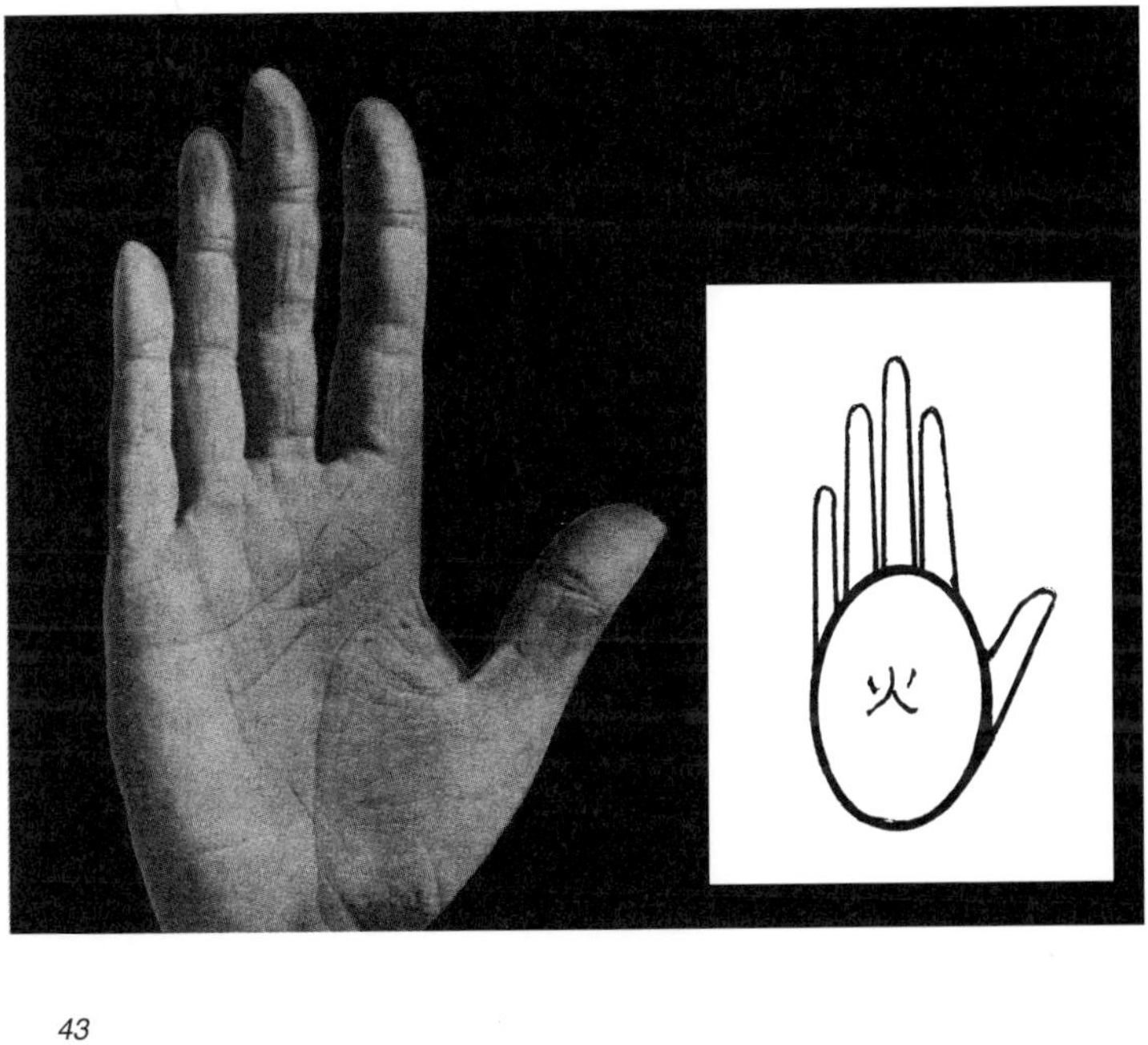

●大地のようにどっしりと厚い「土行の手」の性質と、その幸運な生き方

「**土行の手**」は、西洋式手相術でいう「四角張った手」と思えば間違いはないのですが、形だけ四角張っていても薄い掌は対象外となります。手指全体が〝**大地のようにどっしりと厚いこと**〟が絶対条件で、身体に比較して〝手が大きい〟印象を与えることも特徴と言えます。つまり、手指全体が何となく器用さを感じさせない〝分厚くて四角形な手〟だと思えば間違いないでしょう。

西洋手相術の分類では「実務家の手」（四角張った手）に、多少大きく分厚い「労働者の手」（原始形の手）が混じっているのが典型的な形で、男性に多く女性に少ないという特徴があります。

事業経営者、不動産業者、営業販売部門などで活躍している人に多く見掛ける手の形状で、真面目で忍耐強く、保守的で職務に忠実であり、幅広い人脈を持ち、経済観念が発達している人の相で、流行には鈍感でセンスには乏しいけれども、組織では徐々に力量を発揮していく大器晩成型の人生です。

「**土行の手**」の場合、紋（線）では**地紋**（生命線）の張り出し形状と、**立身紋**（運命線）の有無が重要で、それらに恵まれている場合、気力と体力とが培われ、行動半径が広く、何事にも忍耐強く、地道な働きぶりで運勢の階段を着実に上っていくのが特徴です。

「**土行の手**」の人たちが**幸福な人生を歩む**ためには、華やかな栄光を追い求めるのではなく、堅実で地道な生活の中で、自分が守るべきものを定めて、徐々に自らの収入や財産を増やしていこうと努力

していくことが大切です。夢のような幸運を射止めて一気に階段を駆け上るような人生を求めてはいけないのです。親子や親戚との関係が良好であることも、心豊かに暮らすうえでの大切な要素です。また、浮気をしない家庭的な性質と、職場や居住地が安定していて将来に不安のない相手を、パートナーとして選ぶことが出来れば幸せに満ちた人生となります。

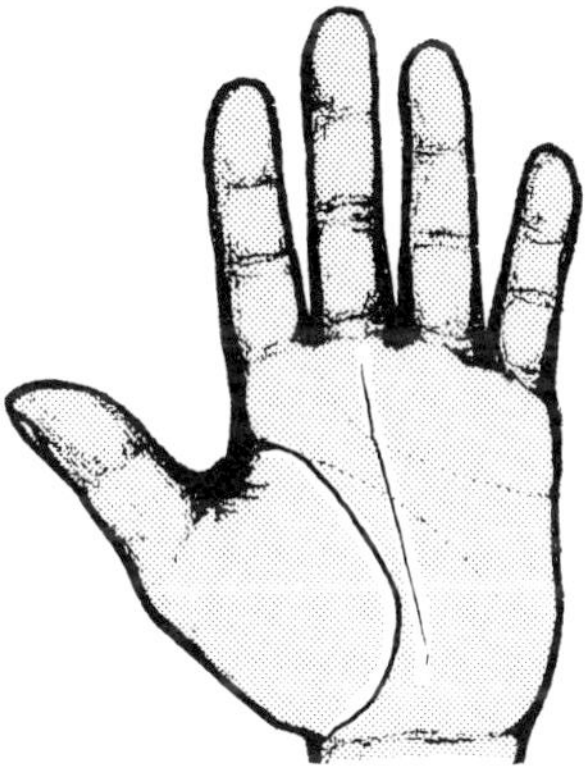
「土行の手」では、地紋と立身紋の形状や優劣が成功の鍵を握る場合が多い。

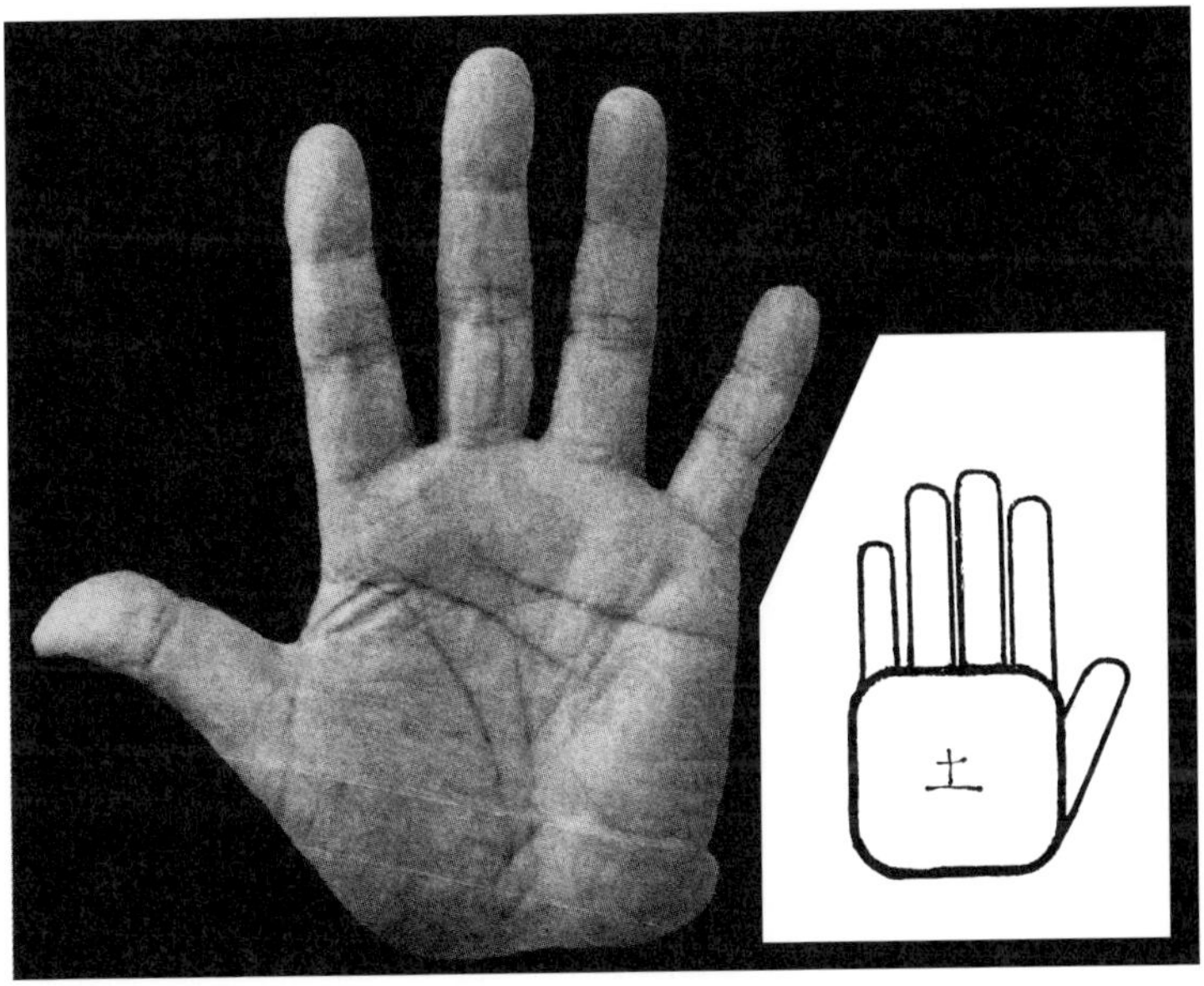

●金属のように硬い印象の「金行の手」の性質と、その幸運な生き方

「**金行の手**」は、西洋式手相術の手形分類には属していない形で、何よりも「凹凸の少ない硬い掌」をイメージして頂ければ良いのですが、手指全体の形としては、「比較的四角張っている」ことが多いものです。ただし、硬いと言っても指関節が目立つことは少なく、平均的な形や大きさで、全体的には〝**金属板のように平たい手指**〟の印象が一番の特徴だと言えるでしょう。つまり手指全体から何となく〝都会的な印象〟を受けるのですが、同時に無機質で〝ソフトな肉付きの少ない手〟だと思えば間違いないでしょう。

西洋手相術の分類では「実務家の手」（四角張った手）に、多少「哲学者の手」（節くれだった手）や「霊感型の手」（白魚のような手）が混じっているような形で、掌の線が比較的少ないという特徴があります。

製造業、専門技術者、銀行員、一般企業事務員などに多く見掛ける手の形状で、真面目で規則正しい生活をし、職務に忠実ですが、比較的交友関係が限られ、趣味の乏しい人の相で、狭い範囲の中で生きていこうとする傾向が強く、組織にも家庭にも心の底から馴染み切れないものです。

「**金行の手**」の場合、紋（線）では**人紋**（頭脳線）の形状バランスと、**銀河紋**（金星環）の有無が重要で、それらに恵まれている場合、有能な技術や知識を持っていて、周囲からの信頼は厚く、地道に運勢を開いていくのが特徴です。

「**金行の手**」の人たちが**幸福な人生を歩む**ためには、精神的な癒しや愛情的な満足を求めるのではなく、

日常生活における役割や義務を果たし、経済的な豊かさを勝ち取っていく存在になろうと努力していくことが大切です。情緒的な豊かさとか精神面の充実とかに幸福の条件を求めてはいけないのです。部下や後輩との関係が良好であることも、経済的に恵まれていくうえでの大切な要素です。また、生活スタイルとか使命感などで共鳴し合う相手をパートナーとして得られると幸せに満ちた人生となります。

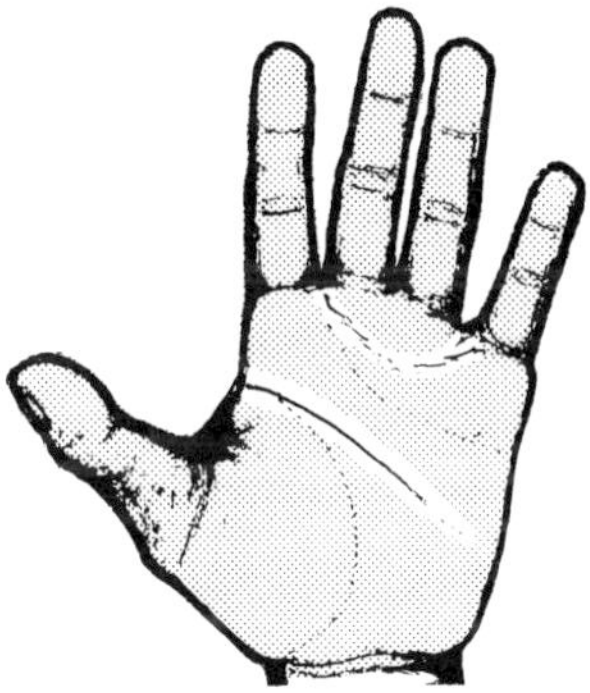

「金行の手」では、人紋と銀河紋の形状や優劣が成功の鍵を握る場合が多い。

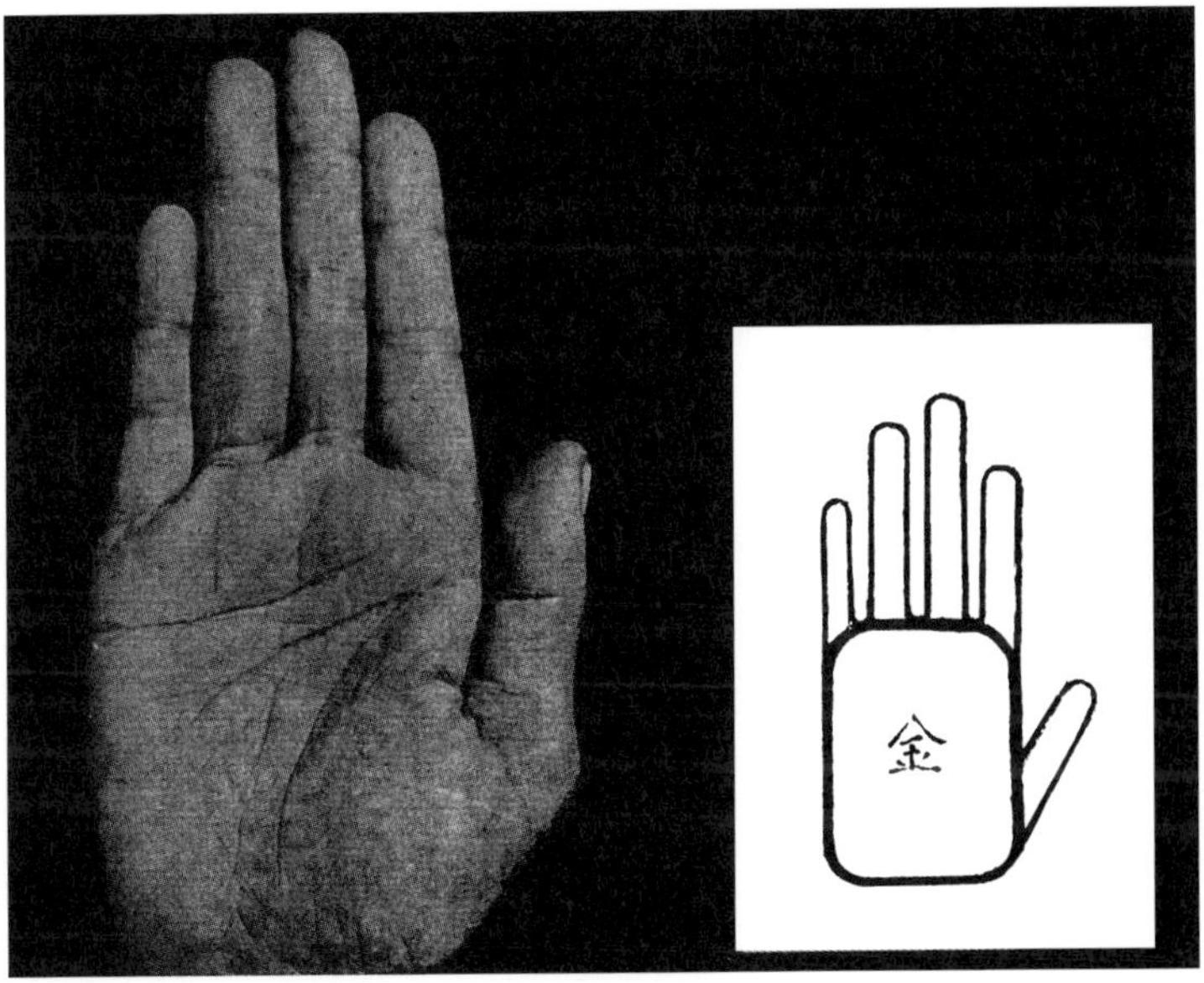

●水分をたっぷりと含んだ「水行の手」の性質と、その幸運な生き方

「水行の手」は、比較的判別の付きやすい手で、何よりも「水分をたっぷりと含んだ手」と思えば間違いはないのですが、必ずしも「分厚い手」とは限らず、実際には薄くても「赤ちゃんの手指のような印象」であれば、この形状とみなします。手指全体が〝**柔らかく骨っぽさが無いこと**〟が絶対条件で、身体に比較して〝手指が小さく〟感じられることが多いものです。つまり、手指全体の形状としては、硬さや骨っぽさが無く〝柔らかい印象の手〟だと思えば間違いないでしょう。

西洋手相術の分類では「芸術家の手」（卵形の手・本能的な手）に、さらに「水分を含ませた手」というのが典型的な形で、男性には稀にしか見られず、女性には時折見出す形と言えるでしょう。

芸能関係、風俗関係、サービス業などで活躍している人に多く見掛ける手の形状で、不規則な日常、本能と感覚に支えられた仕事、明るく陽気でサービス精神旺盛な人の相で、規則正しく管理された組織には向いていないけれども、情緒性が豊かで楽しみを謳歌していく人生となります。

「水行の手」の場合、紋（線）では**天紋**（感情線）の形状と、**外芸紋**（水星線）、及び**受寵紋**（寵愛線・人気線）の有無が重要で、それらに恵まれている場合、機智と直感に富み、異性からの人気が高く、華やかな容姿で幸運に恵まれていくのが特徴です。

「水行の手」の人たちが**幸福な人生を歩む**ためには、社会的な成功を求めるのではなく、いかに人生

を楽しむことが出来るか、プライベートを充実させる生活を求めていくことが大切です。職務上の役割とか使命とかに幸福の条件を求めてはいけないのです。家族や恋人との関係が良好であることも、心豊かに暮らすうえでの大切な要素です。また、芸能とか旅行とか癒しなど一緒に楽しめる相手をパートナーとして得られると幸せに満ちた人生となります。

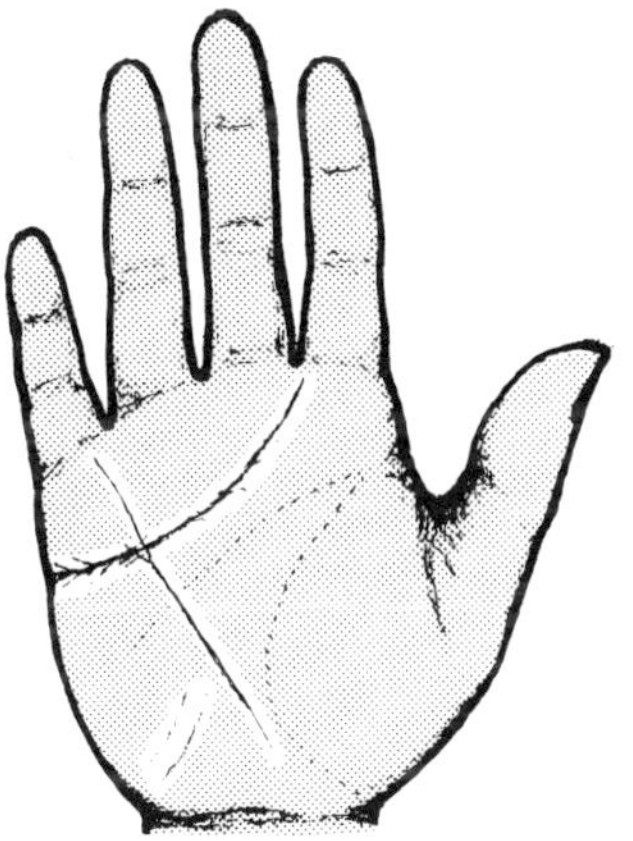

「水行の手」では、天紋と外芸紋と受寵紋の形状や優劣が成功の鍵を握っている。

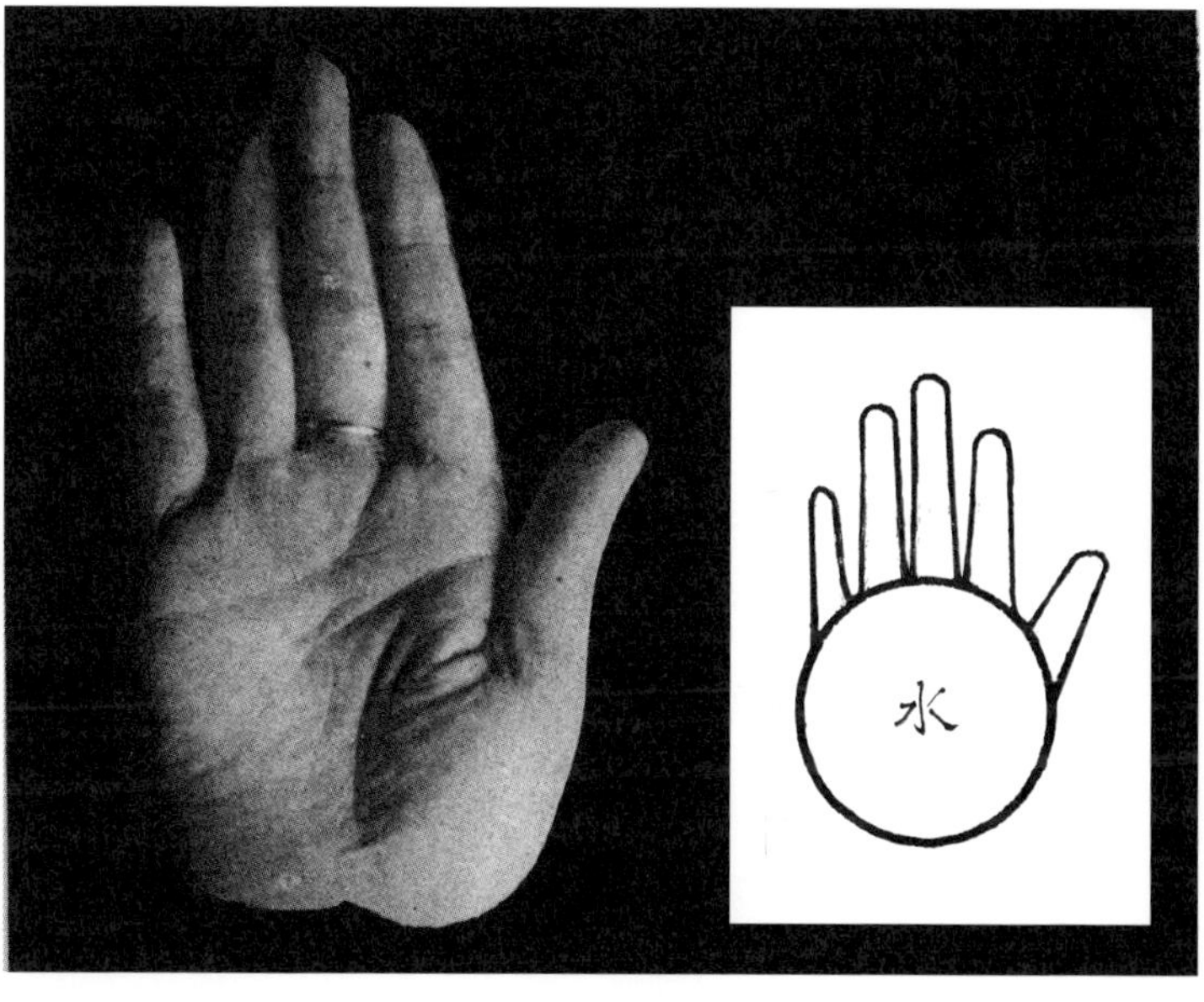

手相の極秘メモ⑤

天紋上部の領域で判る職業適性

天紋（西洋式↓感情線）上部の領域には、さまざまな紋（線）が表出します。まず、天紋上部で形良く弧を描く「銀河紋（金星環）」は、芸術・官能・神秘な分野で才能を発揮する相です。形が崩れている場合、神経質ですが接客業に向き、掌が硬ければギャンブル的な職種で力量を発揮します。小指下で横に刻まれる「妻妾紋（結婚線）」が多数あれば異性相手の仕事に向き、特別長ければ秘書が適職です。

天紋上部の立身紋が特に深ければ科学者や不動産業者に向き、天紋までで停止し立身紋が消失していれば家業の後継者に向き、天紋上部に贔屓紋が何本も起つのは人気稼業で成功します。天紋上部の贔屓紋が袋状となっていれば悪名を轟かす相で、危険な事業に手を出します。また薬指と小指の中間部分に、二本の垂直線が起つのは医療関係の分野で頭角を表し、力強い紋が三本以上起つのは企業家として成功します。また、天紋上部領域に人紋の枝線が上昇するのは金融分野で力を発揮する相です。

手相の極秘メモ⑥

地紋の領域内と身内・先祖との関係

地紋（西洋式↓生命線）によって区分された領域内には、自分の家族・親戚・先祖すべての関わりが詰め込まれています。地紋内部の上部は主として親戚・配偶者との関係で、人差し指の下に当たる地紋内部が凹んでいるのは親戚との交流が乏しい相であり、その部分に斜線が多ければ親戚間でトラブルを抱える相です。同じ上部でも、中指下に位置する領域は配偶者・恋人との関係で、この部位の地紋に破れあれば愛する人と離別しやすい相であり、特別凹んでいるのもパートナーを失いやすい相です。

地紋内部で、中央やや下部に当たる領域は親との関係が表出するところで、ここから立身紋（運命線）が起つのは親の七光りを得て成功していく形で、通常の立身紋に流れ込む斜めの紋は「遺産相続の相」です。また手首に接する内部領域は、既に亡くなっている血縁・先祖との関係が表出してくる部分で、ここが特別盛り上がっているのは先祖からの土地や財産を引き継ぐ相です。

第三章　江戸時代「手相紋」と西洋式「手相線」の比較

●天紋・人紋・地紋→感情線・頭脳線・生命線

和式手相術においては、西洋手相術で「線」と呼ばれているスジのことを「紋」と呼びます。つまり、西洋式で普通「感情線」と呼ばれるスジが「天紋」、普通「頭脳線」と呼ばれるスジが「人紋」、普通「生命線」と呼ばれるスジが「地紋」と呼ばれます。

それぞれの紋に対しての解釈は西洋式と多少異なり、次のような観方をします。

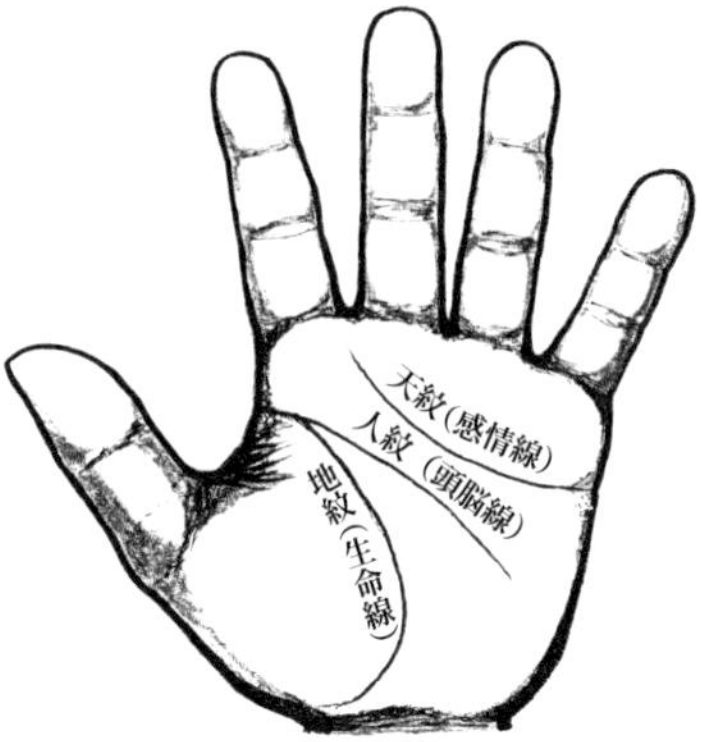

和式手相術の三大紋

天紋――貴賤と気質が何より表れる紋とし、他に目上との関係、仕事運が表示される紋です。

人紋――賢愚と貧富が何より表れる紋で、他に本人の生活環境、対人運が表示される紋です。

地紋――寿命と住宅が何より表れる紋とし、他に子孫との関係、相続運が表示される紋です。

天紋、すなわち西洋式の感情線では、その人の〝品格〟や〝地位〟を意味する「貴賤《きせん》」という表現を使って、仕事上で成

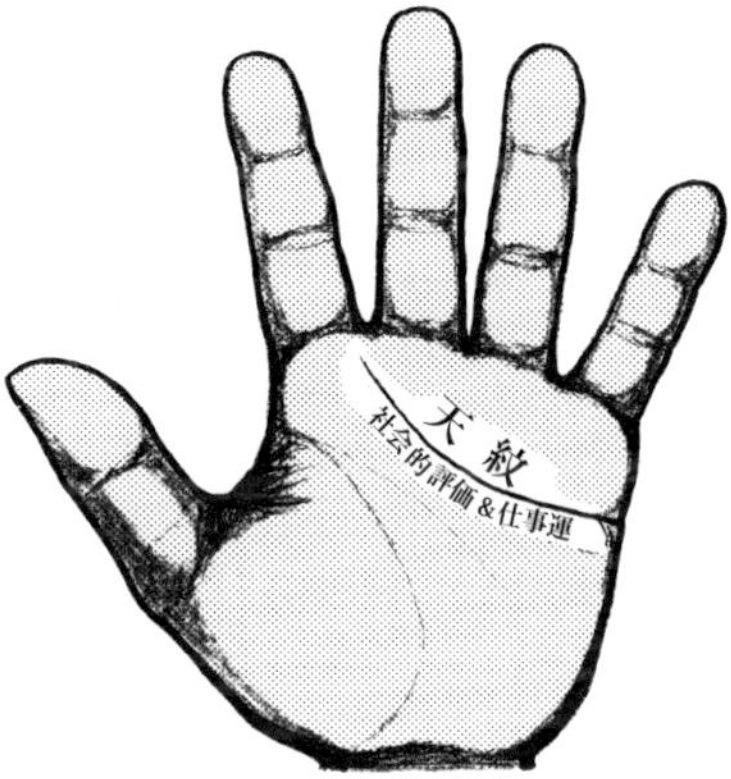

オーソドックスな天紋の位置と意味
天紋の上部全体で仕事運の吉凶を表す。

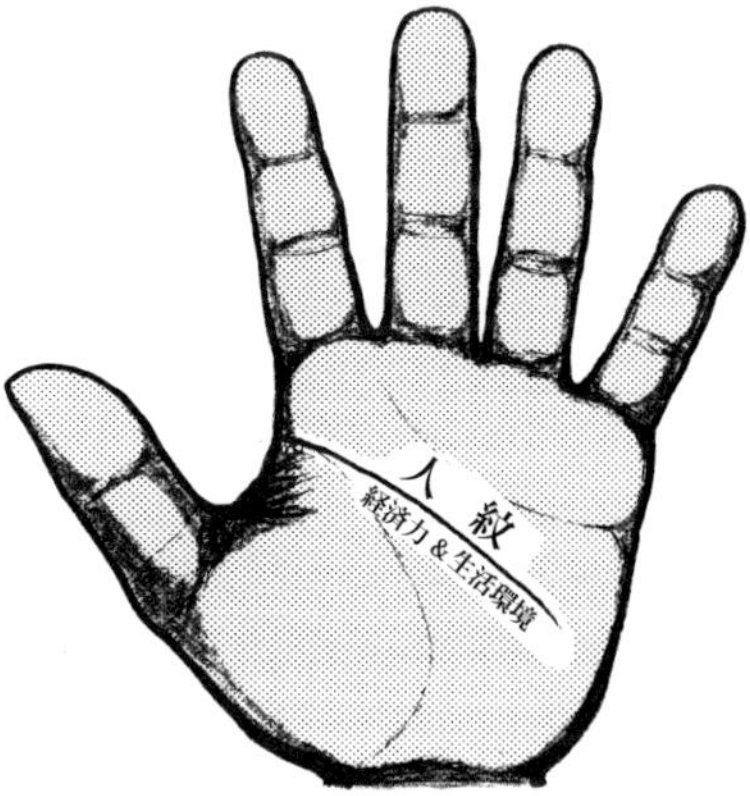

オーソドックスな人紋の位置と意味
人紋後半は、特に金運と密接に関わる。

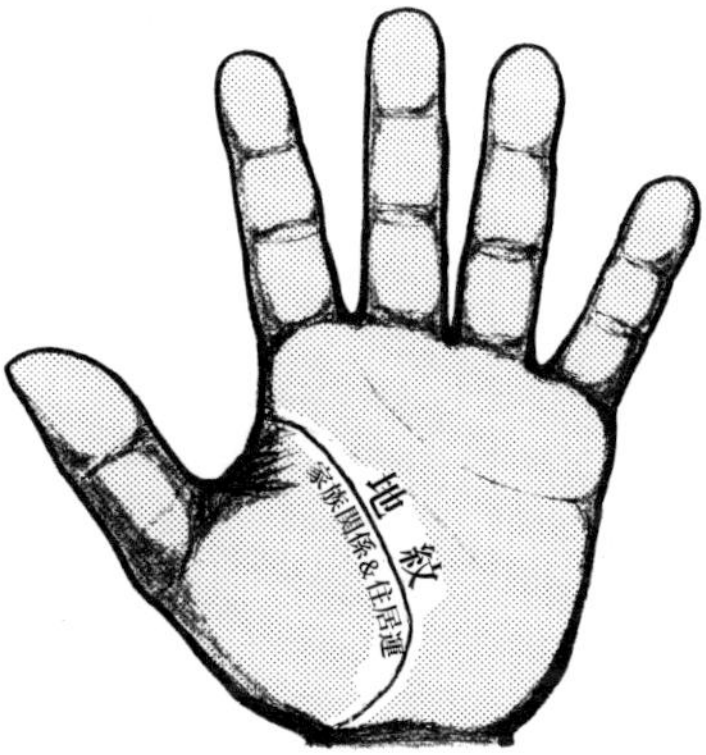

オーソドックスな地紋の位置と意味
地紋には寿命だけでなく住宅運が出る。

功できるかどうかの判断が可能だとしています。社会的な立場や身分が、家柄や血統によって、或いは家業としての職業によって、判然と区別されていた時代の研究であることに注目すべきです。おそらく好むと好まざるに関わらず〝武家は武士〟、〝農家は農業〟を選択せざるを得なかった時代、天紋によって「貴賤が定まる」ということは、〝貴ばれる身分〟として生きていくか、〝賤しい身分〟として生きていくか、士・農・工・商としてのそれではなくて、その職業分類内での社会的な評価を指していたものと思われます。

当然、それは「仕事運が表示される紋」だったからでしょう。そういう意味では矛盾はないのです。また「目上との関係」が示されるという点に関しては、西洋式の感情線としての意味合いの中にも〝気質〟と共に〝目上からの引立て運・対人関係運〟が含まれることを考えると、一応、妥当と言えるのかもしれません。

人紋、すなわち西洋式の頭脳線では、その人の〝賢愚〟だけでなく、「貧富」も判断されるというところが注目されます。そして、ここでも生まれついての〝士・農・工・商〟は度外視しているようです。手相の研究が進んだ江戸時代後半は、歴史的に見て経済的には大いに繁栄した時代であったと思われますが、同じ職業分野でも〝収入格差が広がった時代〟であるのかもしれません。

西洋式の頭脳線では、金運と直接結びつける見方は少ないようですが、それでも才能としての経済的な手腕の有無や、金融に対する特別な能力を判断する目安としては用いられました。人紋では他に

「生活環境」や「対人運」が示されるとしていますが、確かに西洋式で頭脳線が〝鎖状〟〝縄状〟〝断続的〟に刻まれているような場合、生活環境が安定していないことは事実のようです。

地紋、すなわち西洋式の生命線では、寿命と住宅が第一に表れるとされていますが、この点は西洋式手相術でも同様で、「生命線」という名称がそれを物語っています。住居運についても、生命線の後半部分で生まれ故郷や地元との関係、移動の有無などを判断していることが多く、事実上の住宅運と言えます。

子孫とか相続運については西洋式手相術の場合、〝妊娠・出産〟を生命線に結び付けて解釈するケースが多く、生命線下部に隣接している手首線で〝遺産相続〟を判断する観方も伝承されていますし、生命線内部から運命線へと流れ込む斜線を「遺産相続の印」と観る手相家もいます。

このように、西洋式手相術と和式手相術とは、意外なほど実占上での〝共通点〟も備えていたのです。

●和式手相紋にすべて存在する西洋式の主要線

私は個人的に世界中で発行された手相の本をコレクションしてもいますが、西洋式の手相書で扱われている主要な線というのは、世界中のどの地域の本でも比較的限られているものです。

それに対して和式手相書を見ると、まず、その紋の種類の多さに驚かされます。もっとも、そこに描かれている「紋」の多くは、現実にはあり得ないような奇妙な紋ばかりで、西洋式手相術に慣れている研究者であれば誰もが〝絵空事の手相書〟という印象を抱いてしまいがちなものです。私自身も、最初に「和式手相術」を知った時にはそうでした。

多分、昭和初期以降の日本で、和式手相術が置き去りにされ、誰一人顧みようともしなかったのは、その辺のところに原因があるのです。けれども、私には直観的に「人相で、これだけすぐれた観相法が確立されているのに、手相の方は全然使い物にならないなどということがあるだろうか？」という疑問が、ずっと脳裏を離れなかったのです。もちろん、気血色に対する観方は「西洋式手相術」にはないもので、それだけでも優れていると言えるのですが、掌線（紋）の方はまったく使い物にならないのはおかしいと思ったのです。

そういう想いを抱きながら、何となく和式手相書のページをめくっていったある日、手相書に書かれている文書上の内容と、その手相図解とが明らかに符合していない図解に出逢ったのです。それは「図解番号が入れ替わっている」というような違いではなく、図解を描いた人物が、文章としての手相術を正しく理解していない結果から出てきた間違いでした。

江戸時代の手相書は、基本的に〝手書き〟です。稀に木版刷りの本もありますが、原本となっているのは〝手書き写本〟です。しかも、手相の図解は筆で描かれています。優れた手相鑑定家の言葉を、

古書Bの美禄紋

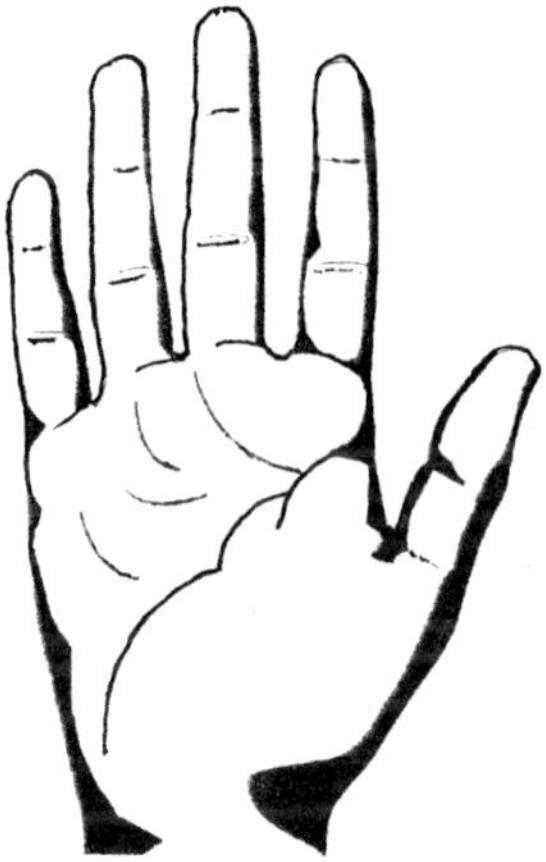

古書Aの美禄紋

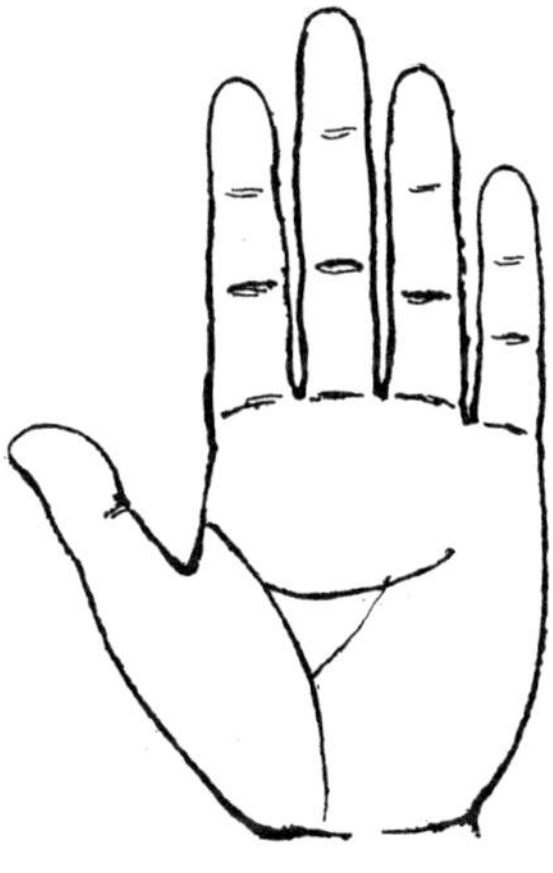

古書Dの美禄紋

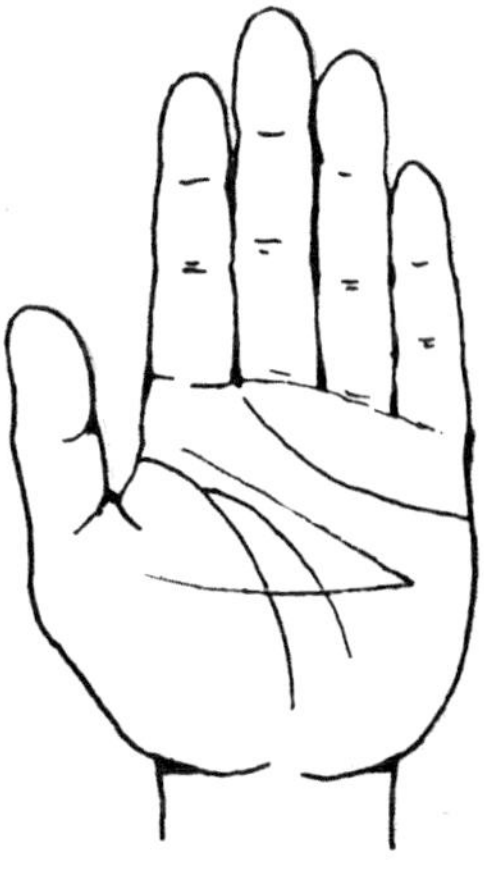

古書Cの美禄紋

和式手相術の古書四書それぞれにおける美禄紋の形状。
それぞれの形状解説には「三角形が表出」と記されている。
和式手相術の図解をそのまま信じ込むと迷路に迷いこむ。

文章として書きとめ、それに合わせて図解も手書きして添えるのが当時の習い方であったと推定されます。

したがって、信頼できるのは伝承としての文章表記の方で、模写する図解の方は必ずしも正確とは言えない可能性が強いのです。書き写した人物が、手相をきちんと把握していれば問題ないのですが、自分の感覚の中で〝適当に理解〟していた場合、図解は本来意図したものから外れてしまう可能性があるのです。

そのことに気付いた私は、図解と一体化して和式手相術を把握するのではなく、古典原書の文章を吟味し、その表現を実占経験から得ている〝手相に置き換えながら〟読み直してみたのです。すると、今まで荒唐無稽に思われていた「和式手相術」が、西洋式手相術で知られている各種の相と、ものの見事に一致していくのです。その結果わかったのは、一見使い物にならないかのように思える和式手相術の「紋（線）」にも、実は西洋式手相術の「線」と一致するものが多数存在していたということです。

こうして、私の洋の東西で用いる手相の紋（線）を〝照合していく〟という新たな研究が始まったのです。

その結果、西洋式手相術で用いられている線は、その九割まで「和式手相術」にも存在していたのです。

もっとも、江戸時代の古典原書を現代の若い方達が読んだとしても、よほど西洋手相術に精通し、実占での手相観察も熟していなければ、双方を結び付けて解読していくのは難しいことでしょう。図解に頼って解釈しようとすれば、百年経っても結び付けられません。

さらに、この照合作業を進めていく中で、私には改めて気づかされたことがあります。

それは日本人の思考方式の変化です。どういうことかというと、和式手相術が記述されていた頃の日本人と、現代の日本人とではその把握の仕方が根本的に違うのです。わかりやすくいうと、和風の〝右脳的な認識の仕方〟から、欧米型の〝左脳的な認識の仕方〟に変わってしまっている、ということです。

例えば現代の日本人は、「運命線」という名称の線に対して〝中指方向へと上昇していく縦の線〟として理解しようとします。ところが和式手相術では「運命線」に相当する線を「玉桂紋」「天喜紋」「立身紋」「剣難（漏財）紋」「国士紋」「昇龍紋」「縦貫紋」「千金紋」「天冲（栄達）紋」「折桂紋」「三奇（箒）紋」「陰陽紋」「四直紋」に分け、〝それぞれのパターンの紋〟として把握し、一本の線であっても形状によって種々な名称を与えて判断していこうとするのが特徴です。

●二重、三重の名称が和式手相術の混乱を招いた

西洋式手相術では「運命線」というただ一本の線を、十以上もの形状別パターンの「紋」として捉

え直すのが和式手相術です。
けれども、現代の日本人は左脳的な認識の仕方に慣れているので、本書では西洋式「運命線」に属するすべての「紋」を集合させ、その中の代表「立身紋」の〝変形パターン〟として第四章の「手相紋」では解説してあります。そこで予備知識としての〝運命線パターン〟を解説すれば、次のようになります。

玉桂紋…運命線が手首から中指まで貫く。豊臣秀吉の手形として公開されているもの。

玉桂紋……運命線が手首から中指まで貫き、中指付け根を超えて指の中まで線が刻まれる。
豊臣秀吉の掌にもあり「天下筋」とも呼ばれ、たぐい稀なる出世街道を歩む相とされます。

天喜紋……運命線が手首から中指付け根手前まで、切れ目なくクッキリと刻まれている
若い時から奮闘努力し、自らの運命を切り開いて成功・出世していく人の相と観られます。

立身紋……手首から中指付け根まで一直線に刻まれている以外の〝その他大勢の運命線〟。
やや蛇行するか、切れ目あるか、横線遮るのは、苦難の末に出世していく人の相とされます。

剣難紋……通常の運命線でありながら、その終点が人差し指と中指の間に流れ込んでいく。
トラブルに巻き込まれやすい人生ですが、他に「漏財紋」という名称もあり浪費家の相です。

国士紋……これは稀な相ですが、運命線の始発点や終止点に小さな×字形が刻まれている。
西洋式とは異なり、義侠心に富み、救済精神強く、世界的に活躍する人の相とされています。

昇龍紋……これも稀な相ですが、運命線の終止点が人差し指の付け根方向に向かっていく。
その名称のごとく、成功への階段を駆け上っていく形で、即断実行型の相とされています。

縦貫紋……生命線（地紋）底部を起点とし、頭脳線（人紋）感情線（天紋）を貫き縦に刻まれる。

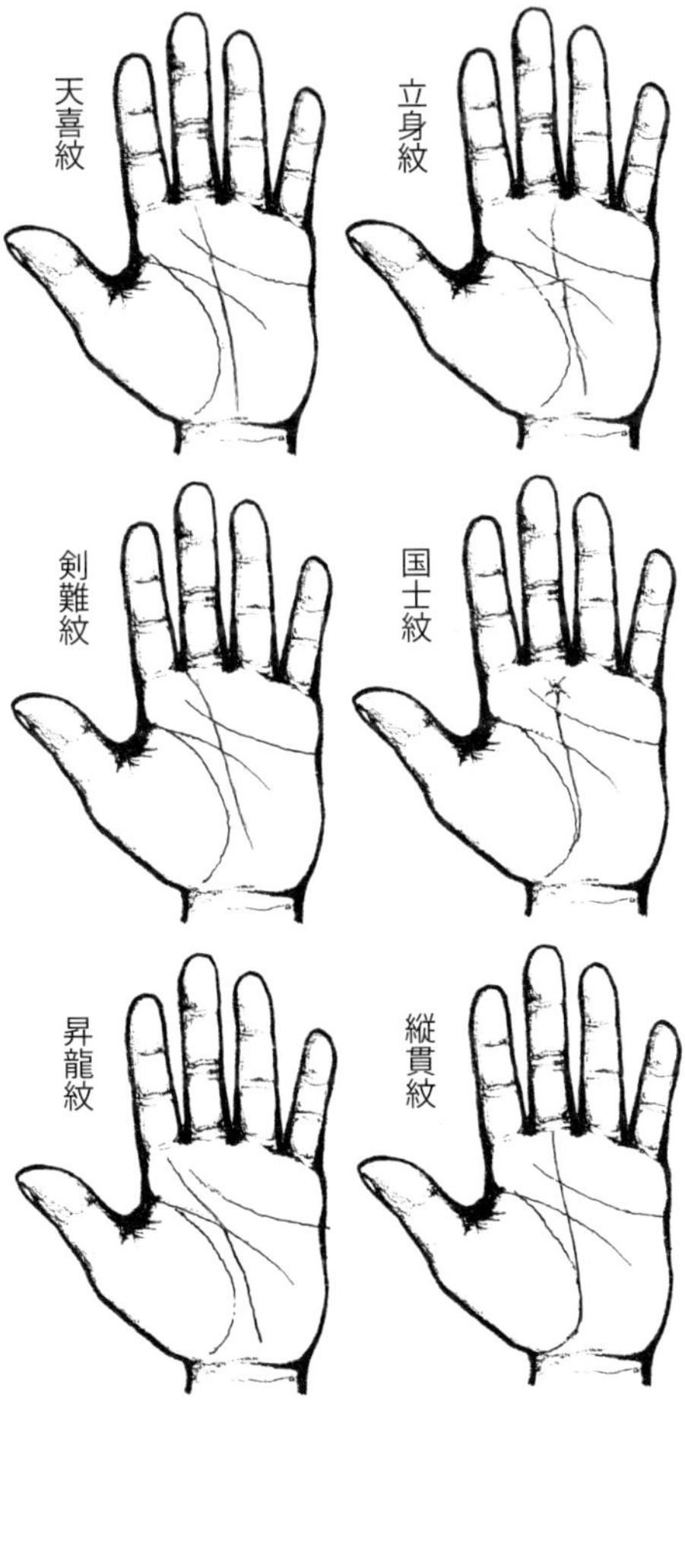

運命線（立身紋）の各種パターン①
和式手相術では一つの線（紋）をさまざまなパターンに分けて、さまざまな名称の線（紋）として扱っている。ここでは西洋式のように「立身紋」の"13変化"として理解されたい。

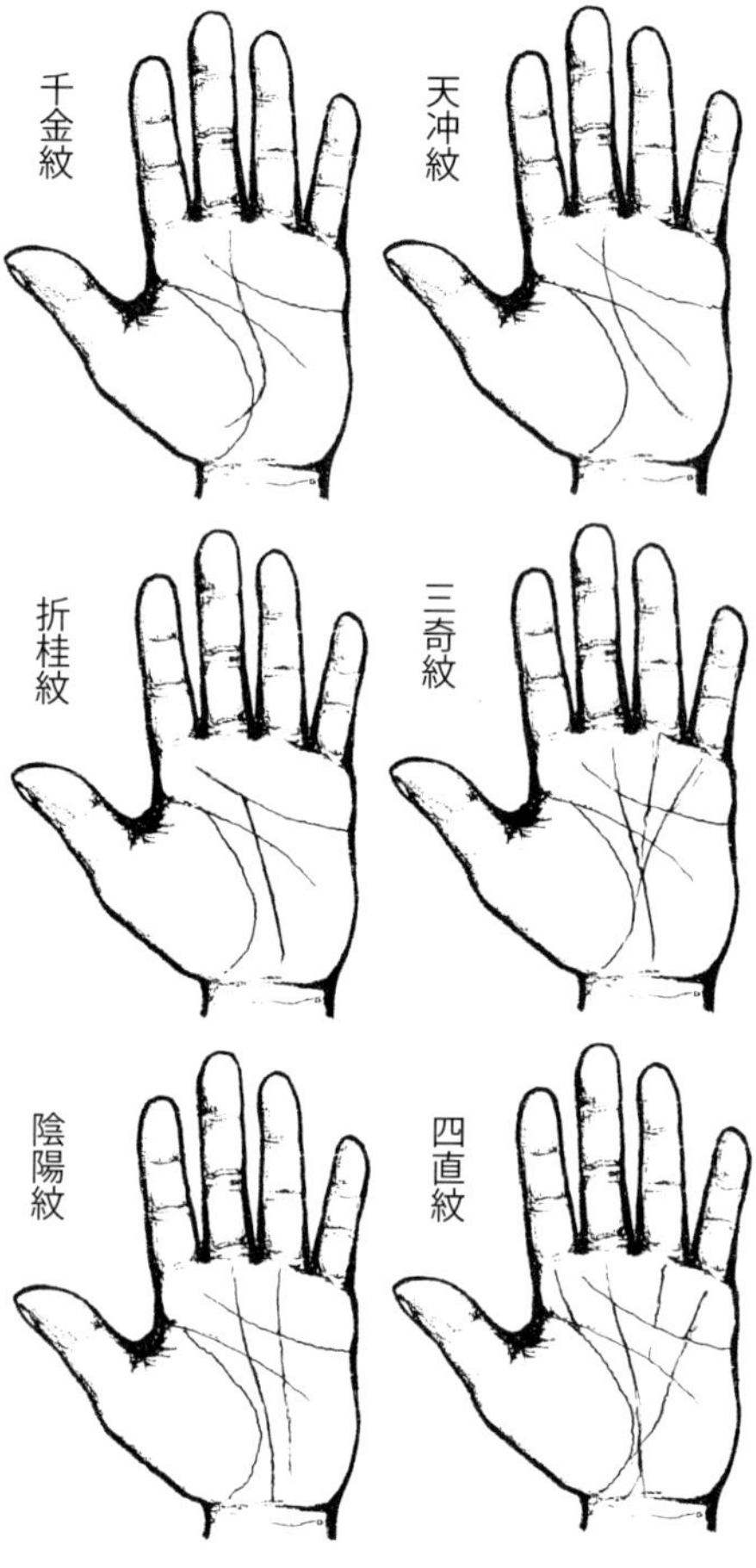

運命線（立身紋）の各種パターン②
「陰陽紋」は太陽線（贔屓紋）の１パターンとしても、「三奇紋」は水星線（外芸紋）の１パターンとしても、「四直紋」は希望線（独朝紋）の１パターンとしても機能している。

西洋式の場合は、幼少期に苦労を重ねる運命線のことですが、名誉運強き人の相とされます。

千金紋……生命線（地紋）内部の拇指丘（艮宮）から弧を描いて中指付け根へ上昇していく。

「縦貫紋」と似ていますが、先祖の影響を強く受け、経済的に大成功していく人の相です。

天冲紋……西洋式では小指側の月丘から大きく弧を描いて中指下に上昇する運命線の形状。

「栄達紋」と呼ばれることもあり、どのような家系でも必ず出世していく人の相とされます。

折桂紋……手首付近から感情線（天紋）まで直線的に上昇しながら、急に折れてしまう形状。

西洋式では仕事に情熱を捧げる相とされていますが、目上から引き立てを得る相とされます。

三奇紋……運命線の途中から、薬指方向に上昇する枝線と小指方向に上昇する枝線を持つ。

「箒紋」とも呼ばれ成功・出世する人の相ですが、西洋式でも「億万長者の相」とされます。

陰陽紋……これは今までと違い、西洋式の運命線と太陽線の二本の線が平行して刻まれる。

これは両線(紋)とも同じように長いことが条件ですが、協力者が出て成功する相とされます。

四直紋……これは中指、薬指、小指、人差し指の付け根方向に四本の直線が刻まれている。

西洋式でも、運命線、太陽線、水星線、希望線が揃っている珍しい相で、大成功者の相です。

このように運命線一本だけでもいくつもの〝パターン名称〟が存在するのが、和式手相術の特徴なのです。

これほど多数の〝パターン名称〟が存在するのは西洋式・運命線だけですが、その以外の線（紋）でも四つ、五つの名称が与えられているケースは珍しくないので、西洋型の思考形式に慣れている現代の日本人は、それに幻惑されて理解できなくなってしまうのです。

●西洋式と和式の名称比較

西洋式の「運命線」のように多数ではなくても、重複した呼び方をする紋はいくつもあります。西洋式合理性に慣れている私たちは、どうしてもその部分で「和式手相術」につまずいてしまいやすいものです。西洋式手相術の知識が身に付いている方のために、「運命線」以外の西洋式手相術と和式手相術の名称比較を一覧にしておきます（**ゴシック文字は本書中で〝代表的な紋〟として扱っている名称**）。

西洋式手相術上での名称	和式手相術上での名称（重複あり）
生命線	**地紋**＝大陰紋＝剋母紋＝地廣紋
頭脳線	**人紋**＝破家紋＝叢生紋＝三元紋
感情線	**天紋**＝弓箭紋＝天業紋＝剋父紋＝一貫紋
太陽線	**贔屓紋**＝高扶紋＝六秀紋＝富貴紋＝陰陽紋＝三奇紋
水星線	**外芸紋**＝異学紋＝考證紋＝運約紋＝三奇紋＝四直紋
希望線	**独朝紋**＝智慧紋＝夢遊紋＝四直紋

障害線　**剋害紋**＝繁雑紋＝離散紋＝心労紋＝煩悩紋＝劫殺紋

結婚線　**妻妾紋**＝家風紋＝預妻紋＝密夫紋＝附馬紋

金星環　酒色紋＝**銀河紋**＝月暈紋＝三日月紋＝横財紋

放縦線　出奔紋＝**従欲紋**＝花柳紋＝大波紋＝堕落紋＝耽溺紋

影響線　**貴人紋**＝痴情紋＝色欲紋

寵愛線　**受寵紋**＝福厚紋＝拝相紋

土星環　鎖身紋

木星環　新月紋＝華蓋紋

火星線　逸野紋

旅行線　去家紋＝出国紋

西洋式と和式の名称比較図（その1）

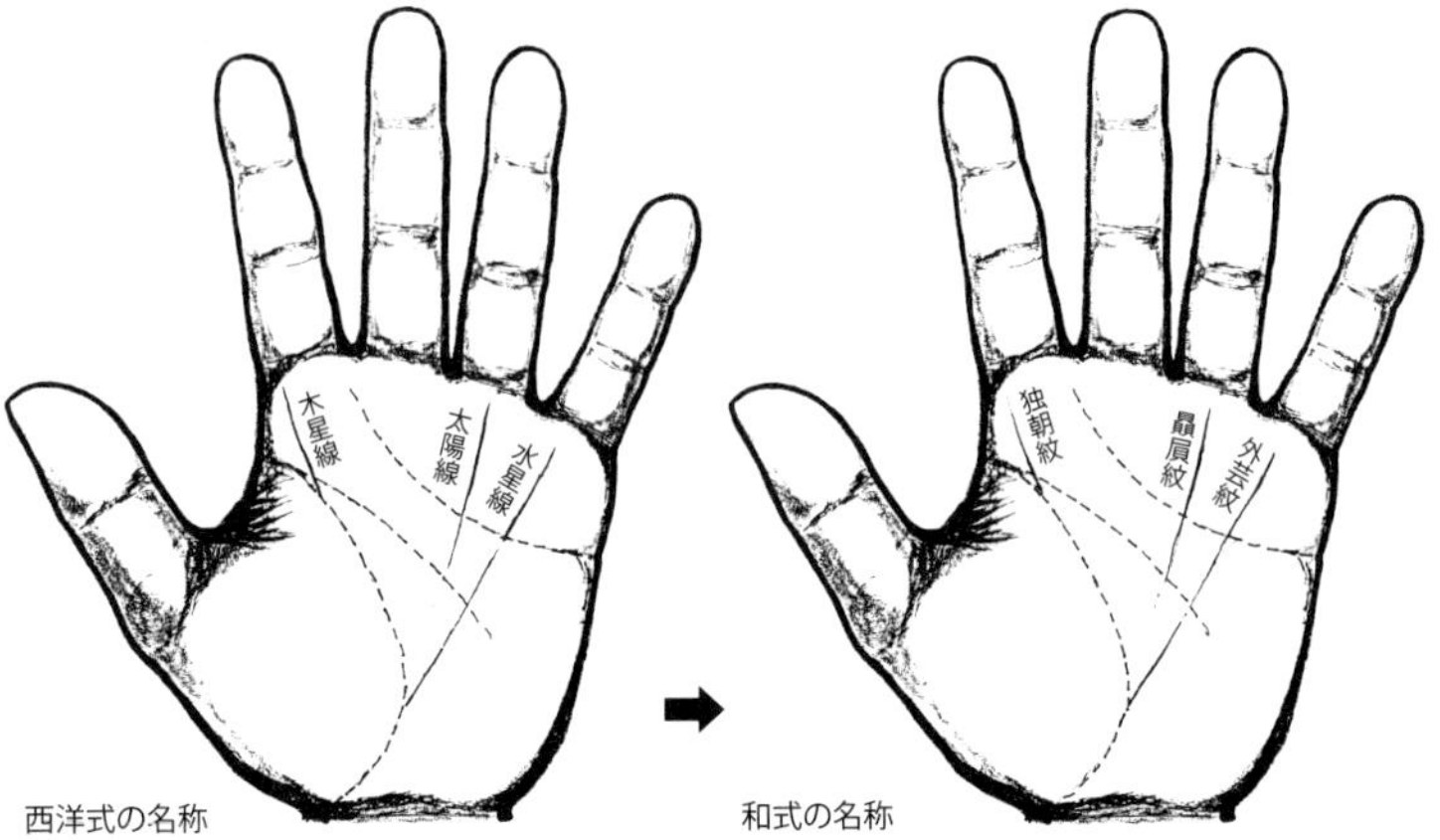

和式には贔屓紋が高扶紋、外芸紋が考證紋などの異称がある。

西洋式と和式の名称比較図（その2）

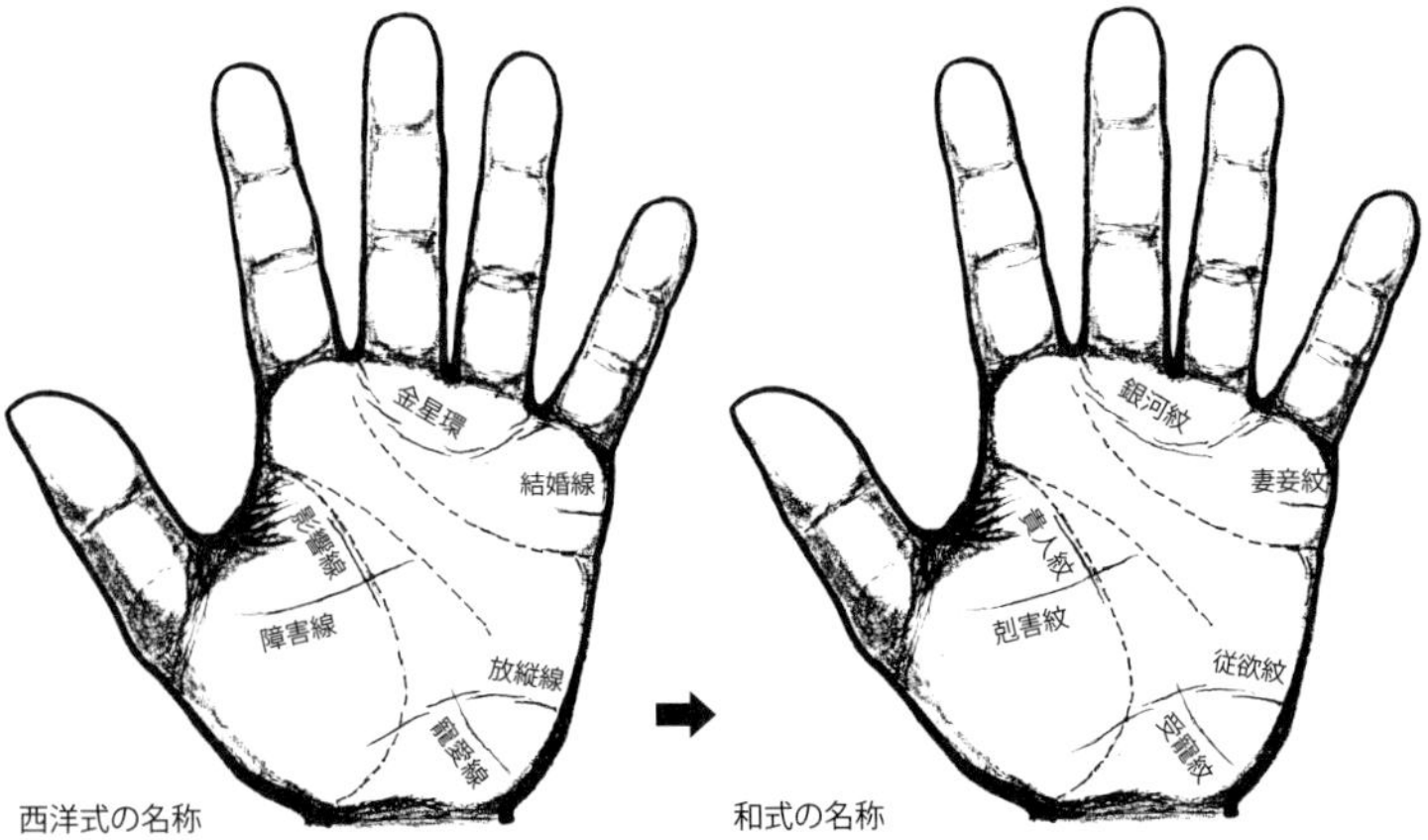

和式には剋害紋が煩悩紋、妻妾紋が家風紋などの異称がある。

●時々、奇想天外な妖しい紋も混じっている

次に、和式手相術で用いる種々な紋の中には、明らかに〝実際にはあり得ない形状の紋〟というものも含まれています。多分、そういう「紋」もあったことが、和式手相術を急速に衰えさせてしまった原因の一つであったよう感じられます。

もっとも捉えようによっては、そのような〝奇天烈な紋〟も含まれていたことが、和式手相術に独特の風情を与え、古の香りを残すものになったと言えないこともありません。そうはいっても、これらを排除していかないと、和式手相術の「紋」は実占で役立つ方術にはなりません。

実際にはあり得ない形状の紋には、次のようなものがあります。

西洋式と和式の名称比較図（その3）

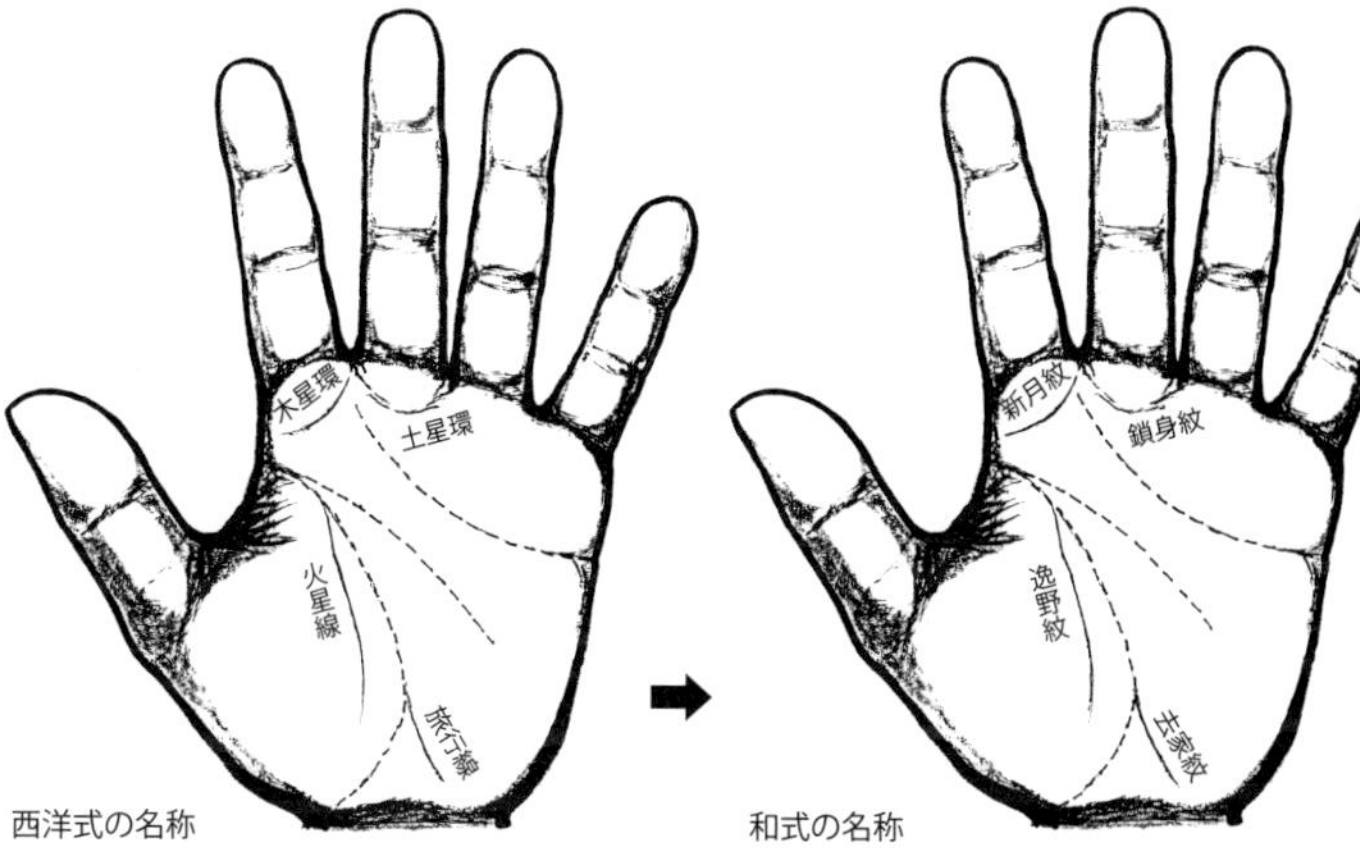

和式には去家紋が出国紋、新月紋が華蓋紋などの異称がある。

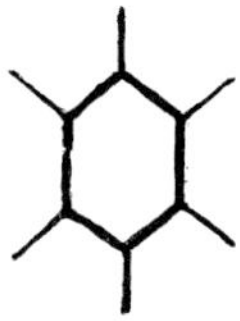

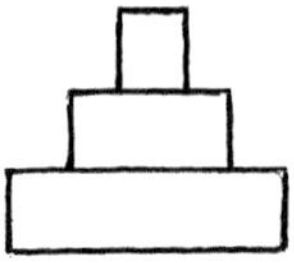

金亀紋……亀の背中のような形状の印が掌下部に出現する紋で、心身健全で百歳の長寿を得られる相とされています。

懸魚紋……魚の形状が出現する紋で、親指の近くにあれば学術優秀、手首の近くなら異性問題に注意の相とされています。

乱花紋……細かく花が散っているような小紋が掌中央から親指付近まで多数表出し、酒色に耽溺する相とされています。

米俵紋……文字通り米俵のような形象の記号が人紋上に出現する相で、財運満ち溢れ願望も成就する相とされています。

玉階紋……階段状の形象が出現する紋で、どのような境遇にあっても出世していくことが出来る人の相とされています。

車輪紋……掌中央に花車のような形状が出現する紋で、剣術極意の達人、創始者、発明家となる人の相とされています。

螺旋紋……大きな渦巻き状の紋が出現する形で、福禄集まる相としますが、母指丘に出るのは溺死の相とされています。

加鎖紋……細長い壁のような形が連なる紋で、前途を閉ざす難関が未来に待ちかまえている人の相とされています。

もっとも、これらの「紋」の形状は、古書によって多少異なるので、もしかすると「運命線」のパターン化と同じように、解説に記した〝雰囲気の形状〟を「相」として求めるべきなのかもしれません。

手相の極秘メモ⑦

世界の異色手相術について

世界的に見て、もっとも微細な線まで鑑定しようとするのは「ベトナムの手相術」です。ベトナムの手相書に描かれている手相図解は、微細すぎて何の線なのか判別に苦しむくらいです。手指と人体を重ね合わせて判断する方法も異色で、中指から手首にかけ人体内部がそのまま投影されている、という観方をします。しかも、肺は中指下の人差し指寄りと、親指付け根上部の二ヶ所に投影されるので、双方を観て判断する等、複雑です。

近年「イギリスの手相術」では、掌全体の皮膚紋理の研究が盛んです。われわれの掌には元々各部位ごとに「掌紋」（ループ）と呼ばれる「指紋」と似たような「紋」が備わっています。拡大鏡で観ないと判別できないのが普通ですが、その各部位の「掌紋」形状には、いくつかのタイプが存在し、先天的な能力や体質と深く関わっています。その掌紋を微細に「流線そのものの形」まで突き詰め観察するのが皮膚紋理の研究です。

手相の極秘メモ⑧

易理応用で不倫女性の手相を見抜く

和式手相では、天紋の始発点（小指下）の下方に「兌宮」を配し、人紋の始発点（人差し指下）の下方に「震宮」が配されています。そして両宮は、左右で水平に向かい合う位置関係にあるのが普通です。ところが、どちらか一方の宮の位置が高く（或いは低く）、水平とならない手相があります。天紋の始発位置が高くて「兌宮」が「震宮」の上に来ると、易で「沢《たく》雷随《らいずい》」の配置関係となり、人紋の始発位置が高くて「震宮」が「兌宮」の上に来ると、「雷沢帰妹《らいたくきまい》」の配置関係になる、と観立てます。

易理では、「沢雷随」は〝夫唱婦随の象形〟であり、「雷沢帰妹」は〝不倫背徳の象形〟と観ます。そこで「兌宮」位置が高い手相の女性は〝夫唱婦随の結婚運〟に恵まれ、「震宮」位置が高い女性は〝不倫や愛人関係〟が生じやすい結婚運の持ち主と観るのです。不倫が無くても、離婚率が高い相であるのは間違いありません。

第四章　ＪＡＰＡＮ手相紋の種々相に基づく判断

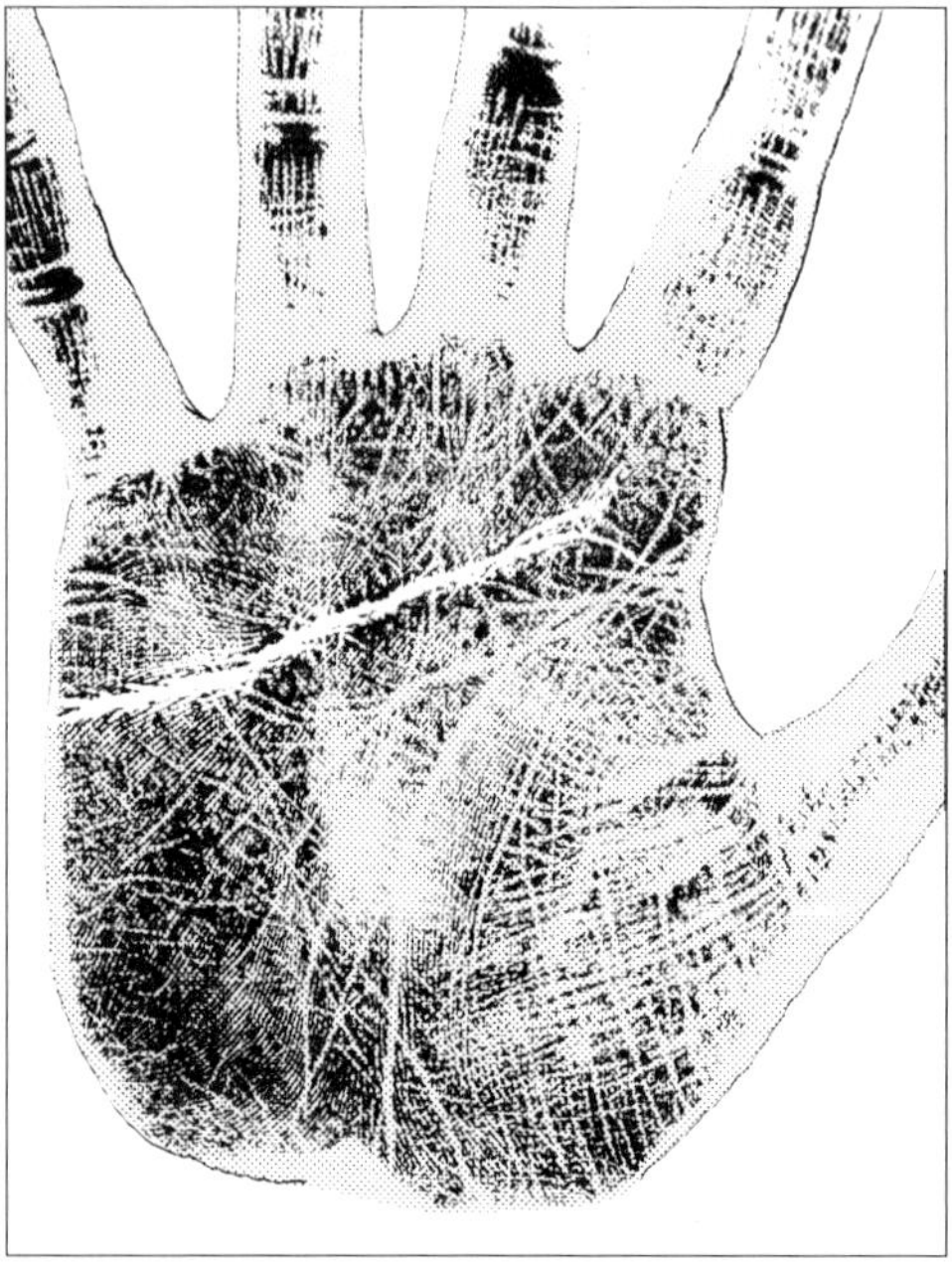

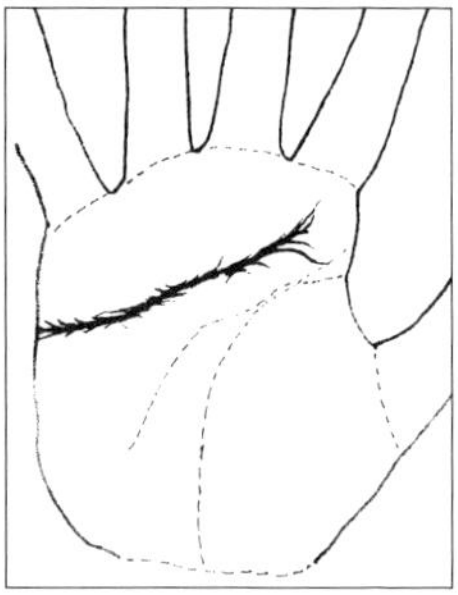

天紋　てんもん

天紋の基本と種々相の判断……職業の貴賤を予見する

「**天紋**」というのは、西洋式手相術でいうところの「**感情線**」です。和式手相術では、三大紋（天紋・人紋・地紋）の中でもっとも重要視されている紋で、先天的な**運勢の強弱**、職業上の貴賤、つまり**仕事上の成功度**や、父親や目上との関係、信仰や宗教に関する出来事、性格的な傾向が示される、としています。

これらを単純に、天紋だけで捉えると当てはまっていない部分も出てくるのですが、「**天紋も含めてその上部**」という風に捉え直すと、確かに運勢全般や成功度、仕事上の能力や手腕、目上との関係や性格傾向まで、大いに当てはまっている、と認めざるを得ないものです。

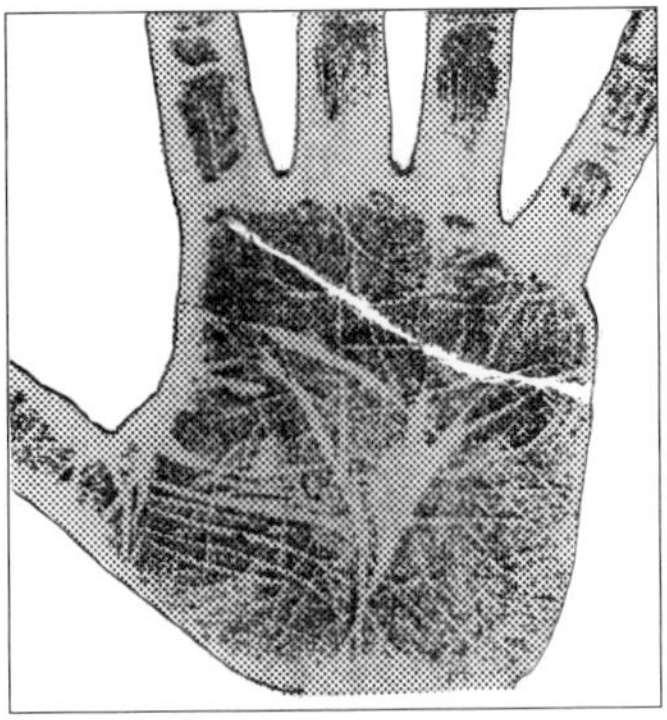

★天紋の先が「巽宮（人差し指下）」に向かっているのは、運勢が強く、仕事上で才能・手腕を発揮し、組織内では出世・成功しやすい人生です。途中から二股に分かれているのは、副業でも利益が得られます。

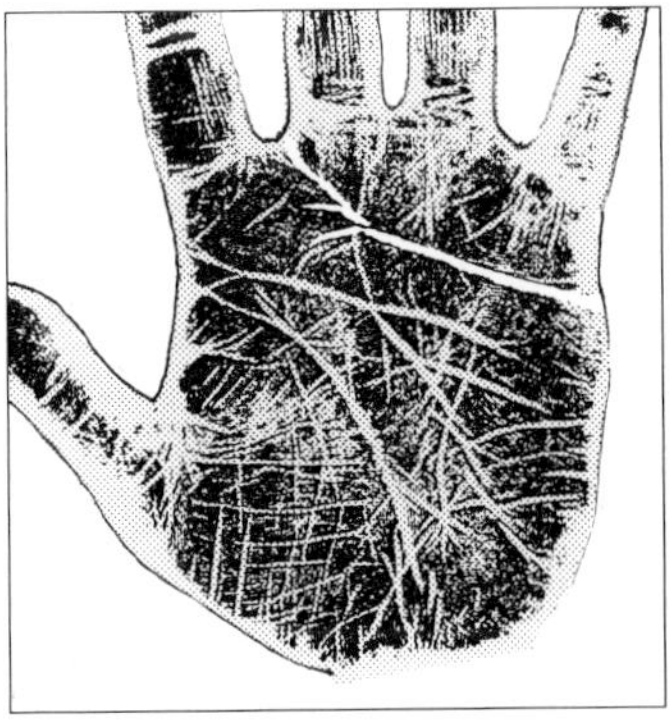

★天紋の先が人差し指と中指の中間に入るのは、性質が善良で苦労が多く、自分の愛する人のために時間やお金を使いやすいものです。父親との縁は、極端に仲良く過ごすか、毛嫌いするかで中間がありません。

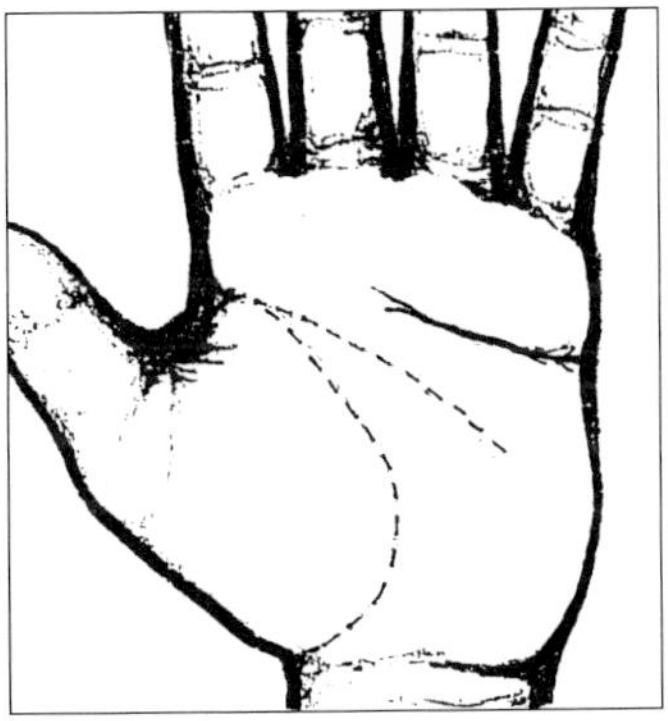

★天紋が短く「離宮（中指下）」で止まっていれば、社会的な地位や立場が変わりやすく、一つの業務を長続きさせていくのが難しい相です。組織内や管理職での成功は難しく、不慮の死を招くこともあります。

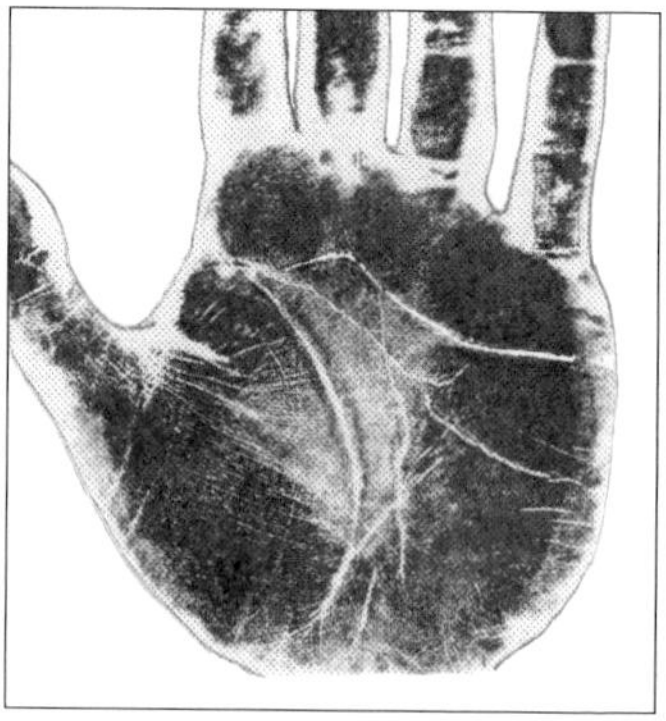

★天紋の先が途中から下向きに曲がり、人紋や地紋の出発点付近で重なるのは、中年期に大きな失脚を招く人の相です。部下・後輩に裏切られることもあれば、不倫恋愛に巻き込まれて社会的地位を棒に振る人もいます。

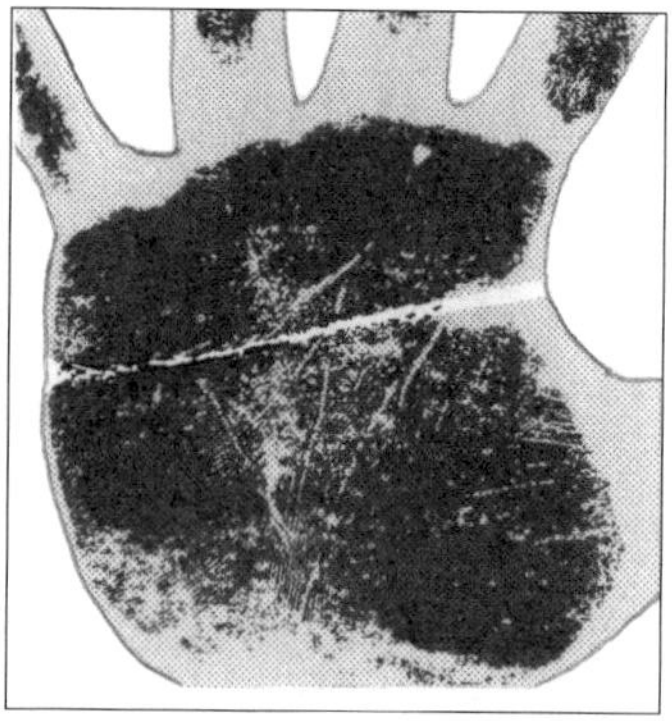

★天紋が横一直線に刻まれ、人紋と一体化する「**桝懸紋**」の場合は、投機的な事業・商売に関わって失敗を招きやすい相です。また職務が変わりやすく、社会的には成功しても家庭運・部下運には恵まれません。

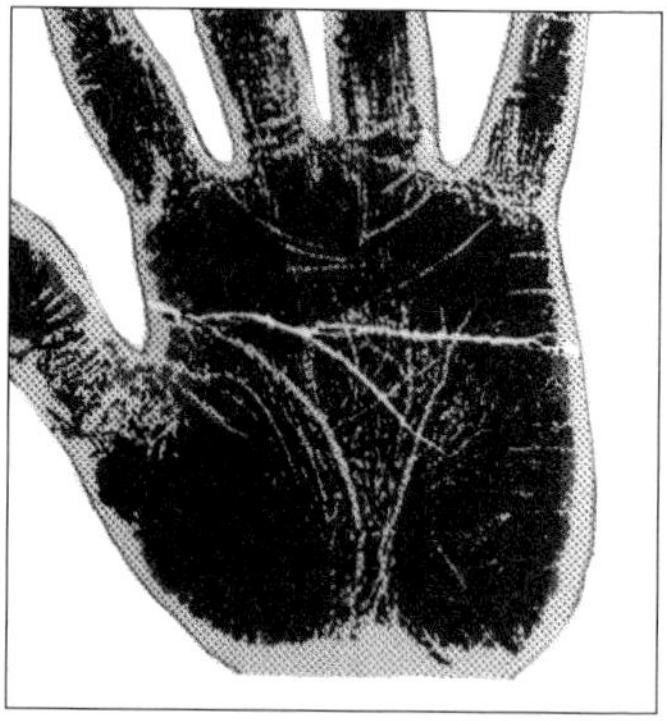

★天紋と人紋とが一体化する「完全な桝懸紋」ではなく、通常の人紋位置に直線的な天紋が流れ込む形の「**変形桝懸紋**」の場合は、アイディア豊かで成功しやすいのですが、愛情問題では人一倍悩む人の相です。

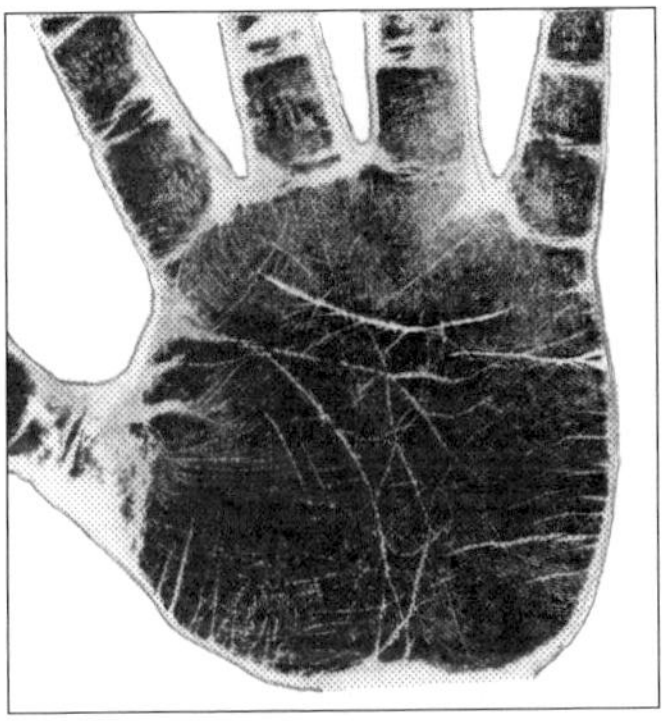

★天紋が途中で破れているのは、性格的に軽はずみなところがあり、職業でも結婚でも嫌になると簡単に変えてしまうようなところを持っています。特に結婚の相手が変わるのは、家系的な傾向を持っています。

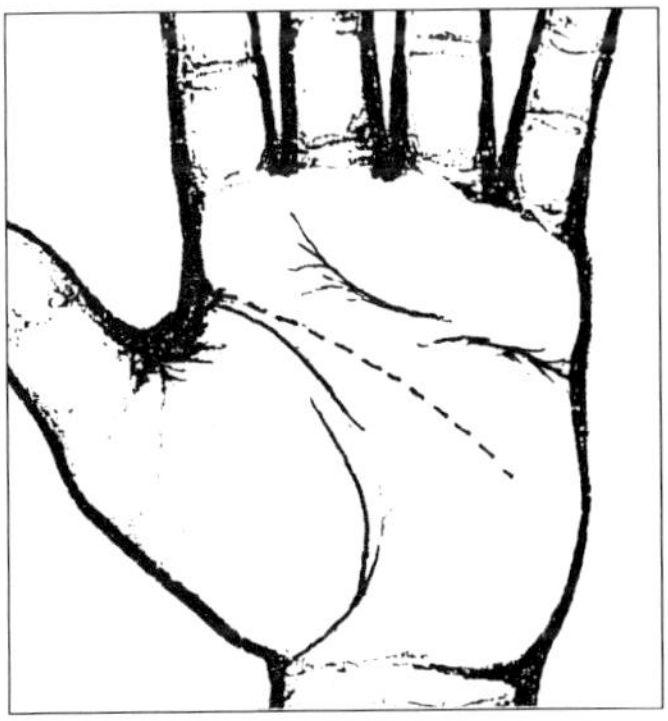

★天紋と地紋の両方が中間部分で大きな破れを持っているのは、家庭的に不幸な幼少期を過ごしている場合が多く、父親にも母親にも早くに別れる運命を持つ人の相です。死別とは限らず生別の場合もあります。

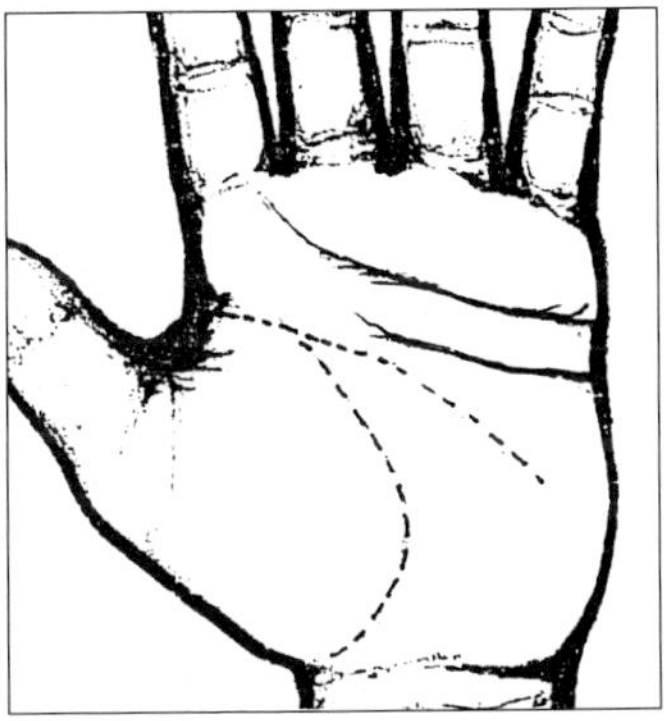

★天紋が二重に平行して刻まれているのは、女性は子宮が丈夫で産が軽い人の相ですが、男女とも配偶者縁の変わりやすい相です。本業以外に副業を持つ人の相でもあり、生命力強く長寿相の一つともされます。

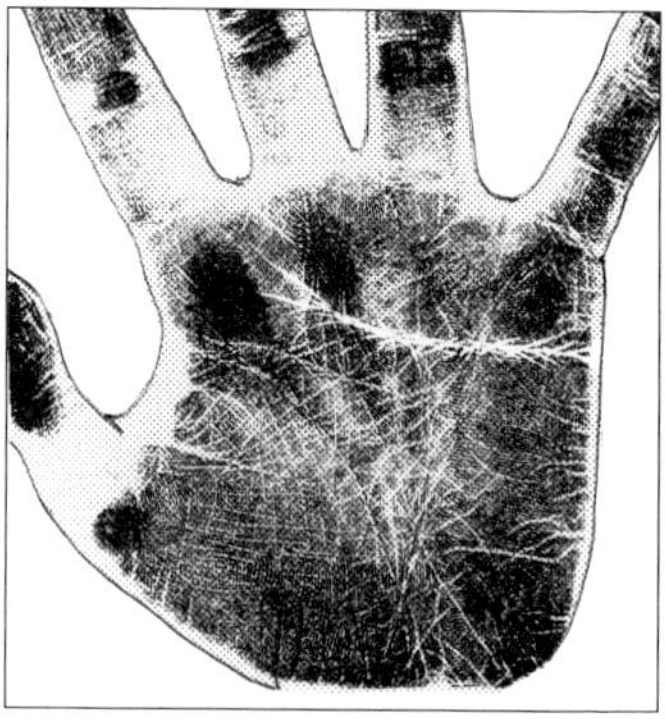

★天紋の幅が広く鎖状や縄状になっているのは「**索縄紋**」と呼ばれ、情愛豊かで目上からも目下からも慕われる人の相です。ただ家庭運に恵まれず、ライバルが出現しやすい相であり、変化の多い人生を歩みます。

★天紋と人紋との間を斜め横線が多数横断しているのは「**貪心紋**」と呼ばれ、人の所有物を自分のモノにしたい気持ちが人一倍強い人の相です。また、仕事でも恋愛でも妨害が生じやすく挫折経験しやすい人生です。

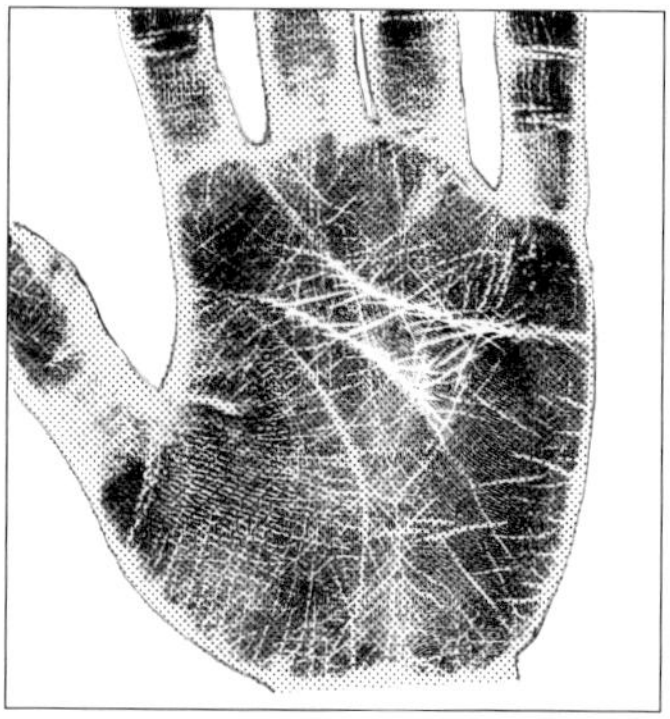

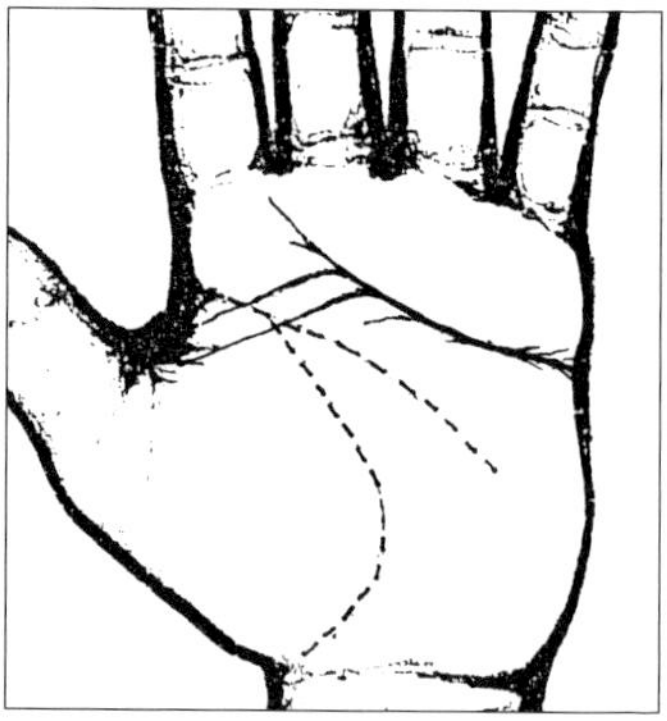

★天紋本筋は普通でも、途中から枝筋伸びて「震宮（親指付け根上部）」へと向かっているのは、家族親戚間と調和できない人の相で、仕事上も対人面でトラブルが多い相です。部下・後輩から裏切られやすい相です。

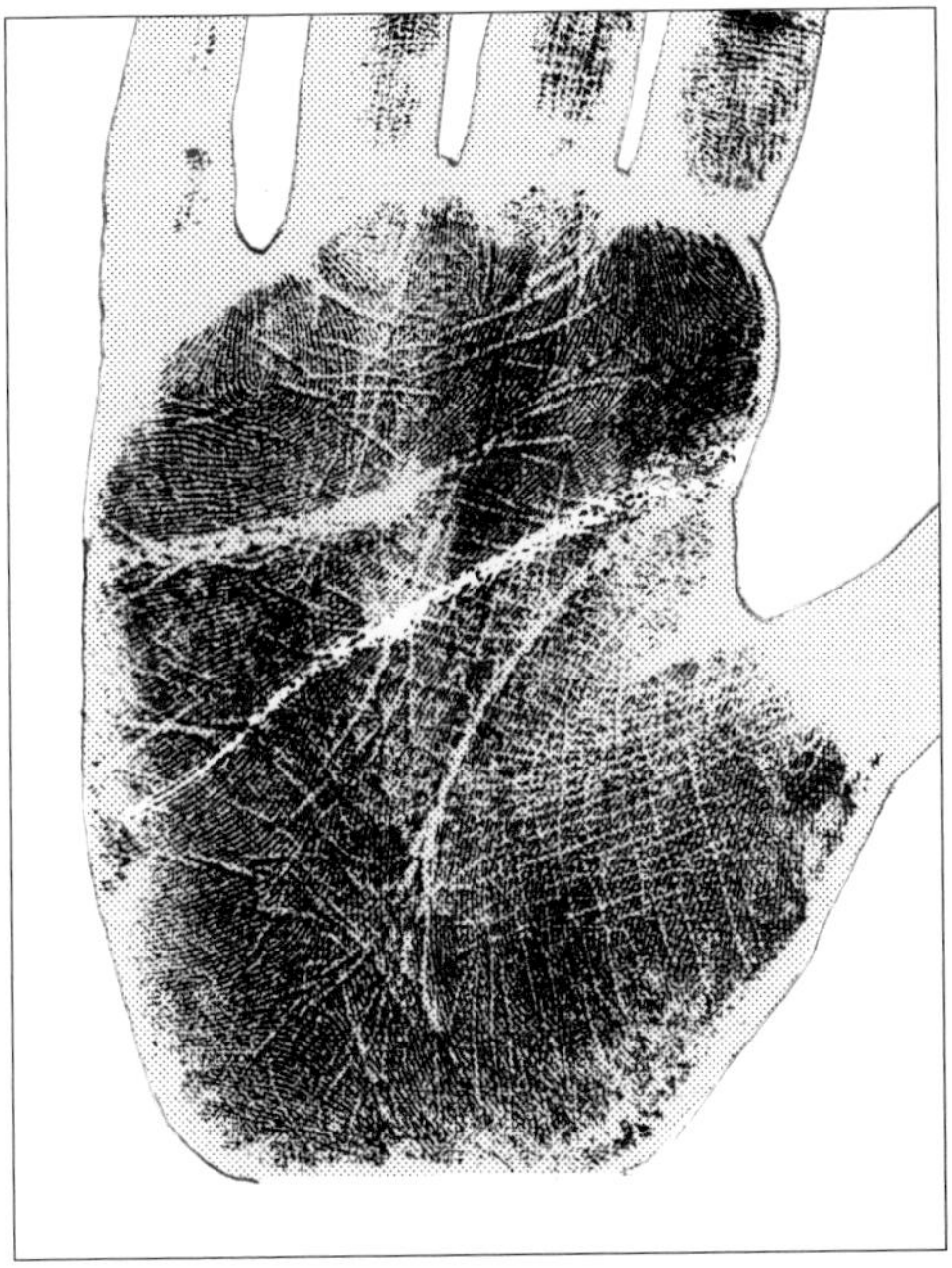

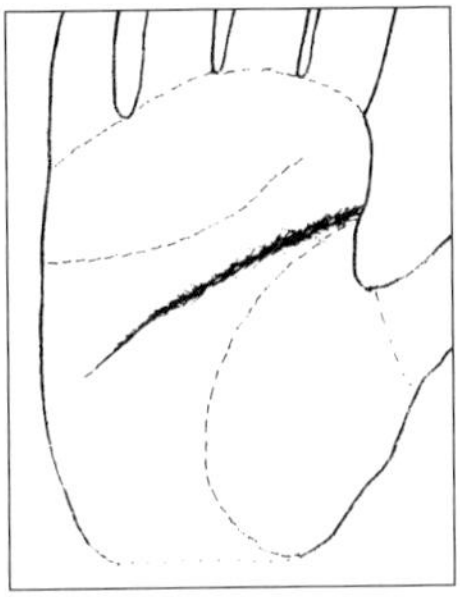

人紋《じんもん》

人紋の基本と種々相の判断……金運の先行きを予見する

「**人紋**」というのは、西洋式手相術でいうところの「**頭脳線**」です。和式手相術では、三大紋（天紋・人紋・地紋）の中で唯一本人自身を表している…とされる紋で、本人の「**賢・愚**」（賢いのか愚かなのか）、「**貧・富**」（貧乏なのか裕福なのか）、そして本人の**健康運と生活環境**、さらには総合的な対人関係が示される、としています。人紋だけで健康運や対人運を捉えることは出来ませんが、健康運は地紋とも合わせながら、対人運は天紋とも合わせながら鑑定すれば矛盾は生じません。また、能力の有無は西洋式でも言われていることで、金運に関しても多くの実占例から十分に頷ける観方です。

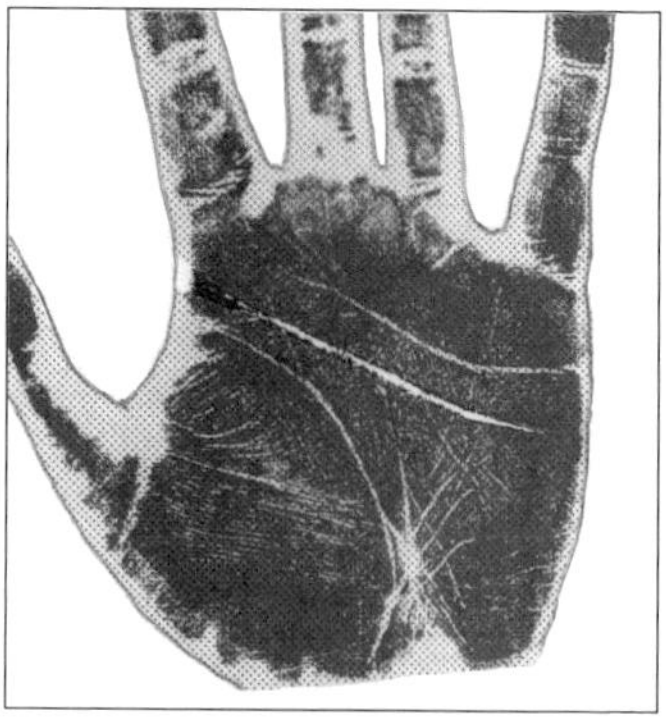

★人紋の先が「兌宮（天紋下の小指寄り部分）」に向かっているのは、実行力に富み、中年以降になって発展し、晩年は経済的に恵まれた人生となります。傲慢さから対人関係では敵を持つことが多くなります。

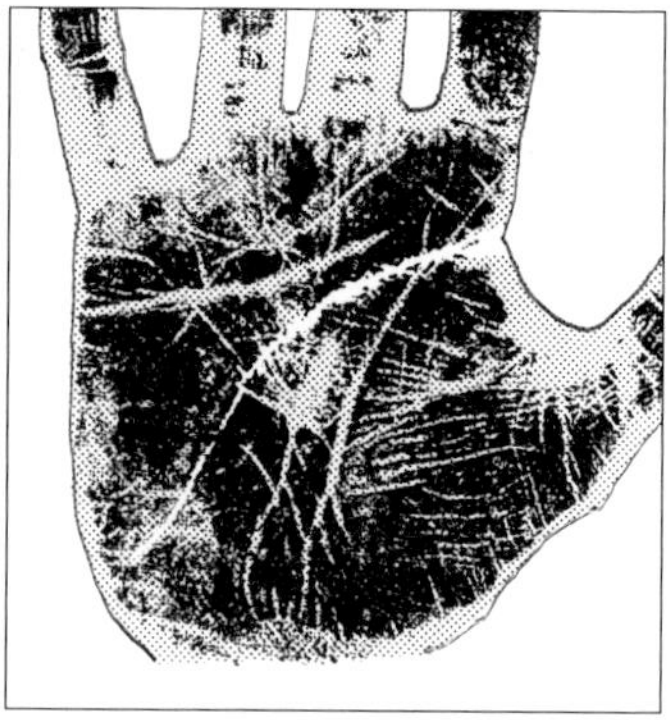

★人紋の先が「乾宮（兌宮下で手首近くの領域）」に向かっているのは、若い頃は恋愛問題など対人面で悩むことが多く、老いてからは経済面で苦労が多くなる人の相です。慢性疾患や認知症にも要注意の相です。

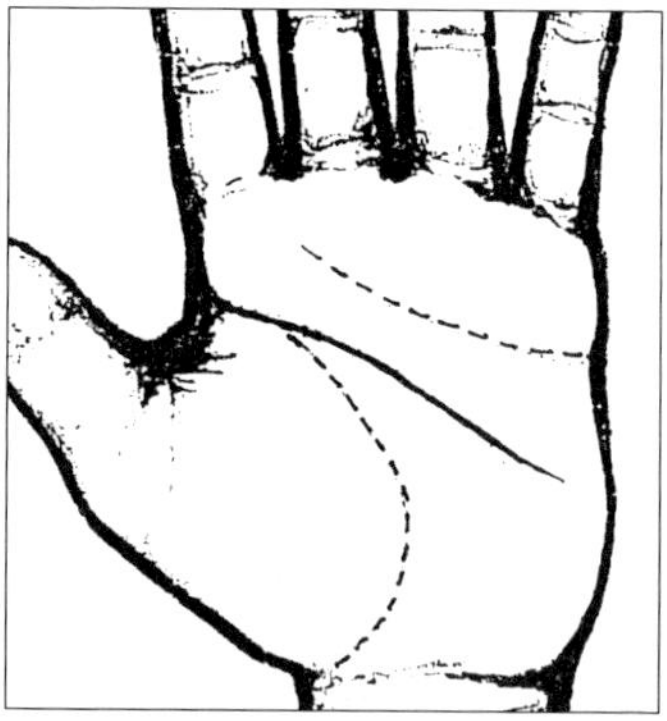

★人紋の先が「兌宮」と「乾宮」の中間に向かっているのは、幅広い分野に適性があり、交際関係もそつのない人が多いものです。この人紋が長く掌の隅近くまで達している場合、経済的な手腕を持っています。

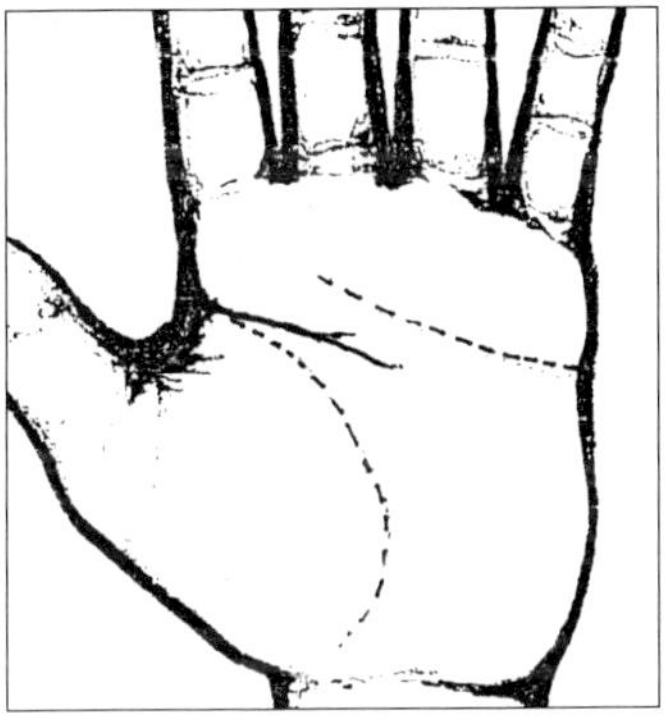

★人紋が極端に短く「離宮(中指下)」付近で止まっていれば、知力に欠けていて、人の上に立つことが出来ず、いつまでも人から使われる相です。不慮の事故とか脳溢血などで若くして死を招くこともあります。

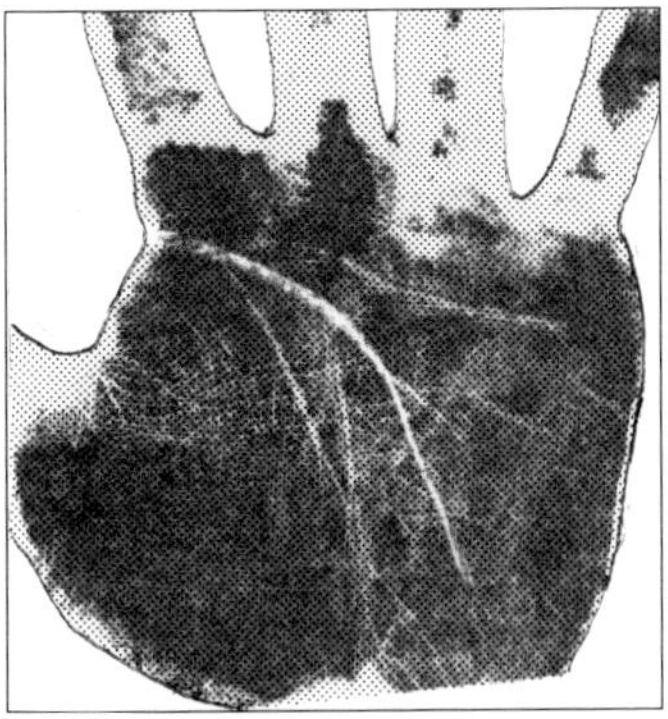

★人紋の先が大きく下垂し「坎宮（手首中央上部）」へ向かっているのは、日頃から信仰心が強くて目に見えない事象を信じる人の相です。根気に欠けますが、我欲乏しく、性質温和で人と争うことがありません。

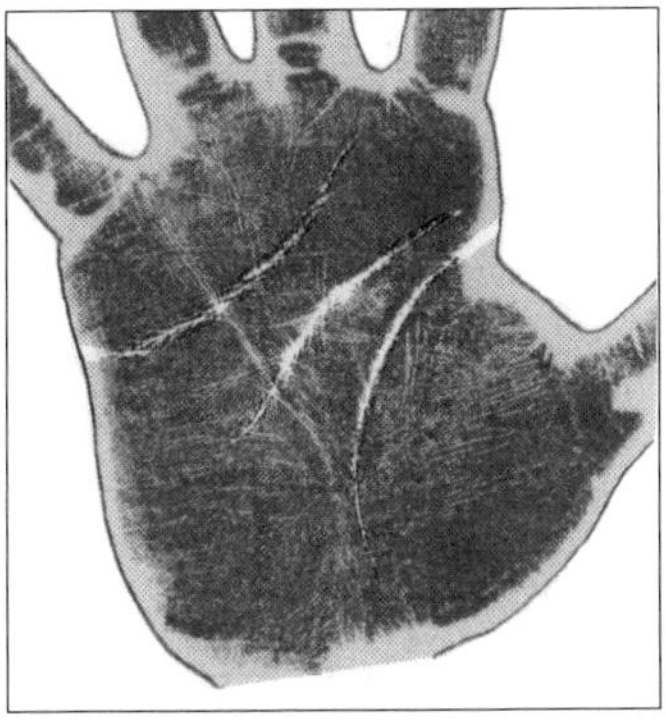

★人紋が地紋と離れて出発し、三大紋で「川」の字となるのは「**川字紋**」と呼ばれ、自立心が強くて周囲を当てにせず、早くに親離れし子離れをさせる相です。生まれ故郷を遠く離れた方が成功しやすい相です。

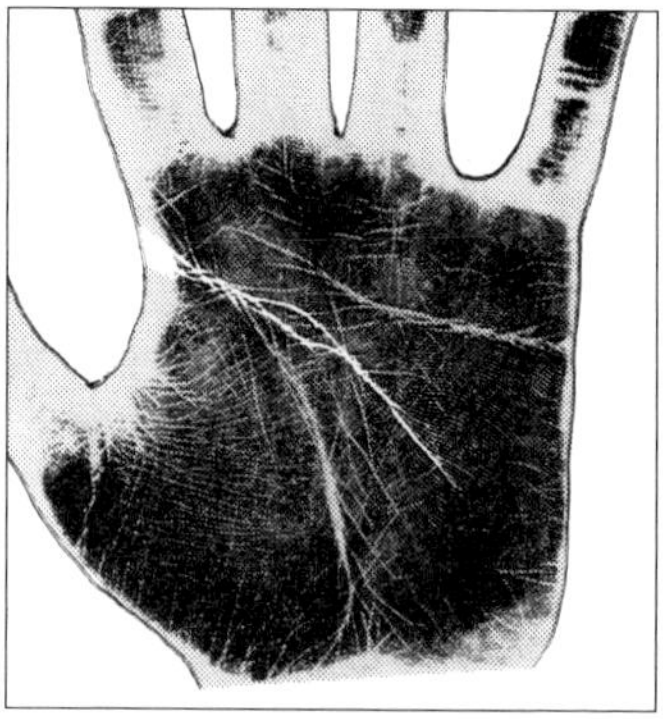

★人紋が中指下で袋状（島型）となっているのは、精神面が弱くデリケートで神経症的な病にかかりやすい人の相です。首から上の疾患にも要注意です。仕事上の運気も波が激しく、同じ職場に長続きし難い相です。

★人紋が短い断続線で切れ切れに刻まれているのは、一つの思想とか信念を持続することが出来ない相で、仕事や職場での環境も変わりやすい人の相です。衝動的な行動に出やすく恋愛や結婚も長続きしません。

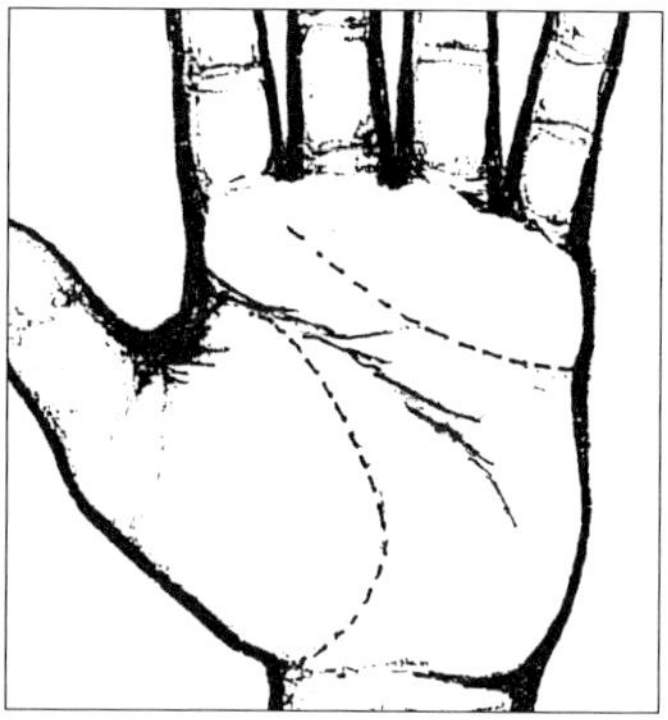

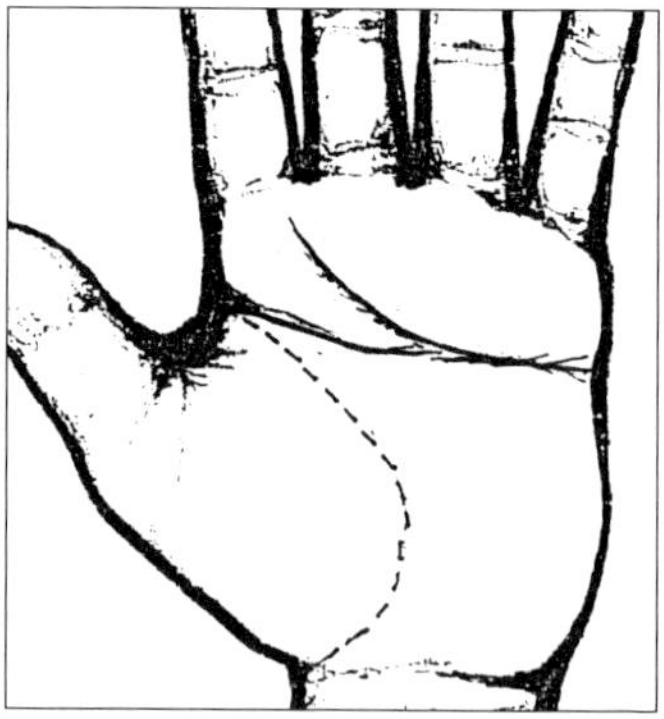

★天紋と人紋とが一体化する「完全な桝懸紋」ではなく、通常の天紋位置に直線的な人紋が流れ込む形の「**変形桝懸紋**」の場合は、金銭や名誉への執着が強く、我が強いため、敵に足元をすくわれやすい相です。

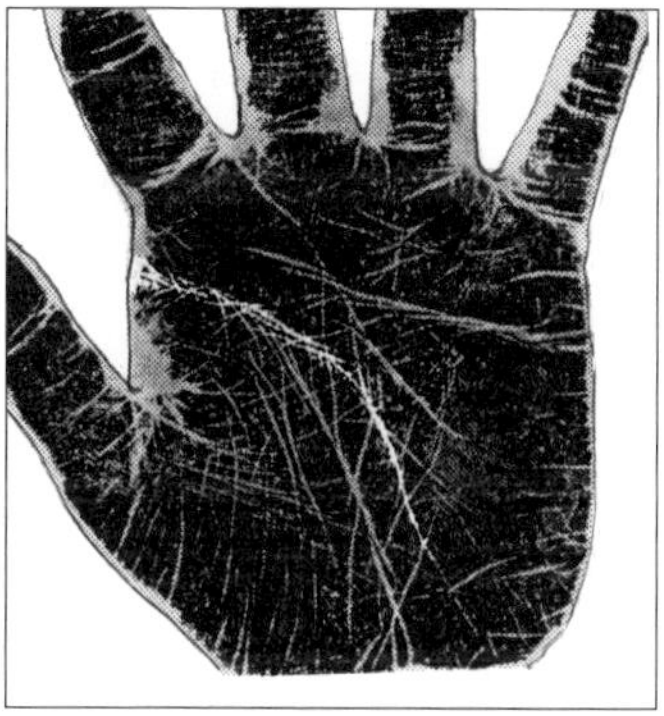

★人紋が途中まで乱れて鎖状や縄状に刻まれているのは、器用で才能に富む相ですが落ち着きに乏しく、若い頃は仕事や職場を変わりやすく安定しないが、中年以降に運勢安定して財運を発するようになります。

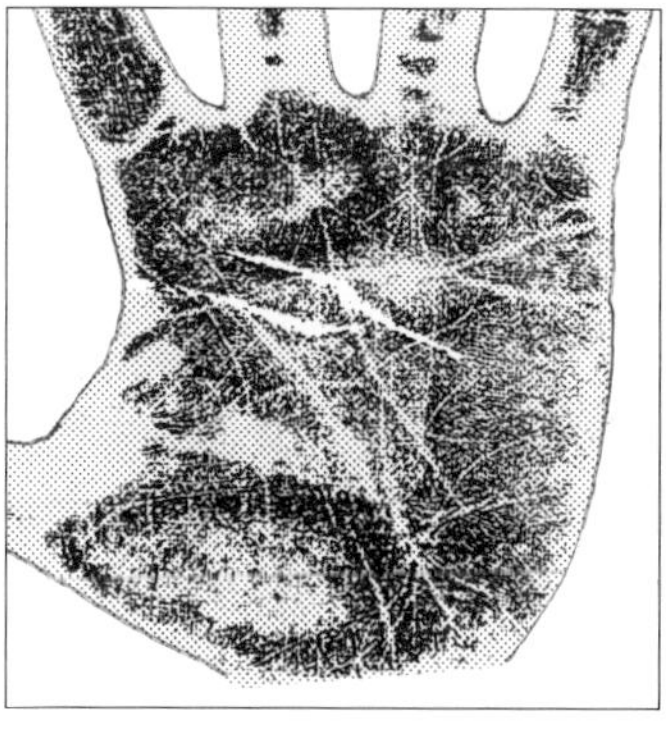

★人紋が二重となっているのは、複雑な家庭環境で育っているケースが多く、職業的にも大きな転換期を経た後に成功するのが特徴です。二つの仕事を併せ持つケースもあります。女性は初婚に破れる相です。

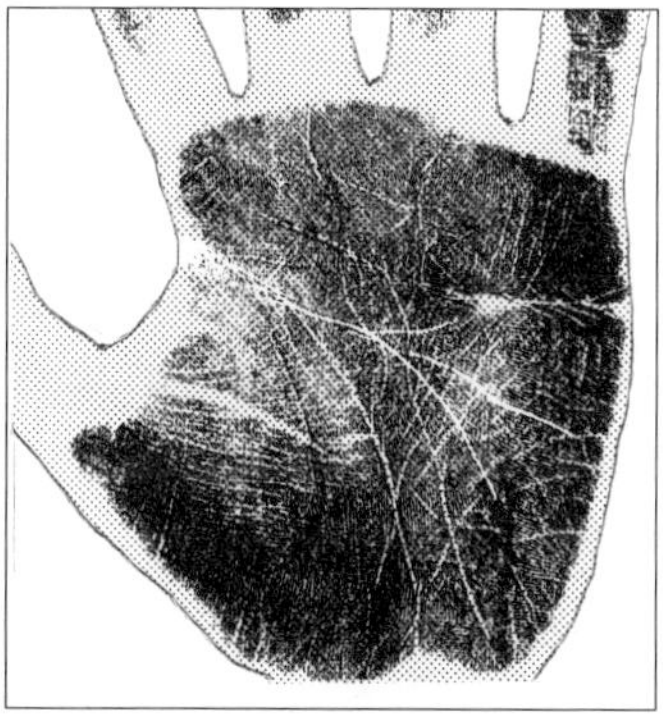

★人紋が後半でフォーク形に分かれるのは「**二流紋**」と呼ばれ、人生上で運命の分かれ目にしばしば遭遇する人の相です。二者択一で仕事を決め、二者択一で結婚を決める等しやすい相で、自分で決断できません。

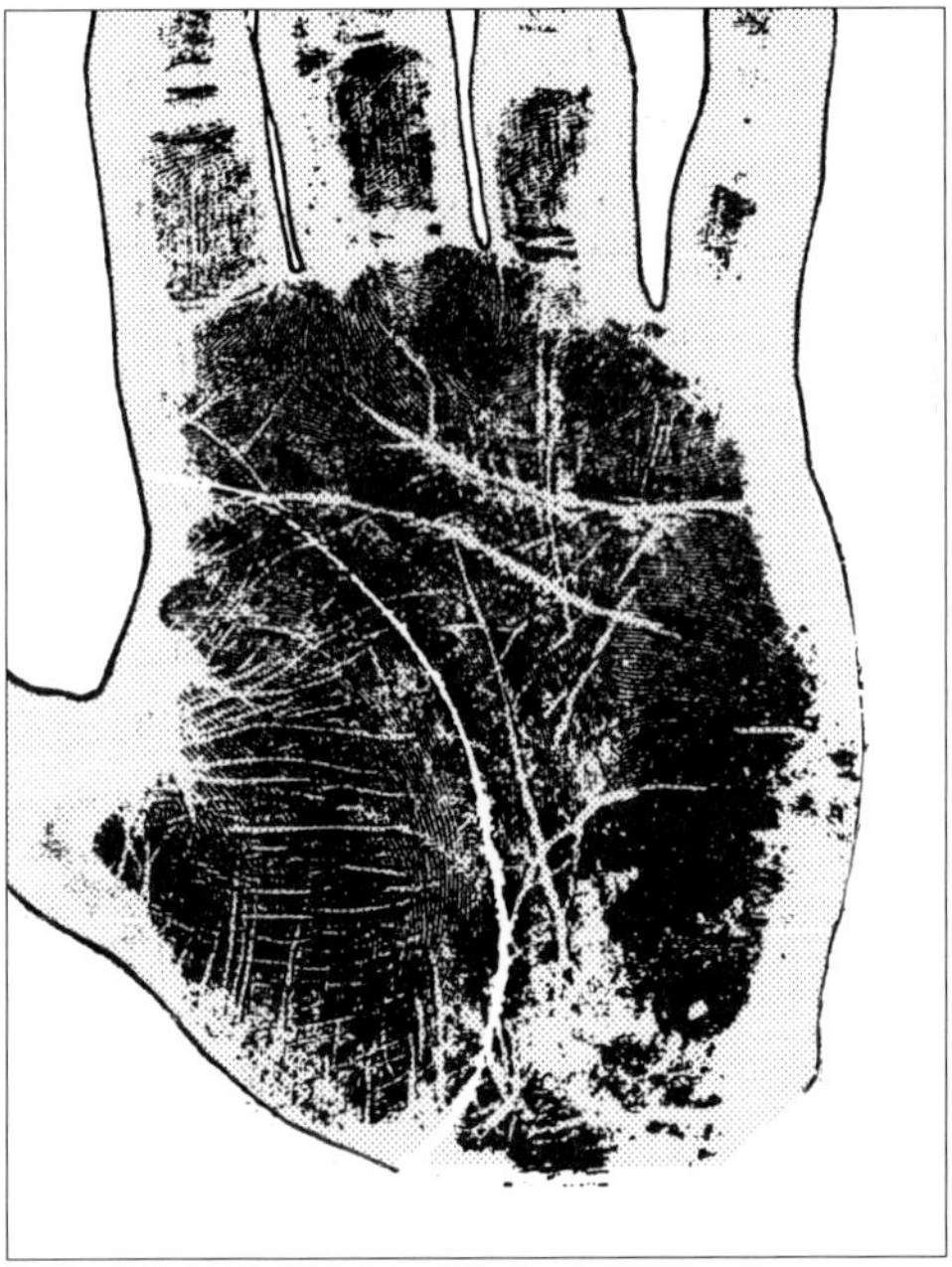

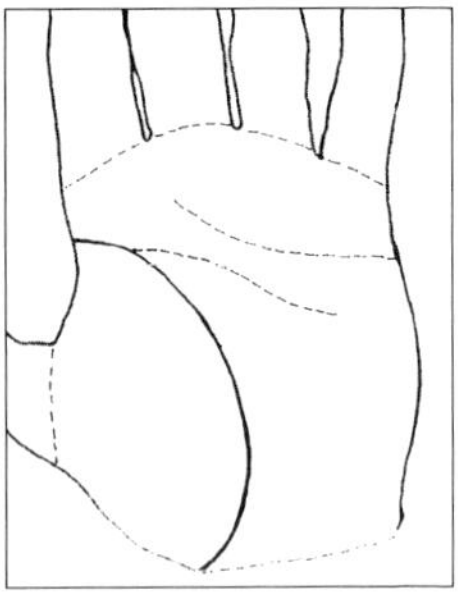

地紋《ちもん》

地紋の基本と種々相の判断……家庭運の吉凶を予見する

「**地紋**」というのは、西洋式手相術でいうところの「**生命線**」です。和式手相術の三大紋（天紋・人紋・地紋）の中では、もっとも西洋式手相術と共通した意味合いが強い紋で、先天的な寿命の長短、健康状態、相続問題、母親との関係、住所に関する出来事が示される、としています。洋の東西で「**健康状態や寿命の長短が判断できる**」という共通の観方、判断の仕方が継承されている点が注目されます。「**母親との関係**」は地紋の出発点から上部にかけ示されるもので、逆に「**住所に関する出来事**」及び「**移動・旅行**」に関しては、地紋の終末付近の状態を観察して判断できるものです。

★地紋が「艮宮（拇指丘）」全体を明瞭に取り巻き、地紋の先が手首の外側にまで達しているのは、先祖一族からの支援あって長寿な人生を歩む人の相です。生まれ故郷や先祖代々の墓や土地との縁も深い相です。

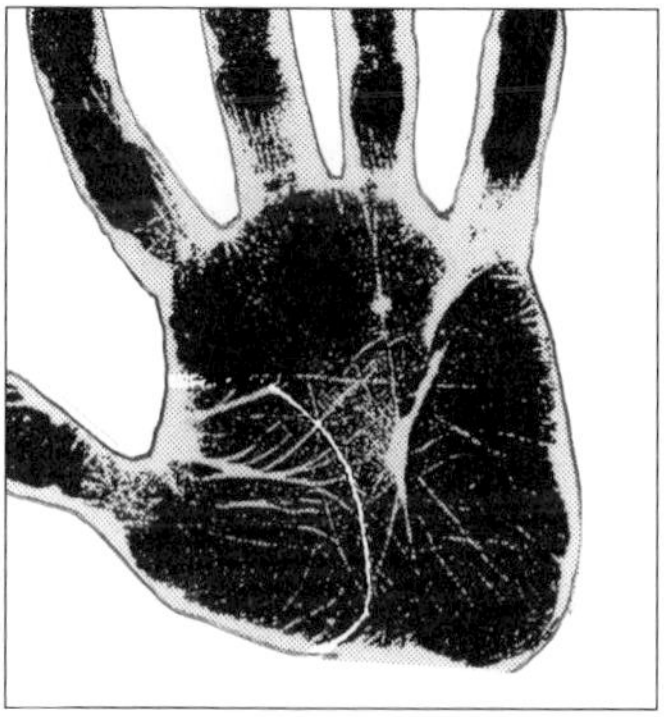

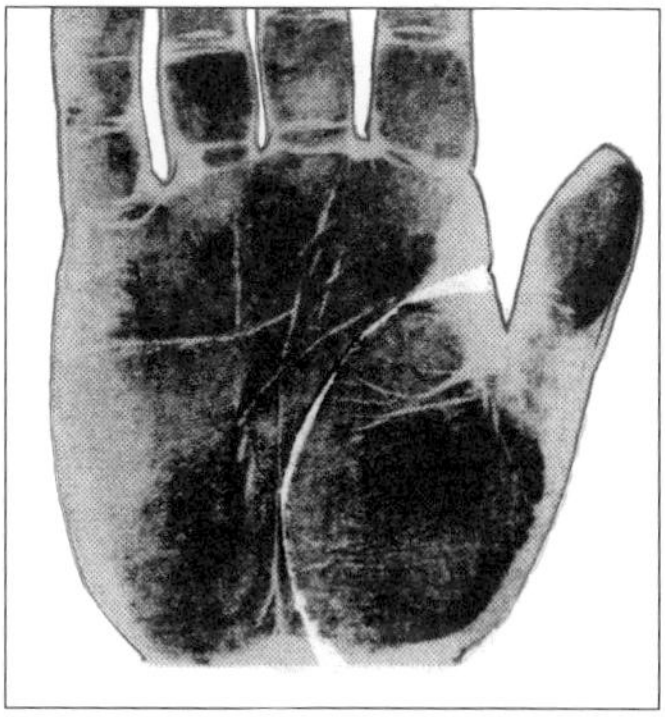

★地紋の先が途中から枝分かれすることなく、最後まで一本の筋として刻まれているのは、愛する母親との縁が深い相です。長男や長女に多く、実家との縁が深く、生まれ故郷に留まって生涯を送ったりします。

★地紋が短く「坎宮（手首上）」まで届かず消えているのは、先祖や親からの後継・相続運が乏しく、親の仕事の継承は出来ない人の相です。忍耐強さや持久力が乏しく、住居や社会的立場も変動しやすい相です。

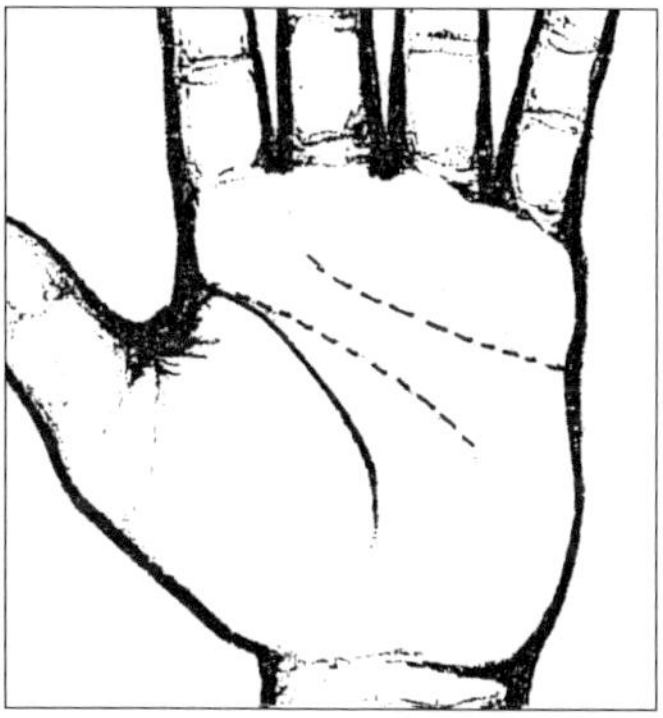

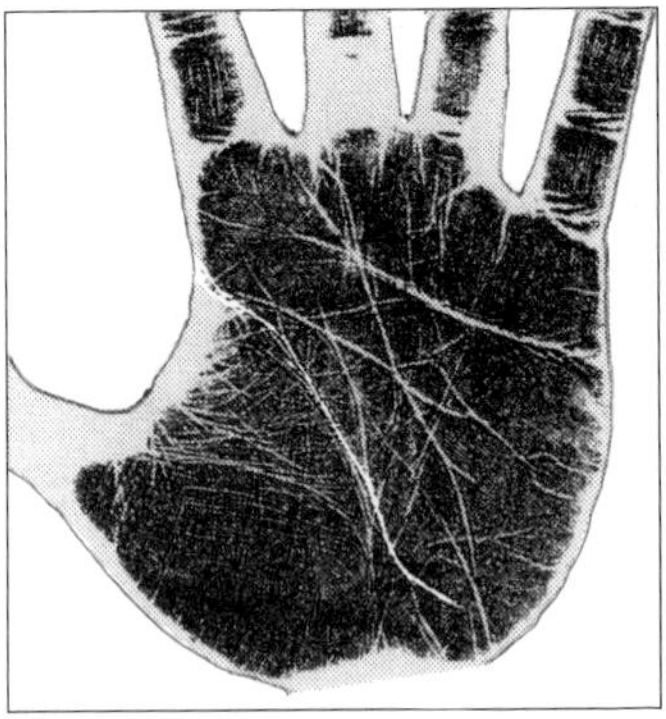

★地紋のカーブが途中から向きを変えて「乾宮（小指側）」へと流れているのは、生まれ故郷に縁のない形で、その後半生を遠く離れた異郷の地で暮らしていく相です。母親との縁も乏しく逢うことが難しい相です。

★地紋が平行するような形で二重に刻まれているのは、生活の拠点が二か所になる形で、「二つの住居」或いは「二つの家庭」を行き来する事情が生じやすい相です。「二人の母親」の間で苦しむこともあります。

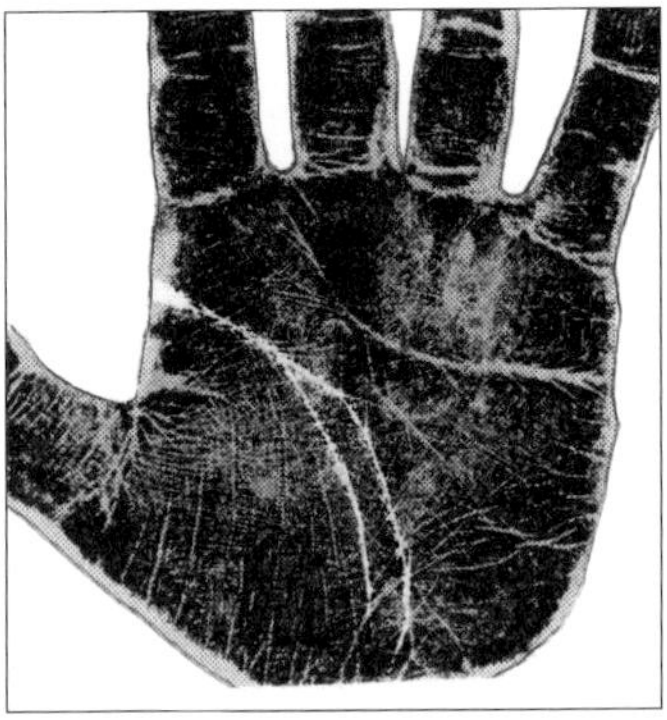

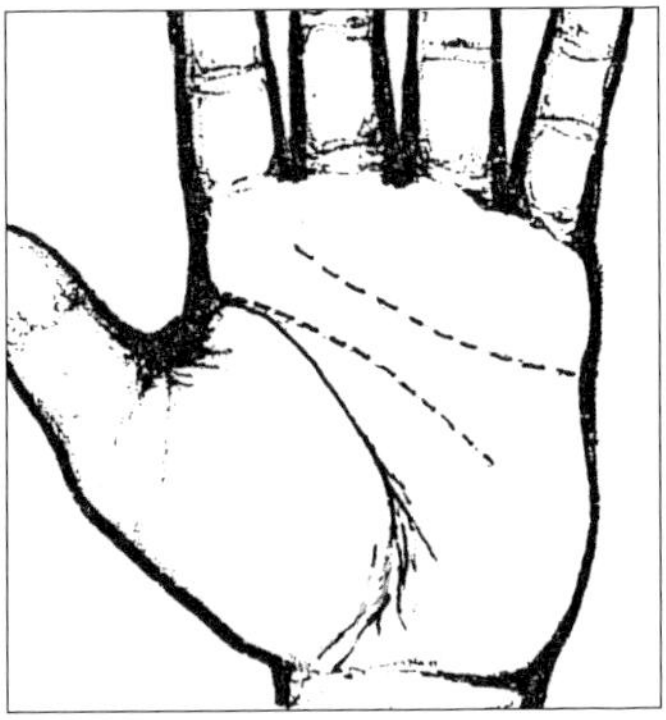

★地紋がその後半以降に枝線多く乱れているのは、中年以降に生活の変化が多くなり、特に住宅問題での心労が多く、家庭生活が落ち着かない人の相です。健康面でも内臓面での慢性疾患を抱えやすい相です。

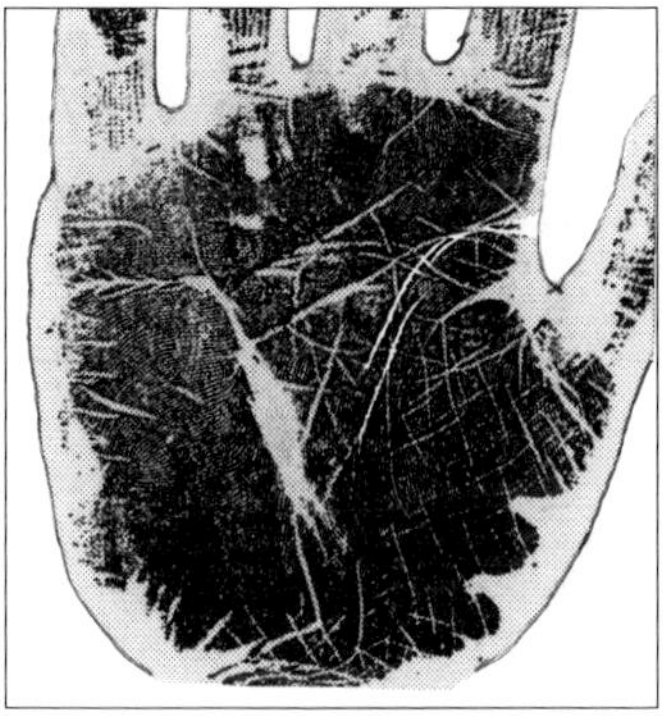

★地紋がその途中で大きく破れた形となっているのは、家庭生活に紛争が生じやすい人で、男女とも配偶者縁の変わりやすい相の一つです。また事故による大怪我、予期せぬ大病にも注意を要する相と言えます。

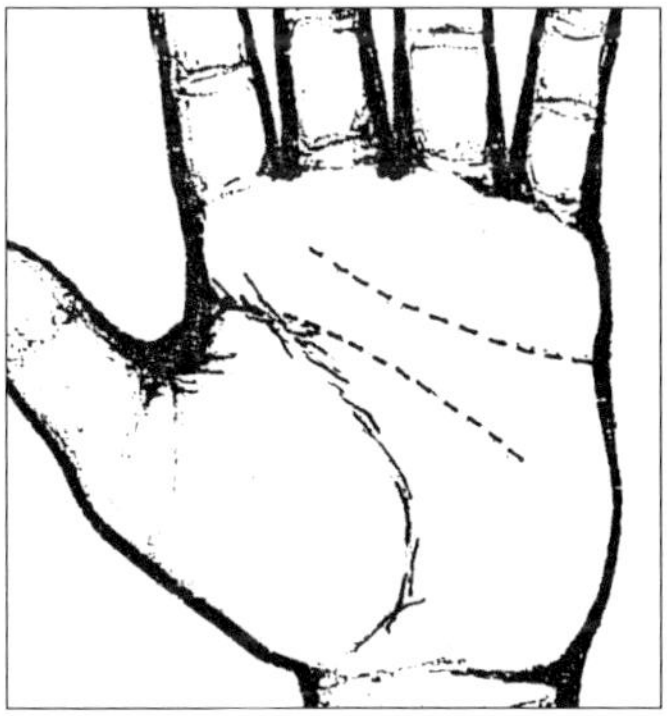

★地紋が全体的に断続形状になっているのは、心身ともに生活面が安定せず、住居も職場も変わりやすく、健康面でも不安を抱えていて、家族関係が変わりやすく、霊の憑依を受けやすく、長寿を全うしがたいものです。

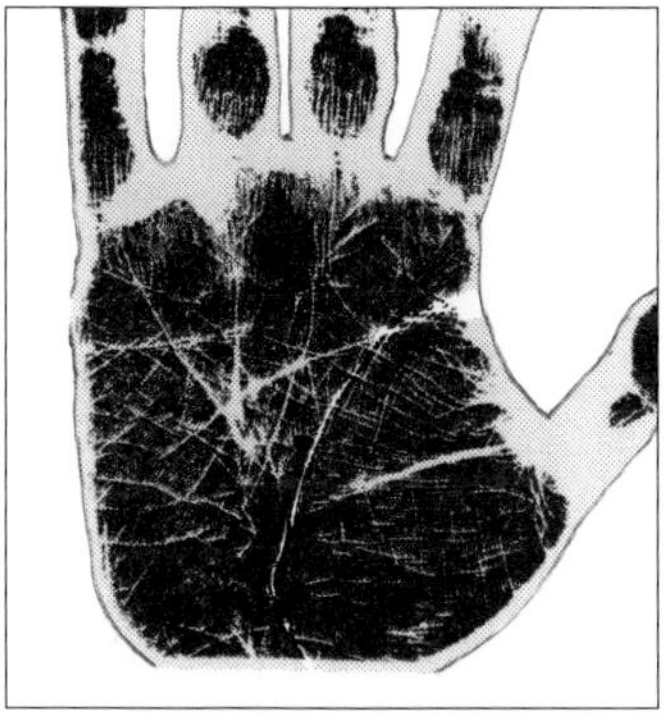

★地紋がその後半部分でその領域を広げていくのは、住宅や不動産に恵まれる人の相で、住宅以外の不動産物件を二つも三つも所有していく運気の持ち主です。稀には、地下資源である温泉や原油の所有者もいます。

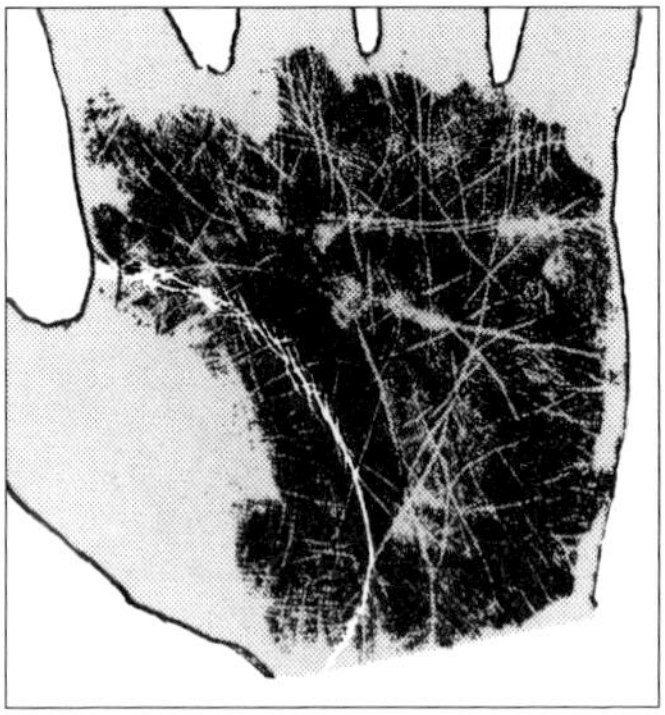

★地紋が鎖状や縄状になっているのは「**策縄紋**」と呼ばれ、蒲柳体質で病院通いをすることが多く、家庭環境も落ち着かない人の相です。先祖供養と食生活の改善に努めれば地紋も良好な相に変わっていきます。

★地紋の下部から「乾宮（手首上の小指側）」にクッキリした枝筋を伸ばすのは「**去家紋**」と呼ばれて、「実家を後にする人」の相とされています。海外に渡っていく場合も多く、故郷へと帰ることとの少ない相です。

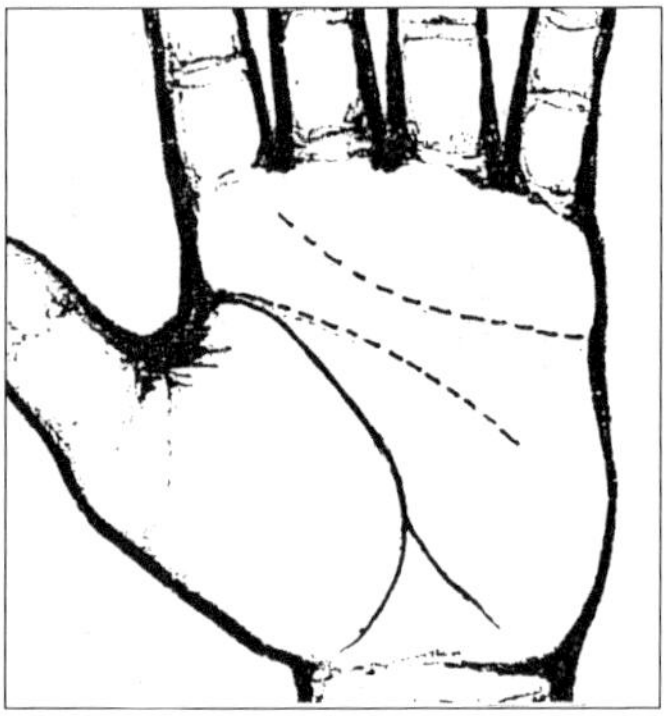

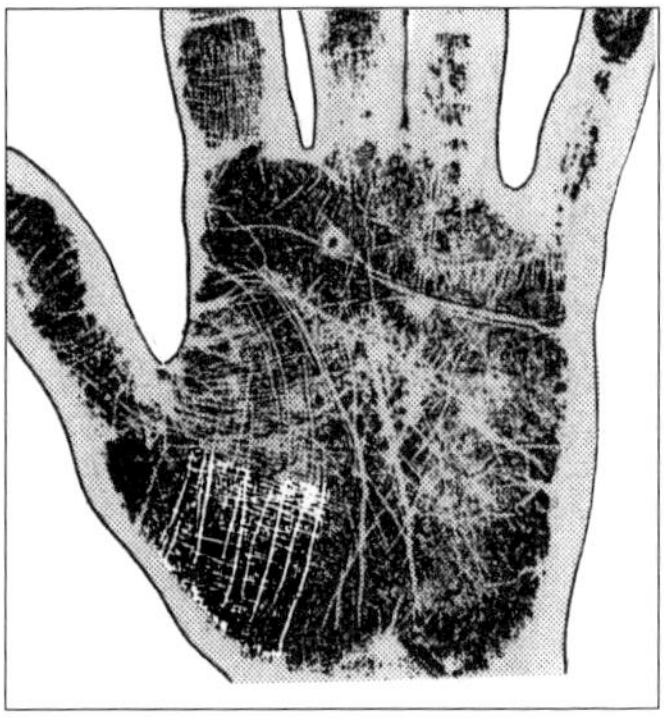

★地紋内部の後半部分に、地紋と平行する筋が何本も刻まれるのを「**陰徳紋**」と呼び、家族や親戚や同僚から人一倍慕われている人の相です。日頃から先祖供養をしている場合が多く、周りの尊敬を集めています。

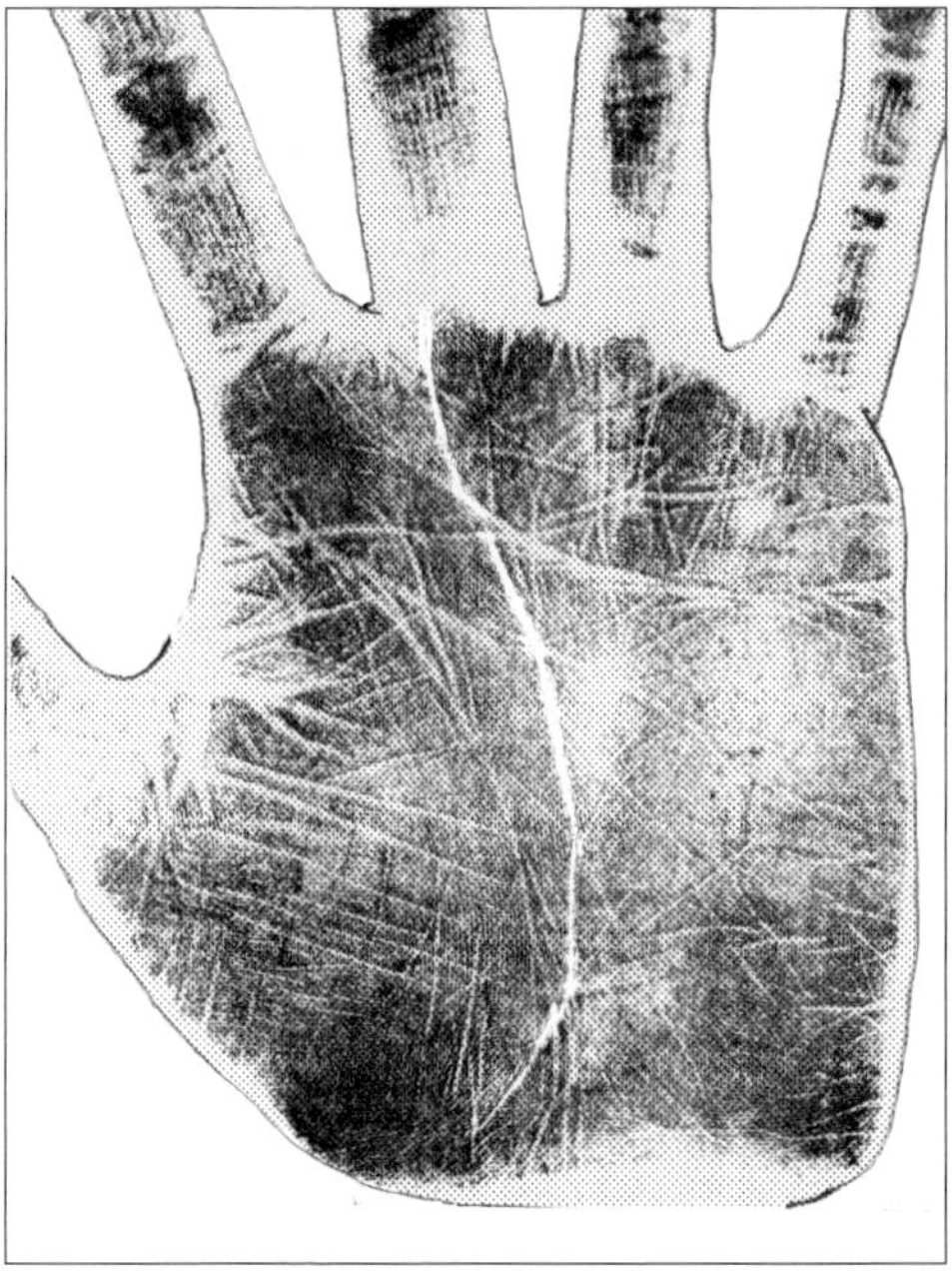

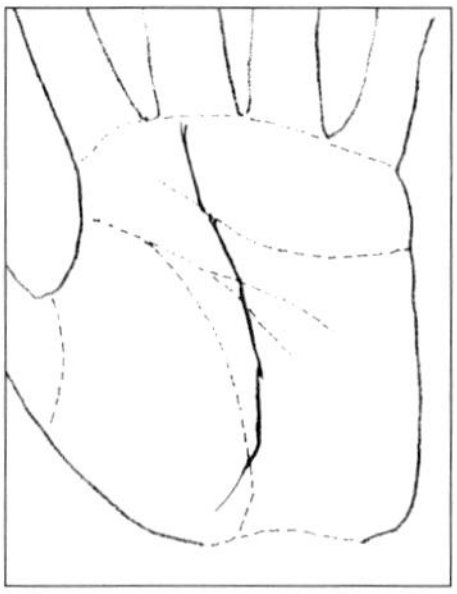

立身紋《りっしんもん》

立身紋の基本と種々相の判断……出世できるかを予見する

「**立身紋**」というのは、西洋式手相術でいうところの「**運命線**」です。和式手相術では、さまざまな名称（玉桂紋・天喜紋・天冲紋・縦貫紋など）で表現されている紋で、文字通り先天的な**立身出世や社会的な成功度**に深く関わる紋として早くから注目されています。百姓の児から天下を取った**豊臣秀吉の手相**には「中指にまで食い込んで上昇する玉桂紋」が刻まれていました。より正確に言えば、秀吉の手相は「地紋・人紋・天紋の三紋を貫く縦貫紋」でもありました。ちなみに**信長の手相**は、天紋が「巽宮に達する成功相」であり、**家康の手相**は三大紋が一体化している「桝掛紋」でした。

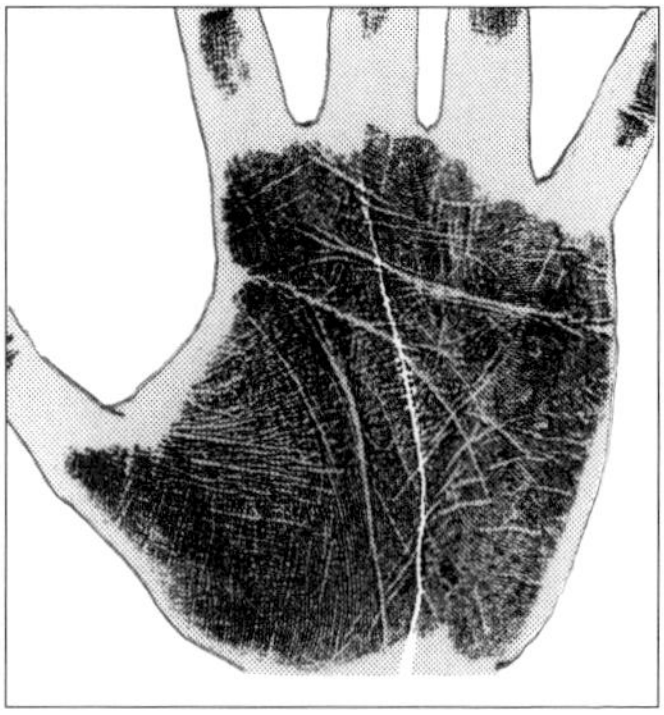

★立身紋でもっとも理想的形状は、手首付近の「坎宮」から中指下の「離宮」に向かって一直線に刻まれている形で「**天喜紋**」とも称されます。職業意識が強くて、社会的な存在価値が高い仕事に就く相です。

★手首に近い「乾宮」寄りから、斜めに立身紋が刻まれている場合は、先祖のお蔭で立身出世していく人の相で、社会的にも目上の人に恵まれているのが特徴です。また勘が良く新しい事業で才能を発揮します。

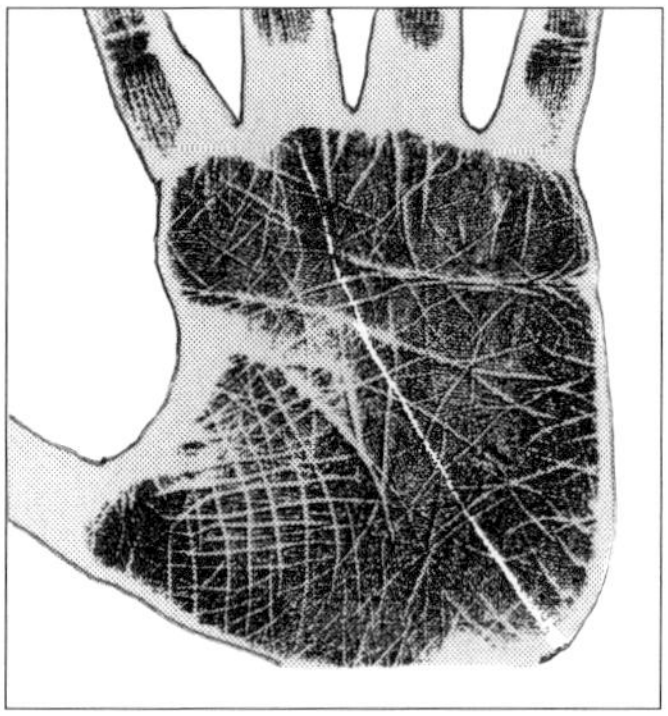

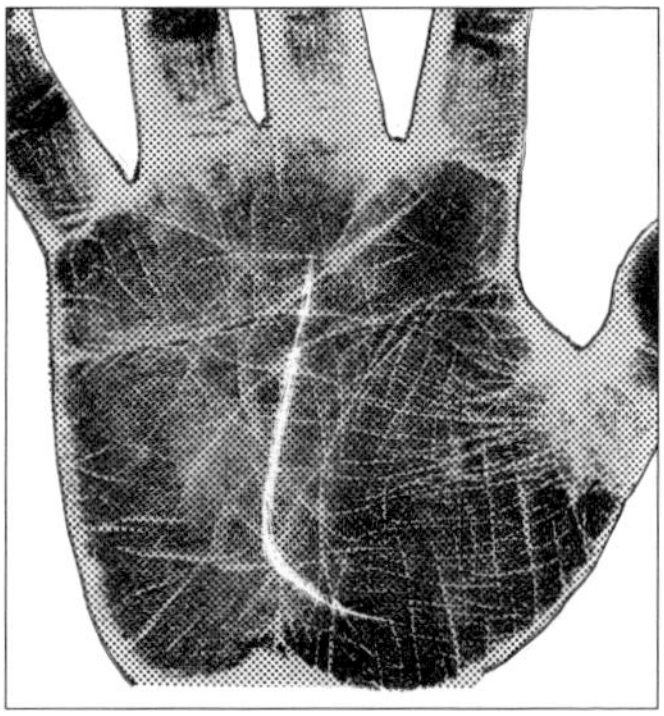

★立身紋が「艮宮（拇指丘）」から弧を描いて出発しているのは、母親や親戚から愛され、親の七光りを受けて出世していく人の相です。先祖伝来の特殊な家業で血統を受け継ぐ後継者として理想的な相と言えます。

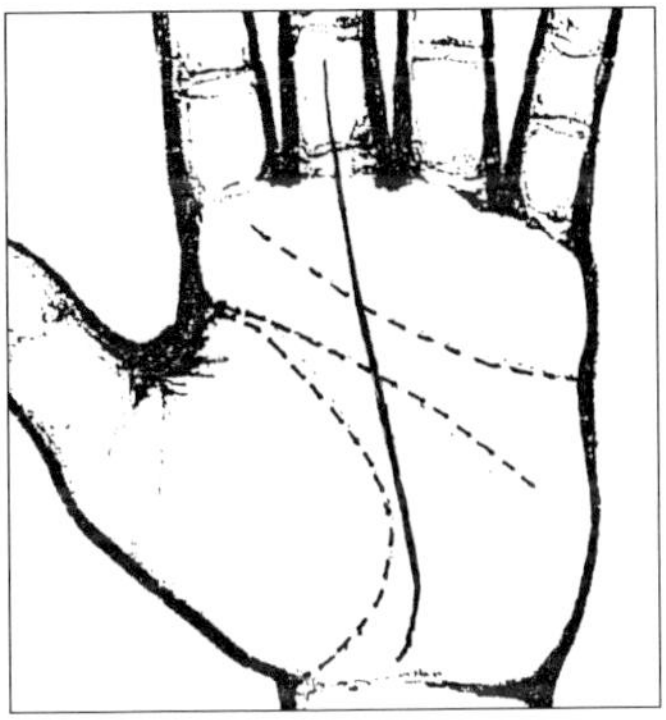

★手首から起つ立身紋が、真っ直ぐ「離宮」を抜け中指にまで食い込むのは「**玉桂紋**」とも「**天下筋**」とも呼ばれ、政治家や実業家としてトップに立つ人の相です。但し、女性は若くして未亡人となる相です。

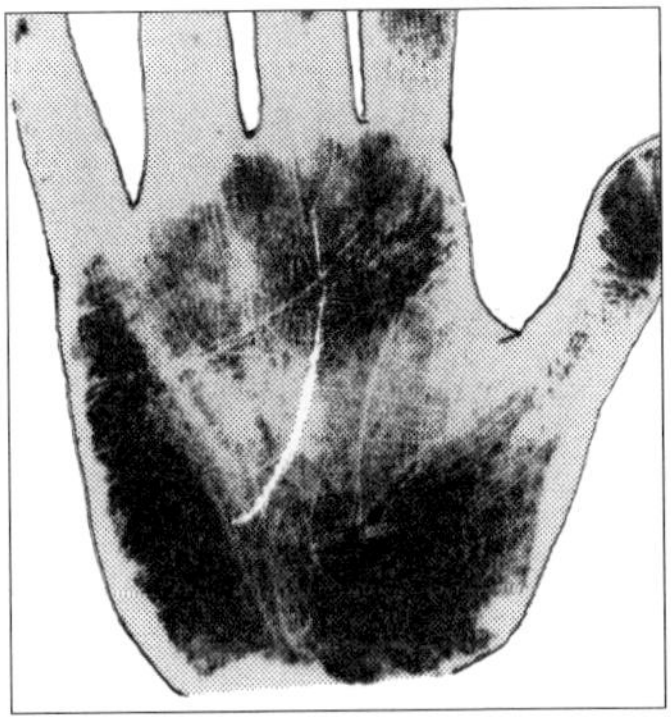

★立身紋が「乾宮」の中央部から弧を描いて上昇するのを「**天冲紋**」とも「**栄達紋**」とも称します。どのような家系や履歴であっても環境に馴染みやすく引き立てられる相です。人気稼業や接客業で栄達できます。

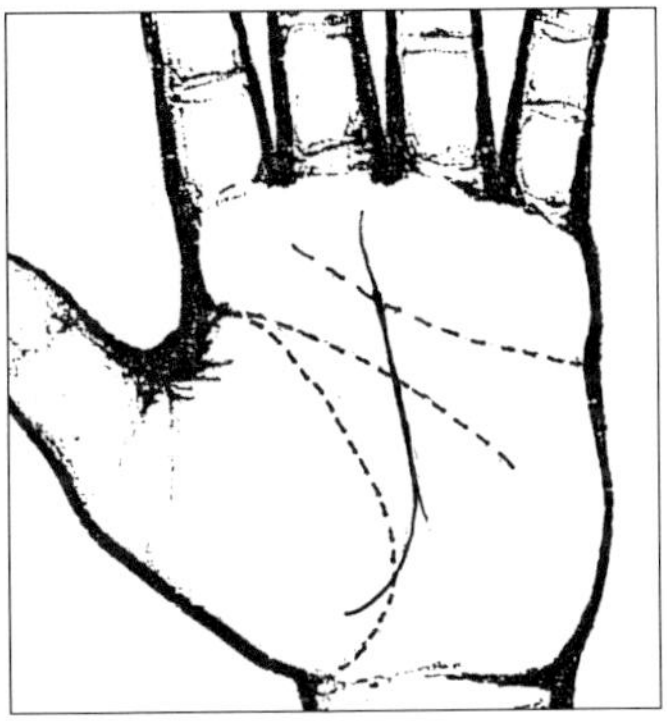

★立身紋が地紋内部から弧を描いて上昇するのが「**千金紋**」で、親の七光りを得て人生の土台を築いていく人の相で、家業ともいうべき分野では大いなる成功をおさめて、大きな財産を築き上げるのが特徴です。

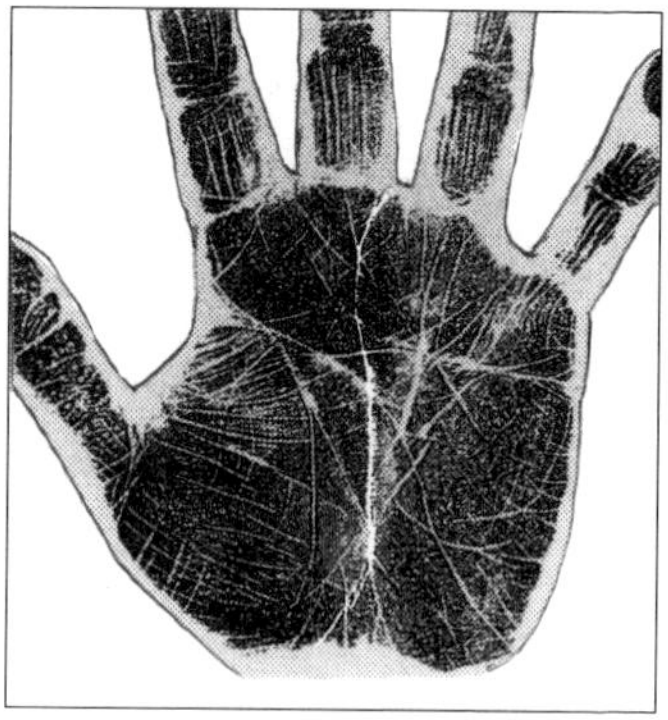

★立身紋が地紋底部に発して人紋・天紋を貫いているのは「**縦貫紋**」と称します。通常は直線的に上昇する紋で、幼い頃は苦労してもやがて独立して成功を掴む相です。人一倍働き者で成功の端緒を築きます。

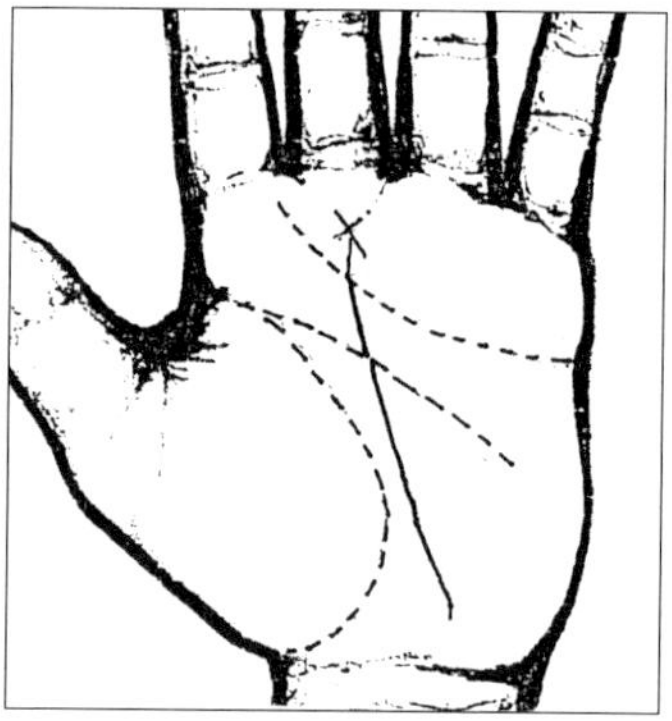

★立身紋の終止点に×印が刻まれるのを「**国士紋**」と呼び、国家のため、世界のため、骨身を惜しんで尽くして働く人生を歩む人の相とされます。但し、この相はやがて仕事上で犠牲となる可能性が強い相です。

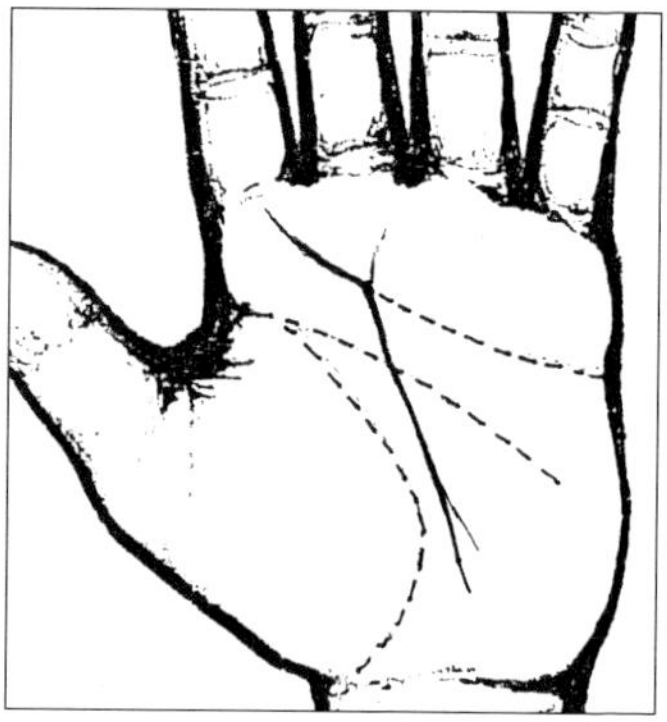

★立身紋が途中から折れ曲がって人差し指方向へと変えていくのは「**昇龍紋**」と呼ばれ、多少変わった性質を持っているけれども、向上心が人一倍強く、独自のアイディアで大きな成功を収めていく人の相です。

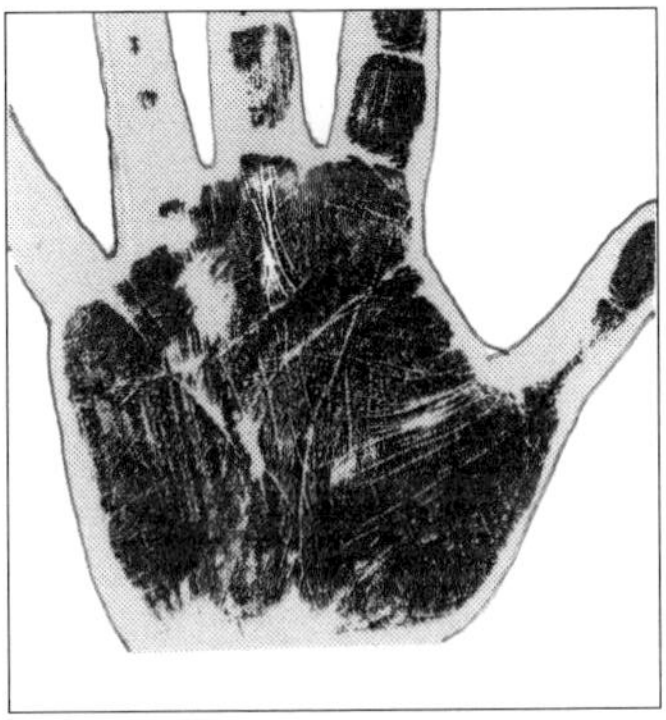

★立身紋が天紋上部のみに何本も起つのを「**遁世紋**」と呼び、真面目で精神生活を重視し、孤独な環境で生活するのを好む相です。晩年になってから成功する形であり、結婚を嫌って独身で通す傾向があります。

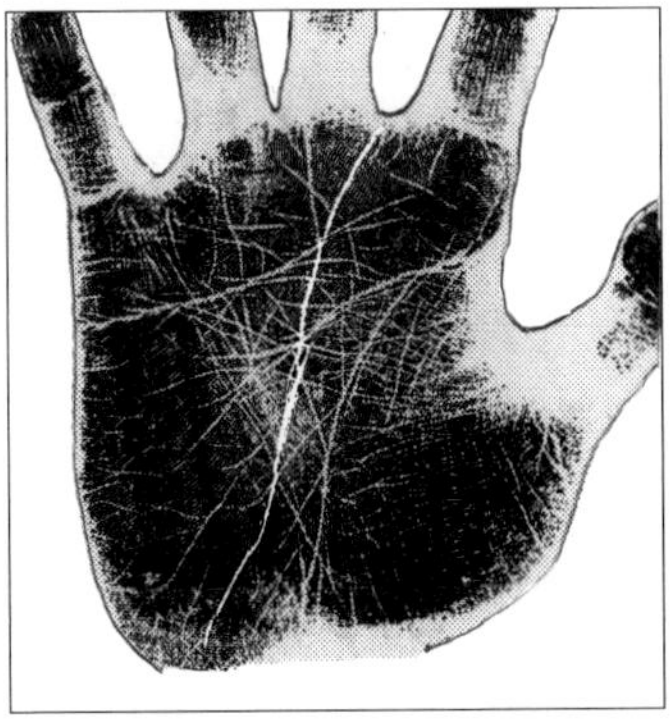

★立身紋の先端部分が人差し指と中指の間に流れ込むのは「**剣難紋**」と称されます。愛情関係からトラブルに巻き込まれやすい人の相ですが、流派によっては「**漏財紋**」として無駄な出費・散財が多い相とも見ます。

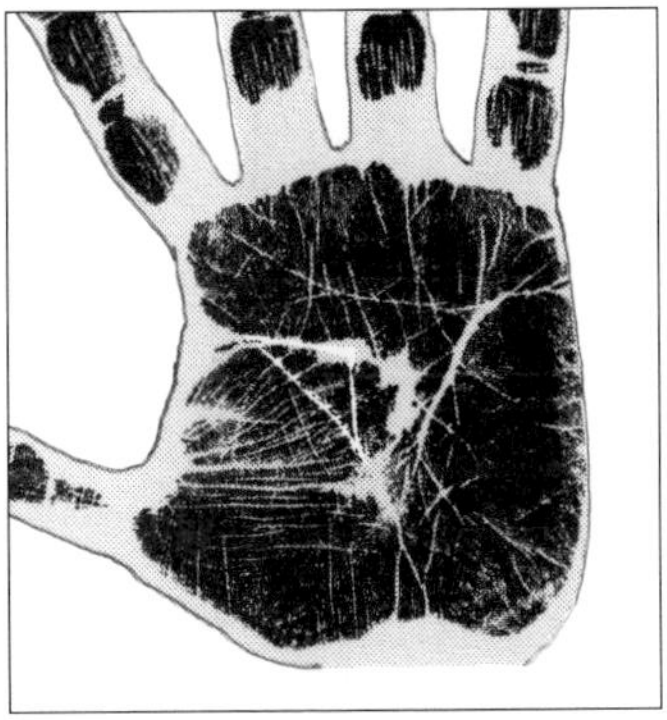

★立身紋が地紋やや上部から起ち、地紋と立身紋と人紋とで「形良い二等辺三角形」が表出されるのを「**美禄紋**」と呼び、若くして才能を発揮し、衣食住に恵まれ、徐々に社会的な地位が上昇していく人の相です。

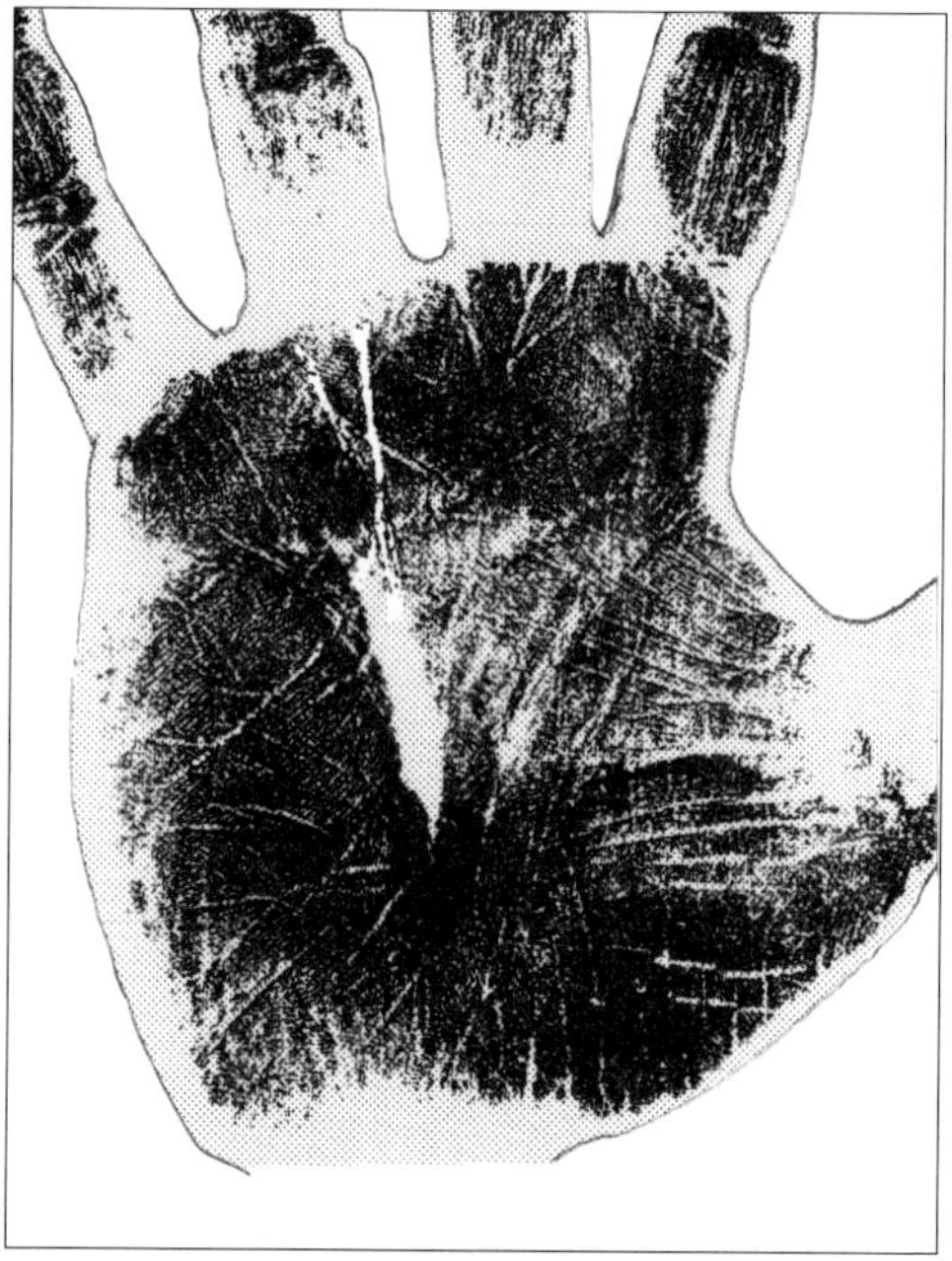

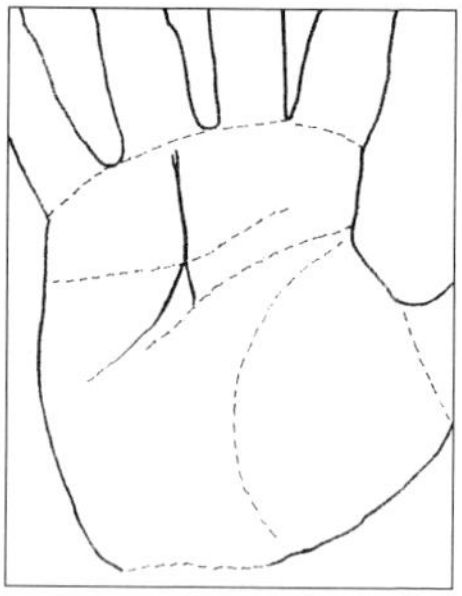

贔屓紋　ひいきもん

贔屓紋の基本と種々相の判断……支援者を得るかを予見する

「**贔屓紋**」というのは、西洋式手相術でいうところの「**太陽線**」です。和式手相術では「天紋（感情線）を直角に横切る紋」という風に規定され、「**高扶紋**」という名称を使うこともあります。江戸時代の解釈では、大衆からの贔屓や人気や信用をつかさどる紋、とされていました。

江戸時代に**大衆からの贔屓や人気**を得ていた職業には、歌舞伎役者、相撲力士、浮世絵師、舞妓、噺家、浪曲師、曲芸師などが居ました。これらの職業は、通常「贔屓筋」と呼ばれる後援者を持っていたので、経済力のある贔屓筋が支えてくれる証しとして「贔屓紋」という名称は適切だったと言えるでしょう。

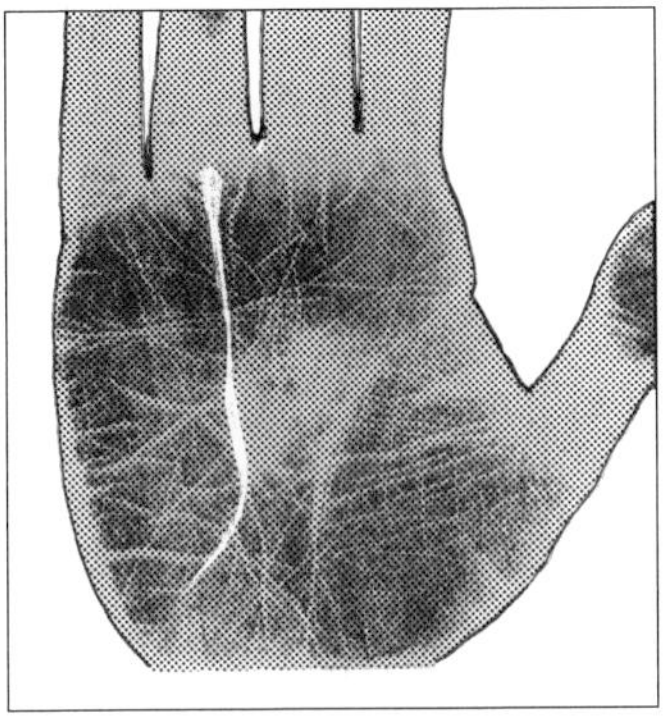

★聶肩紋が「乾宮」から弧を描いて上昇するのは「**高扶紋**」とも呼ばれて、目上からの引立てがあり、精神分野において独特の能力を発揮し、実力以上に評価される人生となります。但し浮き沈みが多い運命です。

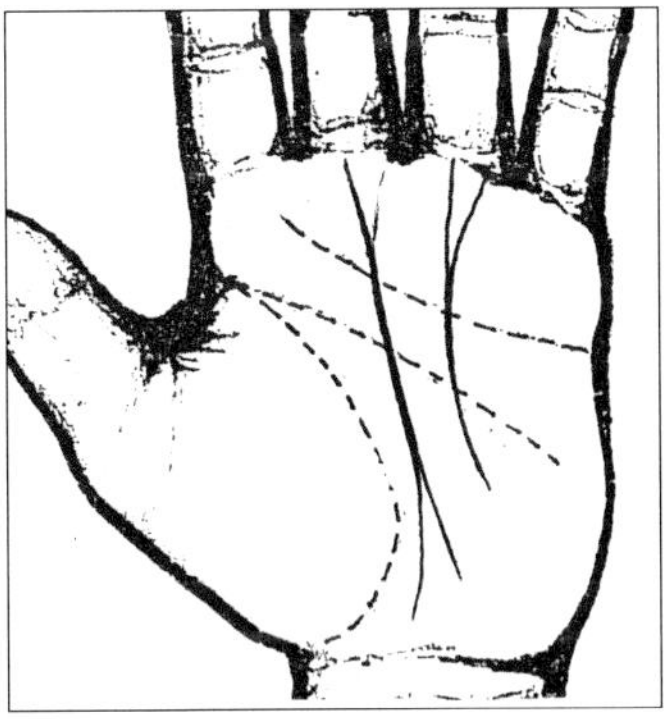

★薬指に向かう聶肩紋と中指に向かう立身紋が平行して上昇するのは「**陰陽紋**」と呼ばれ、二本の紋が勢い良く上昇すれば十代から華やかな世界で活躍し、勢い乏しければ経済的に恵まれるも成功は出来ません。

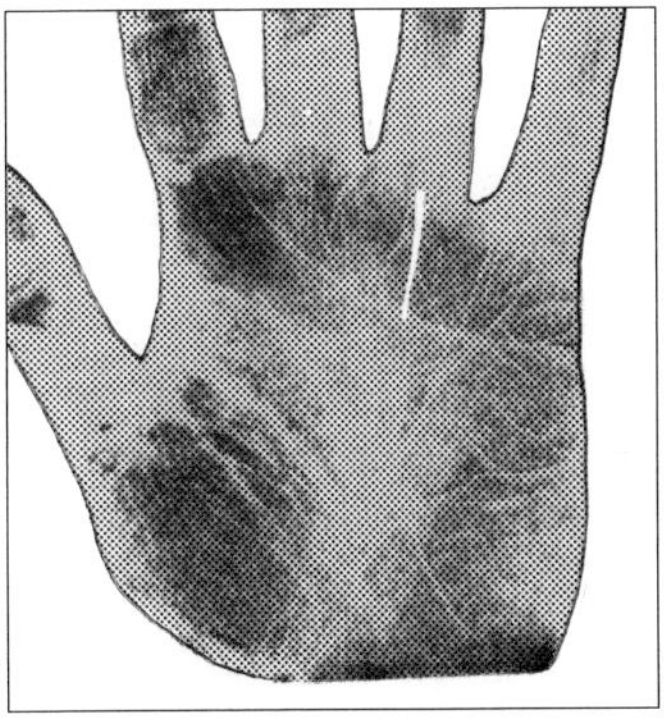

★聶肩紋が天紋を起点として勢いよく上昇しているのは、有力者の引立てや信用を得て社会的な地位や立場が良くなり、身の周りの対人面でも恵まれていく人の相です。人気運の高まりにつれ金運も改善します。

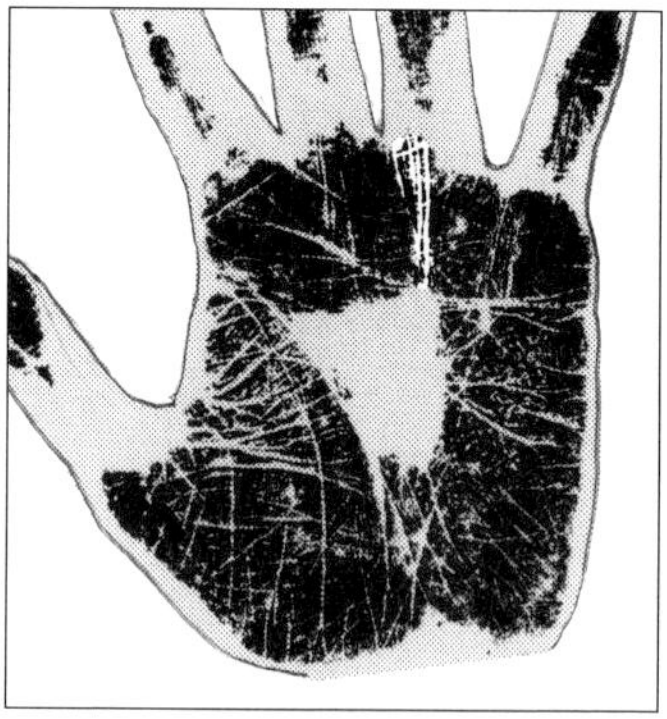

★聶肩紋が二本か三本平行して力強く刻まれているのは、人気運や名誉運の強い相で、通常なら失敗してしまうような場面でも奇跡が起こって危機脱出し成功していく人の相です。容貌的にも恵まれています。

★力強い立身紋から枝分かれする形で上昇する聶肩紋を「**副筆紋**」と呼び、ある時期を境として俄然運勢が良くなっていく形で、多くは仕事上の名誉を得たことがきっかけで環境が一変して成功へと導く相です。

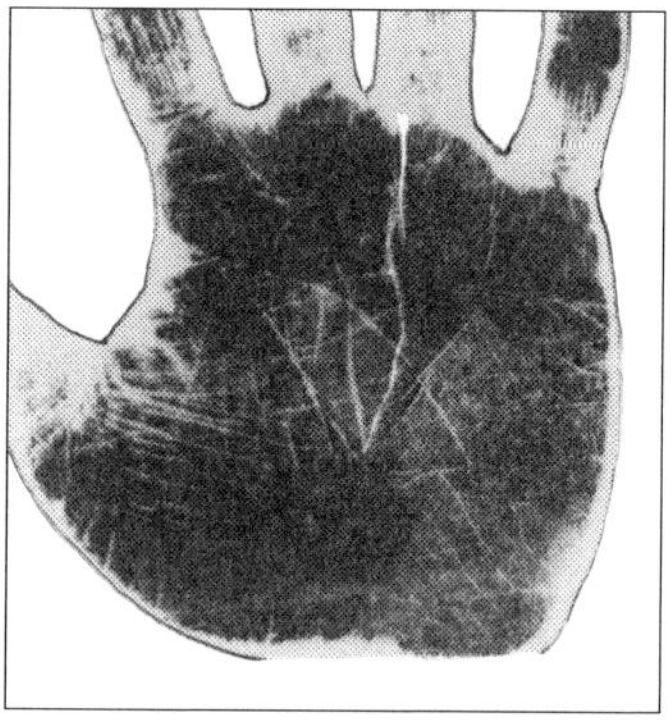

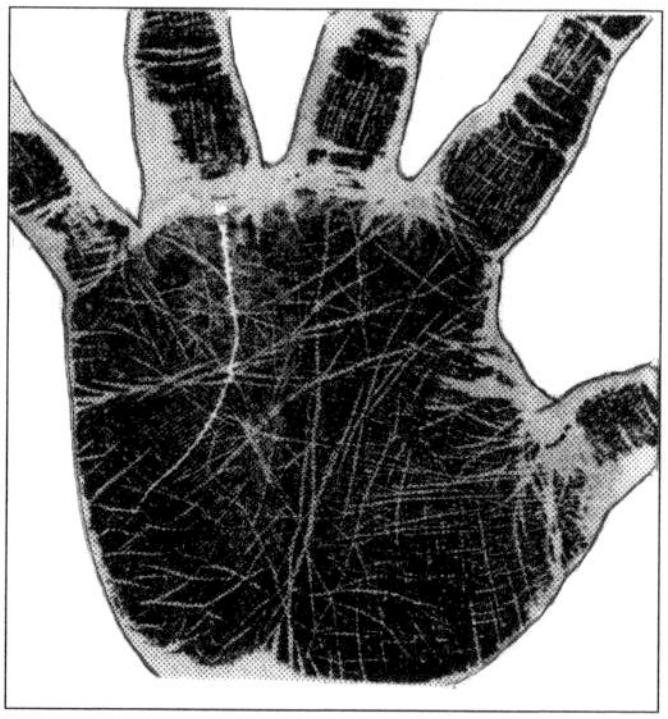

★聶肩紋が「兌宮（小指側の天紋下部）」から弧を描いて上昇しているのは、投機的な要素ある事業や商売に魅力を感じる人の相で、ライバルに打ち勝って、徐々に人気や金運を掴んでいくことを暗示しています。

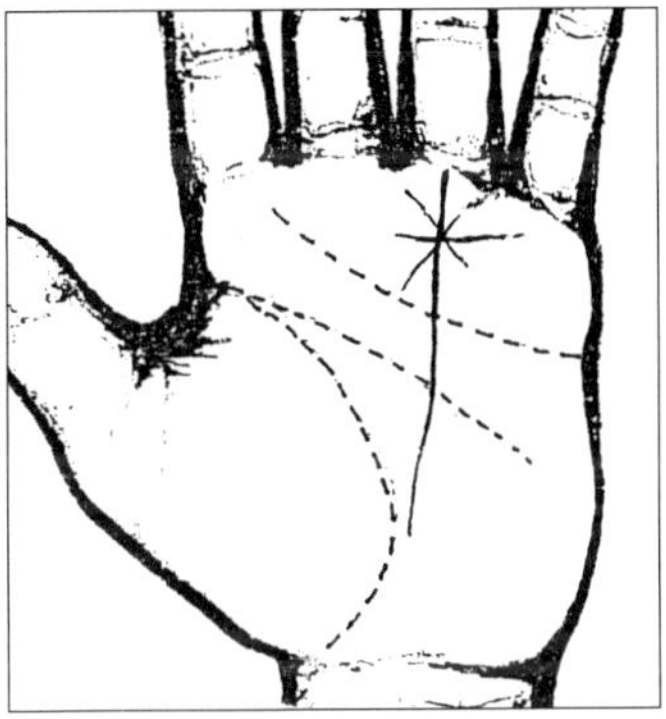

★覊肩紋上に大きな「**金花印**（星形）」が出現しているのは、世間の注目を集める華やかな世界で成功していく人の相で、莫大な財産にも恵まれる相です。女性の場合は「玉の輿に乗る相」の一つとされています。

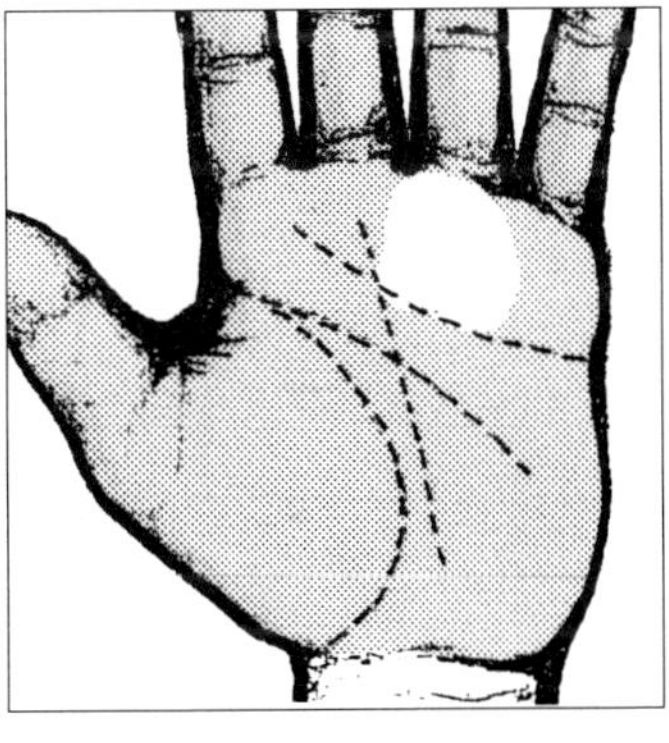

★薬指下に覊肩紋らしき縦線が全く見受けられないのは、掌全体に線が乏しければ今後に期待が掛かる相であり、掌に細かな線が多ければ、成功・出世を目指すより堅実な人生を歩むことが幸せにつながる相です。

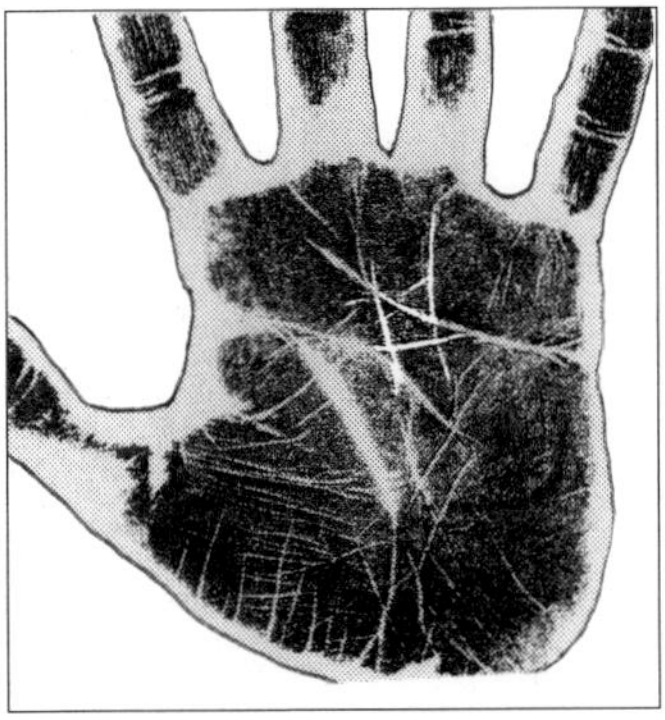

★覊肩紋と立身紋とが平行に並んで、その両線をつなぐ二本の線があり「井」の字型が形成されるのを「**井字紋**」と呼び、特に不動産運に恵まれる人の相とされます。多くの場合は会社経営をして成功しています。

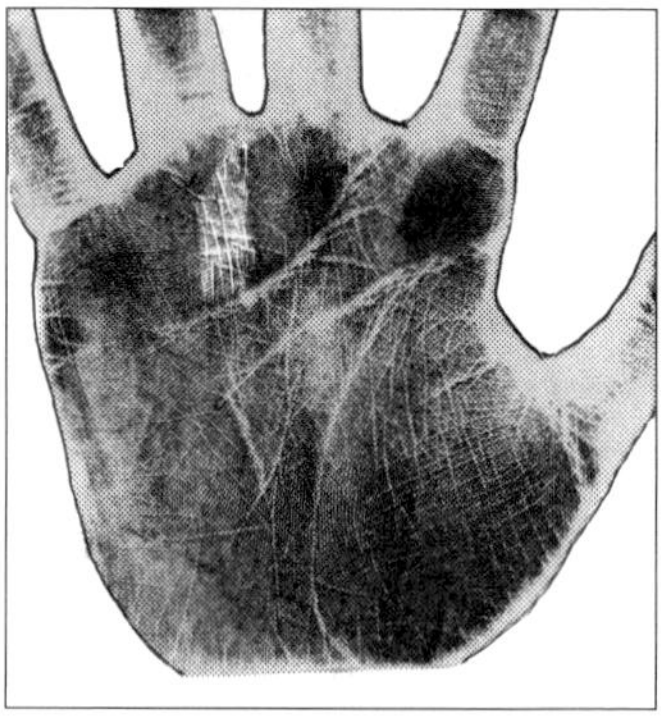

★細く短い贔屓紋が多数並んでいるのは、運勢的な変化の激しい人生を歩む相で、特に金運と人気運は変動が激しいのが特徴です。お金が入っても何かと必要経費が出てきて、結局お金を貯められない人の相です。

和式手相の謎①　「男は左手、女は右手」の真意

和式手相術では、古来「男は左手、女は右手」を主体として手相を観察する、という方式が貫かれています。これに関して、一部の手相書では「男性は弓を持つのが左手、女性は針を持つのが右手だったから、そのような見方が一般化したのだろう」と、もっともらしい理由を与えています。古典的な手相書を調べても、これに代わるような説や論理は見いだせないのが普通です。

　実は和式の「男は左手、女は右手」には、もっと確かな理由があるのです。

　既に本書中で何度も述べているように、和式手相術は〝陰陽・五行＝八卦思想〟を、その根底に宿しています。だからこそ西洋式手相術が用いる掌の「惑星丘」に代わるものとして「九宮（八卦宮＋明堂）」を定め、手の外観形状「七分類」に変わるものとして「五行分類」を定めているのです。

　その肉体性器が外部に露出している男性は「陽（よう＝ひなた）」であり、その肉体性器が内部に収まる女性は「陰（いん＝ひかげ）」として、陰陽学上では捉えるのです。決して男女の性質的なものとか、生活的なもので分類しているわけではないのです。

　同じような観点から、掌側から観て九宮・八卦の配当位置がそのまま当てはまる左手は「陽＝男性の手」であり、手の甲側から透視的に八卦配当を与えなければ当てはまらない右手の方は「陰＝女性の手」ということになるのです。

　ちなみに陰陽思想を用いる占術では、性器の「陰・陽」が男女を分かつポイントなので、同性愛の方達でも性器改造をしていない男女は、心が違っていたとしても元の性別が適用されます。

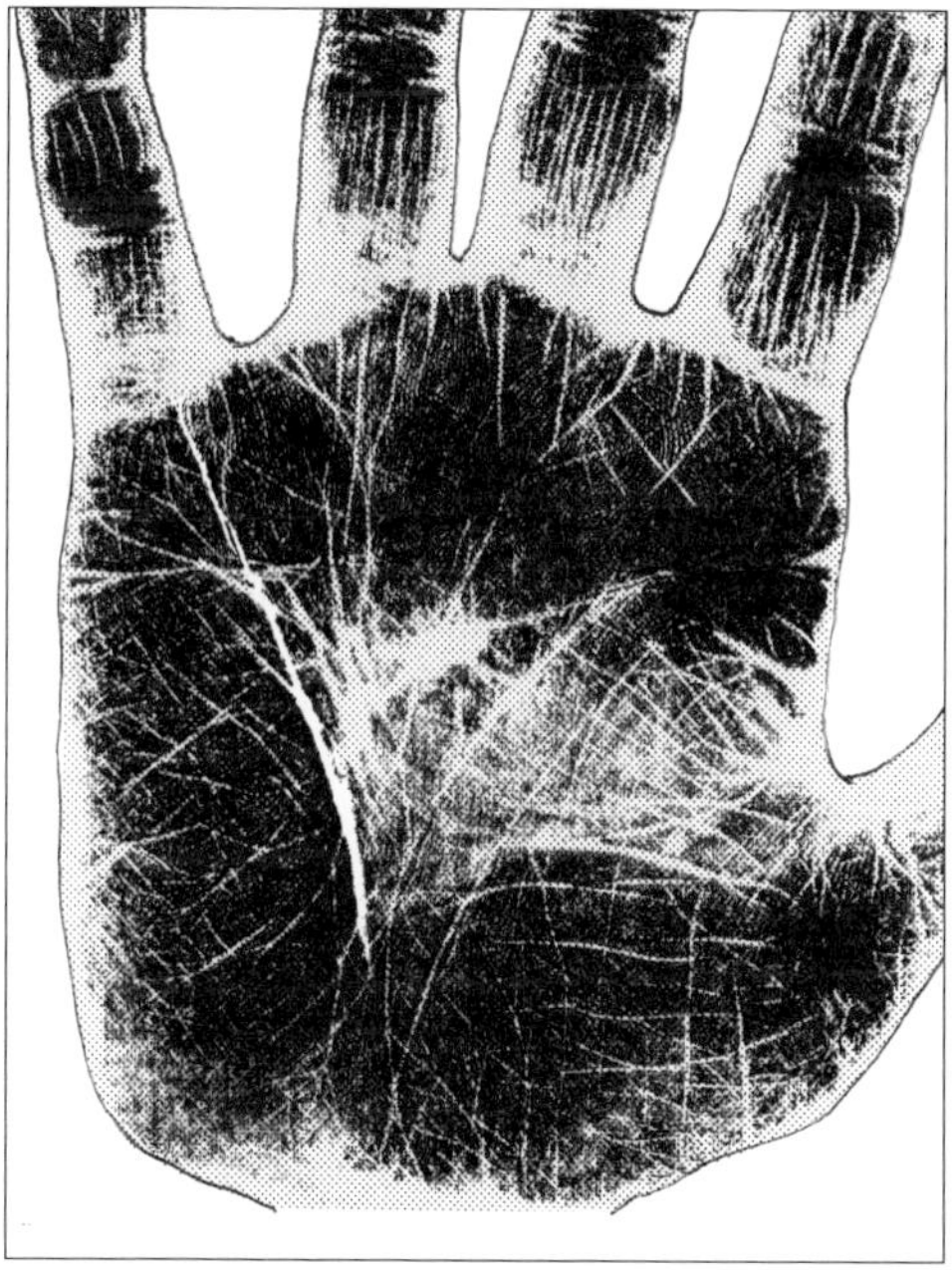

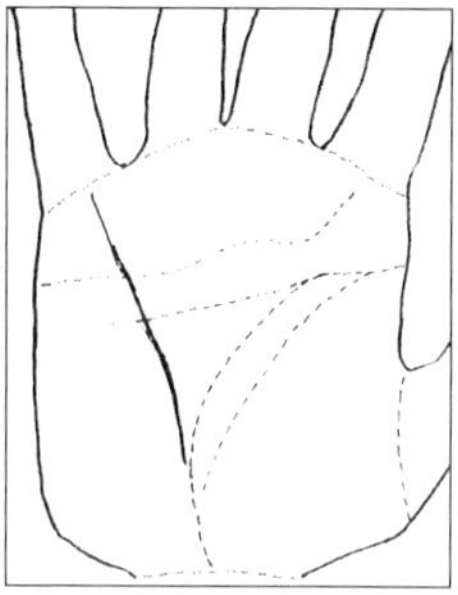

外芸紋《がいげいもん》

外芸紋の基本と種々相の判断……副業で成功するかを予見する

「**外芸紋**」というのは、西洋式手相術でいうところの「**水星線**」、或いは「**健康線**」です。和式手相術では「外芸紋」という名称のほかにも「**考證紋**」や「**異学紋**」の名称を使うこともあります。

いずれにしても西洋式手相術の健康線的な〝病気をつかさどる紋〟としての解釈ではなく、水星線的な〝**才能をつかさどる紋**〟としての解釈を採用していたようです。したがって江戸時代は、手首付近から小指方向へ斜めに上昇する比較的長めの紋だけを「外芸紋」として扱っていたようです。西洋式の場合は短い線でも水星線とし、長くても切れ切れであれば健康線と見立てているようです。

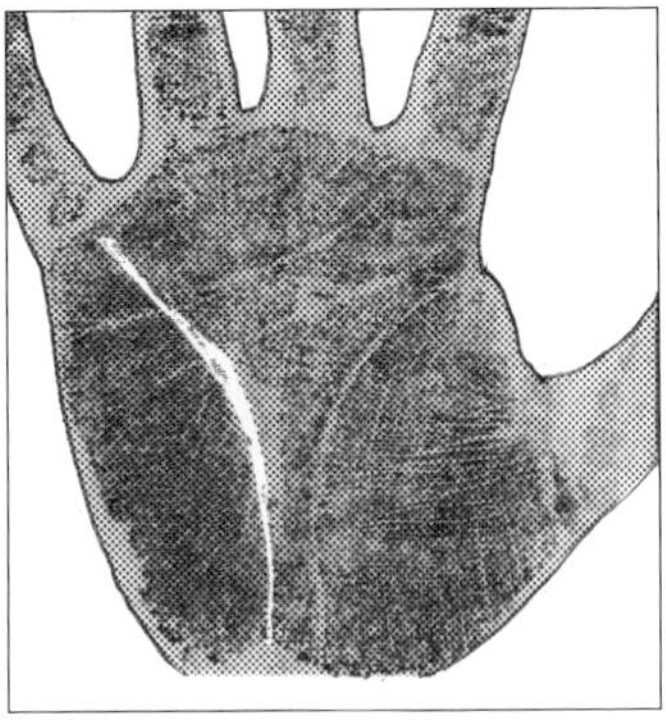

★外芸紋が「乾宮」寄りの手首付近から斜めに上昇するのは、独自の健康法とか美容法を持っている人の相であり、経済的にも大いに恵まれた人生となります。社会的な視野が広く、部下・後輩運も良い相です。

★外芸紋の起点が地紋底部と一体化し、小指方向に上昇するのは「外芸紋」としての理想的な形で、芸術や技術の方面で才能を大いに発揮し、副業でも活躍するケースが多く、晩年に大きな財産を得るのが特徴です。

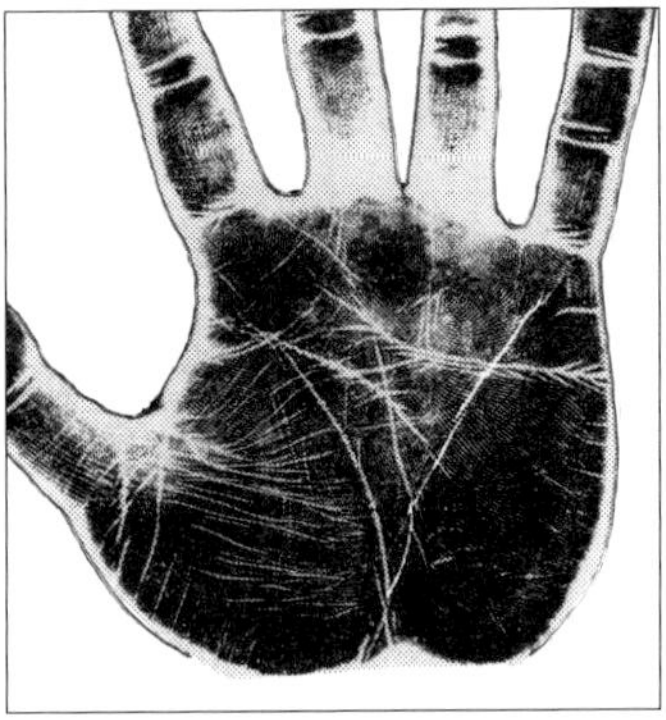

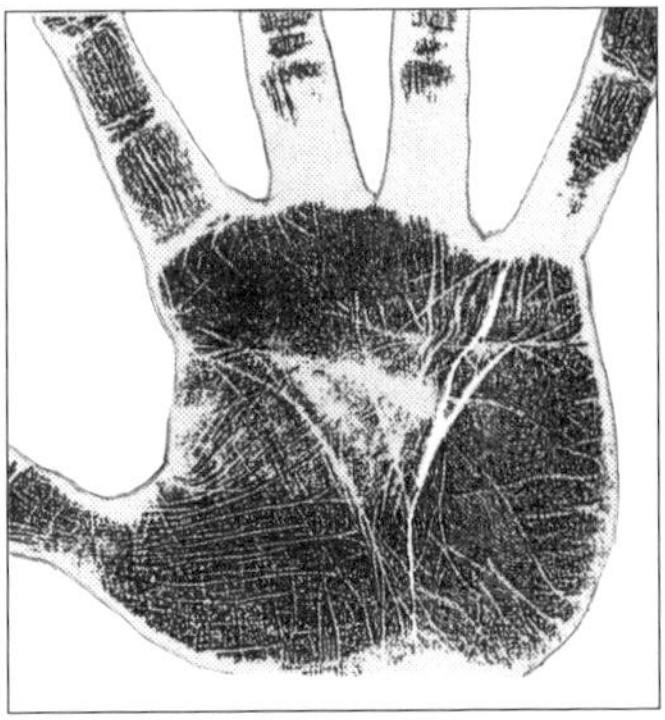

★外芸紋が手首中央から発する立身紋と一体化してスタートするのは「**異学紋**」と呼ばれ、特殊な技術や能力を必要とする分野で才能を発揮する相です。立身紋のやや上部から枝分かれしていくこともあります。

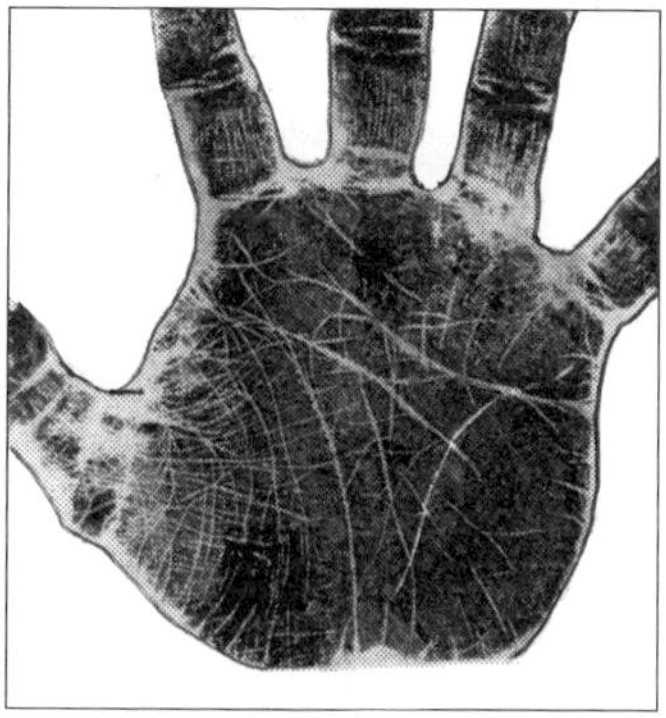

★地紋に触れず出発し、人紋と交差する外芸紋がクッキリ刻まれているのは内臓諸器官が強い相であり、自分の携わる仕事と健康に対して自信を持っている人の相です。経済的にも徐々に財産が増えていきます。

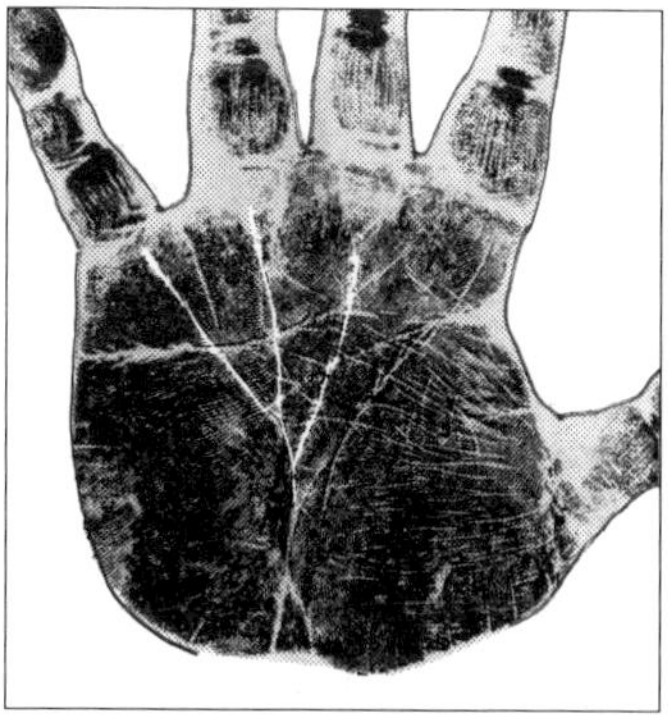

★中指に向かう立身紋から枝分かれする形で薬指に向かう贔屓紋、小指に向かう外芸紋が上昇するのを「**三奇紋**」と呼びます。形が良ければ社会的に大成功する相で、西洋式では「**帝王の相**」と呼ばれたりします。

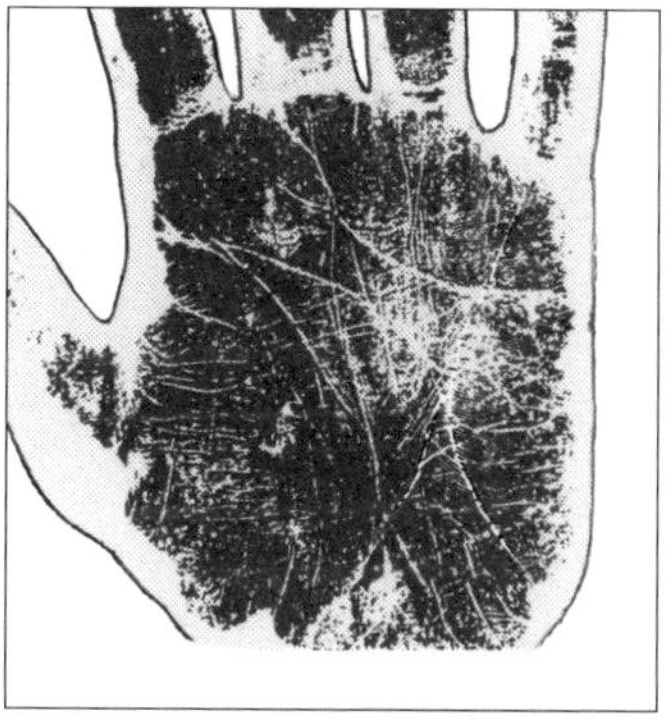

★地紋付近からスタートする外芸紋が、途中で「乾宮（小指側の手首付近）」から弧を描く紋と一体化しているのは、投機的な事業や商売に特別の才能を発揮する相で、ある種の霊感が財運を運んでくれる相です。

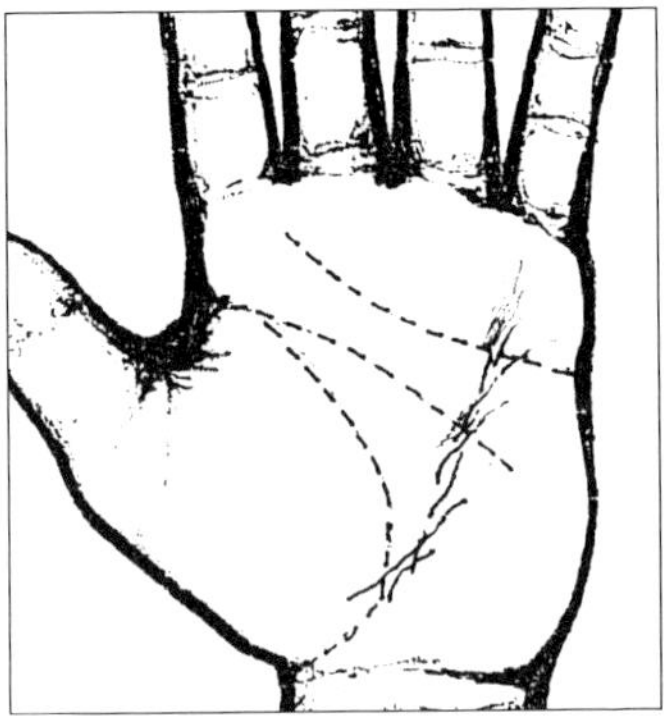

★よれよれ切れ切れの外芸紋が複雑に出現しているのは、内臓諸器官に何らかの弱点を持ち、頑張りの利かない相で、収入面にもムラが生じやすい人の相です。肝心なところでミスやトラブルが生じやすい相です。

★外芸紋の一種で、小指の中に直紋が起つのを「**運約紋**」と呼びます。これは科学や医学の分野で特別の才能があって成功を勝ち取っていく人の相であり、発明・発見・企画・開発などの分野は特に優れています。

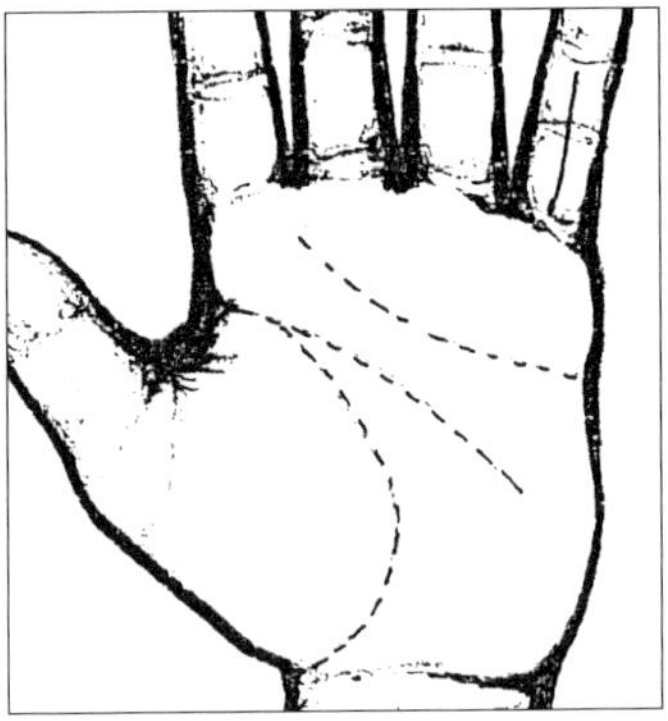

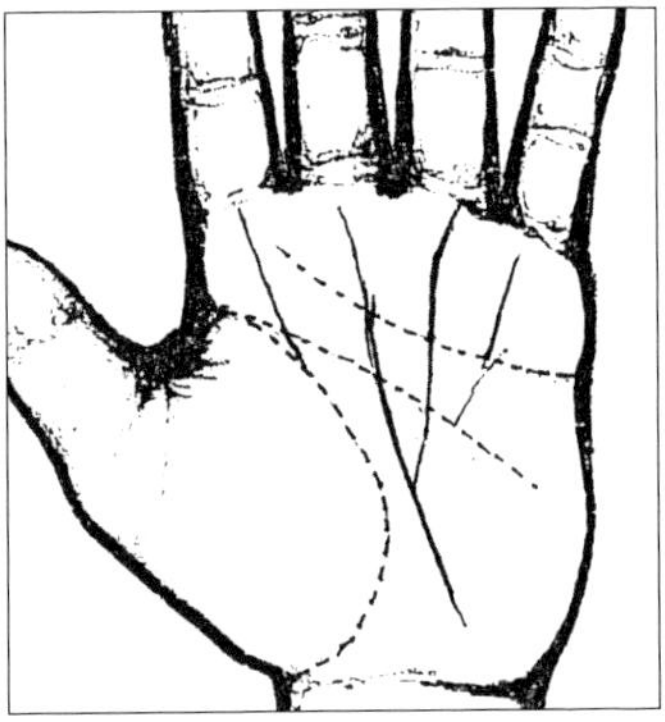

★小指方向に向かう外芸紋が、薬指方向に向かう立身紋、中指方向に向かう贔屓紋、それに人差し指方向に向かう独朝紋を伴っているのが「**四直紋**」です。若くして成功し、その名声を高めていく相とされます。

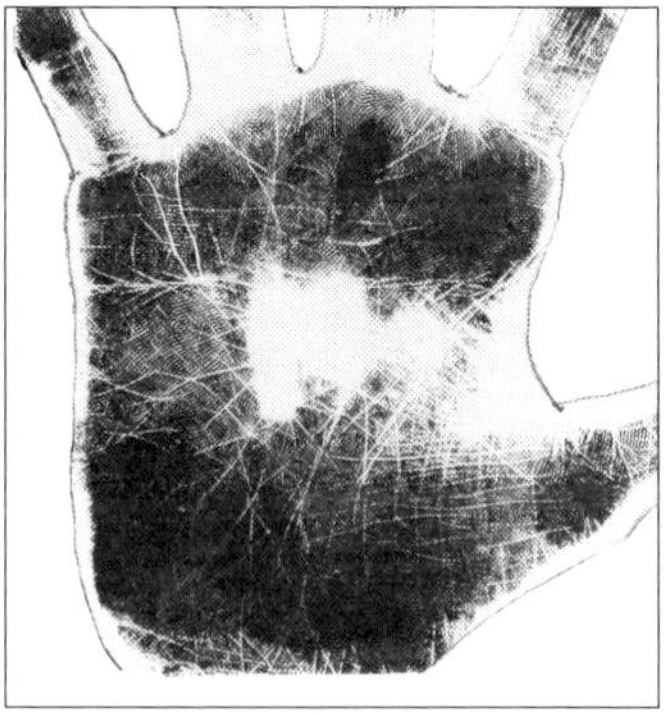

★天紋の上部だけに短い外芸紋がクッキリ起つのは、中年以降になって金運を発揮する形で、経済的な知識や商才を持っているのが特徴です。年齢が行くほど収入が増えていく形で、晩年は大きな財産を所有します。

和式手相の謎②　水野南北の「子孫紋」と、中村文聰の「兄弟線」

　水野南北といえば、江戸時代を代表する人相家として有名ですが、彼は修業のため風呂屋に三年、火葬場に三年、髪結いに三年弟子入りしたと言われ、それらの仕事場で実際の肉体・骨格・顔付を仔細に研究し、独自の観相学を打ち立てた、と言われています。その南北ですが、手相に関しても独自の観方を述べていて、その一つが天紋（感情線）の下に平行して刻まれる線を「子孫紋」として〝子供運を予見する紋〟とし、その観方を述べていることです。

　その具体的な観方については、本書では詳しく触れませんが、長い紋を男児、短い紋を女児と観、二本の紋が交錯する場合は早世の相と捉えていたようです。確かに、この部位は「兌宮」に相当しているので、気血色判断では子孫との関係が示されることもあります。ただ、実際に子供を持つ多くの親達は、この部位に何本もの横紋を所有していません。この部位の横紋は、女性では天紋に平行して比較的長く刻まれ、男性の場合、稀ですが短く数本平行して刻まれるケースが多いものです。

　ところで本書にも登場する昭和を代表する手相家の一人・中村文聰は、この同じ横線を「兄弟線」という名称で扱い、いくつかのパターンを示して、それぞれ兄弟との関係が表れる、と発表しています。ところが、これも不思議なことに、何人もの兄弟を持つ人達も、兄弟からの影響力が強い人達も、この線を欠いているケースが多いのです。天紋の下に平行して刻まれる紋に関しては、西洋式では「反抗線」とし、〝闘争的な人物の相〟と見ます。そのような事情から、私個人は「研究中」としか申し上げられません。

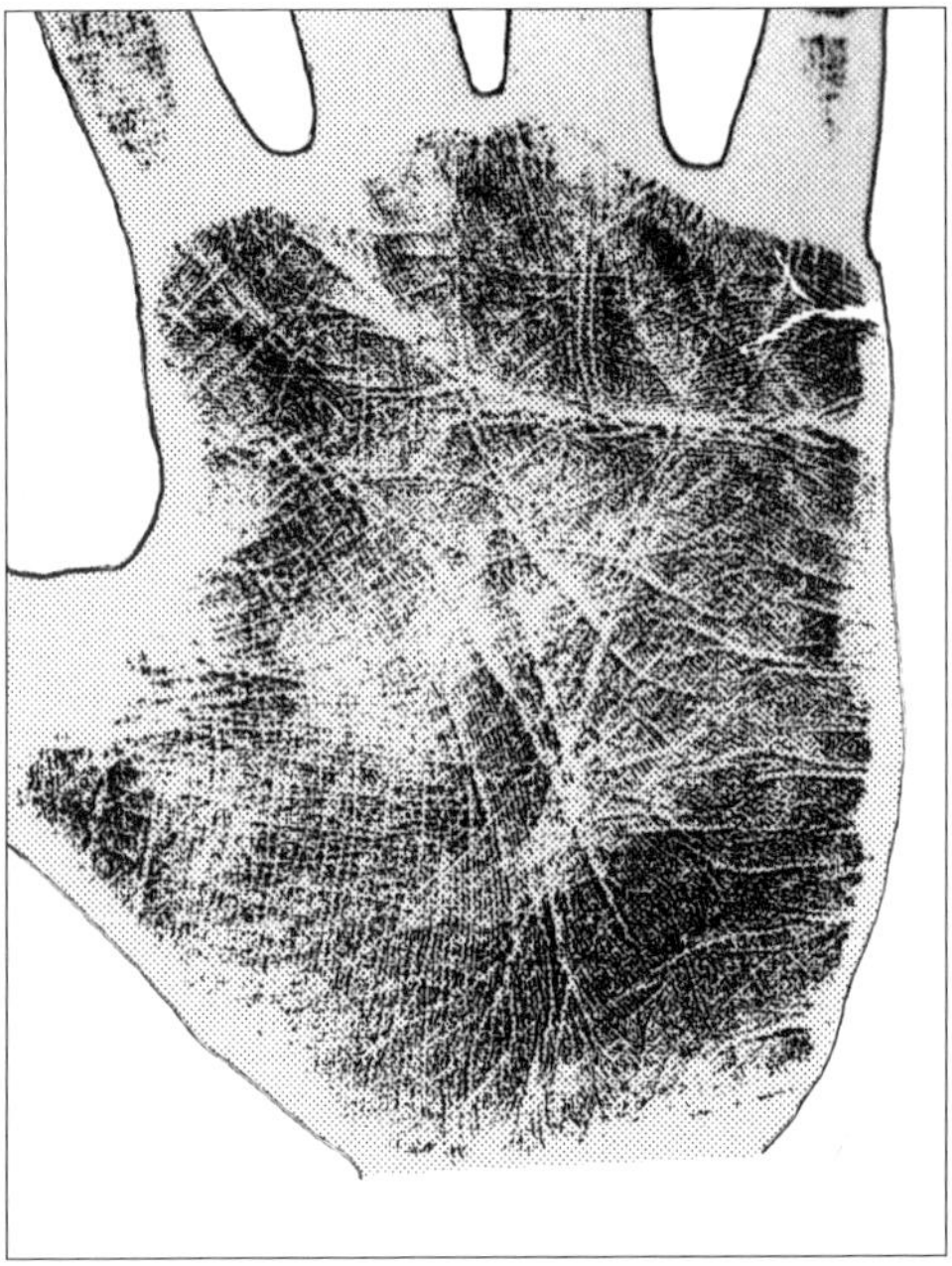

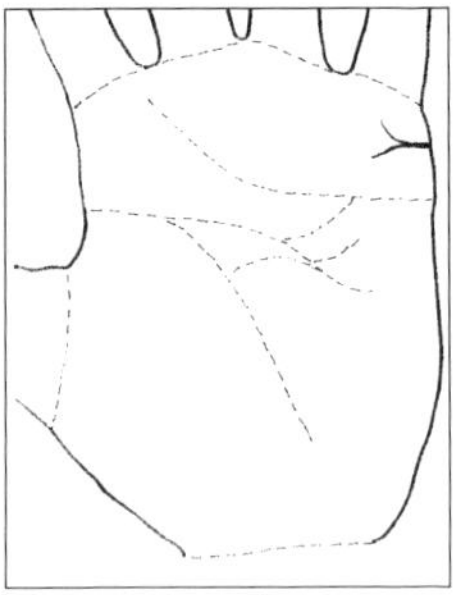

妻妾紋　さいしょうきもん

妻妾紋の基本と種々相の判断……結婚の吉凶を予見する

「**妻妾紋**」というのは、西洋式手相術でいうところの「**結婚線**」です。和式手相術は元々〝男性主体の手相術〟でしたので「妻妾紋」という名称が使用されていました。その名称に示されているように正規の配偶者「妻」に限定されることなく「**妾（愛人）」をも含んでの吉凶**を表す紋とされていました。西洋式の場合は「**配偶者**」に限定している場合が多いのですが、実際には「**恋愛相手**」についても表示されるので、和式手相術の名称の方が適切と言えます。中国式では「**家風紋**」と表現されるケースが多いようです。他に「預妻紋」「密夫紋」の別称が使われることがあります。

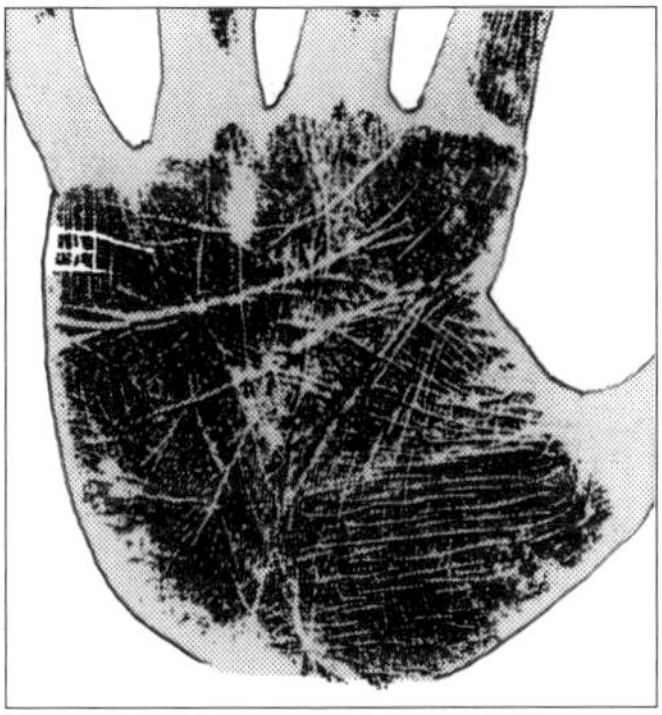

★比較的長めの妻妾紋が三紋表出しているのは「**再縁の相**」と呼ばれて、結婚が一度で済まない可能性が強いことを表しています。但し、三回結婚するとは限りません。内縁・同棲も含めての婚姻数となります。

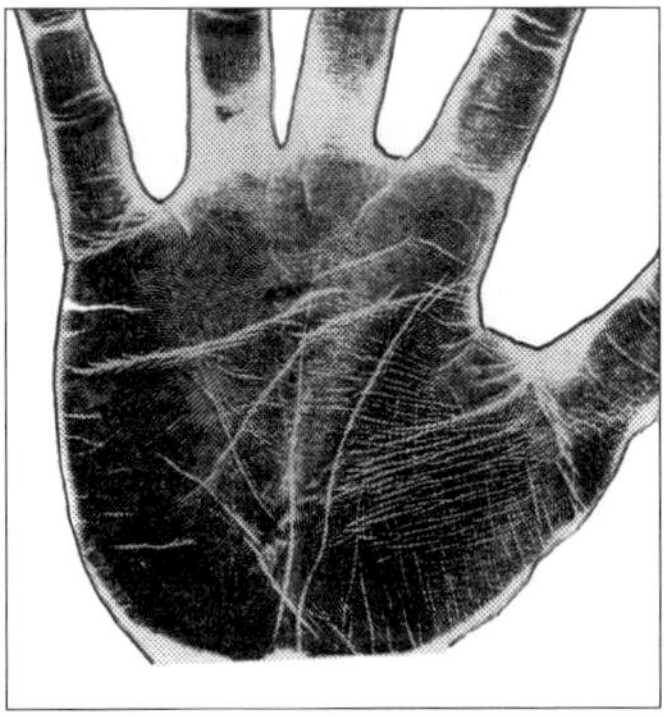

★中心の妻妾紋だけが強くクッキリとし、それ以外にも何本か弱く出ているのは、何度かの恋愛の後に結婚していく形で、結婚後も仲良く過ごすことが出来て、初婚のまま添い遂げていくことが可能な人の相です。

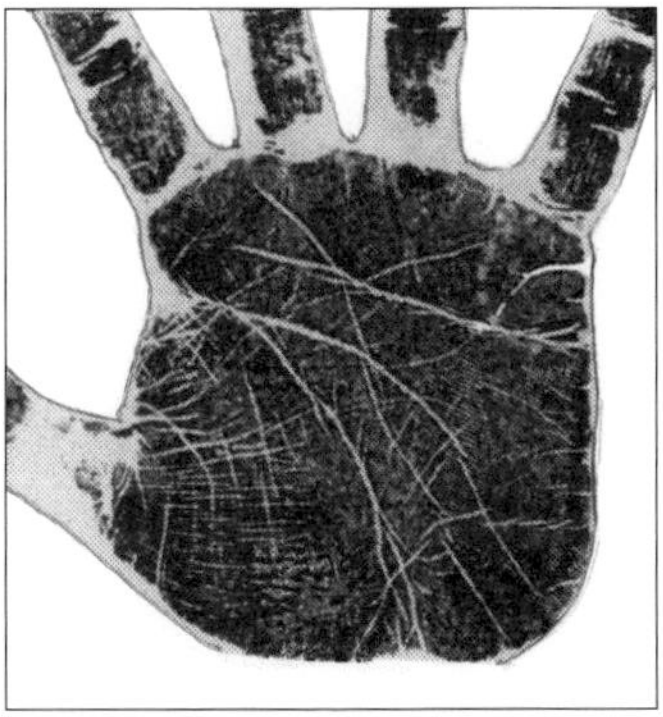

★妻妾紋が徐々に下降して天紋に流れ込んでしまうのは、男性の場合は妻との間に予想外の事態が生じ、誰かに妻を預かってもらう形で「**預妻紋**」と呼ばれます。女性の場合は夫を入院させること等が生じます。

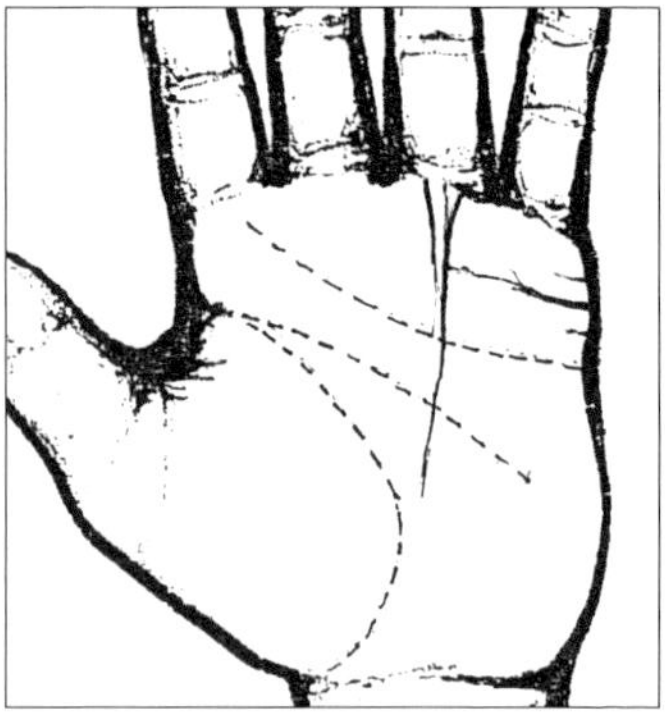

★妻妾紋が比較的長く、曻肩紋に達し止まっている相を「**附馬紋**」と呼び、女性なら玉の輿に乗る人の相です。この場合、クッキリとした曻肩紋であれば、妻妾紋が多少細い横線を継ぎ足す形でもOKとします。

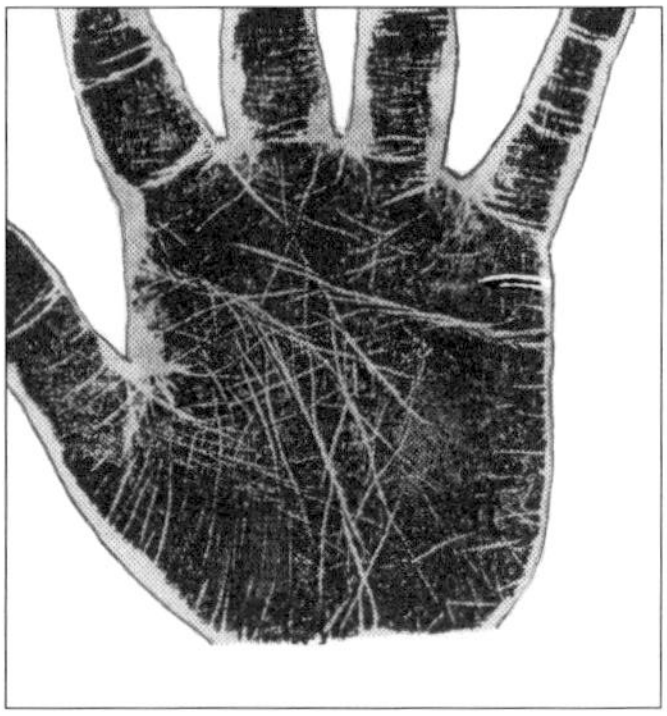

★力強い妻妾紋とは別に密接する細い平行線が上下どちらかに出現しているのは、本命としての恋人や配偶者とは別に、深い関係を持つ愛人が出現する人の相で、通常は一年以上、関係が持続するのが特徴です。

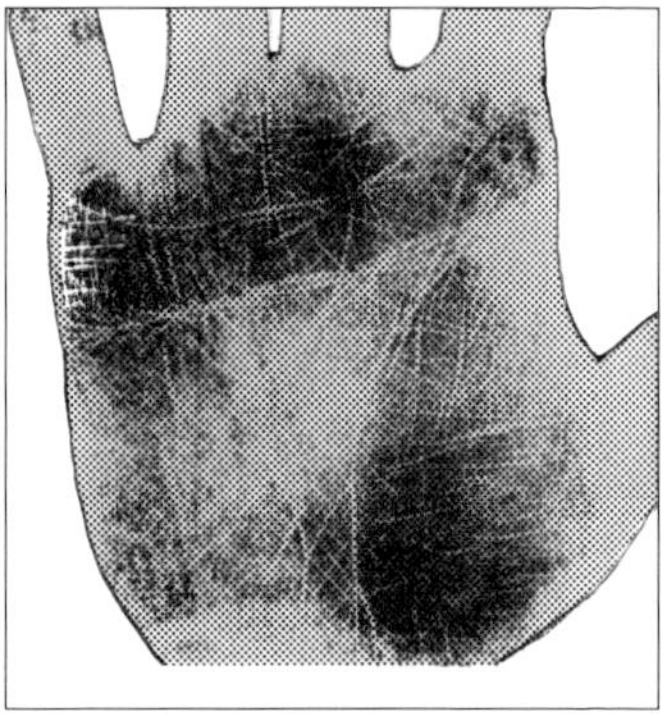

★妻妾紋が長短多数出現しているのは、相手が一人だけでは済まない「**多情の相**」で、独身時代には複雑な関係が生じやすく、結婚後も浮気が止まないことを暗示していますす。結婚が継続するかは相手次第です。

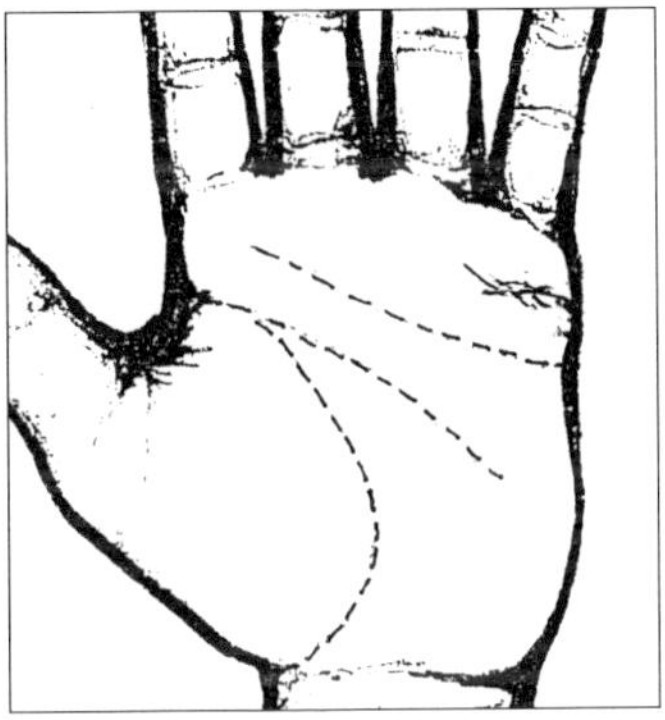

★妻妾紋が若干縄状となっているのは、相手との相性が良くない人の相で、別れたくても別れることが出来ず種々の問題を抱えながら継続していく相です。別居をしても元に戻るような事態が生じやすい人です。

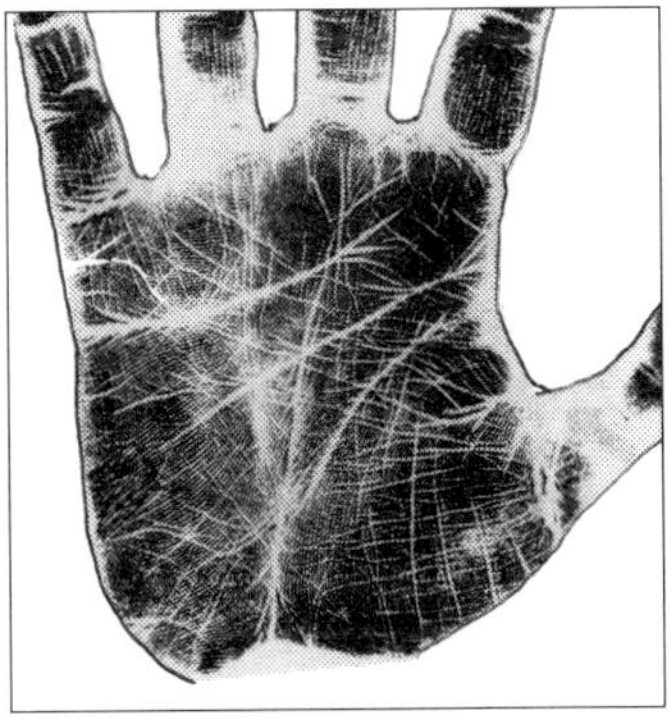

★妻妾紋の先が大きく二分しているのは、最愛の恋人、或いは配偶者と予期せぬ形から生別、或いは死別へと至る相です。小さく二分している場合は転勤などから一時的に別れて暮らす形で、愛情は継続します。

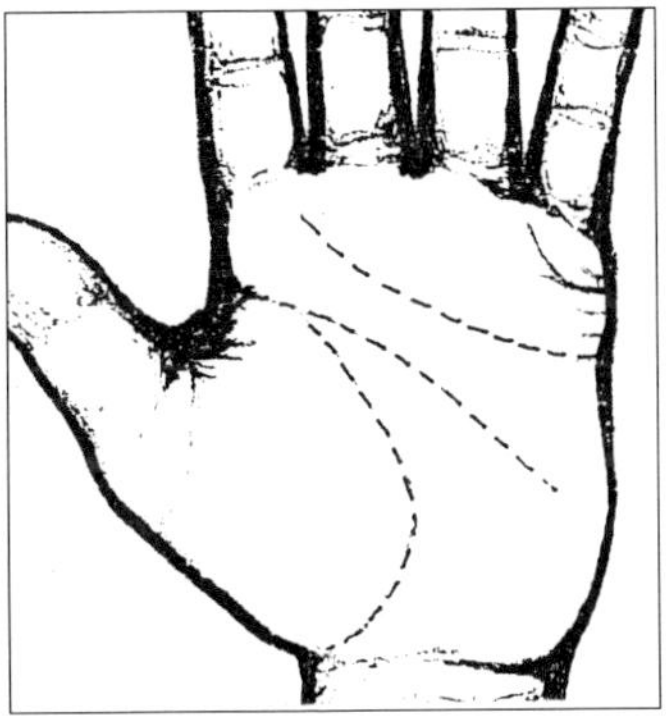

★妻妾紋が上向きに弧を描くのは「**孤独な性生活**」を意味する相で、独身時代が長く続く場合もあれば、早くに結婚して不毛の性生活に煩悶し続ける場合もあります。結婚を嫌う場合、死別する場合もあります。

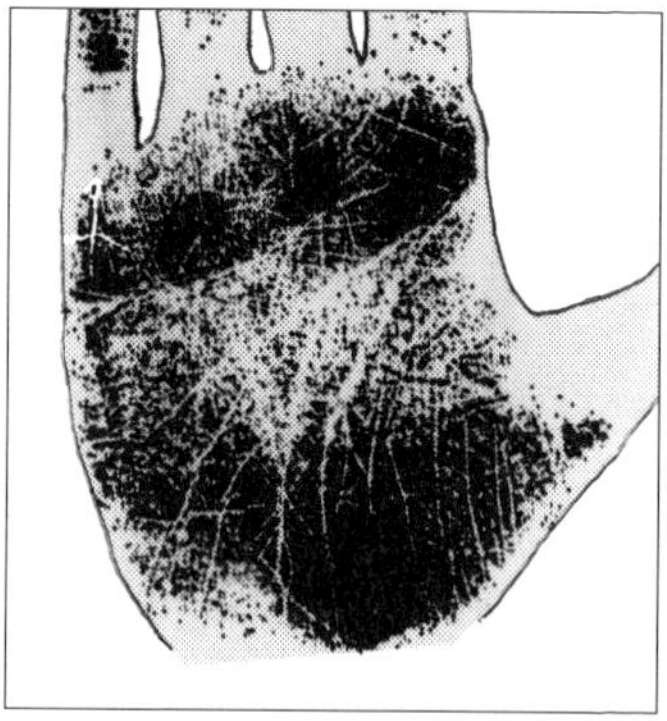

★妻妾紋に小指の付け根中央から縦線が伸びて切断するのは「**結婚を阻害される形**」で、どんなに愛し合う二人でも、婚約を交わした二人でも、眼前に大きな障害や妨害があって一緒になることが出来ない人の相です。

和式手相の謎③ 「妻妾紋」と「結婚線」の違いについて

和式手相術では西洋式で「結婚線」として知られる小指下に出る横線を「妻妾紋」と呼びます。この名称を〝不適切〟と考える方がおられるかもしれません。でも、違うのです。この名称の方が、本来のこの線の役割としてふさわしいから、あえて変更していないのです。

西洋式手相術では、当然のことながら「結婚線」を〝結婚を表す線〟として捉えています。けれども、実際には結婚だけを表している線ではありません。実際には「特定期間、性愛対象となる相手との関係を表す線」と観る方が正しい解釈といえるのです。したがって、結婚生活だけが対象となるのではなく、恋愛関係も、それが性愛対象として特定期間継続するなら、結婚線としての線・紋として刻まれていくのです。明治以前の日本では、占い対象の八割以上が「男性」でした。丁度、現代とは逆で、男性たち（武士たち）のために〝占いが存在していた〟時代といっても良いでしょう。

そういう時代の名称として「妻妾紋」という表現は、ある意味〝的を得ている〟といえるのです。もちろん、「妾」というのは現代でいう「愛人」（内縁の第二夫人）を意味する表現ですから、仮に男性主体だったとしても、問題が残るように思われる方も多いことでしょう。

ただ、配偶者だけでなく、愛人も含めて深い性愛関係にある特定の相手を表現する線・紋の名称としては「夫妻紋」よりも、中華圏で使われる「家風紋」よりも、江戸時代の「妻妾紋」という名称の方が、本来の役割に沿っていると思われるので、あえて名称を変更していないのです。

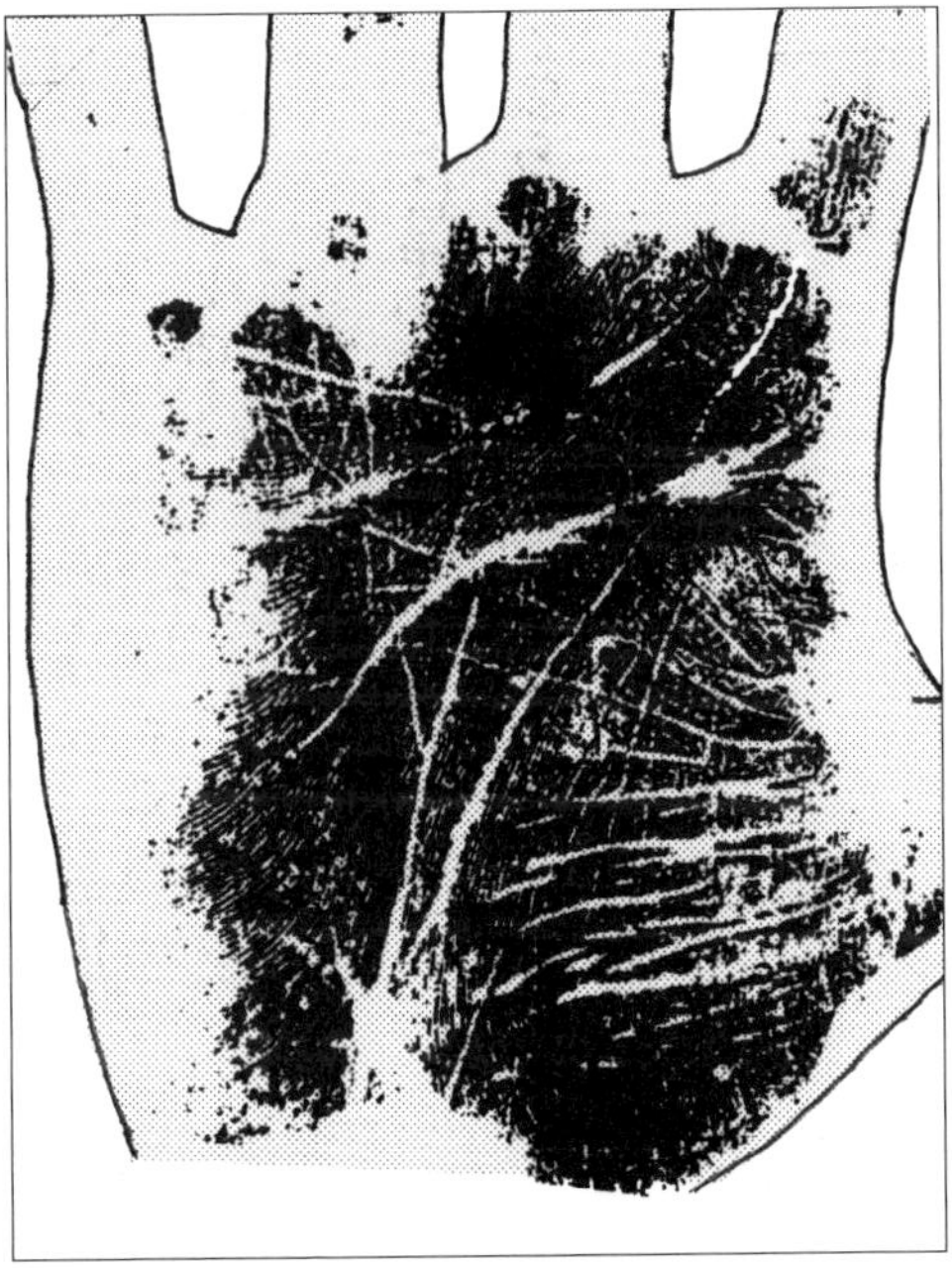

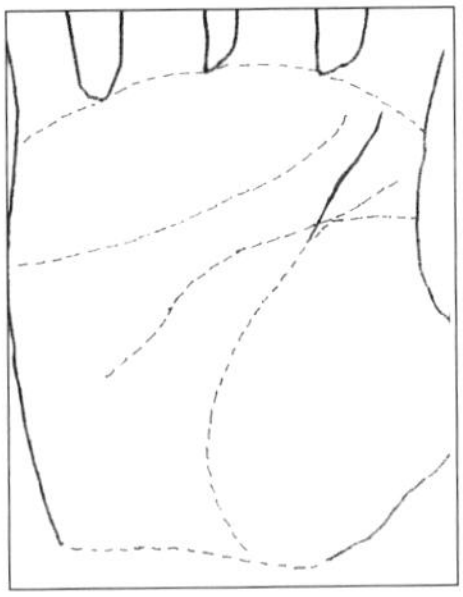

独朝紋　どくちょうもん

独朝紋の基本と実際の判断……試験運の強弱を予見する

「**独朝紋**」というのは、西洋式手相術でいうところの「**希望線**」です。和式手相術では元々「独朝紋」について記述している古書は少ないのですが、その聡明さを称えている記述が多いようです。そのせいか「**智慧紋**」という別称を使うこともあります。また独朝紋の変形として、四指それぞれに向かって縦線が上昇する「四直紋」、人紋上部から枝分かれする形の「**元枝紋**」なども、広義の独朝紋といえるものです。独朝紋は地紋上部から人差し指付け根中央に一本だけ向かうのが理想的な形で、才能に恵まれるだけでなく、十代から種々の**試験を突破し、名誉運が強い**人が多いものです。

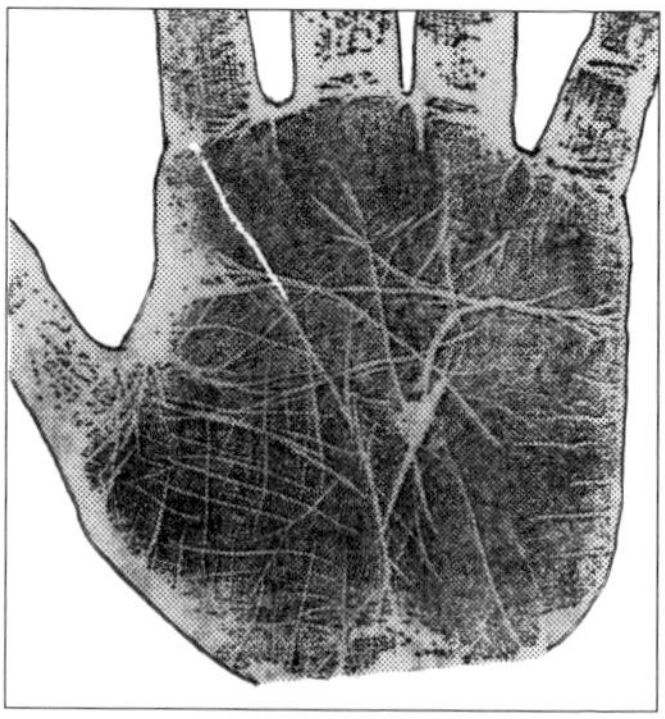

★地紋から起つ独朝紋がクッキリと人差し指付け根中央に上っているのは、試験運の強い相で、若くして才能と指導力を発揮し、次々と難関を駆け上って名誉を得ていく人の相です。カリスマ性を持っています。

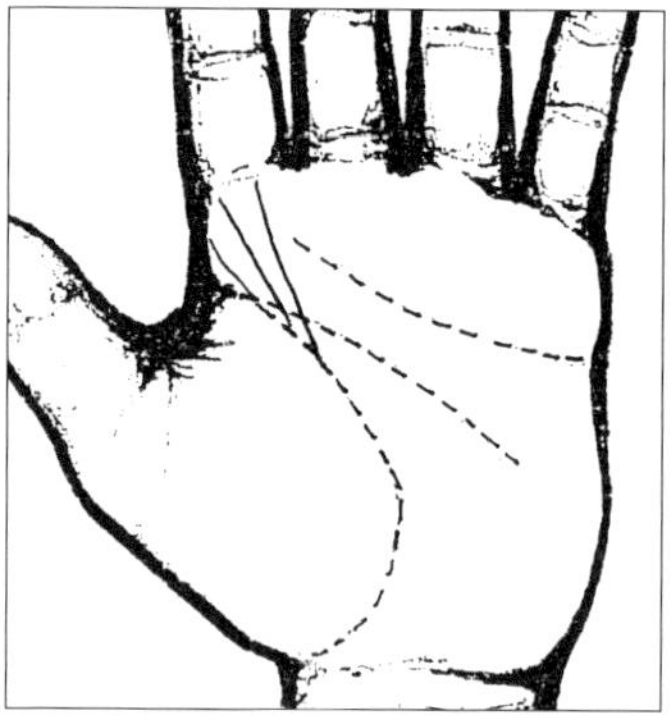

★独朝紋が一本だけではなく二本も三本も起つのは、さまざまな学歴や資格や技術を持ち、何度でも学校に入り直すことに生きがいを抱くような人です。但し、細くて弱い独朝紋が何本もあるのは器用貧乏の相です。

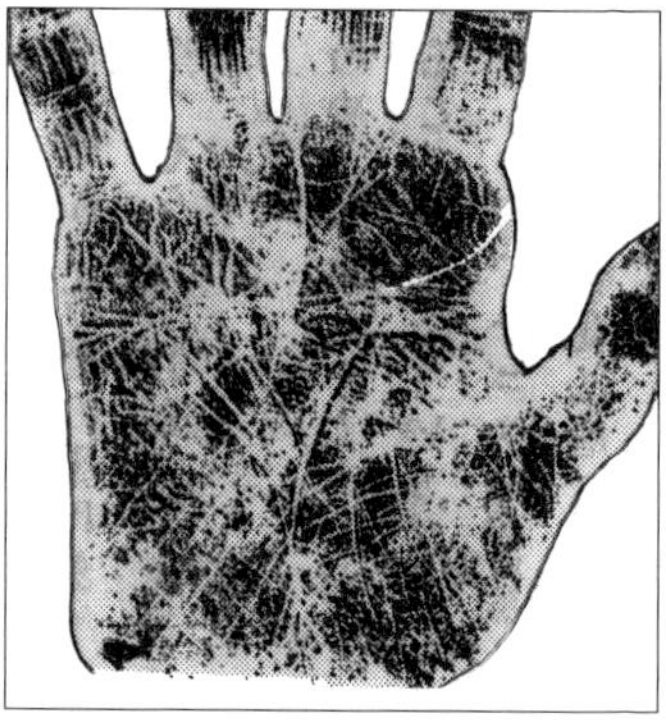

★人紋の上部から枝分かれのような形で独朝紋が起つのは「**元枝紋**」と呼ばれ、自分の家族だけでなく、他の家族の世話や面倒も見なければならない環境に置かれる人の相です。自信家でプライドが高い人です。

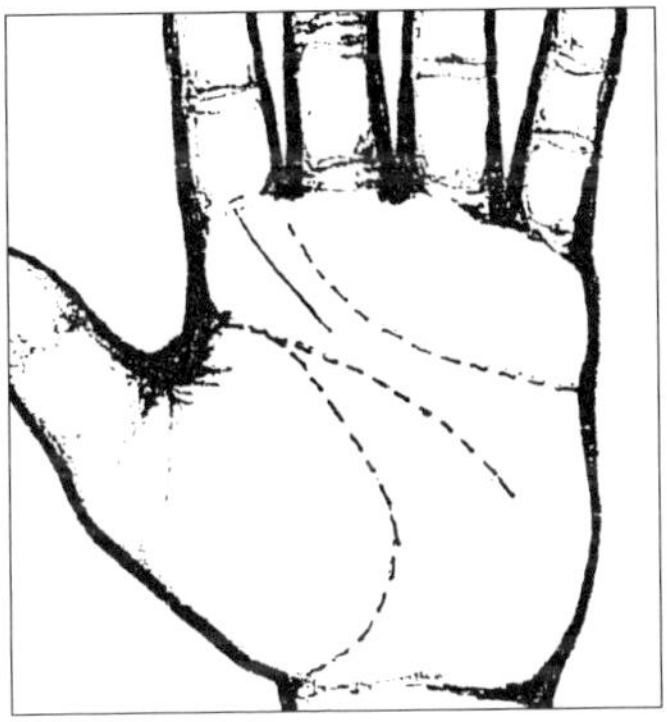

★どこにも起点を持たない独朝紋が人差し指付け根中央に向かうのは、目上からの引立て運に恵まれる人の相です。実力以上に可愛がられ、引き立てられて、社会的な名誉や地位を手に入れ、幸運な結婚をします。

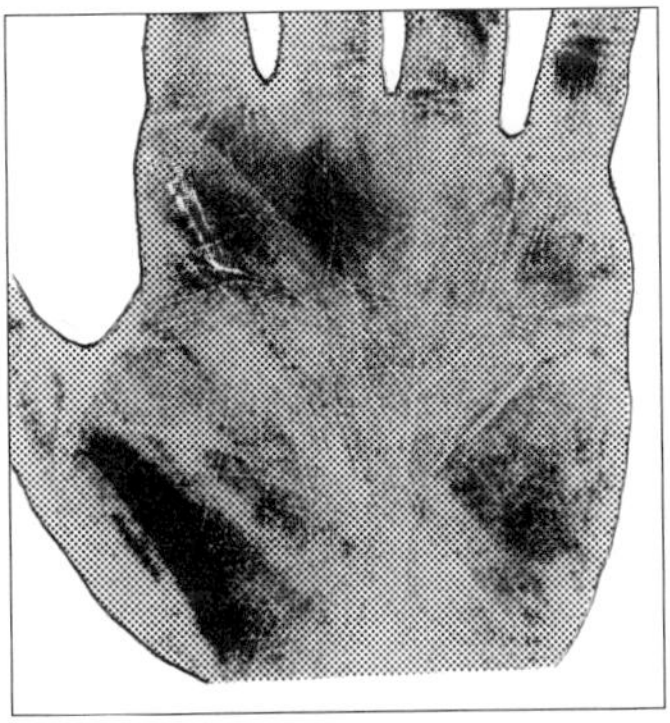

★細くて弱い独朝紋が巽宮の親指寄りに向かっているのは、信仰心が強く勉強家ですが、試験運には弱い相で、今一歩のところで悲運に泣きやすいものです。二十代前半位までは成功運のチャンスが掴めません。

和式古書に基づくワンポイント観法①

『手相血色法』（原著者不明）**による新規事業の観方**

地紋上部を起点とし人差し指下まで達する独朝紋を重要視しています。この紋が勢い良く起つのは「事業運強く成功する相」と捉えています。元々独朝紋があって、そのそばに新たな細い独朝紋が起つのを「新規事業の相」と観て、それが紅潤色なら成功し、暗色に曇れば途中挫折に終わると観ているようです。また、独朝紋がその先端部分で「Y」字形に二分するのは、二つの事業を同時平行で行う相とし、やや長い方を古き事業、やや短き方を新たな事業と観て、それらがうまくいくかどうかは気血色の良し悪しによって判断するとしています。

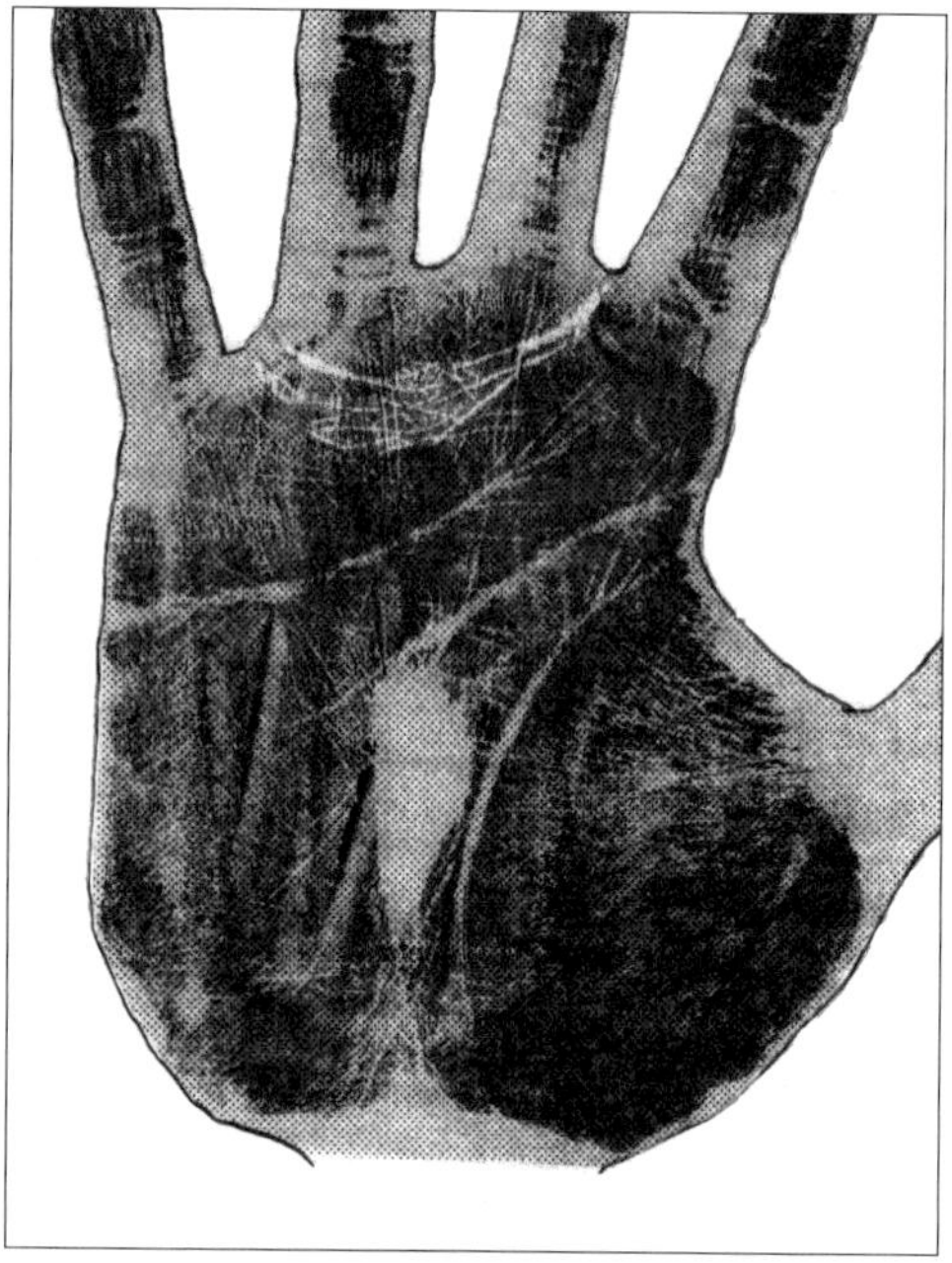

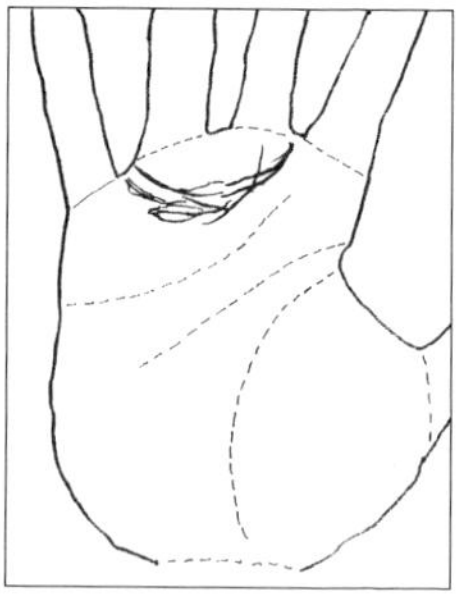

銀河紋　ぎんがもん

銀河紋の基本と実際の判断……芸術的なセンスや能力を予見する

「**銀河紋**」というのは、西洋式手相術でいうところの「**金星環**」です。丁度、離宮を若干広く取り囲むような弧形の線で刻まれる紋筋です。和式手相術では「銀河紋」だけでなく、「**酒色紋**」「**三日月紋**」「**月暈紋**」の異称もあります。また和式古書の中には、銀河紋に対し「**大酒家の遺伝**」を表すと記述したものや、「**再婚の相**」だと記したものもあります。西洋式手相術では「**神経質の表示**」や「**異常性欲の表示**」としてある書もありますが、実占的なデータを見る限りは優秀な人物が多く、特に芸術（美術・文学）や芸能界で活躍している人たちに形良い銀河紋を見るケースが多いものです。

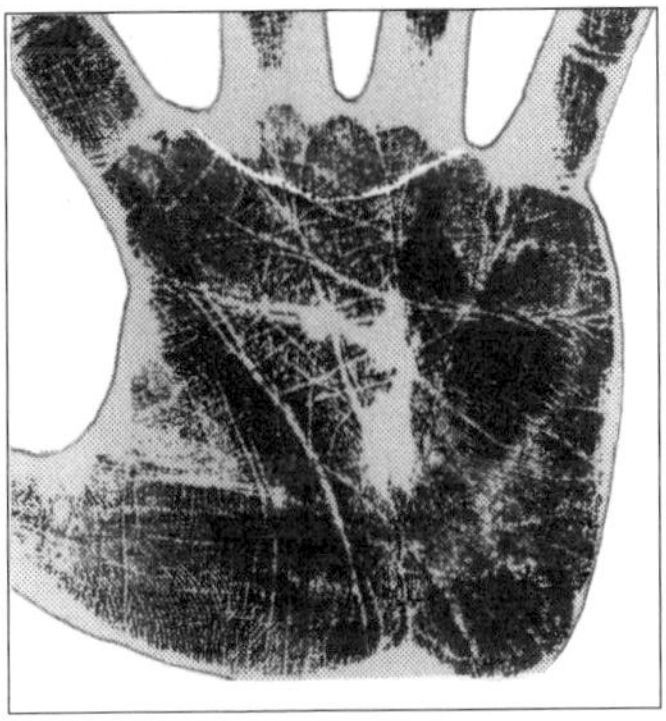

★乱れのない銀河紋がクッキリと離宮を広範囲に切り取るかのように走っているのは、感受性鋭い人の相で、芸術的な素質を持ち、官能的な欲求も激しい相です。また霊感的な能力を備えている場合や、麻薬に溺れる人もいます。

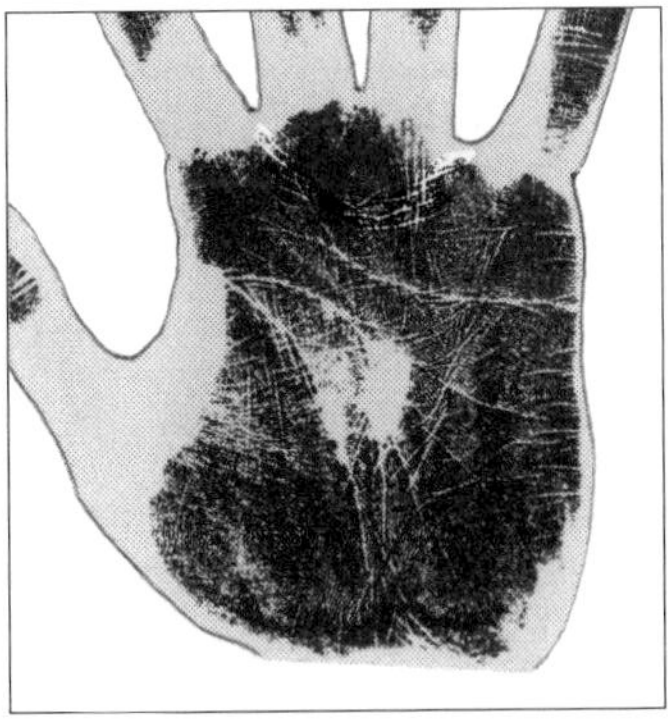

★細い銀河紋が断続的に続いて弧を描いているのは、極めてデリケートな感性を持ち、何事にも過敏で神経質な人です。芸術的分野で才能を発揮することもあれば、官能的な文学や風俗で成功する人もいます。

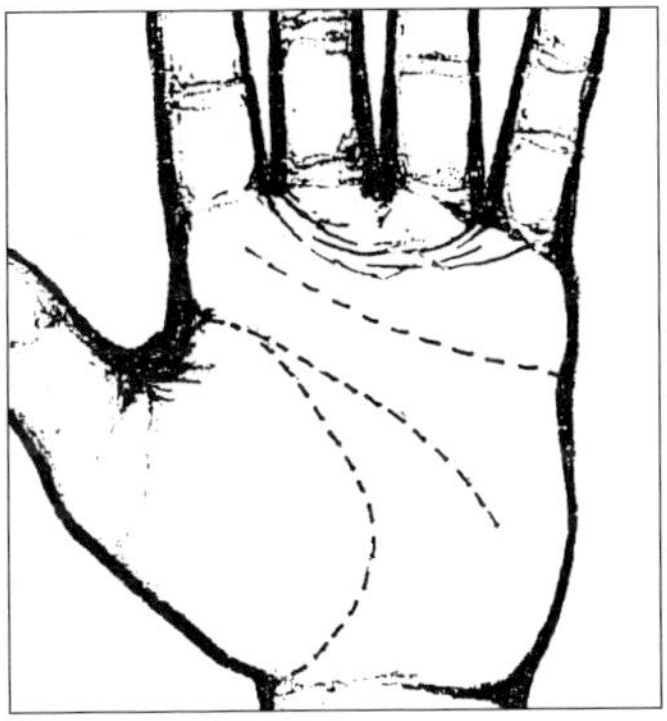

★銀河紋が二重にも三重にも描かれているのは、気分のムラが激しくて、アブノーマルＳＥＸに惹かれやすい人の相です。心霊世界からの影響を受けやすく、精神のバランスを崩しやすい特徴が見受けられます。

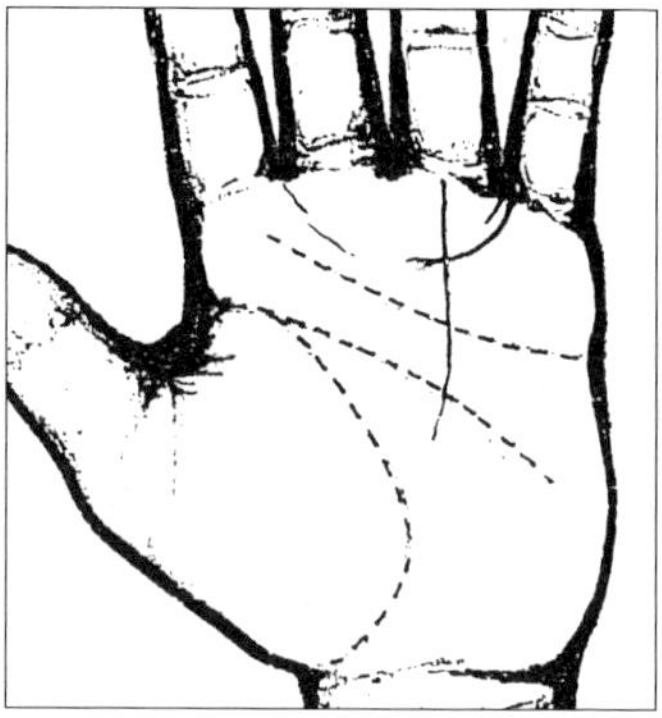

★薬指と小指の間から出る強い弧形の銀河紋が贔屓紋を横切ってストップしているのは、恋愛では盲目的になりやすく、そのため名誉や金銭を一時的に失いやすい人の相です。恋愛対象が変わりやすい相です。

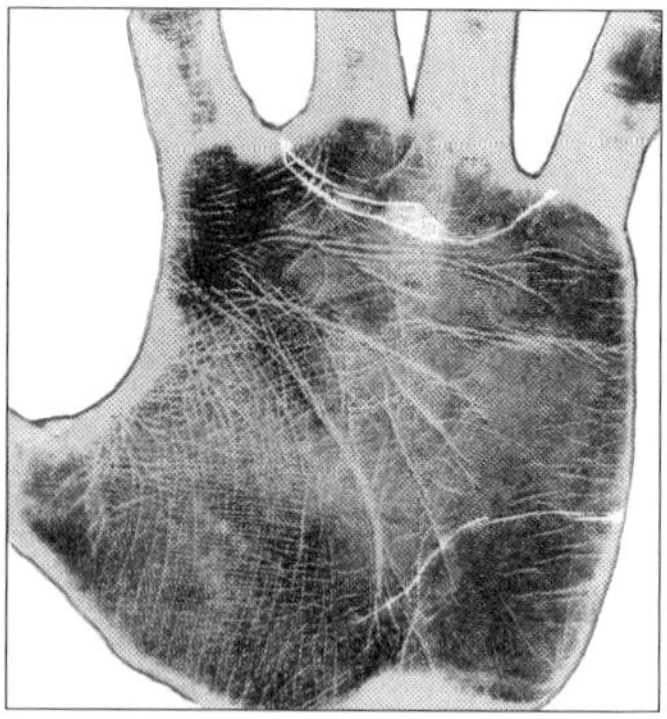

★比較的クッキリとした銀河紋と従欲紋とが同時に出現しているのは、昼間よりも夕方から夜にかけて元気となる形で、お酒やSEXに耽溺しやすい人の相です。ボディピアスやタトゥーに溺れるタイプもいます。

和式古書に基づくワンポイント観法②

『手相独稽古』（原著者不明）による肘と手首の観方

腕を曲げると誰でも肘の内側に筋が出来ますが、この筋が一筋だけでなく、二筋から三筋も出来るのは「貴人の引立てを得られる相」としています。男性は出世が早く、女性は「恵まれた結婚が出来る相」と観ていたようです。手首の両側には丸い骨がありますが、手首外側を「腕骨」といい、手首内側を「関骨」といいます。この内、腕骨の方が大きく突き出ている人は「辛労が絶えない相」で、肉に丸く包まれ骨が目立たないのが良相とされます。親指側の関骨が発達する者は「周囲の引立て援助が厚い相」としていますが、稀にしか見受けられません。

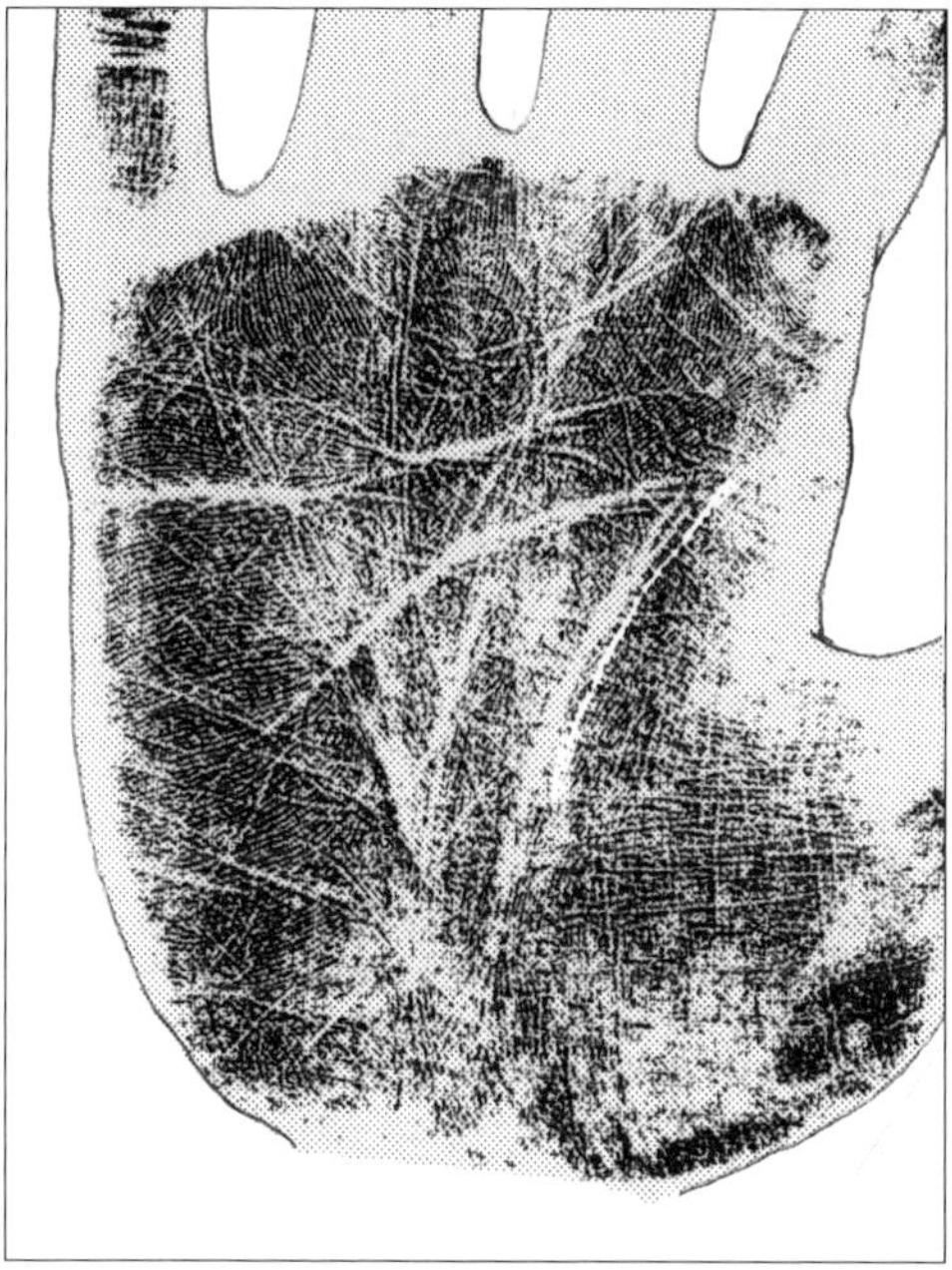

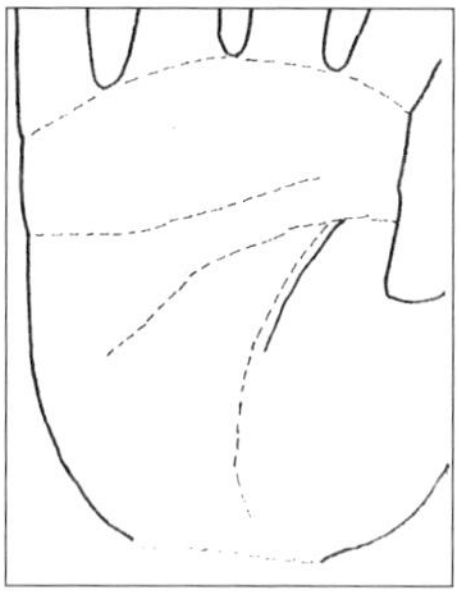

貴人紋　きじんもん

貴人紋の基本と実際の判断……愛する人との関係を予見する

「**貴人紋**」というのは、西洋式手相術でいうところの「**影響線**（或いは印象線）」です。和式手相術では「貴人紋」以外にも「**痴情紋**」「**色欲紋**」の異称もあります。いずれも愛情関連の名称です。ただ「貴人紋」には「**恩恵を与えてくれる人**」としての意味合いが強く、そういう側面も持っている筋なので、この名称を採用しました。通常、地紋に沿って、その内側二ミリ以内に平行して刻まれる細い筋です。やや上部に二〜三センチくらい出現するのが一般的ですが、時には長く全体に平行していることもあります。貴人紋が出現している人たちは、**家庭的愛情の強い傾向**が見受けられます。

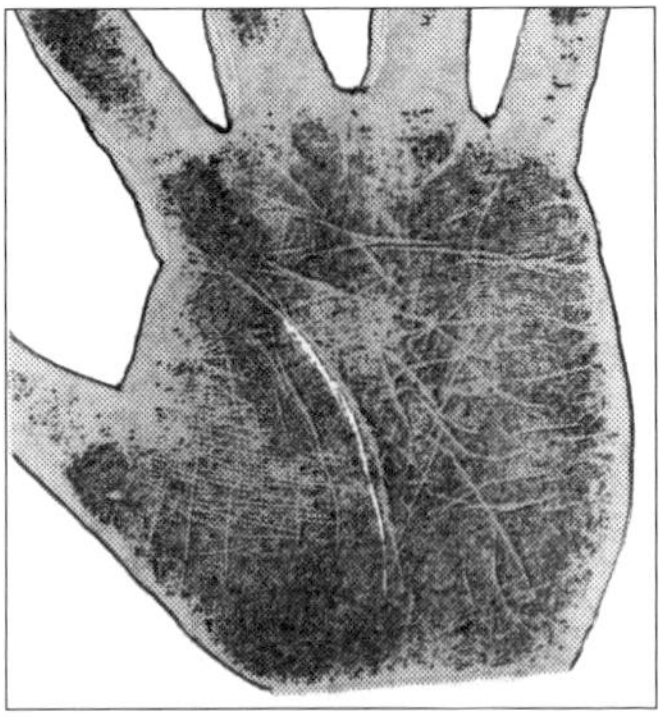

★地紋に沿って刻まれる貴人紋がクッキリと地紋全体に及んでいるのは、愛情運に恵まれている人の相で、目上の人達から愛されやすい性質を持っているものです。愛する人からの影響を人一倍受ける人生です。

★地紋のやや上部の二～三センチだけに貴人紋が出現するのは、貴人紋としては最も多く見掛ける形で、青春期に愛する人が出現し愛情生活が展開される人の相です。この紋が地紋に接近するほど愛情は深まります。

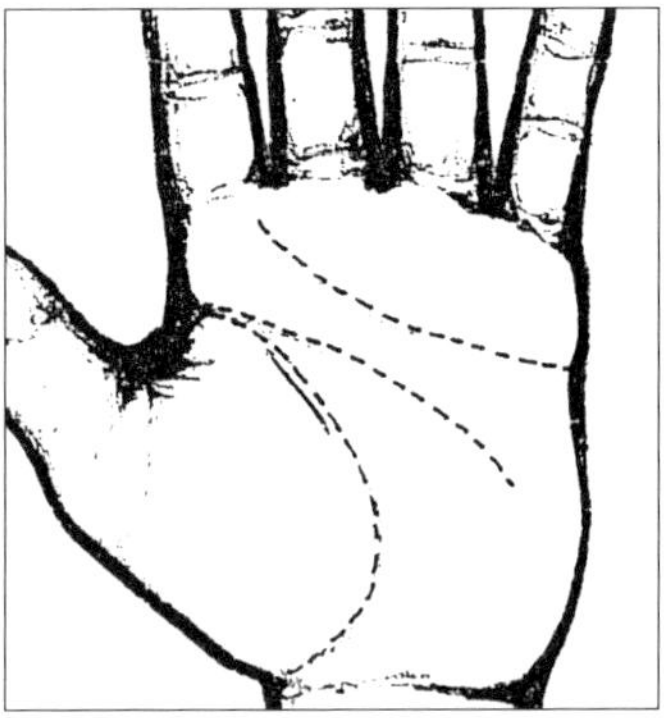

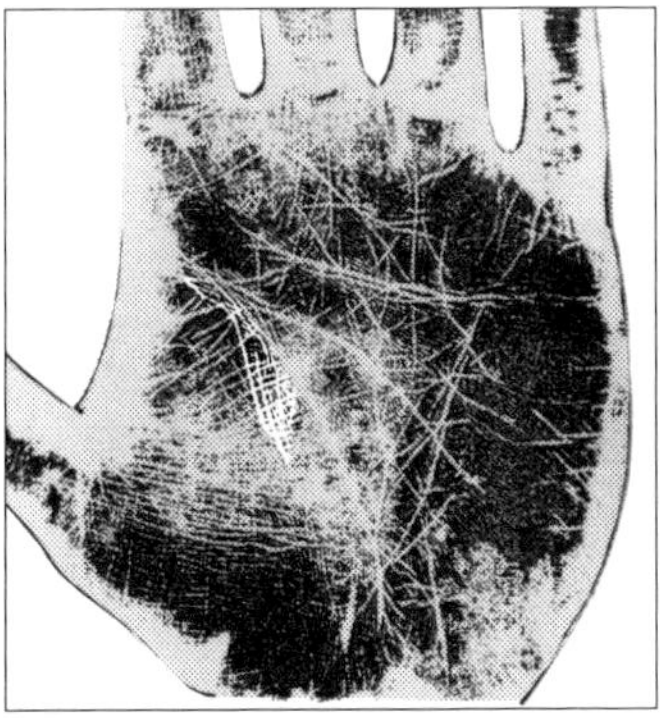

★地紋の上部に接近平行する形の貴人紋が何本も出現するのは「**色欲紋**」と呼ばれ、恋愛関係が複雑化しやすく、次々と相手が出現してトラブルにも巻き込まれやすい人の相です。再婚、三婚になりやすい相です。

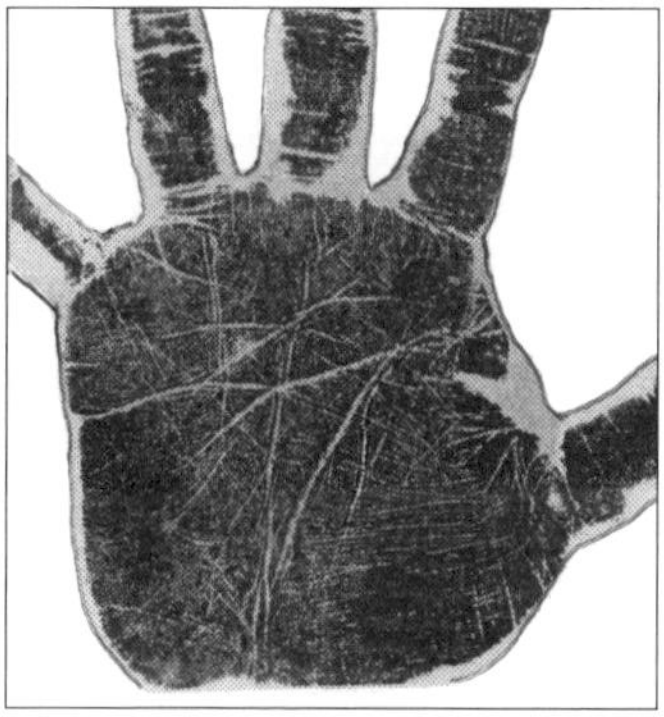

★地紋に接近して出発した貴人紋が、その途中から地紋を離れていくのは、愛する人が徐々に遠ざかっていく哀しみの相です。その下に貴人紋が見当たらなければ、復縁できない相手を待ち続ける相となります。

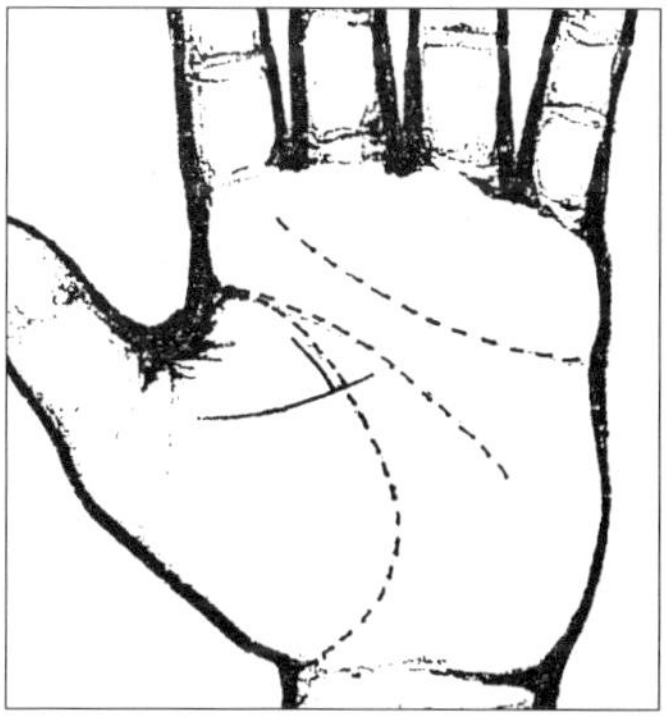

★地紋に平行する貴人紋が、内部横から出る剋害紋でストップするのは、何らかの障害や妨害で愛する人を急に失う形で、事故や急病による相手の死亡も含まれます。愛する人は母親や配偶者の場合もあります。

和式古書に基づくワンポイント観法③

『手相観法秘訣』（岡嶋一盧）による子供の病気判断

和式手相では天紋の下を「兌宮」といって、子供に関することを判断する中心部位としていますが、その兌宮から起こった青筋（青気）や紫筋（紫気）が、掌の淵に沿って上昇して小指の付け根を貫くのは「我が児が病気の相」とします。この場合、小指内に垂直紋を伴って第一関節まで達するのは「死に至る危険を持つ相」と観ているようです。小指だけに青筋や紫筋が出現し上昇する場合も「重い病」としています。また「兌宮」に赤気・白気・暗気が重なるのは、親が「我が子を勘当する時の相」としていますが、「勘当」が正当化された時代の鑑定法です。

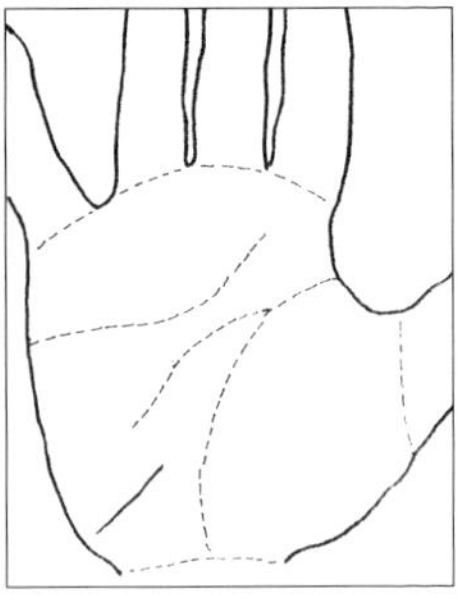

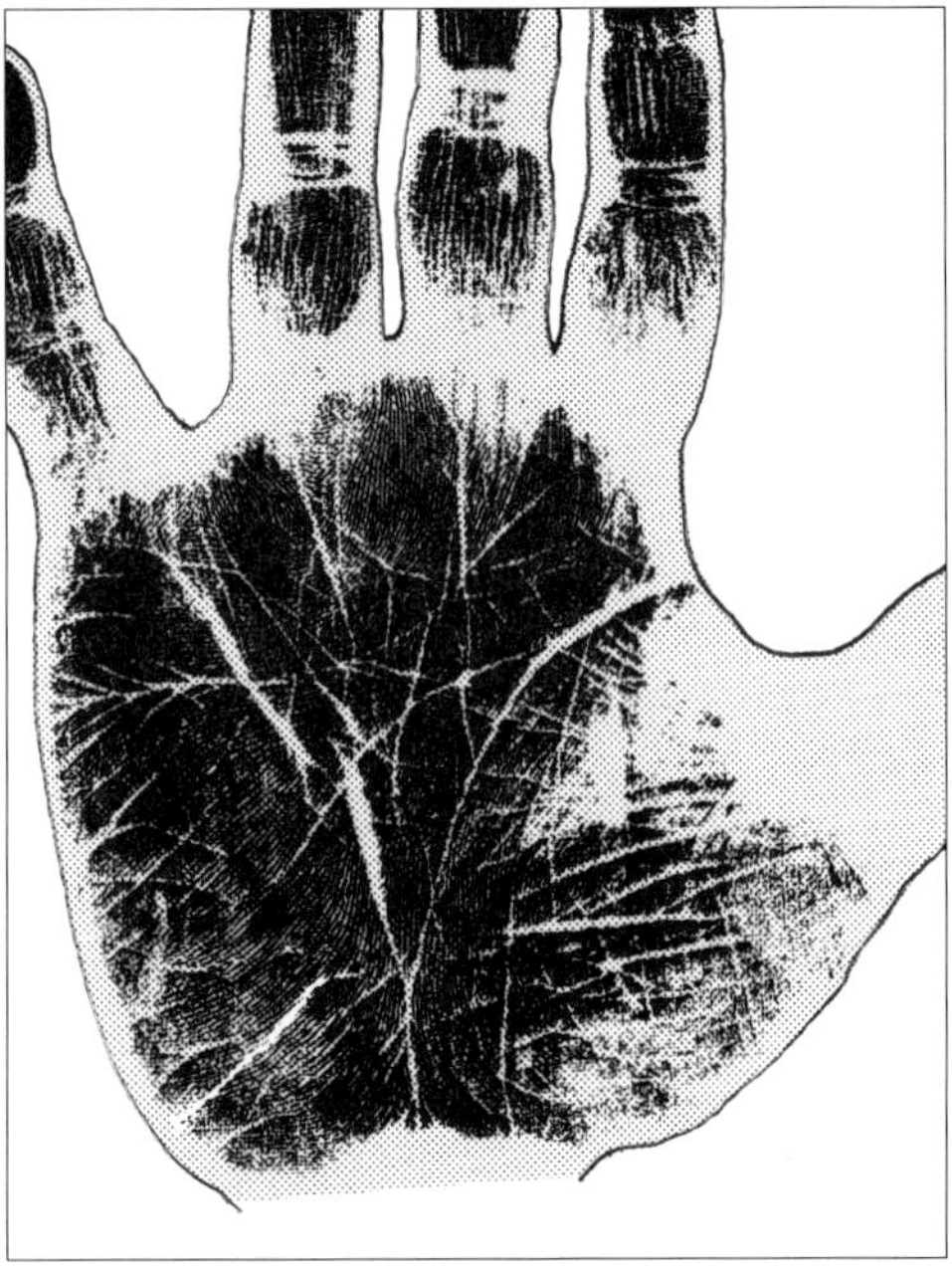

受寵紋《じゅちょうもん》

受寵紋の基本と実際の判断……支援者やスポンサーを予見する

「**受寵紋**」というのは、西洋式手相術でいうところの「**人気線**（或いは寵愛線）」です。和式手相術では「**拝相紋**」や「**福厚紋**」の異称もあります。いずれも**目上からの引立てや支援により成功**する、というような解釈です。受寵紋は乾宮に出現する紋ですが、元々「乾宮」は役所関係のことが示されやすい部位で、目上からの寵愛をうける意味合いの「受寵紋」は、ふさわしい名称であるといえます。

実際、この受寵紋が全く見受けられない人は、人気運や引立て運に乏しい場合が多く、特に人気稼業では、実力がありながら社会的に浮上できず嘆いているような場合も少なくありません。

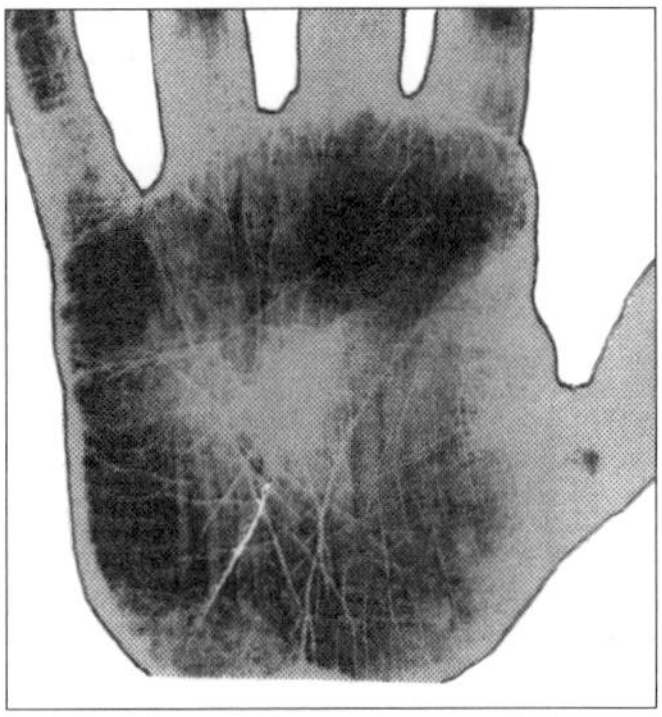

★小指側の手首付近から起こる受寵紋が、長くクッキリと立身紋に向かっているのは、目上からの引立て運が強い相で、特に異性の有力者からの力添えで成功していく人の相です。女性は若くして結婚する相です。

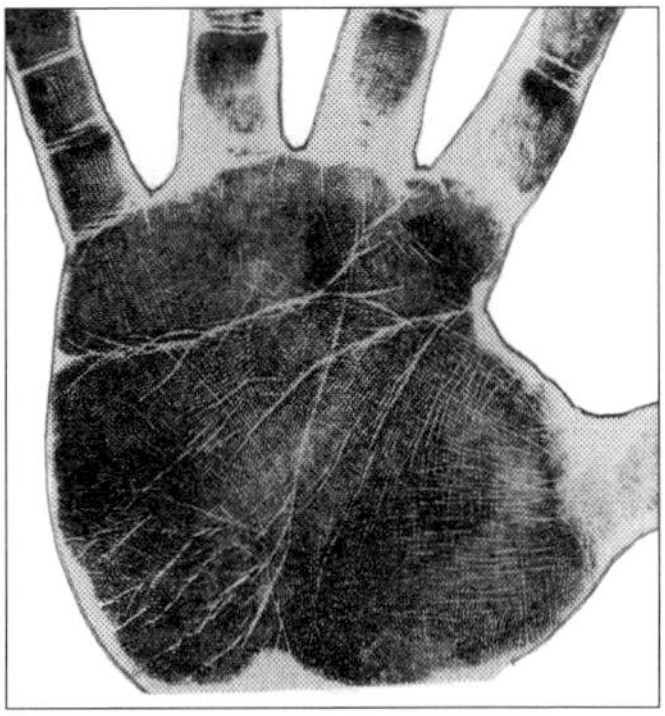

★細く短めの受寵紋が三本も四本も起つのは、不特定多数の人達から愛され親しまれる相で、その人気に支えられて運を開いていく人の相です。但し、細くて弱い受寵紋は変化が激しく幸運が長続きし難い相です。

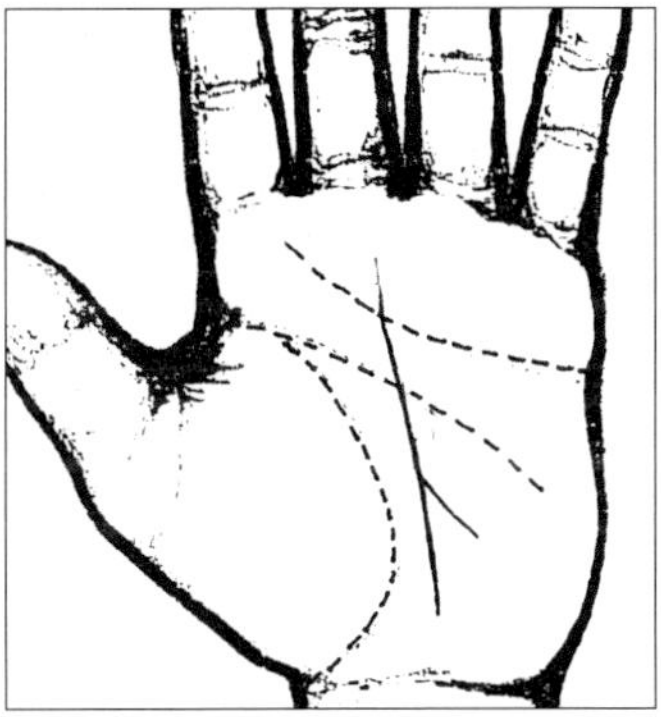

★比較的細くて短い受寵紋が立身紋に結び付くのは、社会生活上で強い影響力を持つ特定の異性が出現してくる人の相です。或いは仕事上のパートナーが、私生活でもパートナーに変わっていくケースもあります。

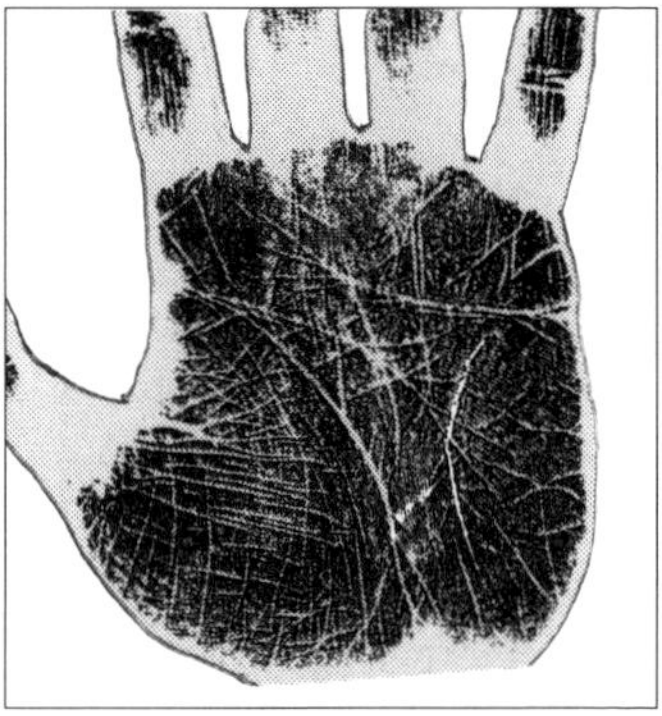

★比較的長めの受寵紋が手首付近から上昇する外芸紋に合流するのは、神仏や先祖からの恩恵を得られる人の相です。恩恵は、ある種の霊感や予感となって働き、予期せぬ事業や商売で大成功できるものです。

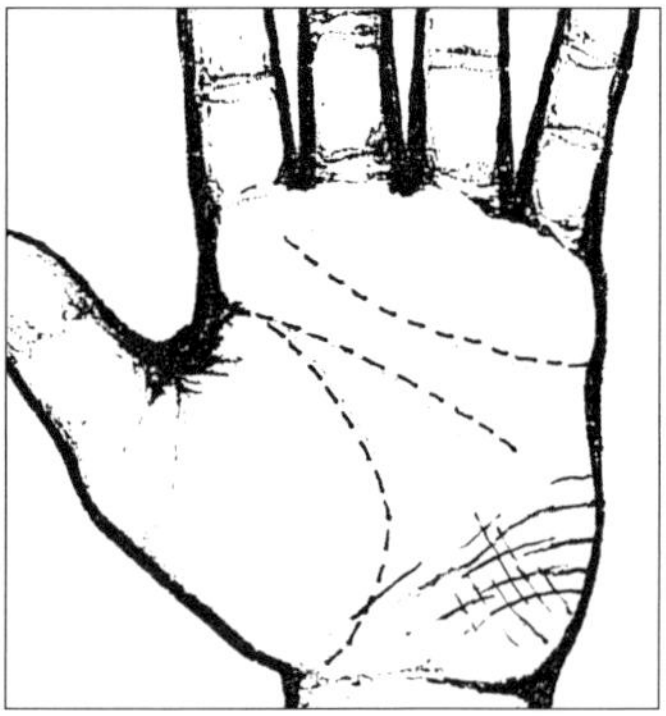

★細くて弱い受寵紋が何本も見受けられて、それと同時に力強い従欲紋も何本かあって激しく交錯しているのは、芸術的な素晴らしい素質を持っているのに退廃的に乱れた生活へと流れていくことの多い相です。

和式古書に基づくワンポイント観法④

『手相の神秘百ヶ相』（田畑大有）による三大紋の観方

天紋の上に天紋と似た紋が刻まれるのを「別業紋」と呼び、本業のほかに仕事を持つ人の相と観ます。人紋に平行して人紋に似た紋が刻まれるのを「思想紋」と呼び、万事に考え深く才能発揮の相と観ます。地紋に平行して地紋に似た紋が刻まれるのを「二家紋」と呼び、二つの故郷、或いは二人の母を持ち、双方の世話を行う相と観ます。三大紋が掌中央で一体化するのを「桝掛紋」と呼び、一か八かの事業を好み、吉凶が分かれる相と観ます。三大紋が離れ離れなのを「川字紋」と呼び、男女共「縁」が変わりやすく、転職するか、または再婚する相と観ます。

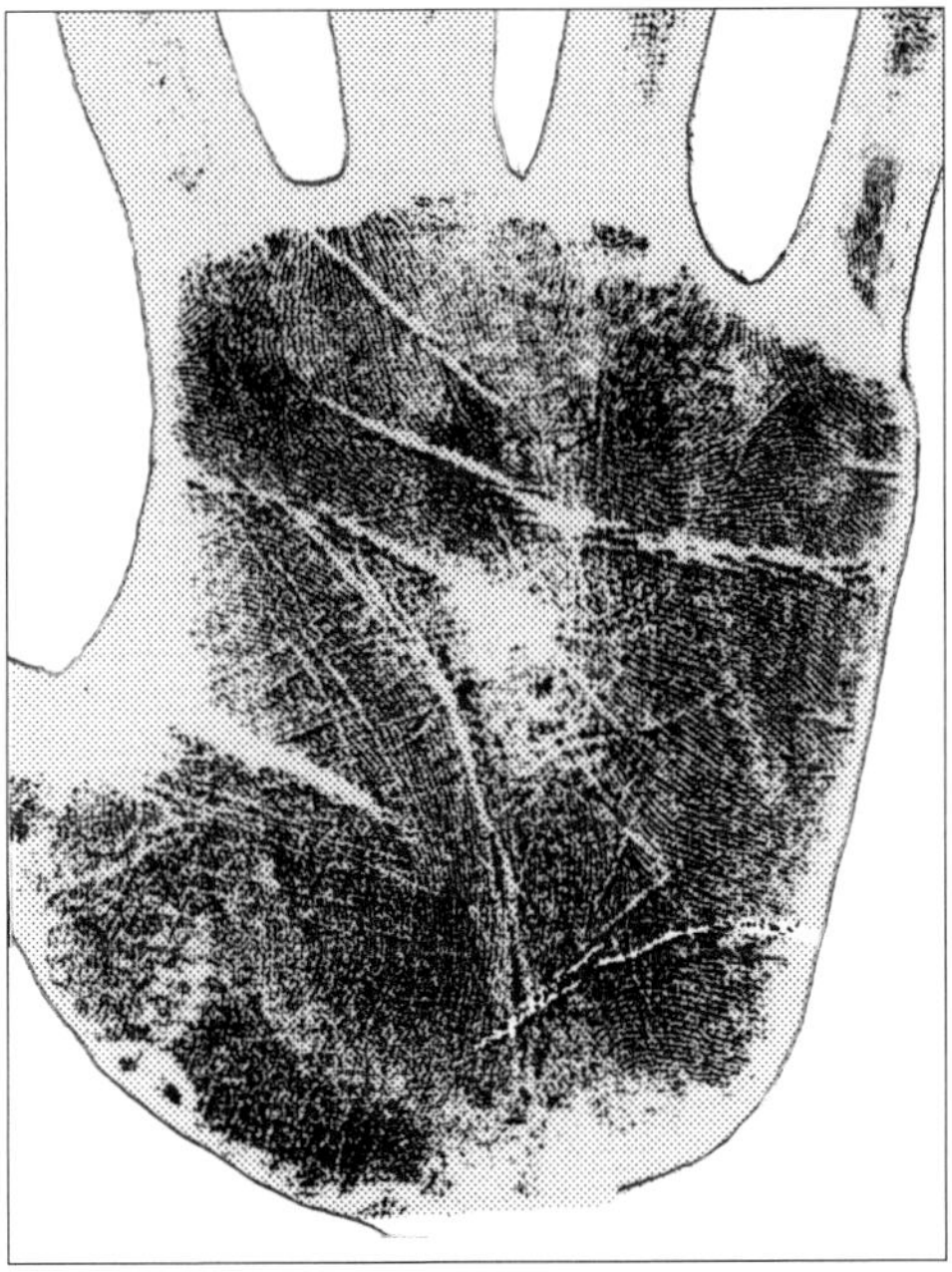

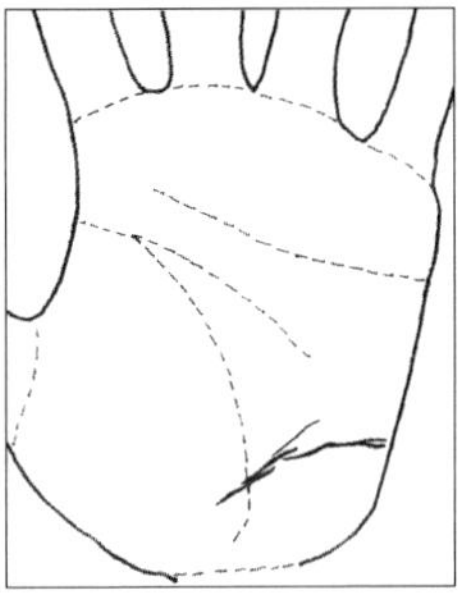

従欲紋　じゅうよくもん

従欲紋の基本と実際の判断……耽溺しやすい生活を予見する

「**従欲紋**」というのは、西洋式手相術でいうところの「**放縦線**」です。和式手相術では「従欲紋」については種々な形で記されていて、その名称も「**堕落紋**」や「**耽溺紋**」のように**退廃生活**を意味する解釈と、「**出奔紋**」や「**再還紋**」のように**遠洋生活**を意味する解釈とがあります。

西洋式でも「放縦線」を「航海線」という表現で、海外生活を表すと解釈する流派があり、そういう点でも共通しています。強くて深い従欲紋が出現している掌の場合には、**健康障害の線**として作用しているケースも多く、その表れ方によって種々な解釈を必要とする特異な線のようです。

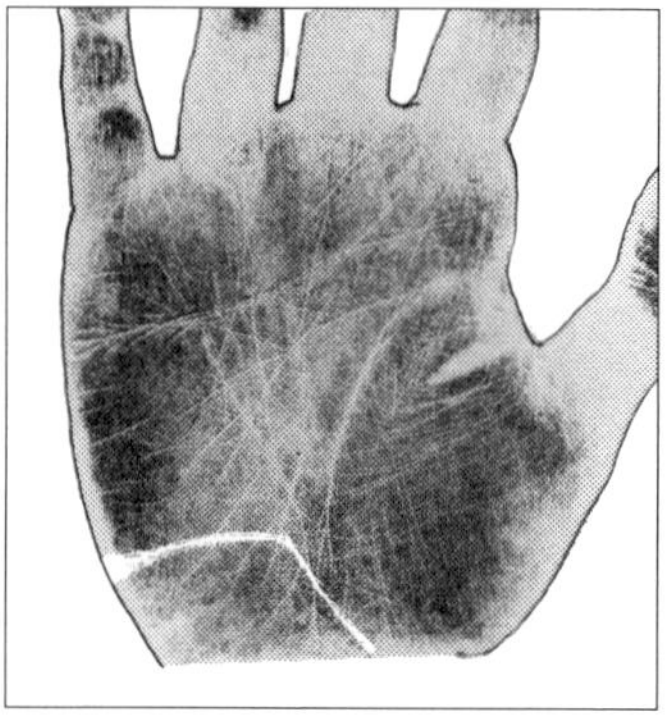

★目立つほど深くて強い従欲紋が奇妙な形状で出現しているのは、ほとんどの場合は健康障害の相で、肝臓や腎臓に負担が掛かる薬毒接種を続けている人に見受けられます。麻薬や酒や医薬品が多いものです。

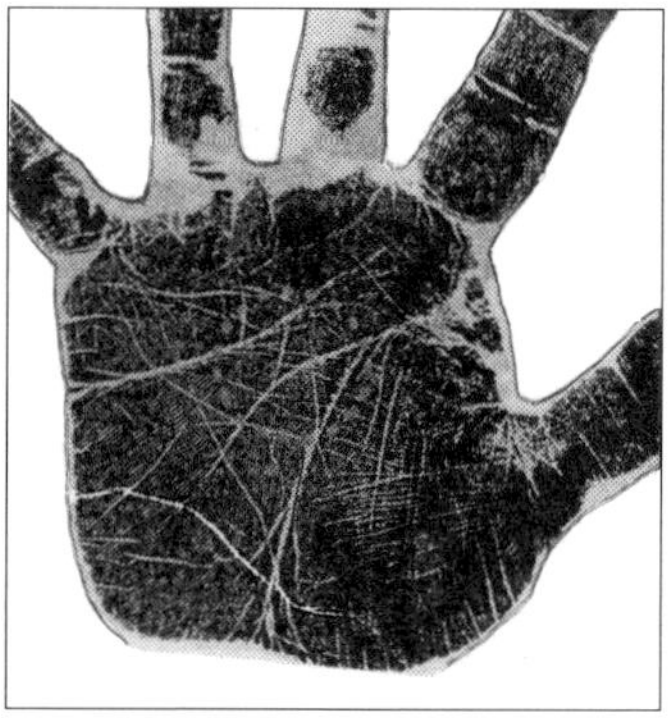

★乾宮を切り取るかのように弧を描く従欲紋が出現しているのは「**出奔紋**」と呼ばれ、海を渡った海外で成功を掴む人の相とされます。もし手首付近から乾宮に向かえば「**再還紋**」で、再び故郷に戻る相です。

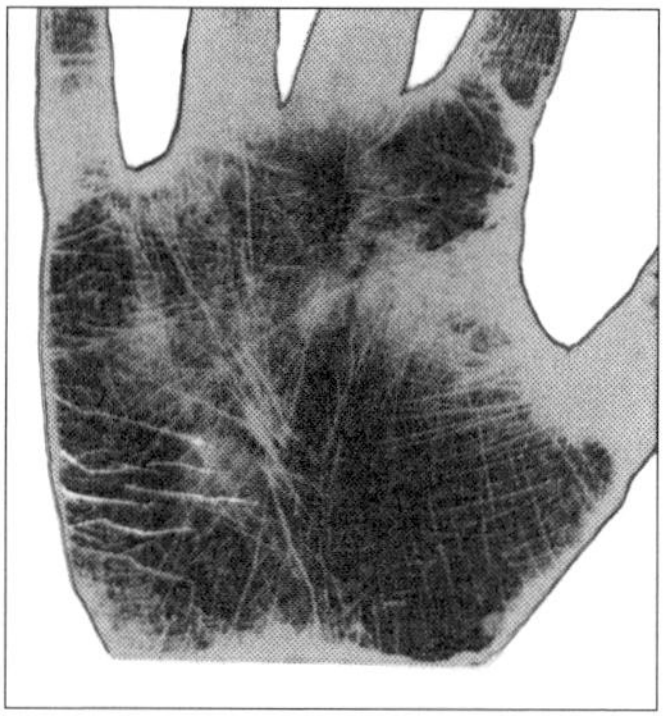

★多数の従欲紋が重なり合うように何本も出現しているのは「**大波紋**」と呼ばれ、鋭い感性を備えていて能力を発揮する相ですが、愛情関係ではトラブルに巻き込まれやすく、悩み多き人生となる人の相です。

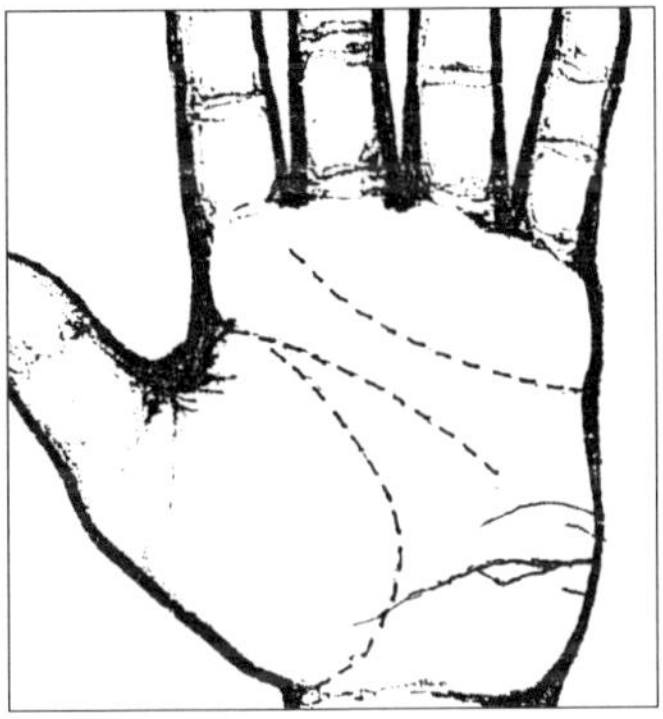

★従欲紋の途中が袋状になっているのは、泌尿器系の疾患を抱えやすい人の相ですが、同時に何かの薬物とかアブノーマルSEXにも耽溺しやすい相です。幻覚とか妄想の世界に逃避しやすい性質を持っています。

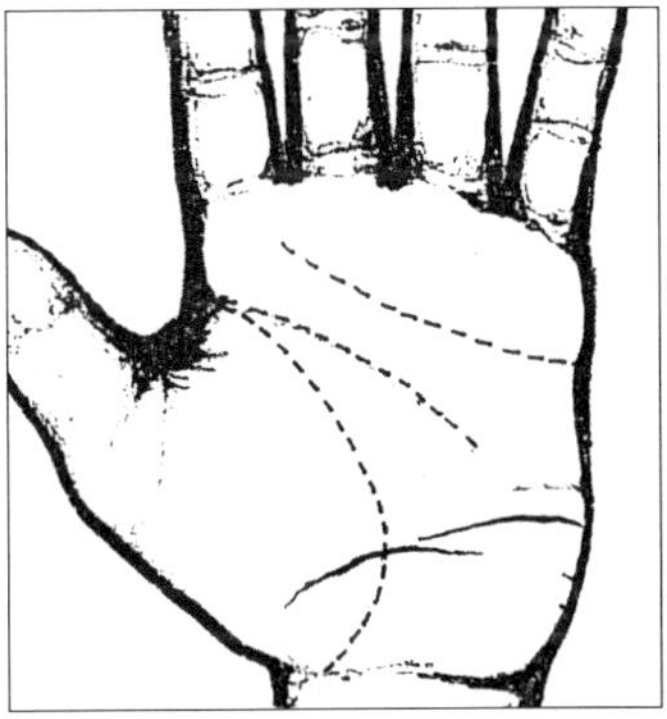

★深くてクッキリとした従欲紋が地紋を横切っていくのは、生活習慣や悪習によって招いた慢性的な内部疾患が徐々に身体をむしばんでいく形で、やがてはそれが生命の危険を招くことになっていく人の相です。

和式古書に基づくワンポイント観法⑤

『霊感手相占い』（小川遊石）による霊視法

鑑定依頼者の掌中央に水を一滴ほどたらして、静かに息を長く吹きかけると、その人の心霊が反応して、その周囲の掌の皮膚がピリピリ動き出すそうです。そうして水滴が記号のようなシミとなって、掌に浮かぶそうです。川のような（因縁が作用する）形状となるもの、鳥羽のような（離別していく）形状となるもの、凹み型のような（策略にはまる）形状となるもの、樹木のような（再生できる）形状となるもの、三日月のような（心が揺らぐ）形状となるもの、草原のような（物事が広がる）形状となるものを、それぞれシミから読み取って、心霊鑑定を行うそうです。

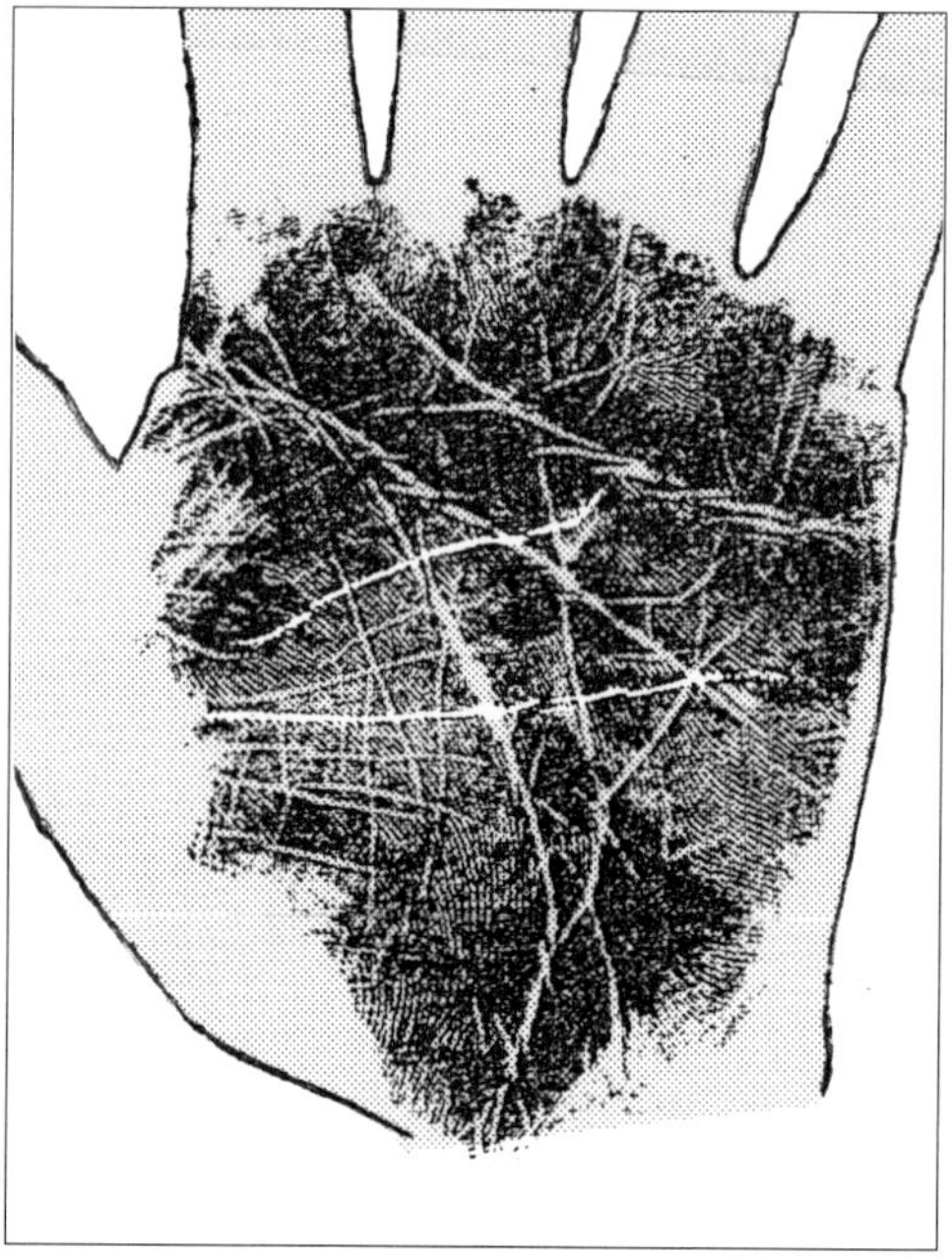

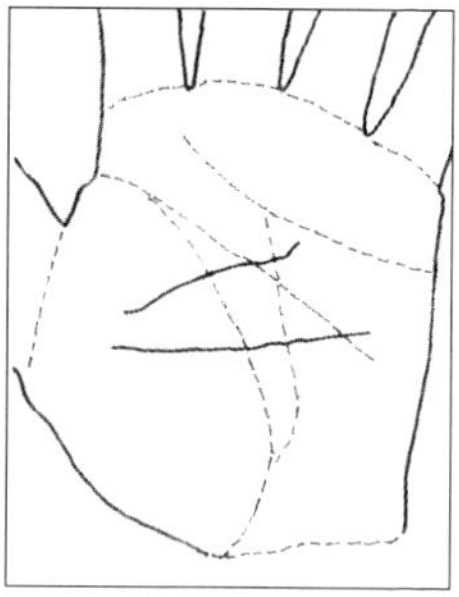

剋害紋

こくがいもん

剋害紋の基本と実際の判断……人生に待ち構える障壁を予見する

「**剋害紋**」というのは、西洋式手相術でいうところの「**障害線**」です。和式手相術では「剋害紋」は様々な別称を持ち、それぞれ異なった紋として紹介してあります。その一つが「**劫殺紋**」で、闘いに敗れることが多く、**凶事にも出逢いやすい人の相**とされます。この紋の特徴について、地紋を直角に横切ると記されているのは卓見で、それが何よりも剋害紋としての判別法の秘伝といえるからです。

剋害紋には、地紋や立身紋や人紋を横切る長いものから、妻妾紋を縦に横切る短いものまで、様々な表出の仕方があるので、唯一共通している主要な線を直角に横切る紋筋で判断してください。

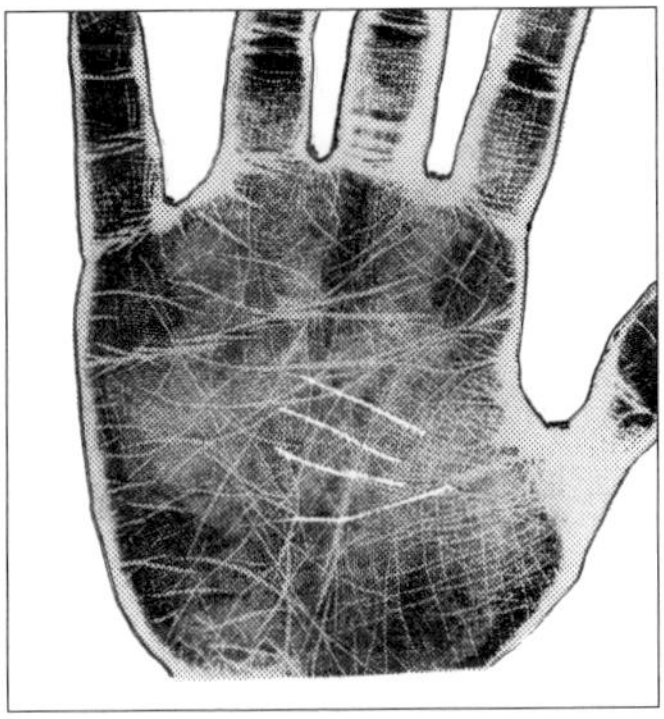

★地紋内部の震宮から何本も地紋を横切る剋害紋が出現しているのは、人生上に敵やライバルが出現しやすい人の相で、その剋害紋が強ければ深い痛手を負う人の相です。剋害紋が弱ければ心労はなはだしい相です。

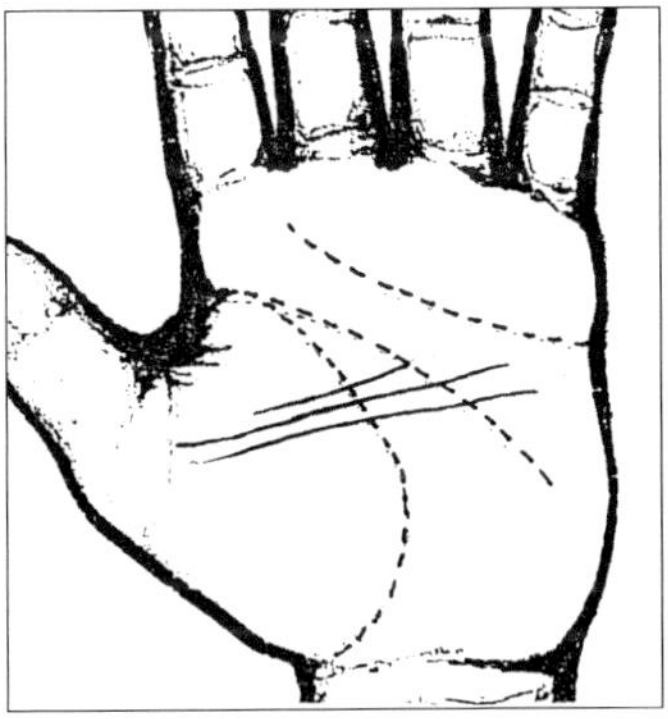

★地紋の中央部分を二〜三本の強い剋害紋が横断していくのは、肉体を破壊する魔物が出現してくる形で、大きな事故や病気によって肉体が蝕まれる人の相です。病気の場合、手術を必要とする病気が圧倒的です。

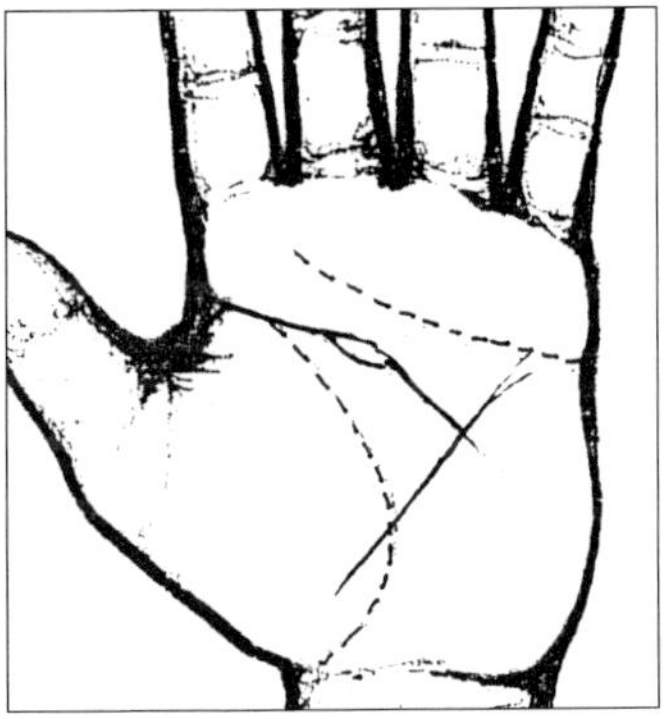

★地紋内部から斜めに起つ剋害紋が、人紋の終点付近を直角に横切るのは、精神や神経が侵されやすい人の相です。この時、人紋途中が袋状になっていると、精神的に追い詰められ自殺などの危険があります。

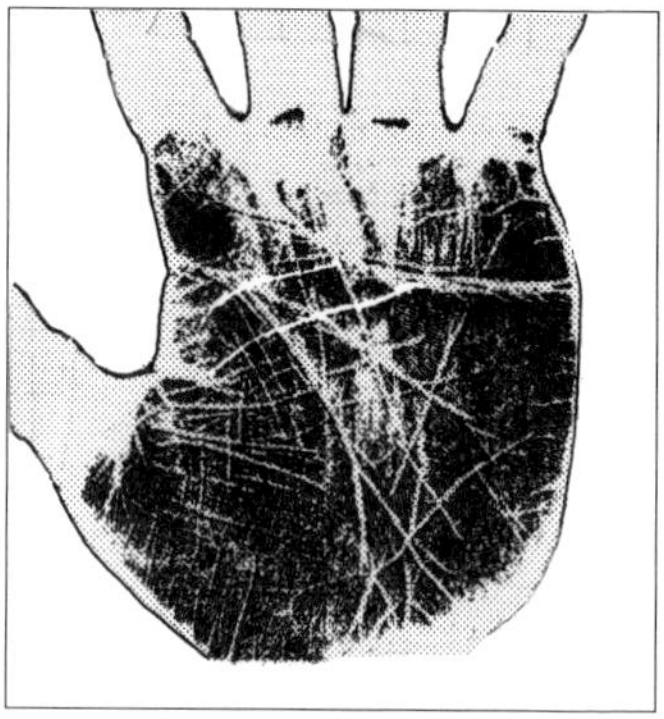

★天紋付近から発した剋害紋が、地紋内部に直角で食い込んで来るのは、恋愛でトラウマになるような深い傷跡を残す悲恋を体験する相です。一時的に体調を崩してしまう場合が多く、寝込むケースもあります。

★地紋内部から出発しても、立身紋の方を直角に横切っている剋害紋は、私生活よりも社会生活に打撃の多い問題が発生する形で、その多くは仕事上の妨害者です。時として会社をリストラになる人もあります。

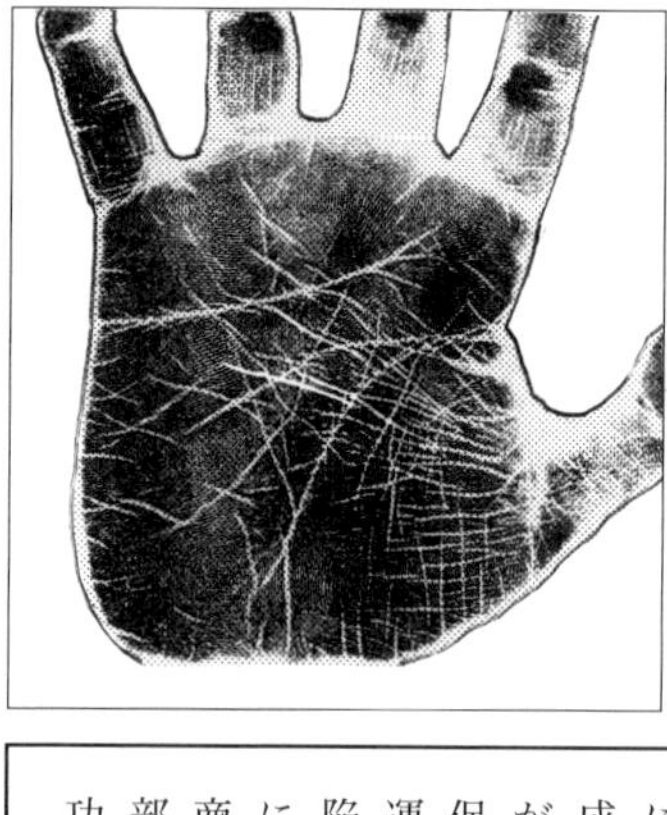

和式古書に基づくワンポイント観法⑥

『手相と運命』（松原宏整）による方位活用法

九宮の「坎宮」に欠陥（凹んでいる・乱紋が多い＝以下同じ）があれば、自宅の北方位を常に清潔にすることで厄災を逃れ、北方位の河海に近づかないことで水難に遭わないそうです。「巽宮」に欠陥があれば、自宅の南東部位を清潔にし、神仏を祭ると、遠方取引に成功するそうです。「兌宮」に欠陥があれば、自宅の西方位を明るく保ち財宝を飾ると、商売繁盛し金運が集まるそうです。「南西」に欠陥あれば、自宅の南西部位を清潔にし、南西方面と取引活発にし、商用で出掛ける機会を多くとると、部下・後輩に恵まれ、仕事上の成功を掴むそうです。

第五章　手指の極秘判断法を公開する

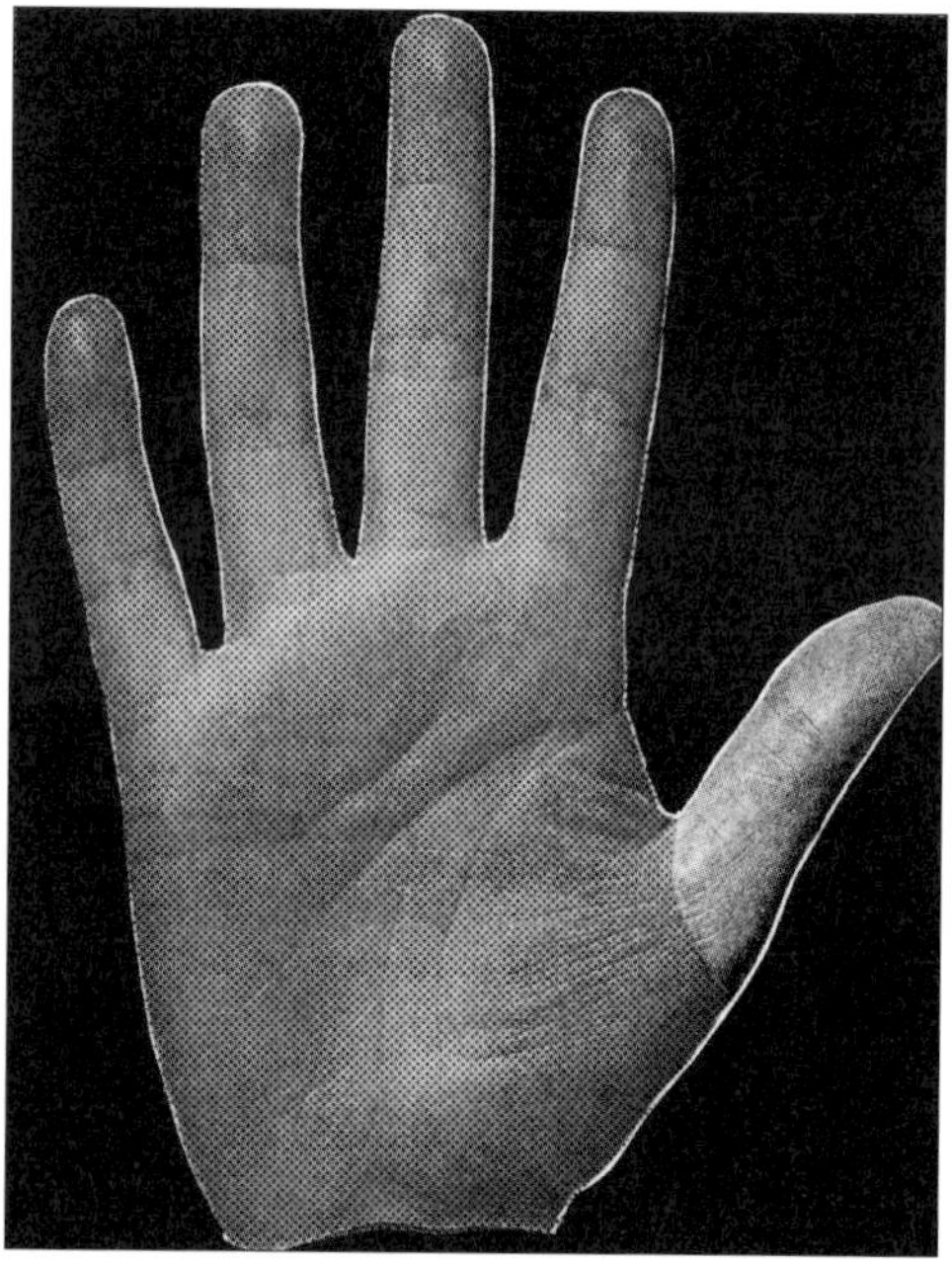

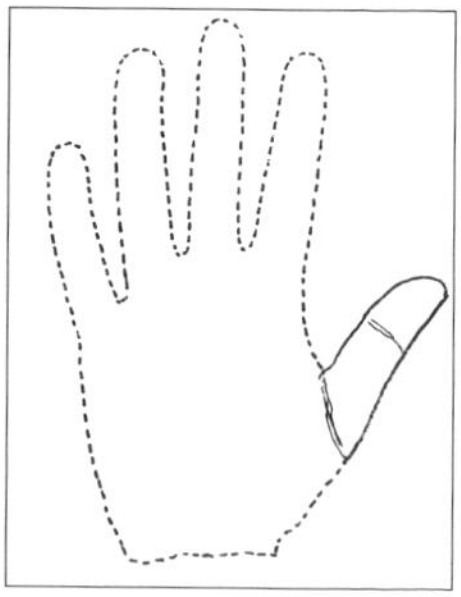

親指は「先祖」の指

親指……家系的遺伝や遺産、祖父母との縁

西洋式手相術では、五本ある手指はいずれも「本人の性格や才能や体質」と深く関わっているものと捉えるのですが、和式手相術においては「身内との関わり」が表れる部分として重要視されています。その中でも親指は「**太指**《たいし》」「**巨指**《きょし》」とも呼ばれて、「**先祖**」や「**両親**」との関係が示される指とされています。和式手相術書でも、その本によって「先祖」と記してある本と、「両親」と記してある本と、その両方を記してある本とがありますが、私の実例研究では「先祖」を表すケースの方が多く、稀に「**親戚全体**」との関係が表わされているようなケースも見受けられます。

★親指が形良く長いのは、先祖からの優秀な遺伝や素質を引き継いで社会的に成功するとか、先祖や祖父母からの経済的な恩恵が与えられる人の相です。先祖代々続く家系的事業や商売は必ず成功するものです。

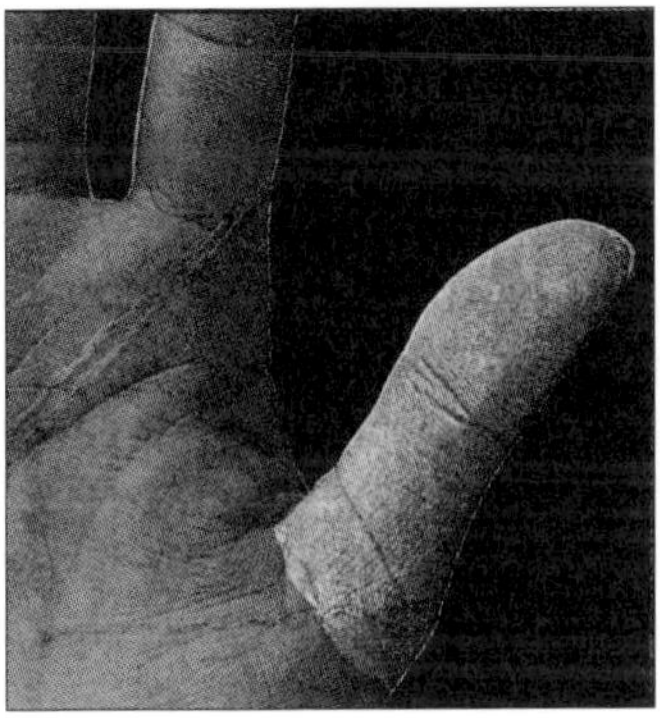

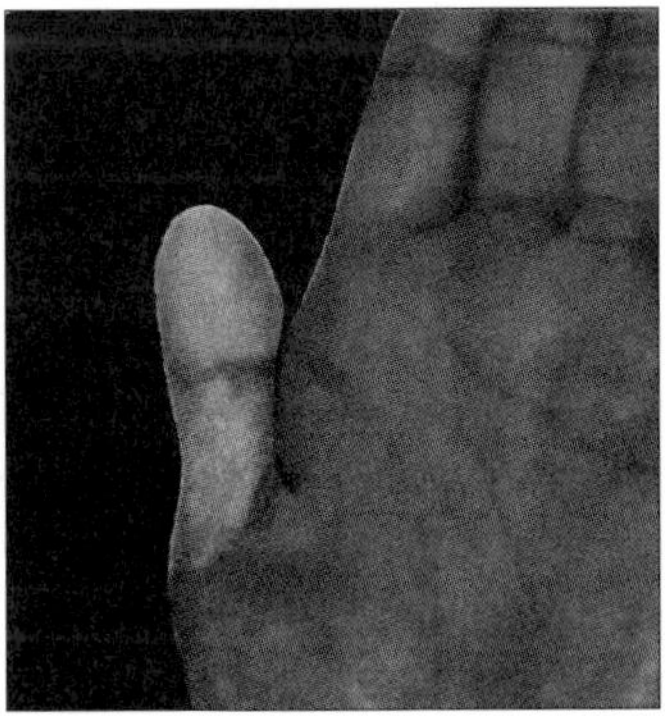

★親指が極端に短く委縮しているのは、先祖からの遺伝的な疾患・体質を受け継いで苦労するとか、親戚・縁者に関わることから金銭や信用を失ったりしやすいようです。親戚の保証人になることは厳禁の相です。

★手指を差し出した時、親指と掌との角度が広く六十度を超えているのは、性格的には独立心の強い行動派の相ですが、運命的には先祖・祖父母との縁が薄く、成人後は故郷や実家との縁も薄れてしまう人の相となります。

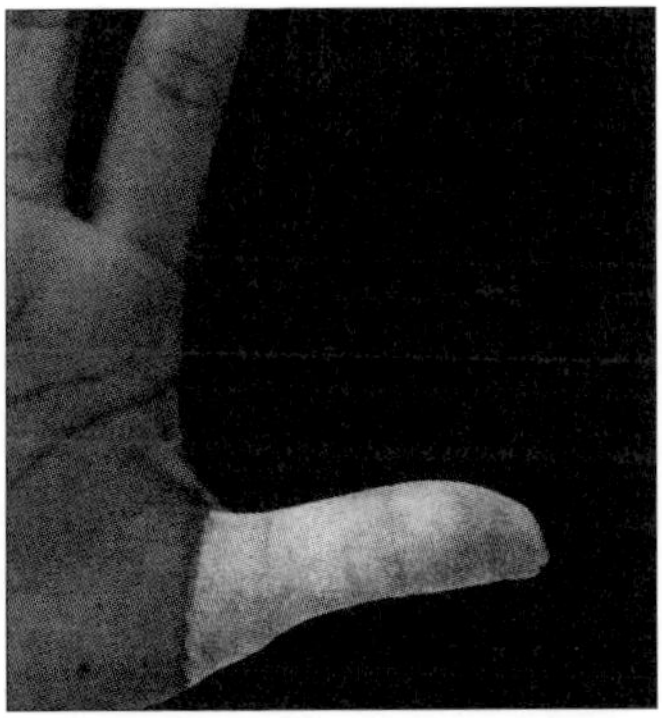

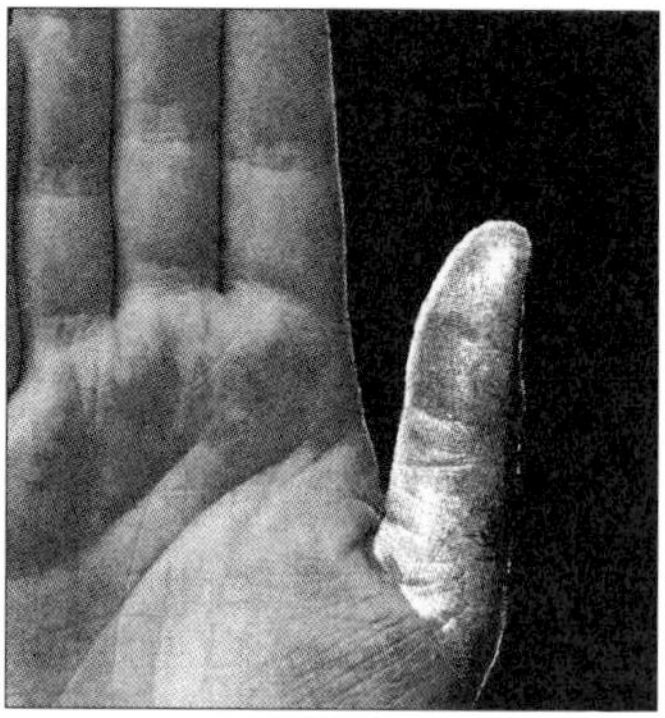

★親指と掌との角度が狭く三十度にも達しないようなら、性格的には用心深い人の相ですが、運命的には先祖・祖父母との縁が深すぎ、成人後も親元をなかなか離れられず、先祖からの因縁を引きずる人生となります。

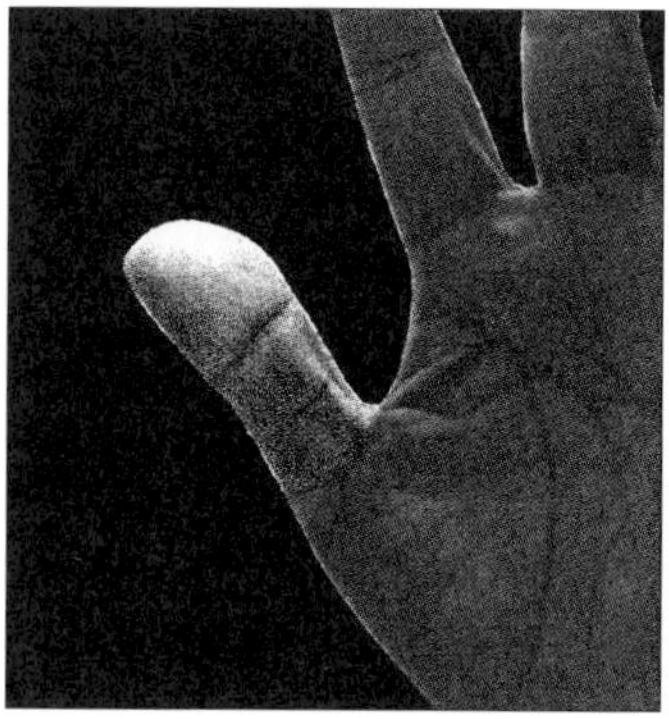

★親指が「マムシ型」の形状をしている人は、親不孝者で周囲に迷惑を掛けがちなものですが、不思議と本人の生家が没落していく運命を背負っているものです。また祖父母いずれかと似た性質を持っています。

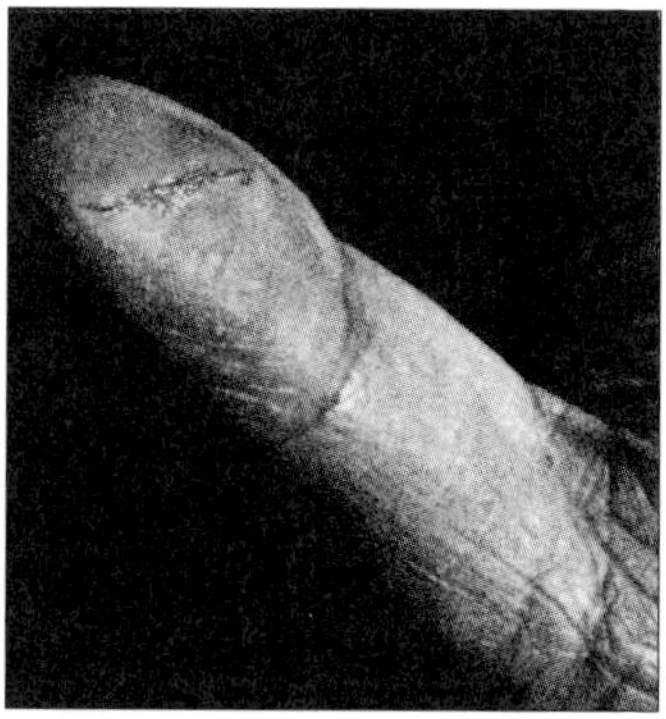

★親指の爪に変形など欠陥があるのは、祖父母や祖先の中に非業の死を遂げた者があることを表します。また親指先に刃物による傷跡が残っている場合は、目上の親戚で誰か事故死した者があることを暗示しています。

★親指の爪に黒点、または黒い縦線が出現する時は、祖父母や肉親の死亡を予告する暗示であり、形良い白丸が出現した時は、先祖や祖父母の加護によって本人の恋愛や結婚の悦びがもたらされる前兆となります。

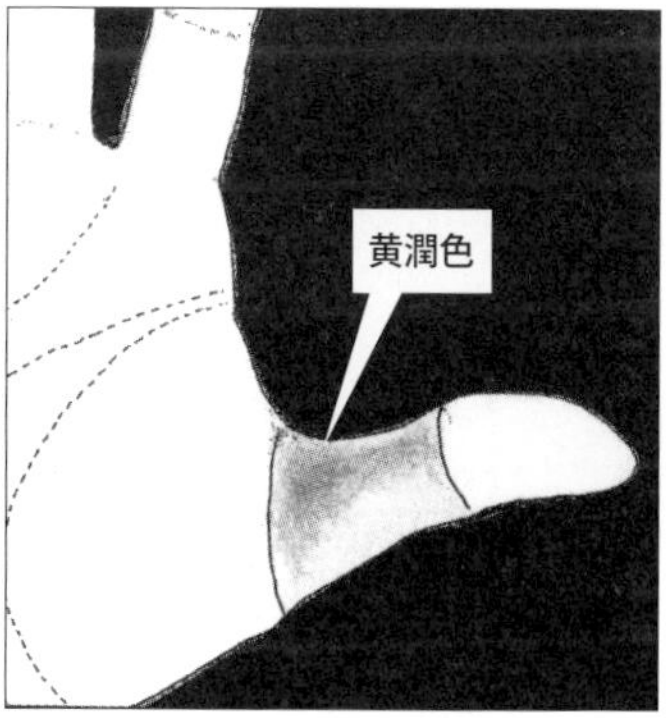

★親指付け根（基節）から中節にかけて淡い黄潤色が立ち上れば、先祖の余徳によって予期せぬ形で財産が転がり込むとか、親戚関連の遺産がもたらされるとか、社会的地位・名誉を授けられることが生じます。

★親指付け根から中節にかけて淡い紅潤色が立ち上るのは、素晴らしい相手との恋愛が実を結んで正式婚約が成立するとか、新婚旅行中とか、望んでいた妊娠が発覚するとか、社会的な人気が急上昇するとかします。

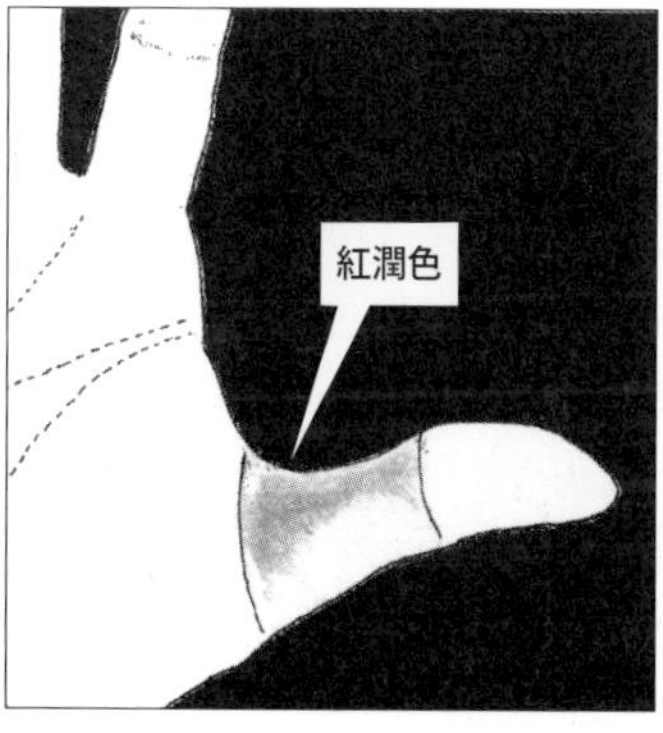

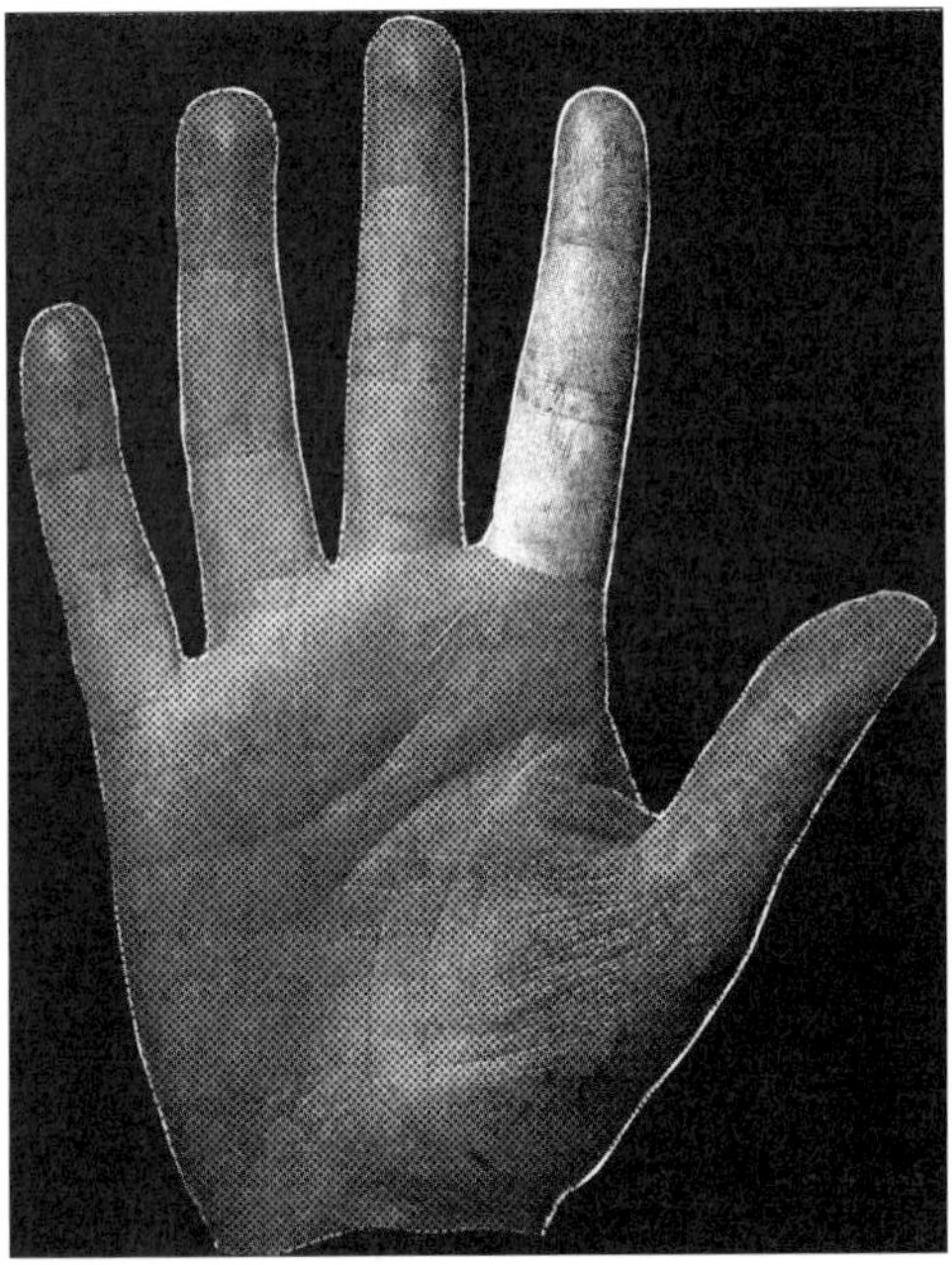

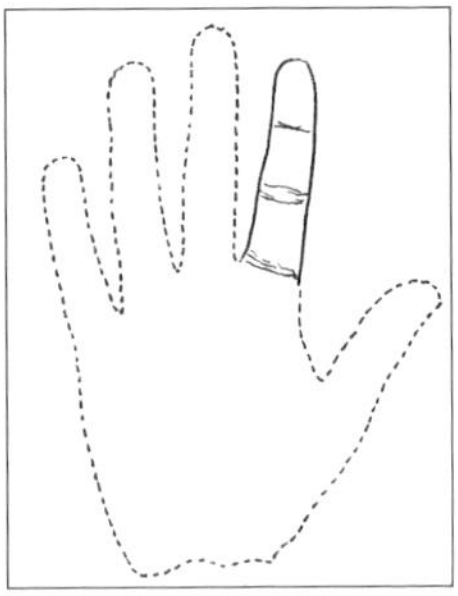

人差し指は「父親」の指

人差し指……野心の実現とプライド、父親との縁

西洋式での人差し指は「**ジュピターの指**」とも呼ばれ、プライドの高さと深く関わっていると捉えるのですが、和式手相術では「**父親との関わり**」が表れる指として重要視されています。人差し指は、その名のごとく人を指す時に使われる指なので「**人使い**」にも関係が深いと見られています。または「**食指**《しょくし》」とも呼ばれ「**野望の強弱**」とも深く関わっています。

ナポレオンや弘法大師、近年はデヴィ夫人が極端に長い人差し指の代表的な人物です。プロレスラーから議員に転じた大仁田厚は父親が亡くなる直前、人差し指が傷んで眠れなかった、と記述しています。

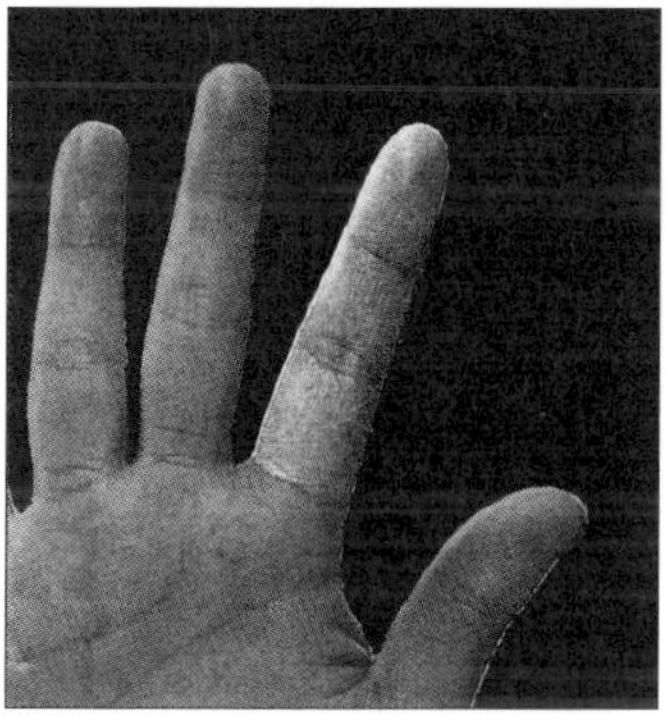

★人差し指が中指に迫るほど長いのは、父親との確執が強く、反発しながら父親の影響から逃れられない人の相です。プライドが高く、人使い巧みで負けず嫌いであり、大きな野望を抱いて生きていく人生となります。

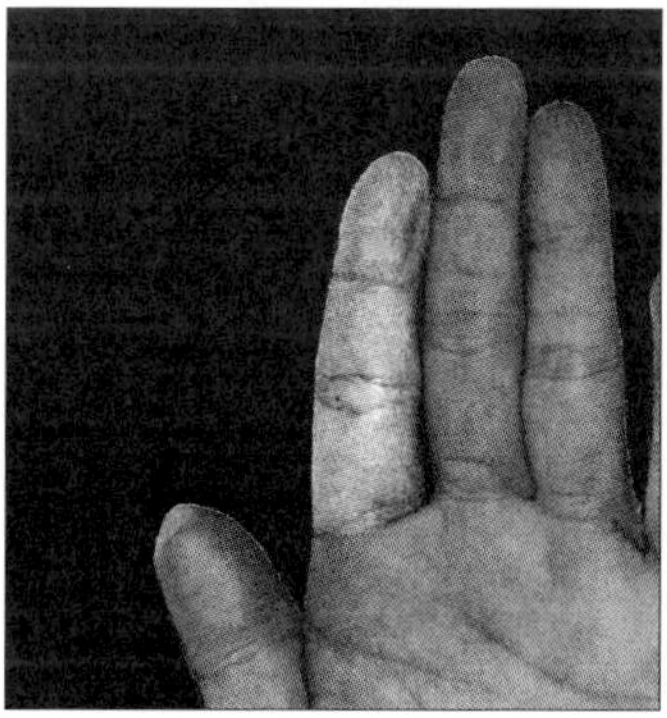

★人差し指が極端に短いのは、父親との関係が希薄のまま成長した形で、責任感や使命感に乏しく、人の上に立って指示することが苦手な相です。信仰心や勉学心に乏しく、成功や出世を放棄した人生を歩みます。

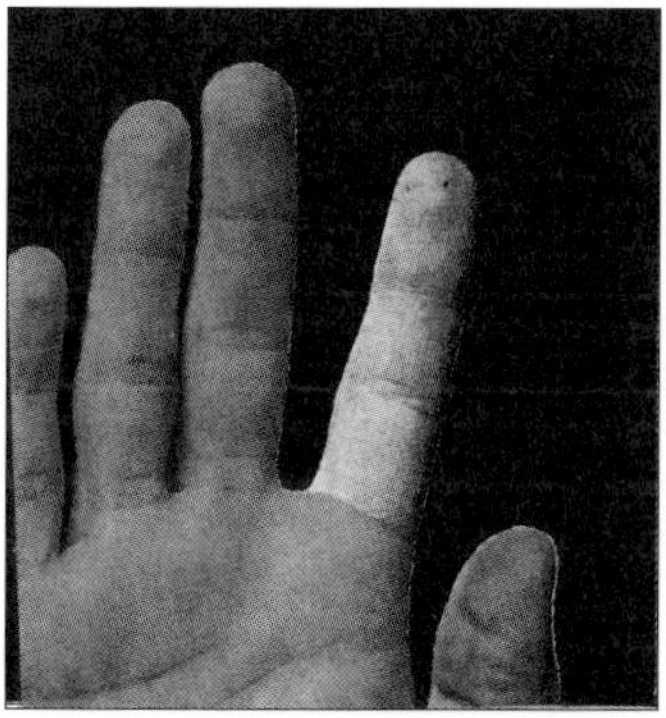

★手指を差し出した時、人差し指と中指との間が無意識に開くのは、父親の縁が薄い人の相ですが、人差し指先端から離れるなら父から別離し、中指先端から離れるなら本人から別離する形の人生となります。

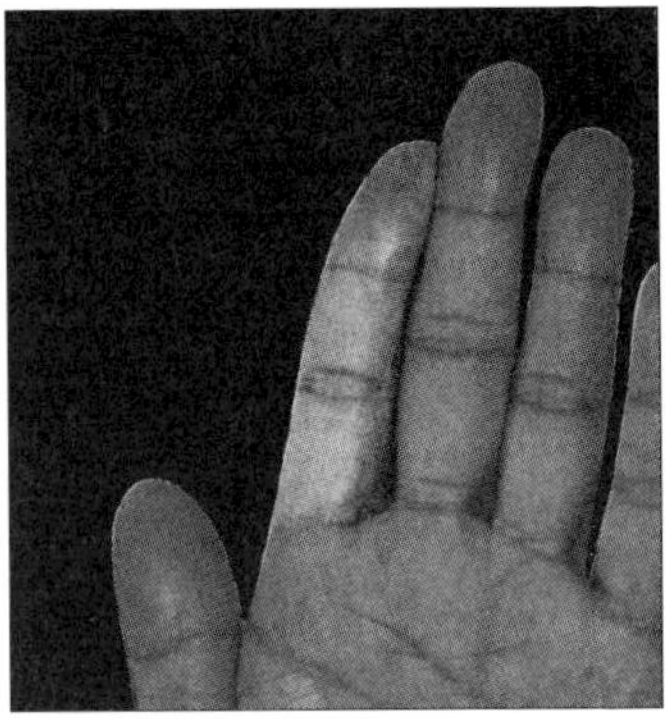

★手指を差し出した時、人差し指と中指とがピッタリ寄り添っているのは、父親との縁が人一倍深い人の相ですが、人差し指先端から寄り添うのは父親が執着し、中指先端から寄り添うのは本人の方が執着します。

★人差し指の表面に傷跡があるとか、指全体に歪みがあるのは、父親との関係に問題があることを暗示し、早くに父親を喪っているとか、父親の借財を肩代わりするとか、成長期に虐待されトラウマが残っていることを表します。

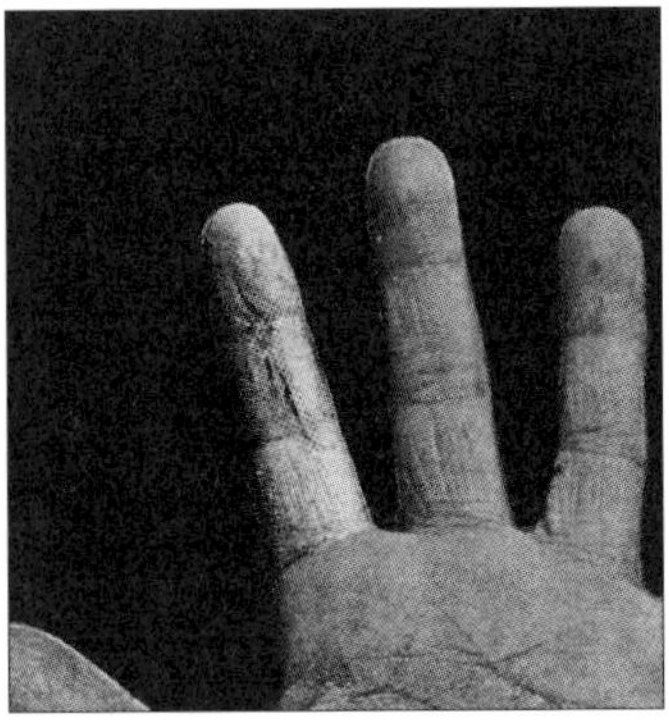

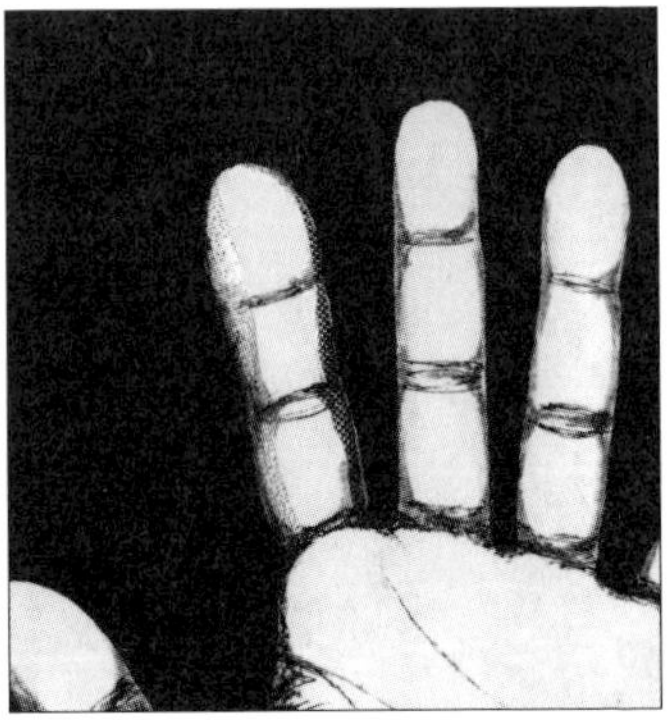

★人差し指が急に腫れ上がるとか、切り傷が出来て妙に痛むのは、他人から恨みを受けている印で「**生霊の祟り**」とされています。時として父親が大きな事故や怪我に遭う前兆として出現する場合もあります。

★人差し指の爪に黒点、または黒い縦線が出現する時は、父親や父方の親戚に不幸が訪れる暗示です。形良い白丸が出現した時は、目上からの恩恵で、仕事上予期せぬ利得や贈り物がもたらされる前兆となります。

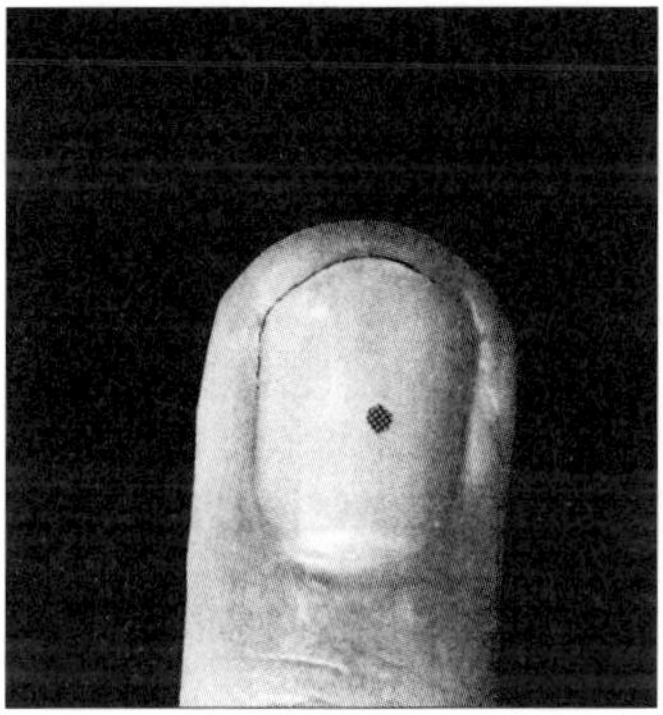

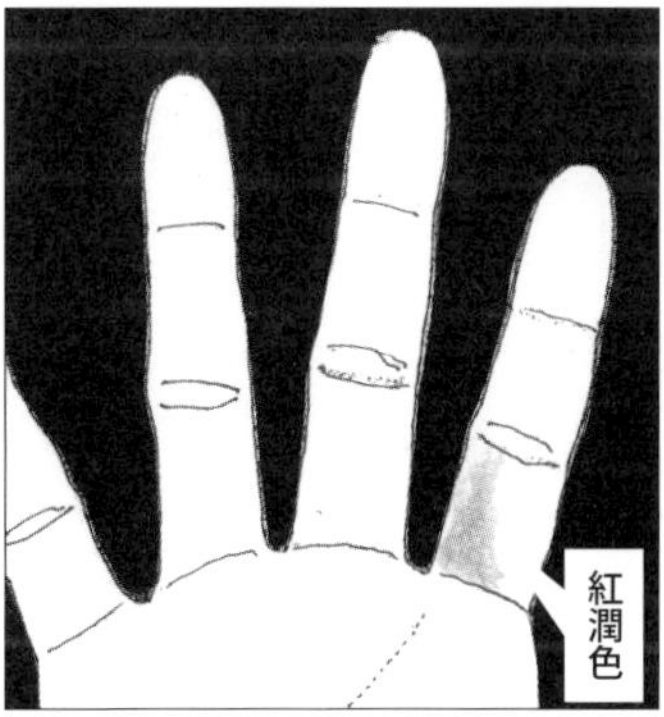

★人差し指付け根（基節）から中節にかけ淡い紅潤色が立ち上れば、父親のお蔭で引立て運が発動し、仕事上での名誉を得るとか、職場内での人気が急上昇するとか、親戚関連での祝い事や悦び事が生じます。

★人差し指付け根から中節にかけて淡い黄潤色が立ち上るのは、父親や親戚との関係が良好で、そこから仕事上の大きな取引とか交渉事が成立し、予想以上の大きな利益や収穫につながっていくと暗示されます。

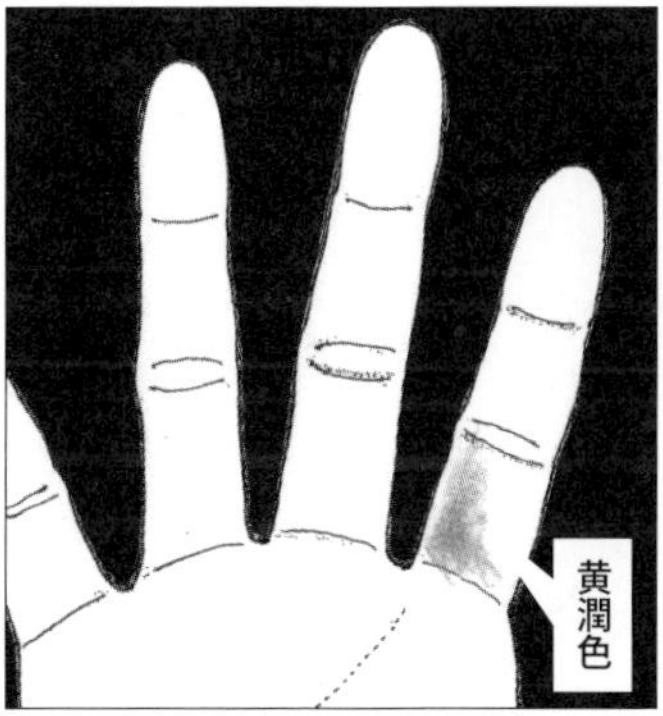

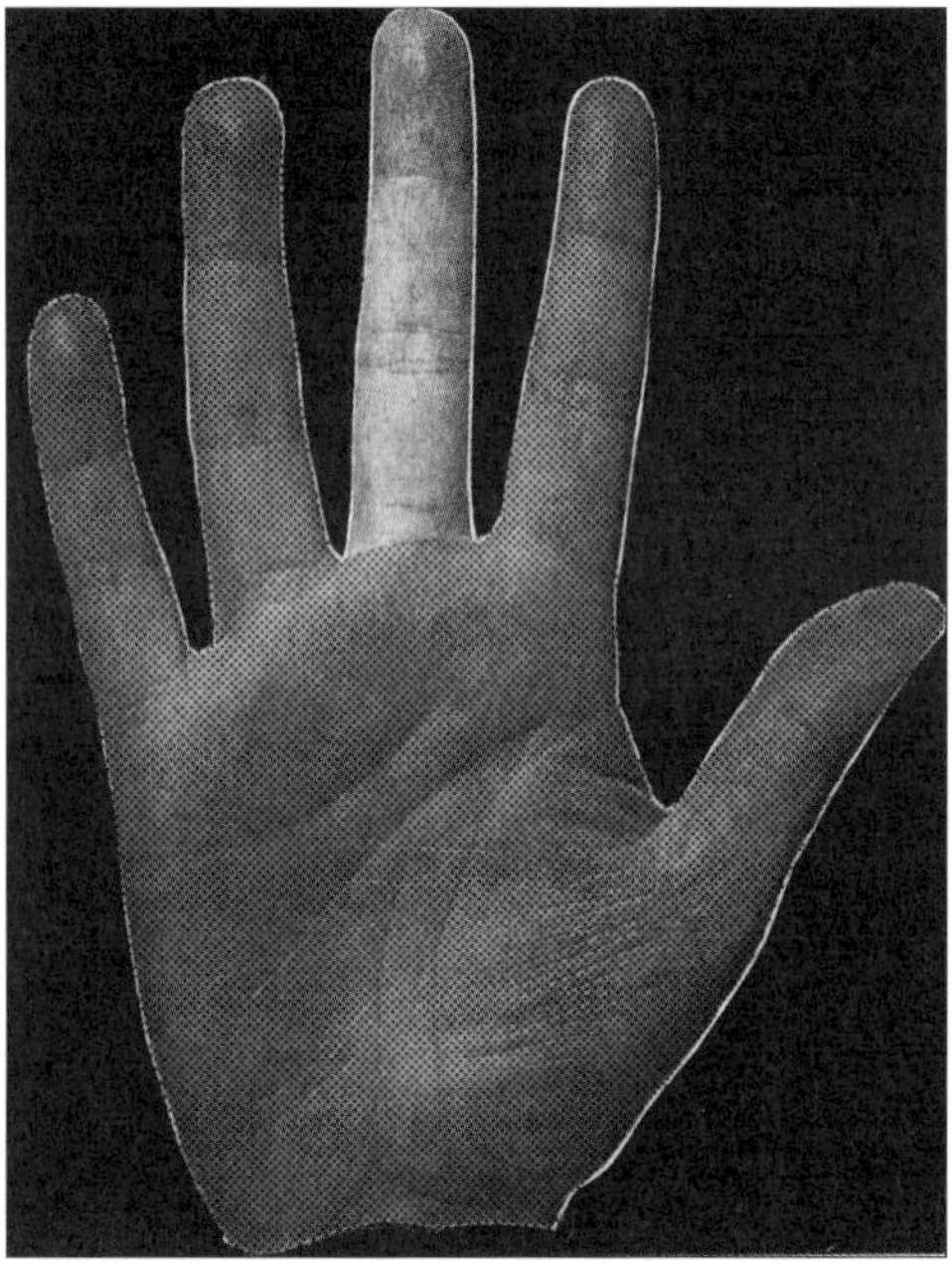

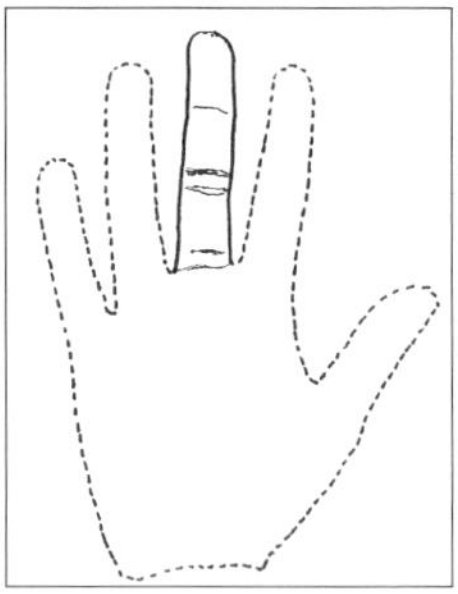

中指は「母親」の指

中指……精神生活と環境の選択、母親との縁

西洋式での中指は「**サタンの指**」とも呼ばれ、宗教的「**原罪**」と深く関わっていると捉えるのですが、和式手相術では「**母親との関わり**」が表れる指として重要視されています。中指は「**長指**」「**我總指**」「**将指**」とも呼ばれて、手指の中の中心的存在、「**本人自身の運勢**」を表す指とも見られていたようです。通常、四指の平均的な長さは中指を基準とし、中指の第一節間の【三分の二】まで薬指が達し、【二分の一】まで人差し指が達するのが標準と言えます。さらに、その薬指の第一節間の区切りまで小指が達し、人差し指の第三節間の【二分の一】まで親指が達しているのが平均的です。

★中指だけが異様なほど長いのは、実母との縁が薄く、幼いころから周囲になじまず、孤独な環境を好んで生きようとする人の相です。教会や寺院などの孤立した環境や人里離れた山奥に住むなど世俗生活を嫌います。

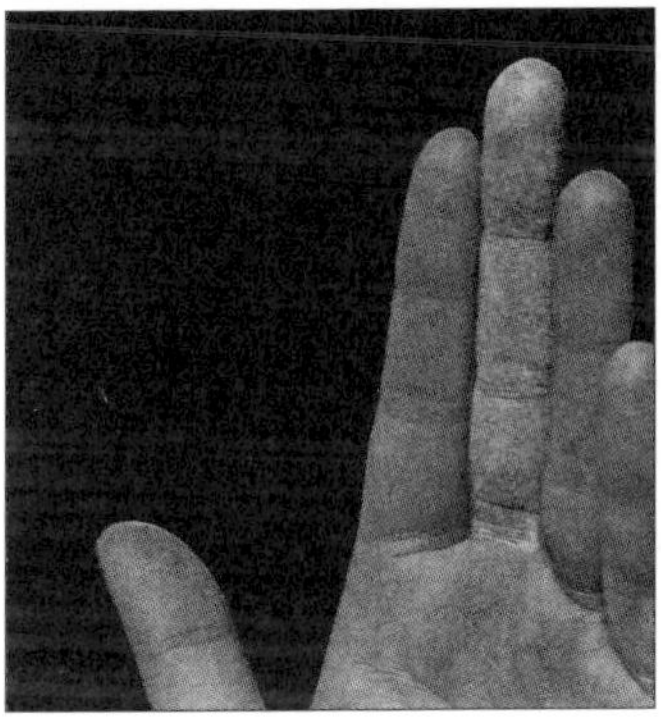

★中指が極端に短いのは、母親に甘やかされ育っている形で、安易に人生を歩もうとしがちな傾向を持っている人の相です。忍耐力や克己心に乏しく、成人後も母親を頼りがちで落ち着きない生活が続く相です。

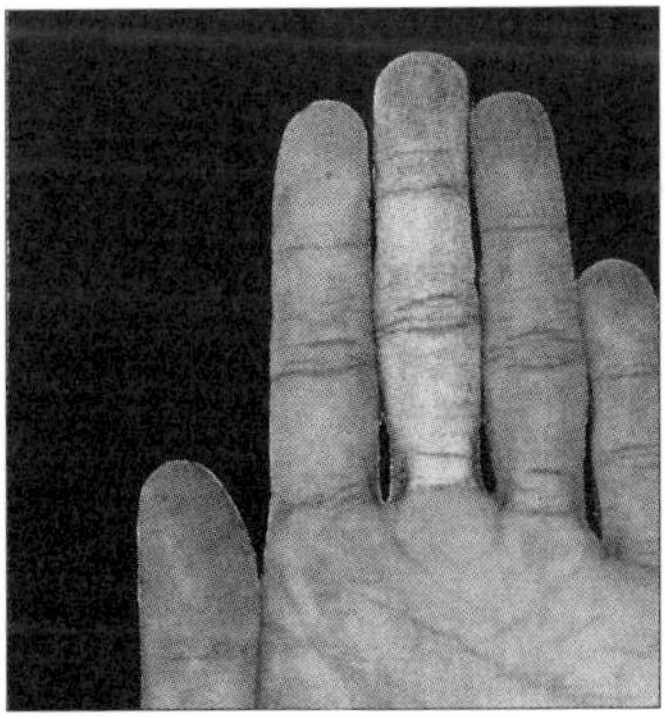

★手指を差し出した時、中指と薬指との間が無意識に開くのは、身内の縁全般が薄く、再婚型の人生となりますが、中指側から離れるなら自分から別離し、薬指側から離れるなら身内から別離される人生となります。

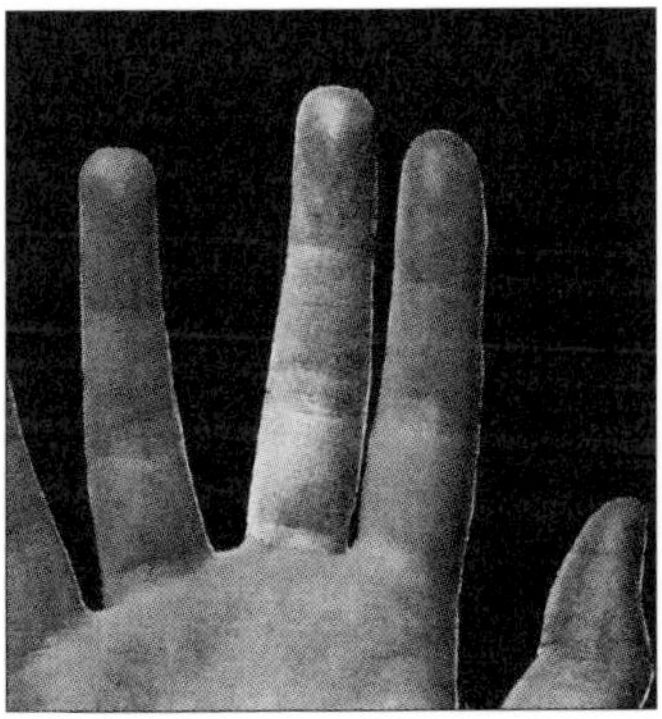

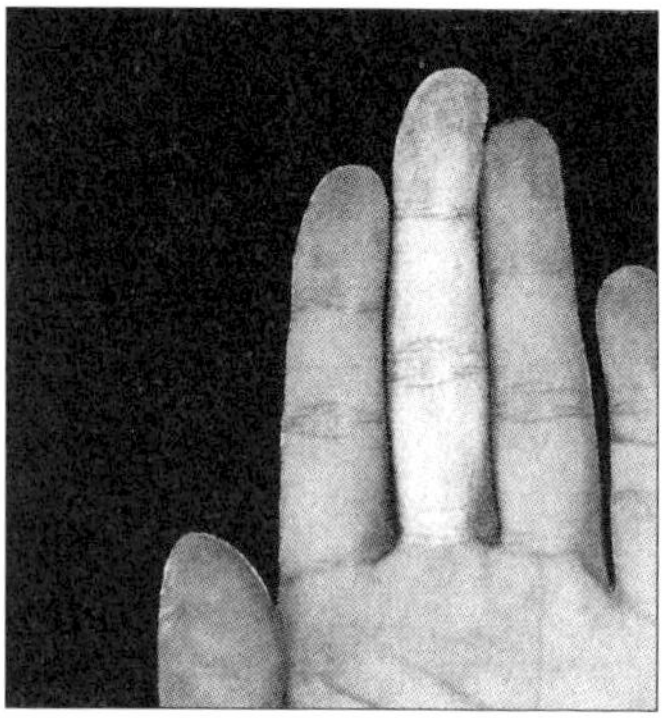

★手指を差し出した時、中指と薬指がピッタリ寄り添っているのは、母親だけでなく身内親戚との縁が深く、家運も旺盛となる相です。薬指側から寄り添うのは親戚側から接近し、中指側から寄り添うのは本人から接近します。

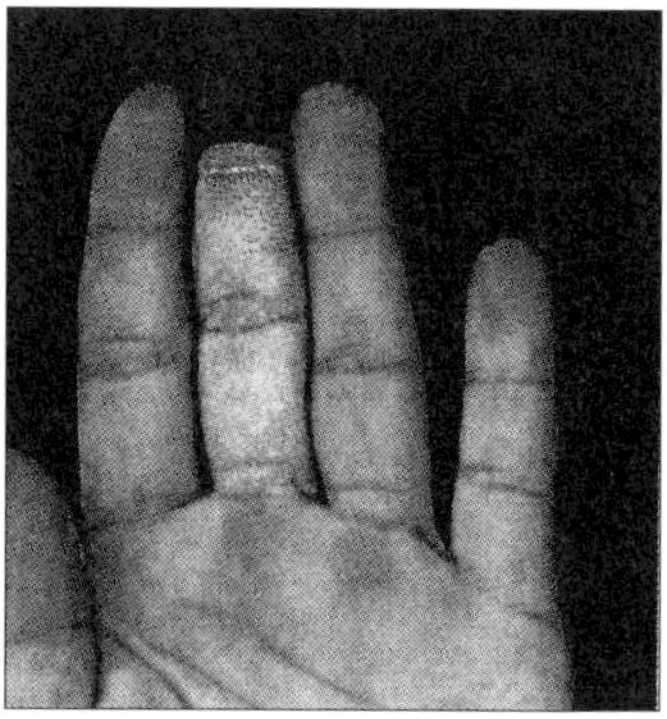

★中指先を失っているとか、表面に傷跡があるとか、指全体に歪みがあるのは、実母との関係に問題があることを暗示し、早くに母親を喪っているとか、母親から引き離されたとか、母親によって運命が狂わされた人生を表します。

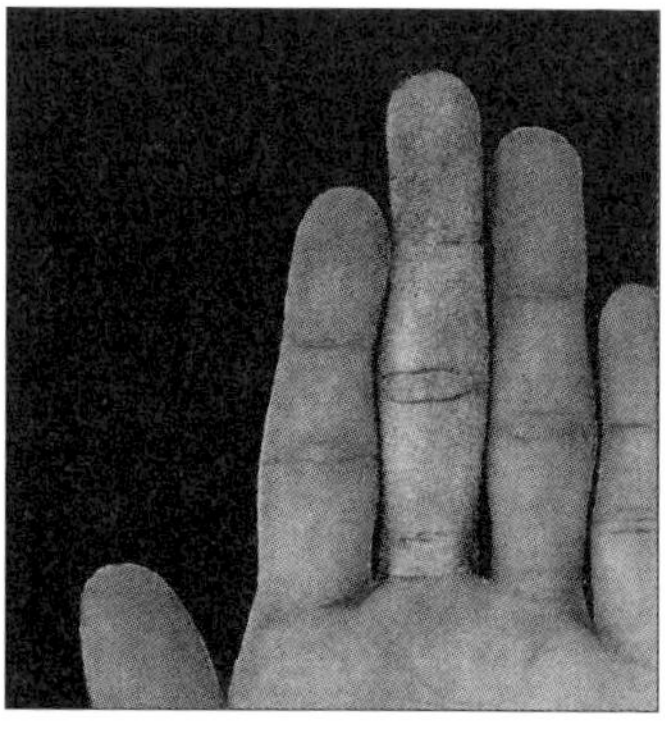

★中指の先端が人差し指側に傾くのは、父親や先輩に依存して生きていく相であり、中指先端が薬指側に傾くのは母親や配偶者・恋人に依存して生きていく相です。重要な判断を自分自身でしようとしません。

★中指の爪に黒点、または黒い縦線が出現する時は、本人、或いは母親に予期せぬ災難が訪れる暗示です。形良い白丸が出現した時は、母親からの援助とか、環境の変化に伴う利得がもたらされる前兆となります。

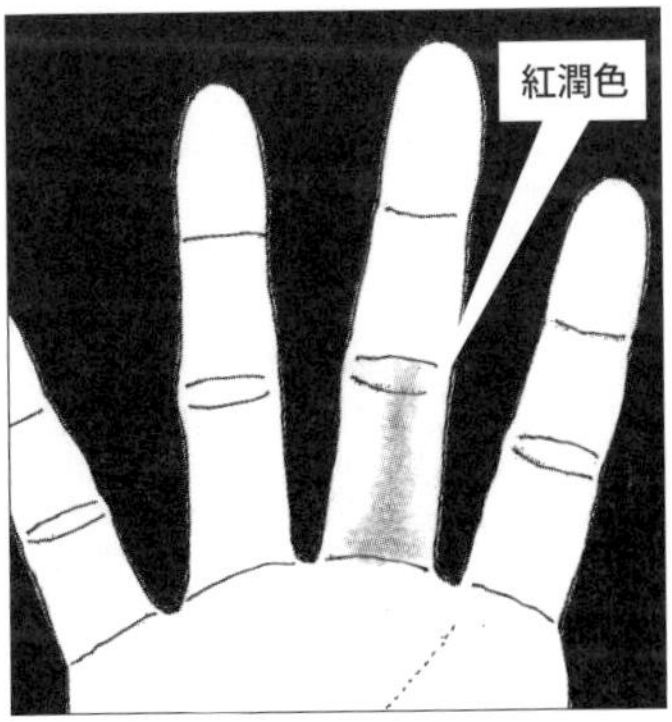

★中指付け根（基節）から中節にかけ淡い紅潤色が立ち上れば、母親のお蔭で恋愛が成就するとか、交際上での利得を得るとか、家庭的な悦び事が生じるとか、母親と一緒に温泉旅行をするなどのことが生じます。

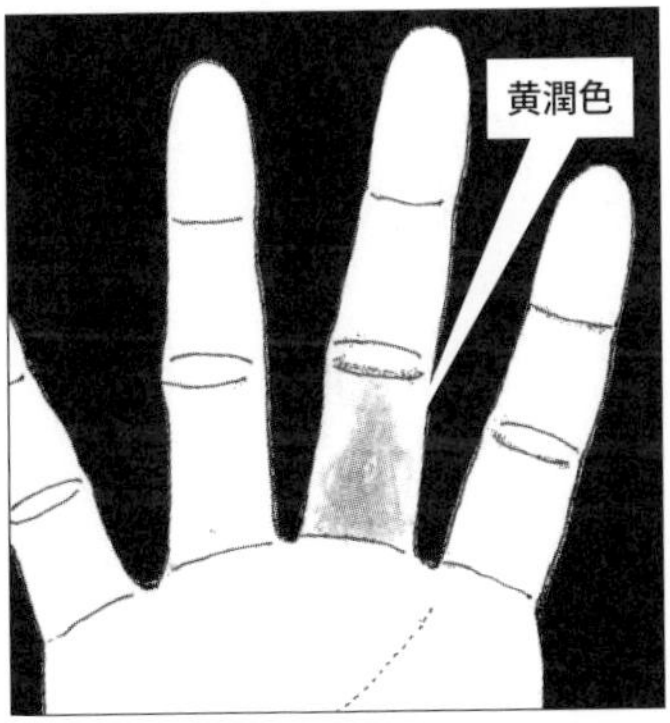

★中指付け根から中節にかけて淡い黄潤色が立ち上るのは、母親や親戚との関係が良好で、土地などの遺産相続に関して良き報せが届くとか、神仏のお蔭で大きな取引がまとまるとか、収穫が得られるとかします。

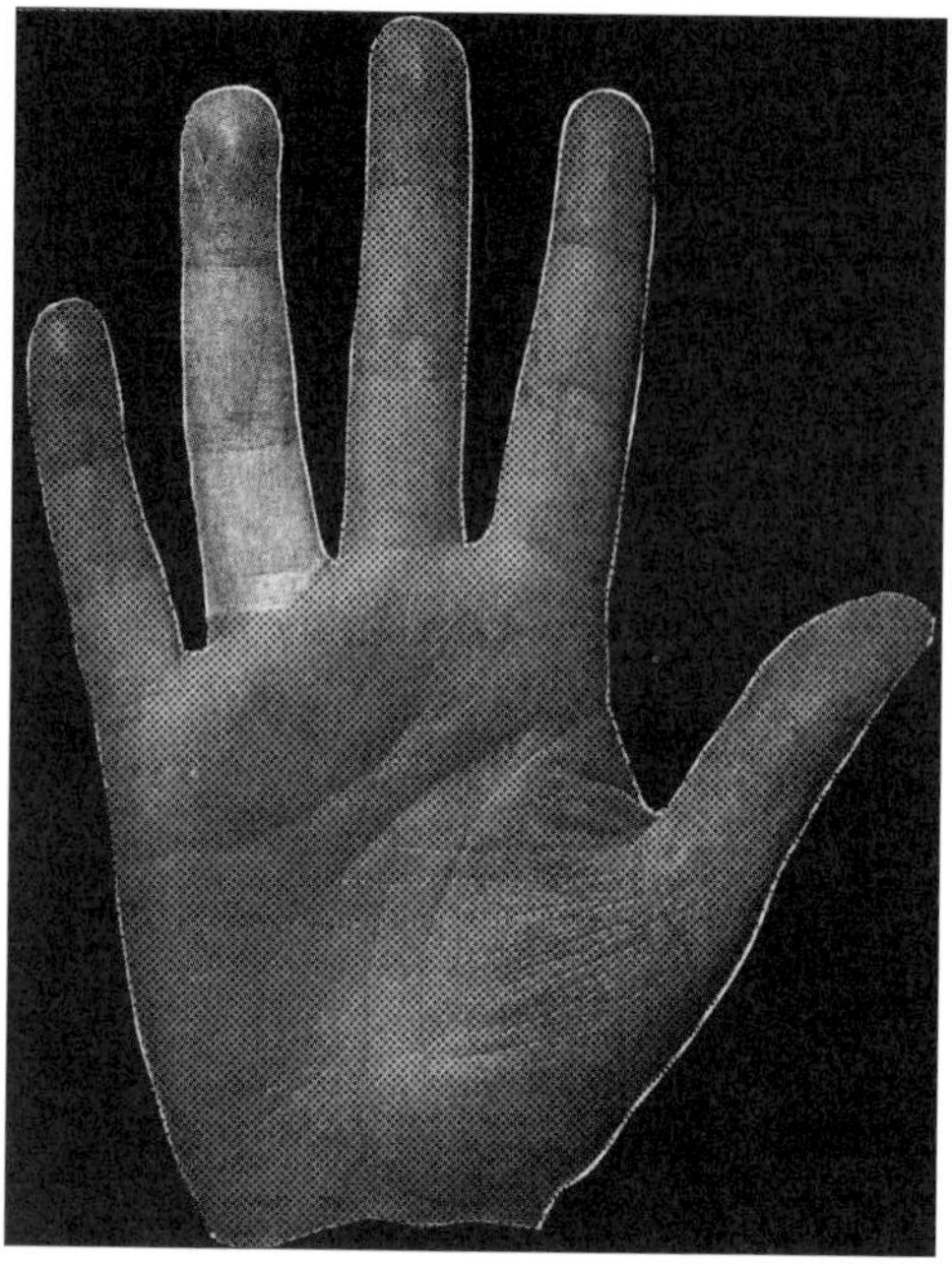

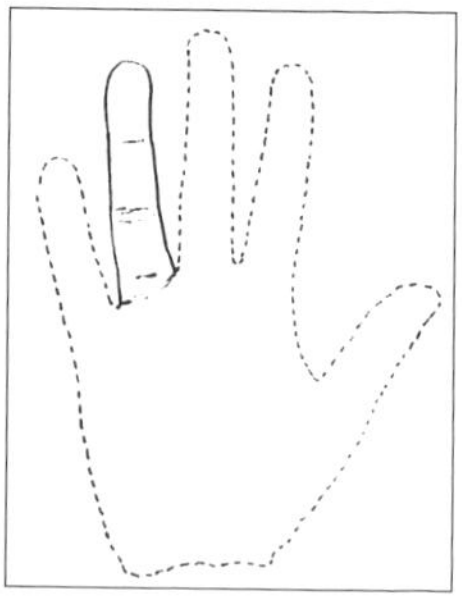

薬指は「配偶者」の指

薬指……美的センスと勝負勘、配偶者との縁

西洋式での薬指は「**アポロの指**」とも呼ばれ、芸術や芸能に深く関わっていると捉えるのですが、和式手相術では「**配偶者との関わり**」が表れる指として重要視されています。「薬指」という名称は、患部に薬を塗る時に使用した指の意で、同じような観点から口紅を塗る「**紅さし指**」とも呼ばれます。つまり「**医療**」や「**美容**」にも関係が深い指ということです。西洋式では、偶然ながら薬指下の部位を「**医療神丘**」とも呼びます。何よりも配偶者を表す指なので、男女とも薬指に異常がある場合は結婚運が良くありません。親戚との交流が幸運をもたらす方は、総じて薬指が形良いものです。

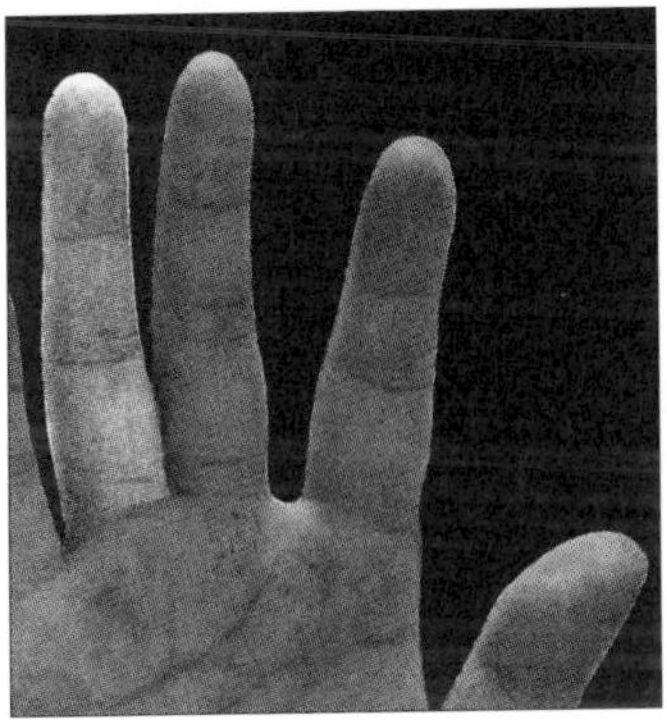

★薬指が中指に迫るほど長いのは、恋人や配偶者からの恩恵を強く受け、ある種の華やかな人生を歩む人の相です。一発逆転のギャンブル的な生き方を好み、危機一髪のドラマチックな場面に何度も遭遇します。

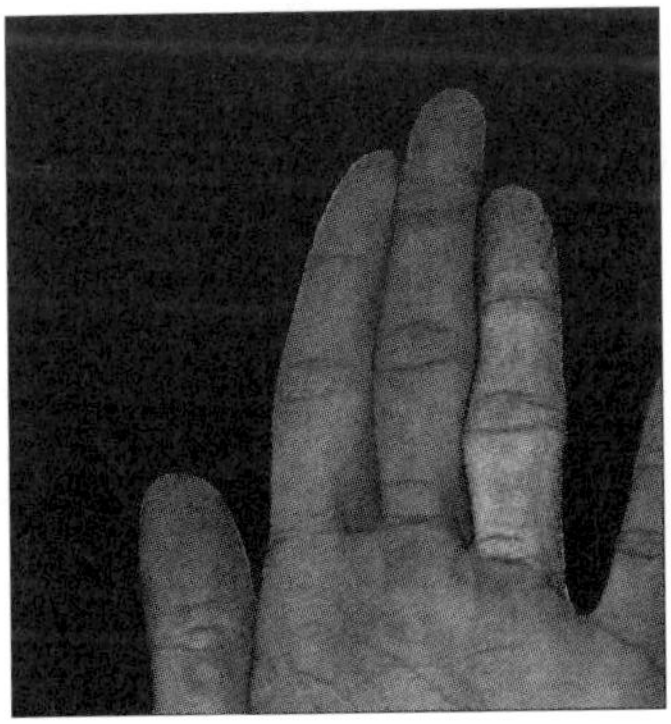

★薬指が極端に短いのは、美的センスが乏しく芸術に無関心で、ここ一発の勝負勘に恵まれず、ドラマチックな人生を嫌う人の相です。恋人や配偶者への愛嬌に乏しく、地味で堅実な家庭生活で幸福を掴みます。

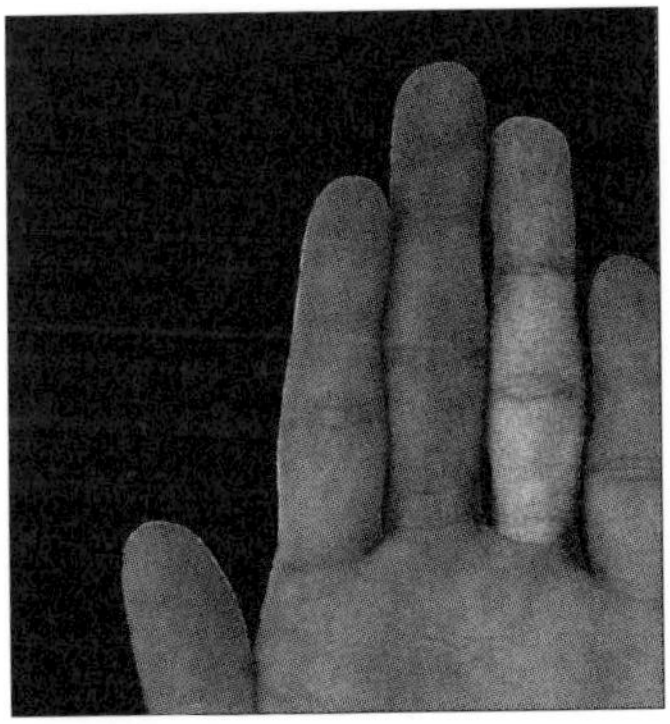

★手を差し出した時、中指と薬指がその指先でついても途中に隙間ができるのは、表面上夫婦仲が良く見えても、家庭内では隙間風が吹く形で、さりとて離れることもできない〝腐れ縁の相〟と見ることが出来ます。

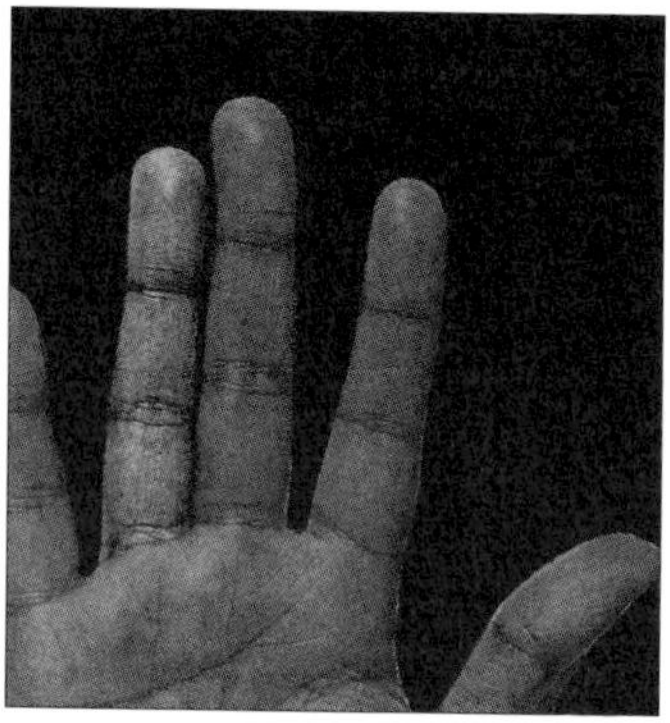

★手指を差し出した時、中指と薬指とがピッタリ寄り添い、特に中指先端部分だけが薬指側に傾くのは、恋人や配偶者に依存して生きていく形で、困った時には配偶者や親戚が援助してくれる人生となります。

★薬指の表面に傷跡があるとか、指全体に歪みがあるのは、配偶者や親戚との関係に問題があることを暗示し、事故や事件で配偶者を喪っているとか、別れた恋人や配偶者との間で訴訟問題を抱えるとかします。

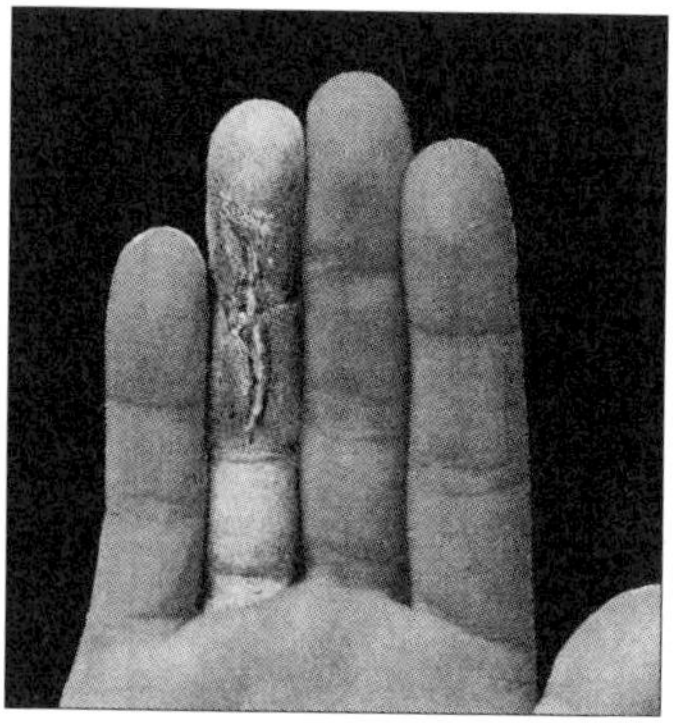

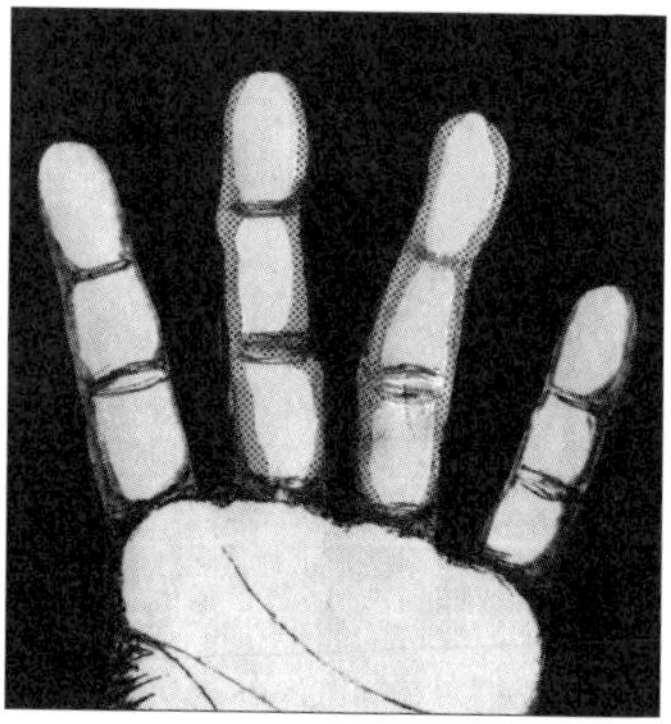

★神経系の病気を患って薬指が自由に動かなくなるのは、恋人や配偶者から恨みを受けている印で、金銭問題が絡んでいることが多いのが特徴です。中指と薬指とが変形して開くと親戚との関係が絶無となります。

★薬指の爪に黒点、または黒い縦線が出現する時は、本人の配偶者や兄弟姉妹に災難や不幸が訪れる暗示です。形良い白丸が出現した時は、恋愛や結婚や出産など私生活上の悦び事がもたらされる前兆となります。

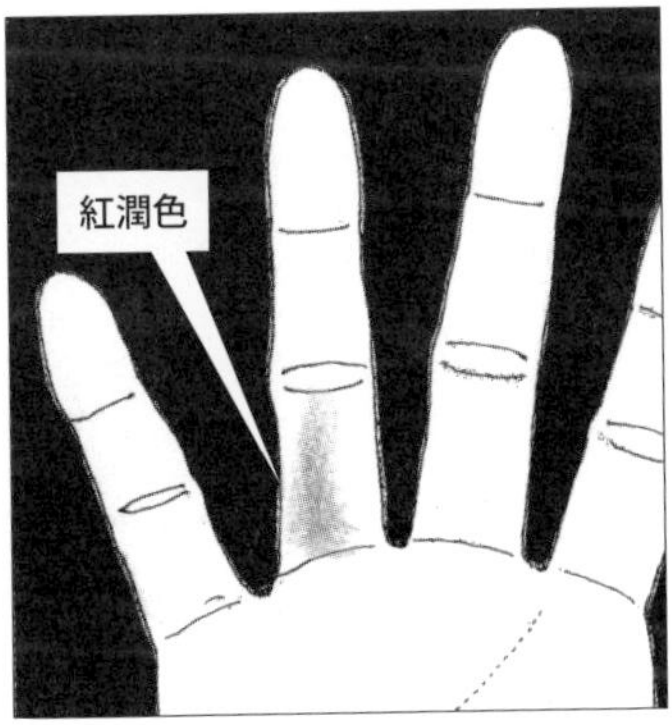

★薬指付け根（基節）から中節にかけ淡い紅潤色が立ち上れば、恋人や配偶者のお蔭で仕事がうまくいくとか、人気や名誉を得るとか、交渉事が成功します。素晴らしい異性から愛の告白を受けることもあります。

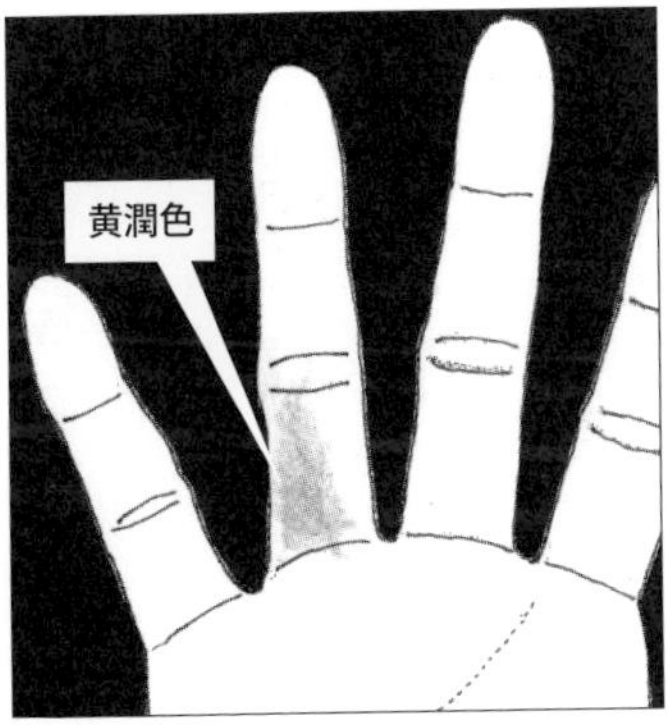

★薬指付け根から中節にかけて淡い黄潤色が立ち上るのは、恋人や配偶者、時に親しい親戚からの助力で、仕事上の大きな取引が成立して利益を得るとか、初めての投資やギャンブルなどで大儲けができる時です。

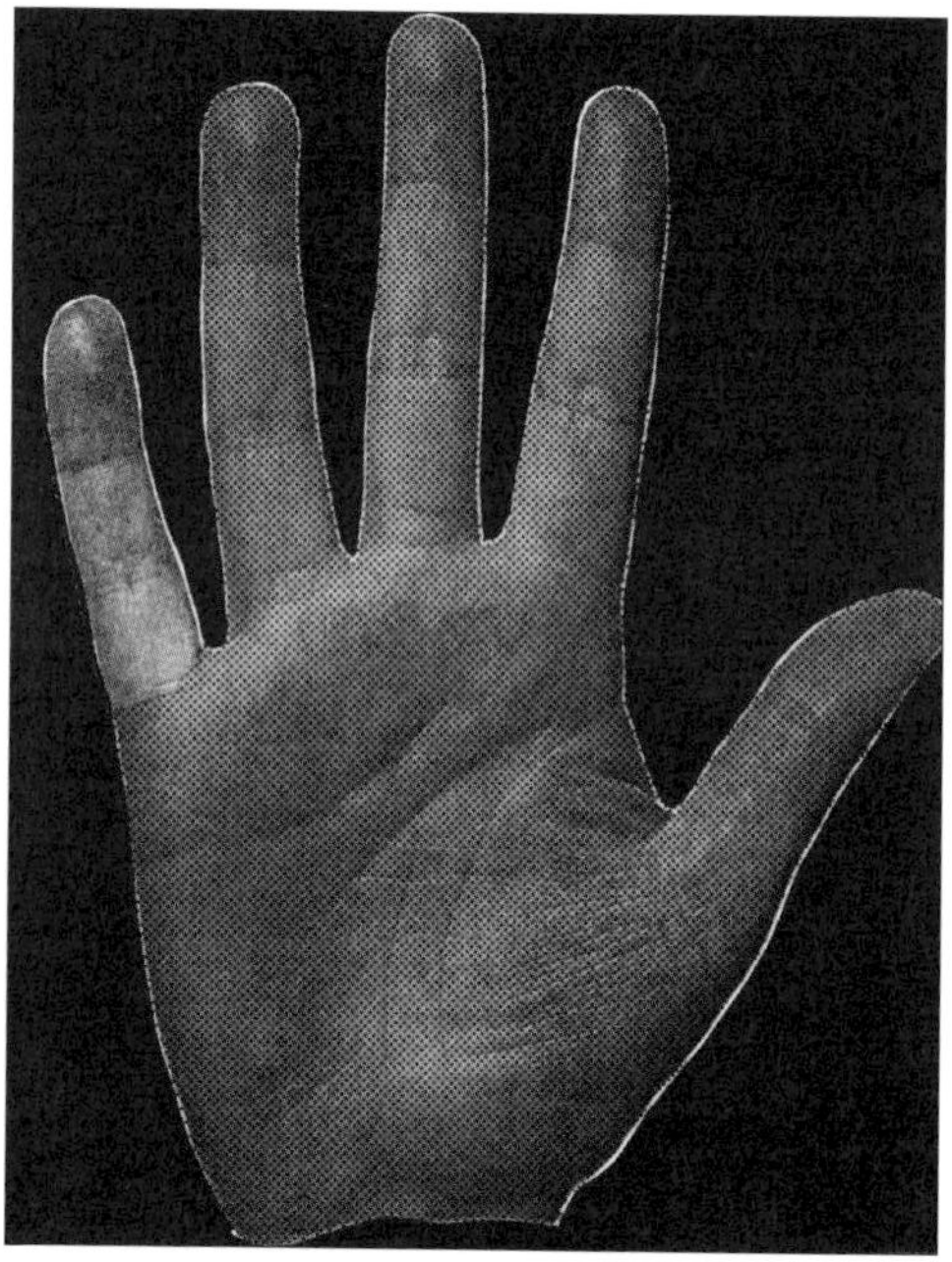

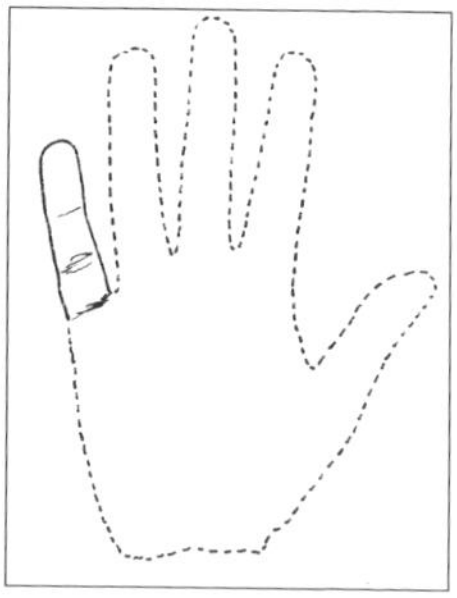

小指は「子供」の指

小指……社会への適応性と生殖力、子供との縁

西洋式での小指は「**マーキュリーの指**」とも呼ばれ、**コミュニケーションに深く関わっている**と捉えるのですが、和式手相術では「**子孫との関わり**」が表れる指として重要視されています。「小指」という名称は、文字通り「小さい指」という意味と、「**子供の指**」という意味の二つを表現していると思われます。ここでいう「小さい」には「**生殖**」の意味が含まれていて、生殖能力の強弱が暗示されていました。小指の長さで、子供が産まれるかどうか判断する方法は広く知られていますが、和式手相術の伝統的観方だったのです。実際、極端に短い小指の女性は妊娠しない傾向を持っています。

★小指が薬指の第一関節の区切りを完全に超える長い指なら、社会への適応能力が高く、子供運に恵まれる人生を歩む人の相です。比較的早い時期に子供を持つケースが多く、可愛い孫の縁にも恵まれています。

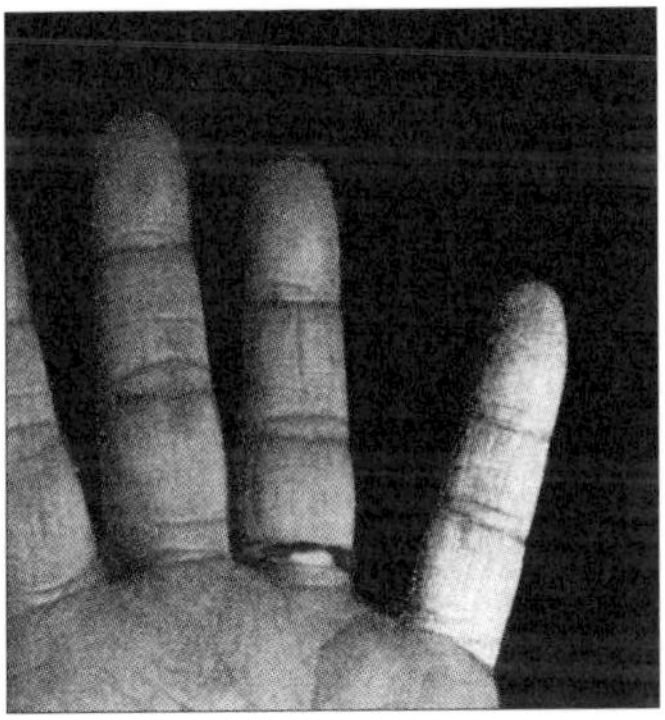

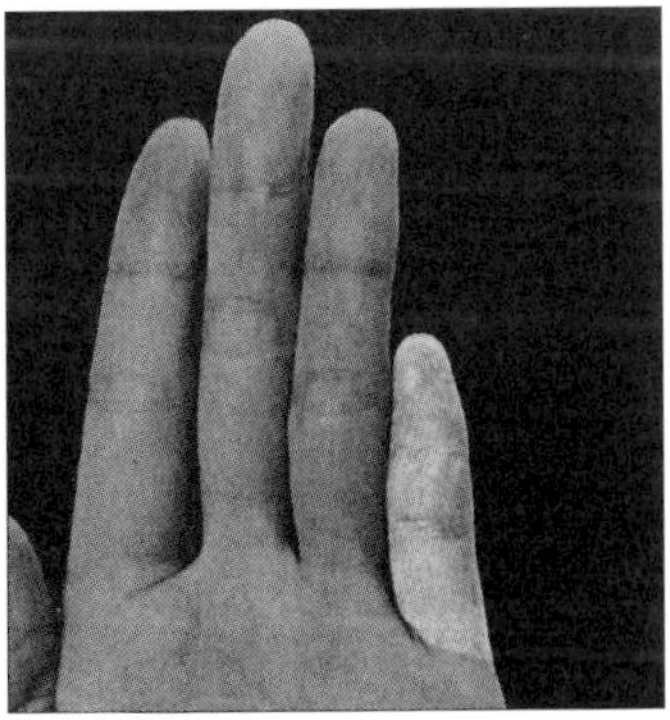

★小指が極端に短く、指自体も細くて小さいのは、男女とも生殖能力に乏しい形で、女性の場合は妊娠できない人の相です。子供縁が乏しいだけでなく「正式な結婚」に縁遠い場合も多く、晩年が孤独の相です。

★手指を差し出した時、薬指から小指が大きく離れるのは、自分の子供が存在するかどうかに関係なく、子供と離れてしまう形で、薬指側から離れる形は本人から離れ、小指から離れる形なら子供から離れます。

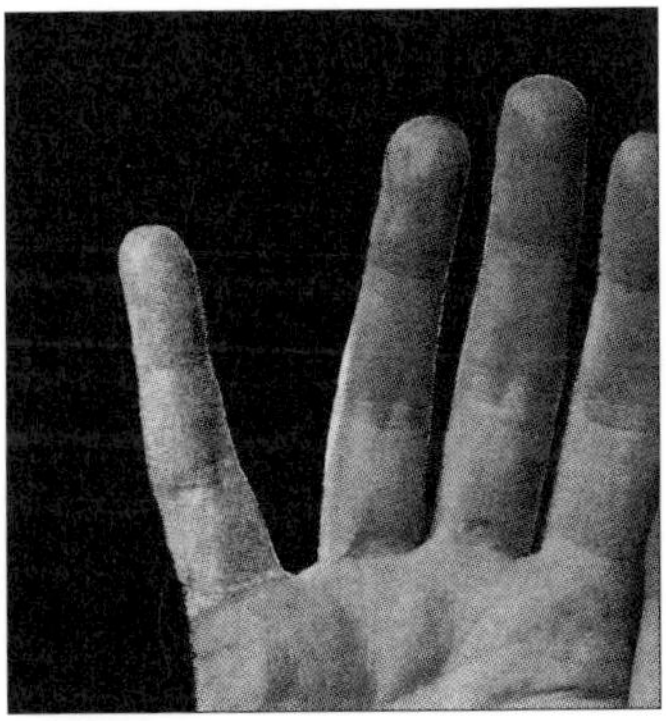

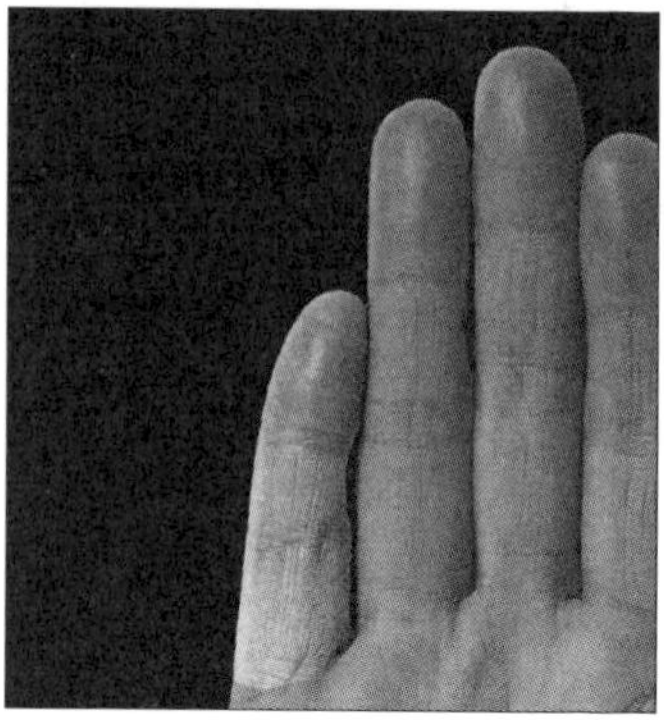

★手指を差し出した時、薬指と小指がピッタリ寄り添い、特に小指先端部分だけが薬指側に傾くのは、子供が本人に依存しやすい形で、親子関係は悪くないが何かと子供のため金銭を失っていく人生となります。

★小指の表面に傷跡があるとか、指全体に歪みがあるのは、親子間の関係に問題があることを暗示し、子供が絡む事故や事件に巻き込まれるとか、特異な病気の子供によって自分の人生が犠牲となるとかします。

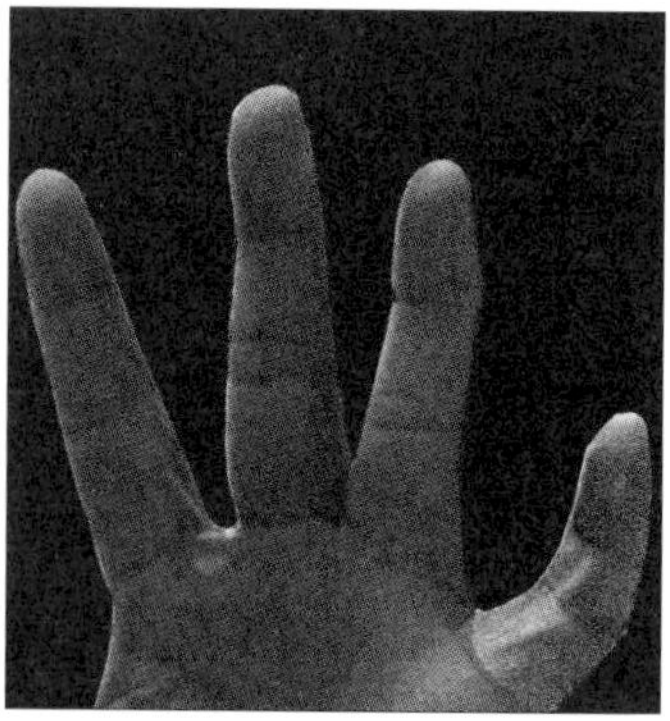

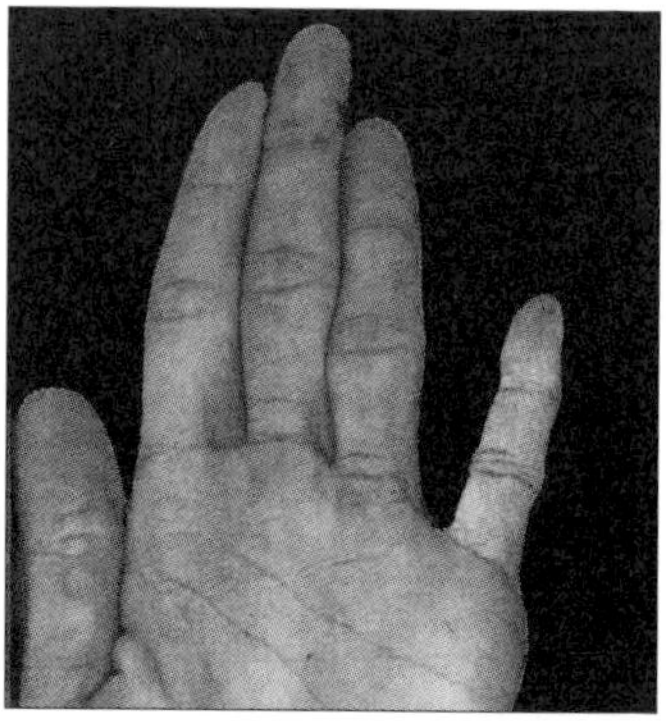

★怪我で小指が短くなっているとか、小指だけ極端に細く弱々しいのは、子供縁が乏しいだけでなく、後半生の家庭運に乏しく、身内や周りが離れ寂しいのが特徴です。晩年期の経済力に対する備えも必要です。

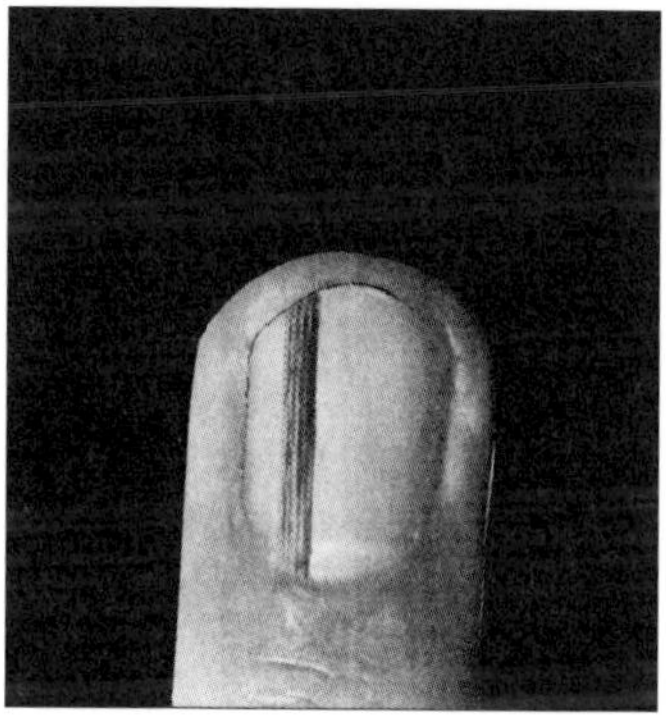

★小指の爪に黒点、または黒い縦線が出現する時は、子供や孫や親戚の児に災難や不幸が訪れる暗示です。形良い白丸が出現した時は、商売上の利得、性愛の悦び、子供の祝い事がもたらされる前兆となります。

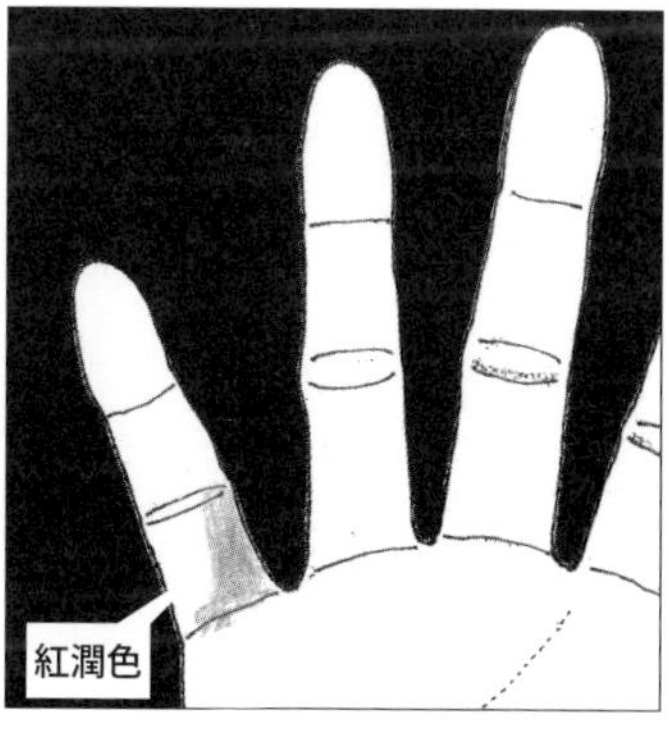

★小指付け根（基節）から中節にかけ淡い紅潤色が立ち上れば、仕事や子供に関することで名誉を得るとか、人気が上るなどします。異性との間で素晴らしいSEXを体験するとか、官能の悦びを知ることもあります。

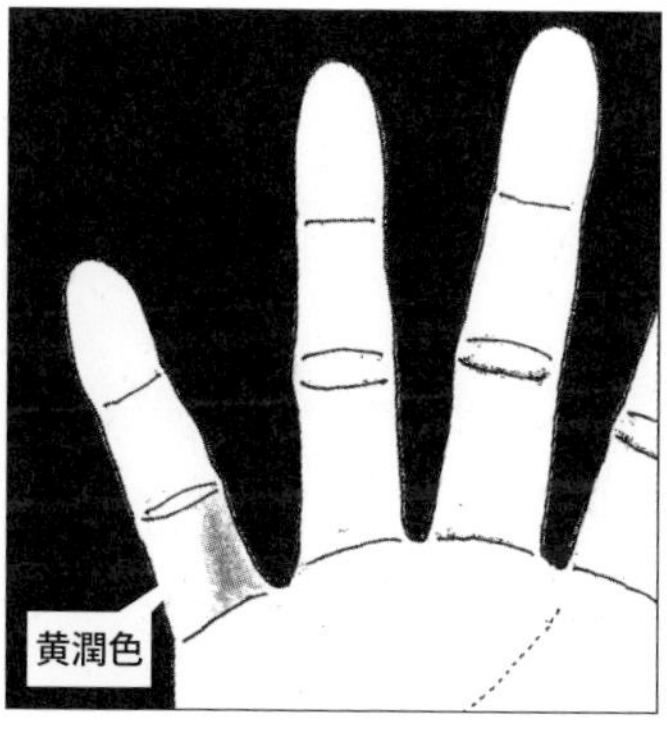

★小指付け根から中節にかけて淡い黄潤色が立ち上るのは、遠方取引に成功するとか、交渉事が成立して大きな利益が得られます。或いは、子供や配偶者との旅行中のギャンブルによって大儲けができる時です。

各指の紋と左右の違いについて

より高度な各指の判断法

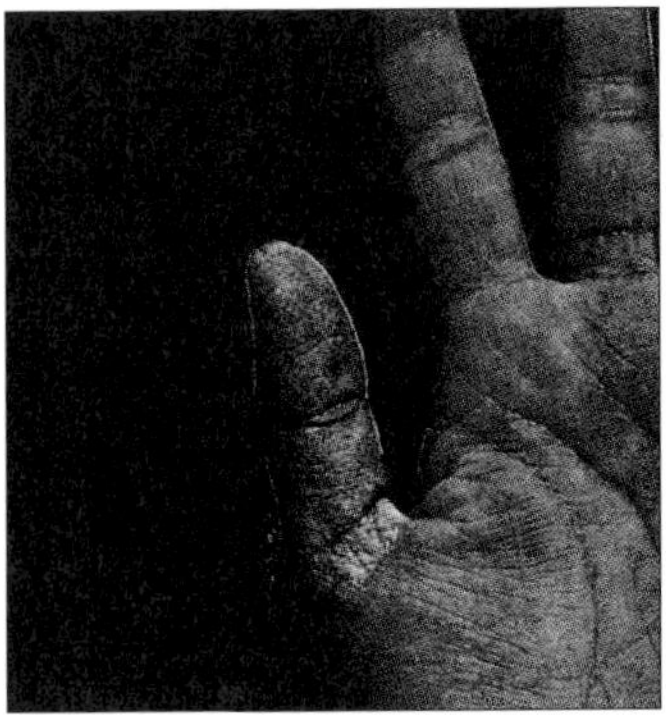

★通常、親指の第一関節区切り筋が袋状になるのを「**仏眼紋**」と呼び、先祖から守護された人生を歩む人の相とされます。実は、親指付け根部分も袋状になるのが真の仏眼紋で「**両眼を開く相**」で悟りを得る相です。

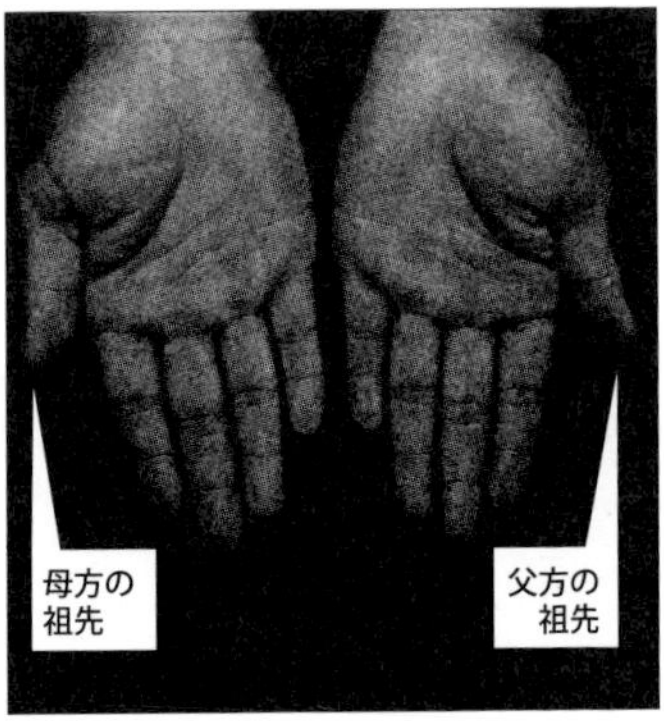

★厳密に言うと親指は、左手親指が「**父方の祖先**」、右手親指が「**母方の祖先**」を表すものです。祖先でなく、祖父や祖母を意味することもあります。祖父母からの遺伝的な血が強い場合、親指の形が遺伝します。

★親指の第二節間内に「**九羅紋**」といって格子形が出現するのは、先祖から伝承された財産を相続できる運命の持ち主であり、「**金花紋**」といって星形が出現するときにも、先祖からの莫大な財産相続の相です。

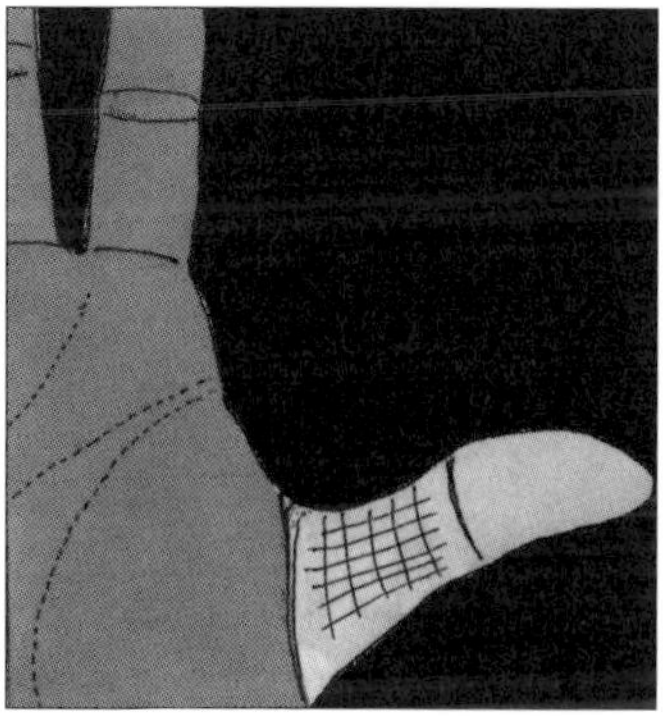

★人差し指の第一関節区切り筋が袋状になるのを「**夫子紋**」と呼び、文才があって社会的に活躍することが約束されている人の相です。思想的な部分で多くの人達に影響を与え尊敬されて地位を得ていく相です。

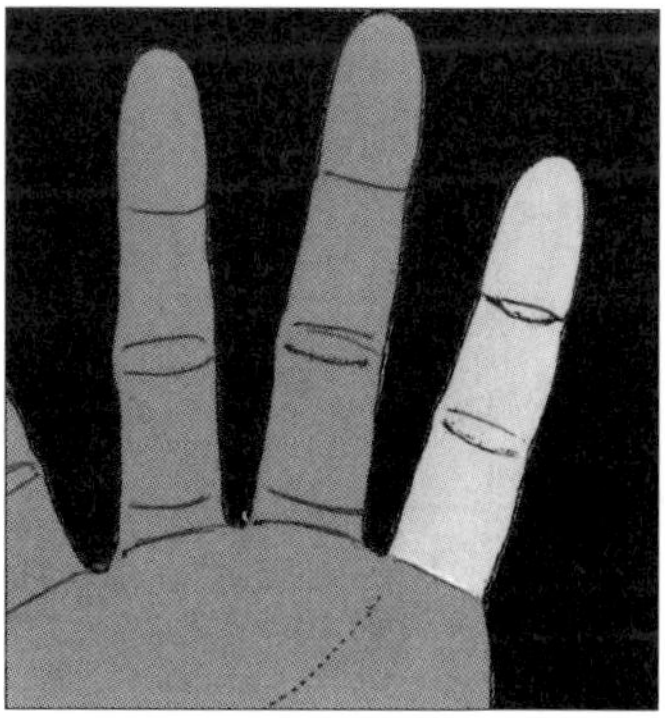

★人差し指の付け根部分の区切り筋が二重になるのを「**支配紋**」と呼び、前世において支配階級にあり、それが現世にも影響を与えて人を支配できる地位を熱望します。ここに枝筋が多いと部下・後輩から裏切られます。

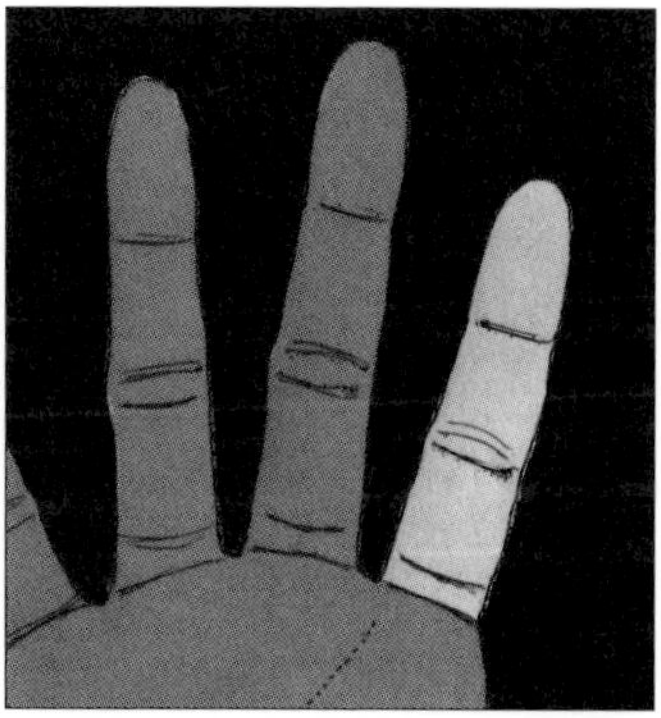

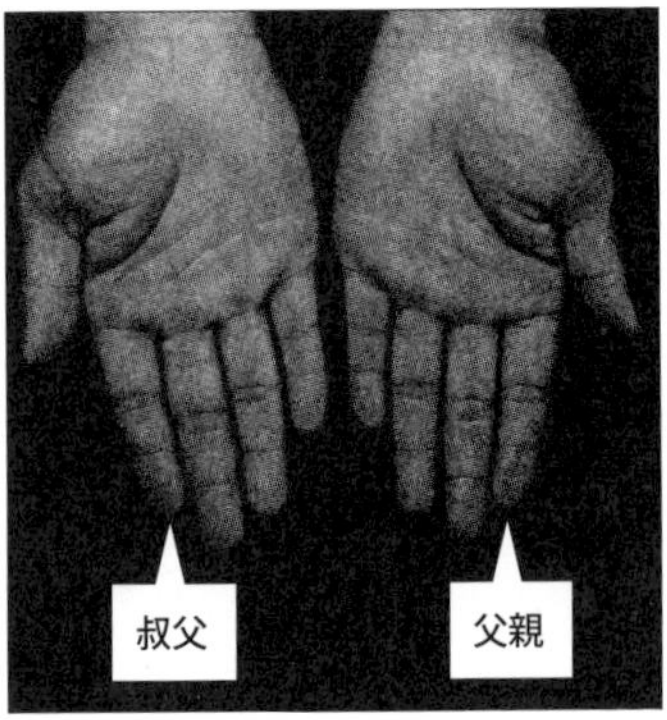

★厳密に言うと人差し指は、左手人差し指が**父親**で、右手人差し指が**叔父・養父・第三者**を意味するものです。右手人差し指が中指に寄り掛かってくるのは、第三者から種々頼られることが多い人生を歩む相です。

★中指付け根と薬指付け根の両方に袋状の形が出現するのは「**霊眼紋**」と呼ばれ、何らかの霊能力を所有している人に表れる相とされています。この付け根の部分は、見忘れてしまいやすいので注意が必要です。

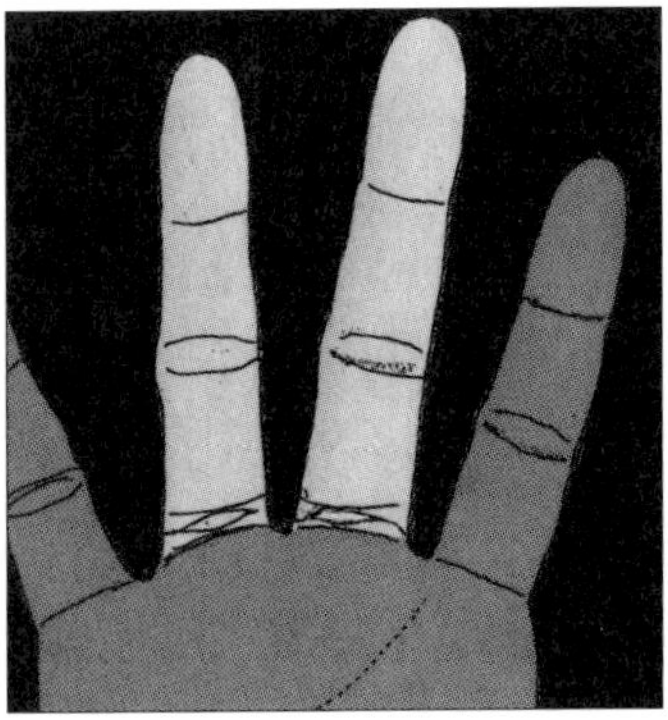

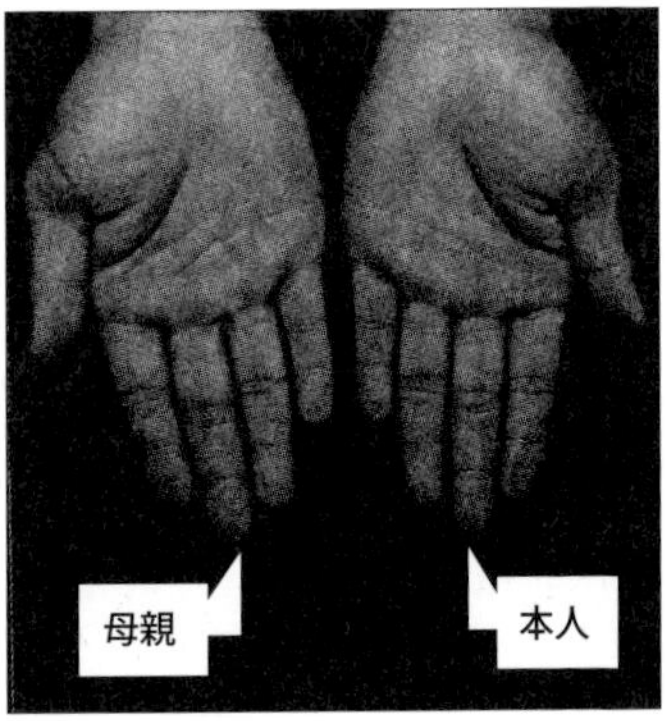

★厳密に言うと中指は、左手中指が**本人自身**を表すことが多く、右手中指が**母親**を表すことが多いものです。したがって左手中指上部に怪我をした時には、自分が事故や事件に巻き込まれぬよう注意すべきです。

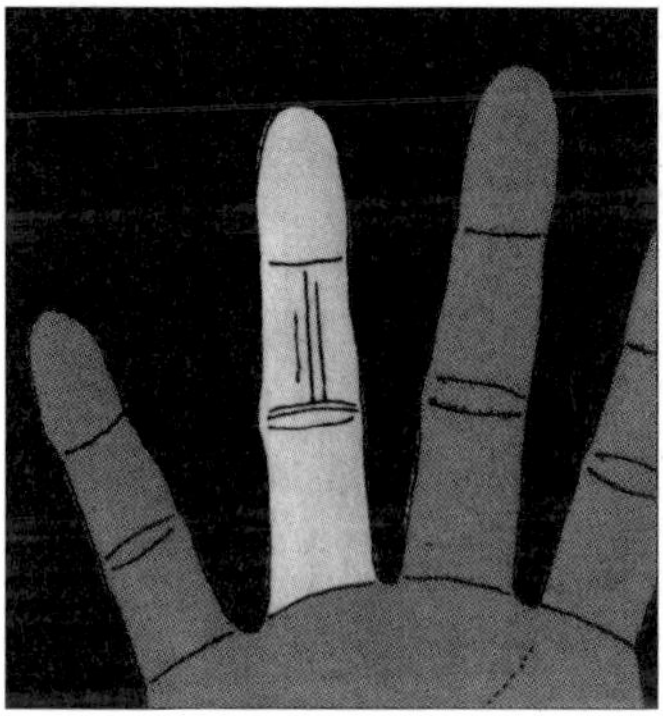

★薬指の第二節間の部分に何本かの垂直線が出現するのはギャンブル運の強い相であり、第二節間や第三節間に形の崩れた「**九羅紋**」が出現するのは、ギャンブルによってすべての財産を失ってしまう人の相です。

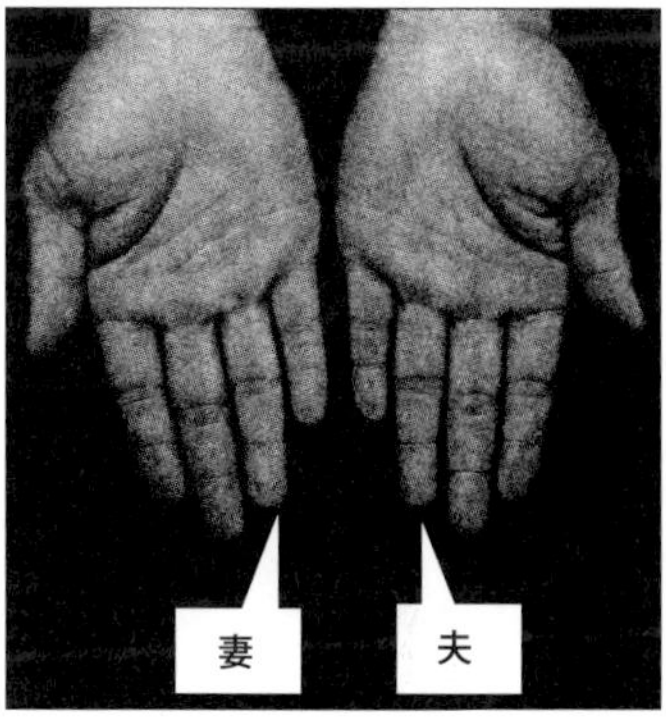

★厳密に言うと薬指は、男性の左手薬指は「**兄弟・親戚**」を表し、右手薬指は「**妻・婚約者**」を表します。女性の左手薬指は「**夫・婚約者**」を表し、右手薬指は「**兄弟（姉妹）・親戚**」を表しているのが普通です。

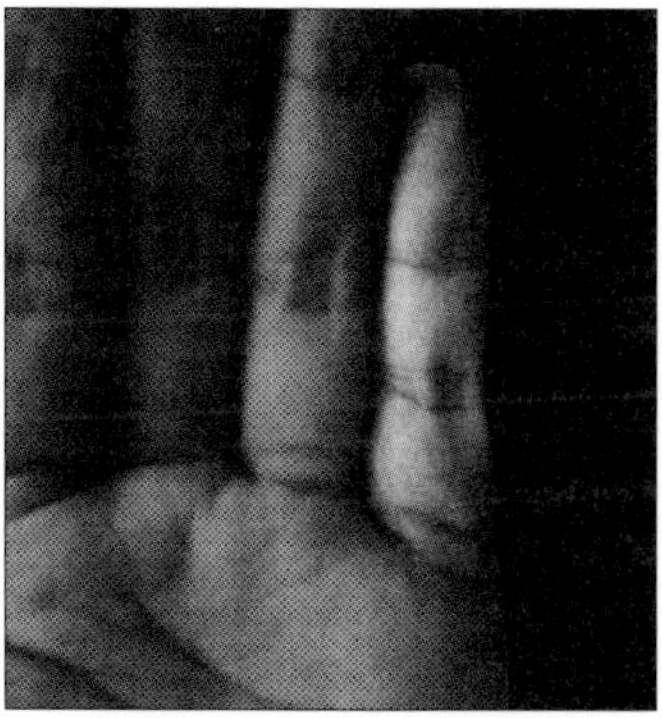

★小指の付け根に袋状の形が出現するのは「**財産紋**」と呼ばれ、努力の末にやがて大きな財産を築いていく人の相とされます。特に自分で商売や事業を起こした場合には、優れた商才を発揮していく人の相です。

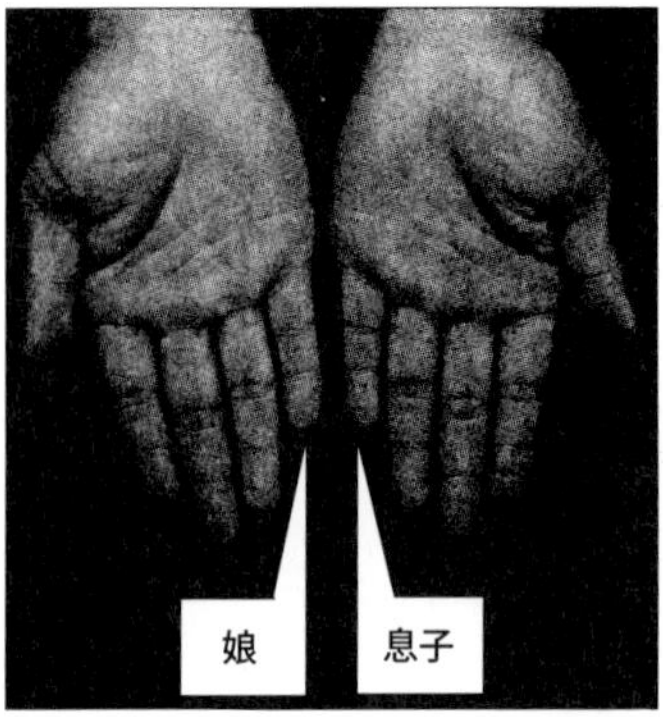

★厳密に言うと小指は、左手小指が**男児としての息子や孫**を表し、右手小指が**女児としての娘や孫**を表しています。小指が曲がると、その時点から子供縁が遠ざかり、子・孫のため苦労することが多くなります。

和式手相の謎④　各指の怪我・傷が表わしている因縁

本書中にも述べていますが、和式手相術では各指の状態と身内・家族との関係を結び付けてさまざまな解釈を与えています。したがって、指の怪我・事故による後々まで残る傷は、家族関係が正常な形で続かないことを暗示しているものです。

私の母親は中指に傷がありましたが、実母は早くに病死し、義母からはいじめられて育ったそうです。本人自身も不測の事故により全身火傷で苦しみながら亡くなりました。何度か鑑定したある女性は四十代で最初の夫と別れ、五十代で再婚しました。ところが再婚した直後から薬指の先が曲がって動かなくなってしまったのです。奇妙なことに、それから半年も経たない内に再婚した夫が亡くなってしまったのです。しかも、その後、相手家族ともめて遺産を放棄せざるを得ない状態となってしまいました。

『霊感手相占い』の著者・小川遊石は、その著書の中で、十歳の頃に人差し指がぶら下がるほどの怪我をして深い傷跡を残したが、十六歳にして父親を亡くしてしまった、と述懐しています。さらに中指に大きな傷跡を持っている友人は、長患いの母親を早くに亡くしたとも記述しています。

私がまだ若い頃の鑑定記録に、子供が産まれたばかりの母親がいました。その当時、鑑定に不慣れだった私は、本人が望んだ商売の今後を占った後に、ふと極端に短い小指に眼が留まって「子供運が良くないですね」と言ってしまいました。「おかしいなあ、○○ちゃんは元気ですよ」……言外に、占い当たっていないですよ、という口調が窺われました。私は言葉に詰まり、自らの判断を後悔したものです。ところが、それから数年経って、その女性は夫と離婚し、子供は夫の側に引き取られていったことを知りました。

第六章　和式手相術の真髄——極秘・気血色判断法

●三大紋など主要な紋の気血色判断法

〈天紋の気血色〉

三大紋の中では気血色の出現率が一番低い「紋」です。天紋に沿うような形で全体的に出現する気血色は、その時々の気分や心情が反映され、血色良好なら幸せに陶酔し、色艶が良くない時は陰鬱な気分を表します。気血色が部分的に出現するときは、その先端付近や小指下の起点付近を楕円形に取り囲むケースが多く、小指と薬指の中間点下には病気の時に見受けられる汚い血色と、金銭のやり取りに関係の深い気血色とが出ます。

★天紋全体が紅潤色に輝くのは、今現在の愛情運が絶好調であることを表し、既婚者は夫婦間も親子間も大変良好で愛に包まれた状態にあることを表しています。未婚者は熱烈な恋愛中で幸せいっぱいの時です。

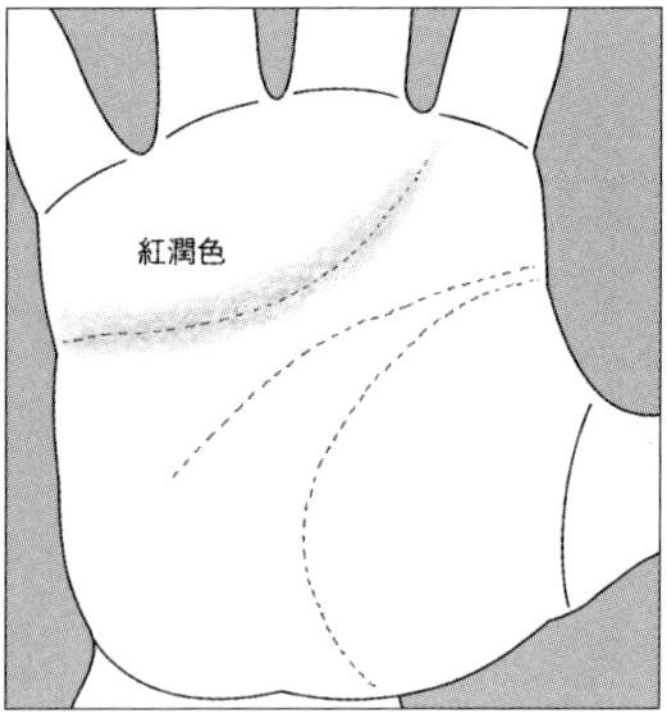

★天紋の赤色が強くて真っ赤に見えるのは、激しい興奮状態にある時の相で、恋愛や仕事でトラブルが生じやすい相です。褐色に近いのは争い合っての別れが近づいています。赤色より赤暗色に近いのは、脳出血に要注意です。

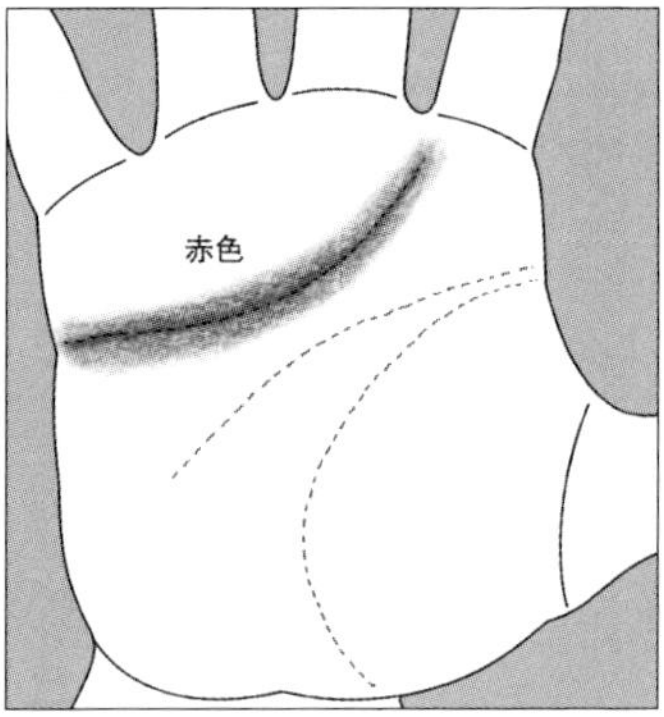

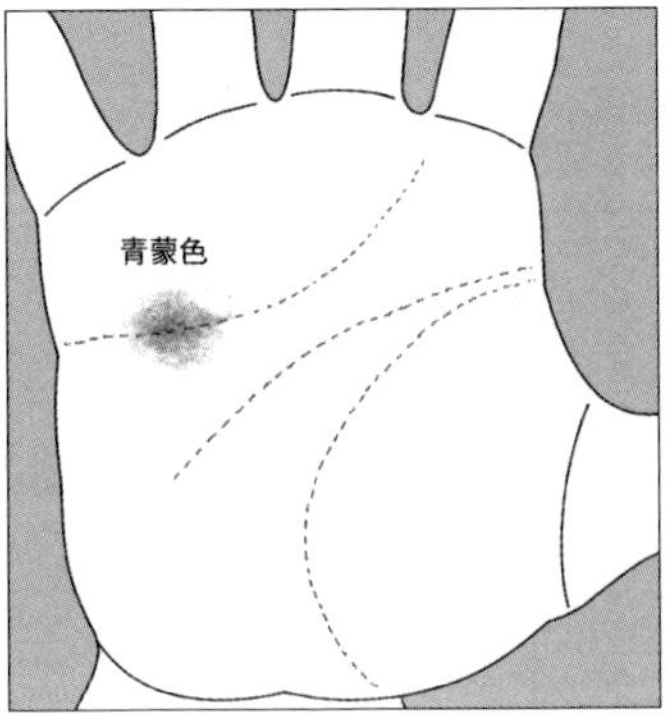

★天紋の薬指と小指の間付近に赤蒙色や青蒙色が強く出るのは、心臓に弱点を持っている人の相で、循環器系に危険信号がともっている時です。また恋愛だけでなく交際関係で争い事に巻き込まれやすい時です。

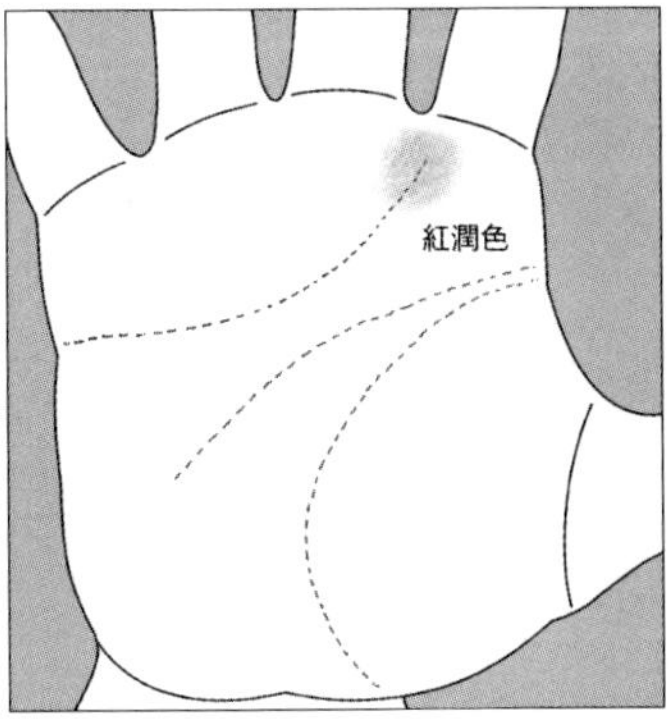

★天紋の先端付近に紅潤色が出現するのは、恋人がいない人には素晴らしい恋愛面での出逢いが訪れる時の相となります。既に恋人がいる場合は、相思相愛で予期せぬ形から婚約や結婚が成立することの暗示となります。

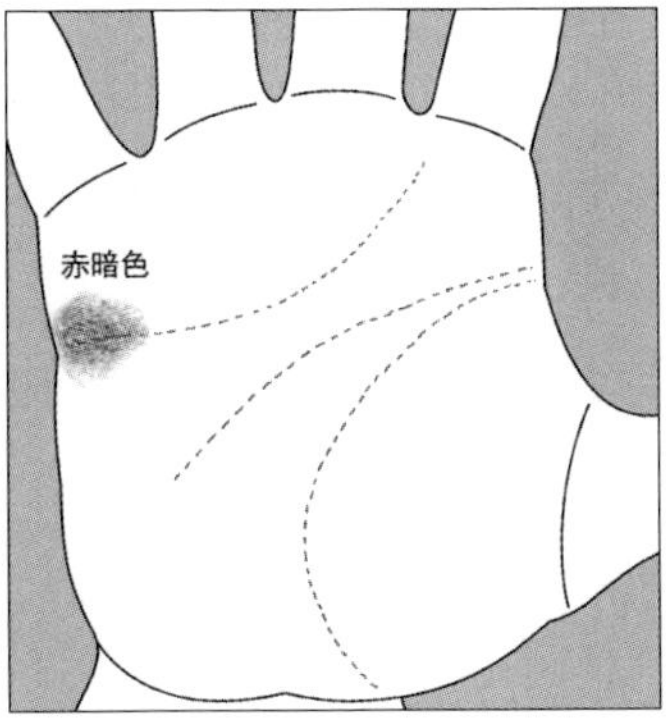

★天紋の小指側の始発点付近に赤暗色が出るのは、ＳＥＸとか妊娠に関してトラブルが生じる時の相で、ここに白気が強く生じているのは、不妊とか流産とかセックスレスが原因で愛情に亀裂が生じやすい相です。

〈人紋の気血色〉

人紋全体に出現する血色は比較的少なく、その起点周辺や、中指に向かう立身紋との交差点付近、さらには乾宮の終止点付近に不明確な形で出現してくるケースが多いものです。特に、人紋の終止点付近は今現在の仕事状況や金運と関係が深く、常に注目しておくべき部位です。また掌中央、立身紋との交差点付近は社会的な運気を象徴する部位だけに、ここに広範囲の気血色が出現する時は運勢が大きく変化する前兆と言えます。

★人紋全体が紅潤色に輝くのは、今現在の職場や仕事で実力以上に才能が評価されていることを表し、自分でも驚くほど能力を発揮できるのが特徴です。それに伴って収入面でも大いにアップが期待できます。

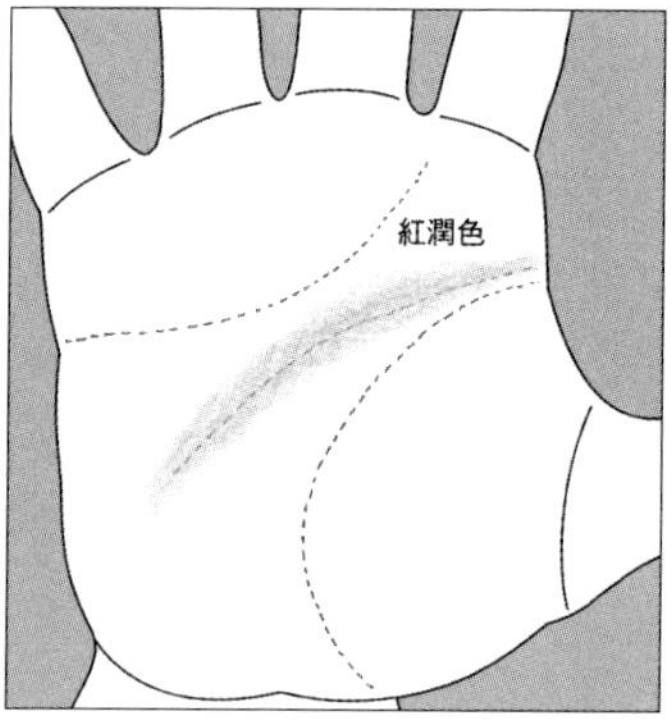

★人紋全体に蒙色が漂っているのは、本人の社会的立場が不安定な時の相です。仕事上のミスを連発するとか、試験で落胆するなどしやすい時です。人紋の先端付近に蒙色が出るのは、前途の方針に迷う相です。

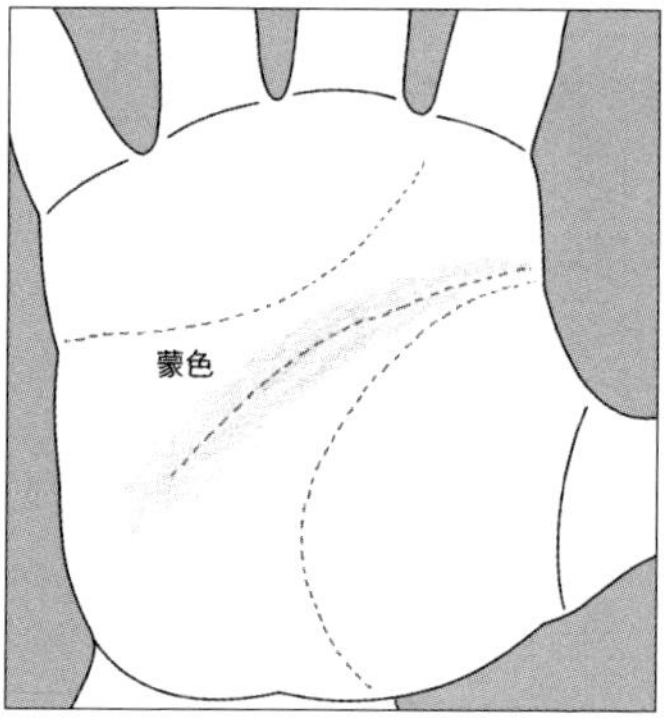

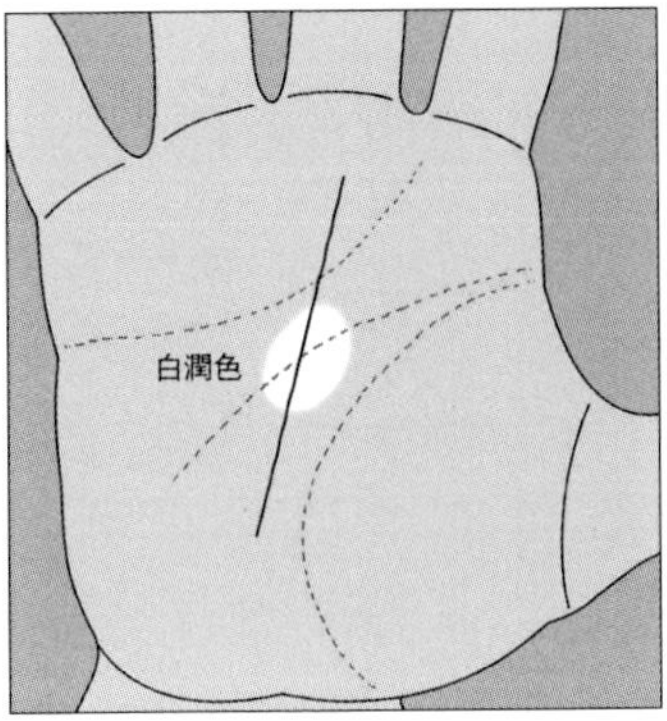

★人紋と立身紋の交差する付近に輝かしい白潤色が出現するのは、今現在の望み事が叶う時の相で、社会的に幸運で何事も成功しやすい時期です。頭脳もシャープになっていて、勘が冴えて、能力全開の相です。

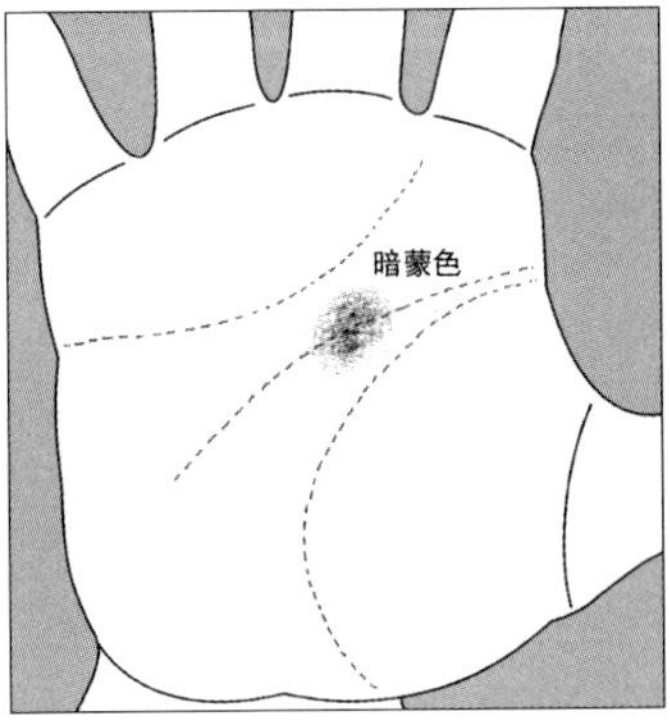

★人紋上の中指下付近に暗蒙色が出るのは、精神や神経に問題や障害が生じやすい時で、それが社会生活にも影響しやすい人の相です。試験や就職は良好な結果を得ないし、心霊的な凶作用等受けやすい相です。

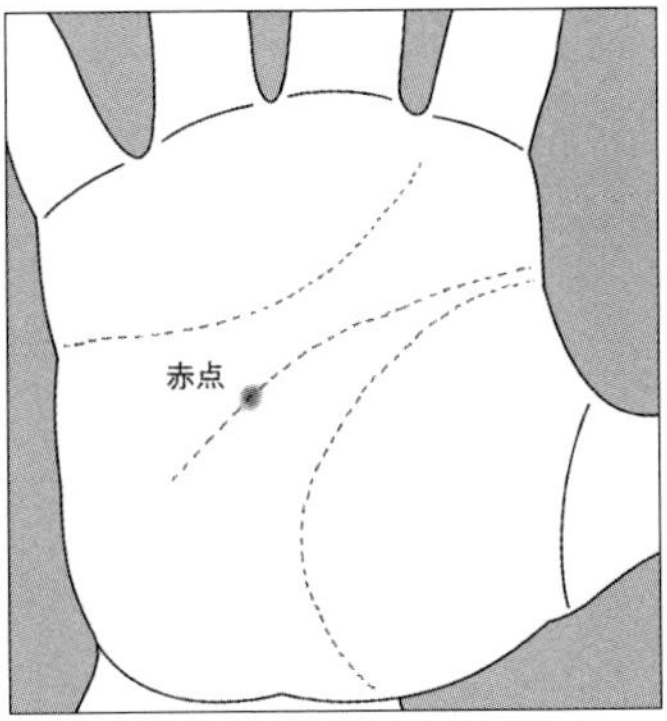

★人紋の途中に小さな赤暗色や赤点が出るのは、思いも掛けない場所や状態から事故や怪我に出遭う時の相です。この時、地紋内部の剋害紋と交錯すれば、敵に襲われる形で自動車でも相手側から追突されます。

〈地紋の気血色〉

地紋上部（人差し指下）の気血色は「巽宮」に掛かっているケースが多く、その時々の願望とか、目的と関わりが深く、希望に輝いている日々は良好な血色が見受けられます。愛情関連の気血色は地紋やや上部（通常の貴人紋が出ている範囲）に限定されるもので、妊娠・出産の血色も同じ部位です。親の問題は地紋中央内側に出現し、住居の問題は地紋下部外側に出現するもので、遠方への旅行の吉凶も、同じ位置の気血色で判断が可能です。

★地紋全体が紅潤色に輝くのは、元気はつらつ体調万全で自らの肉体に自信を持っている時の相です。また家庭生活でも幸せに満ちている時で、家族に関しての悦び事や住宅調度品に関しての悦び事があります。

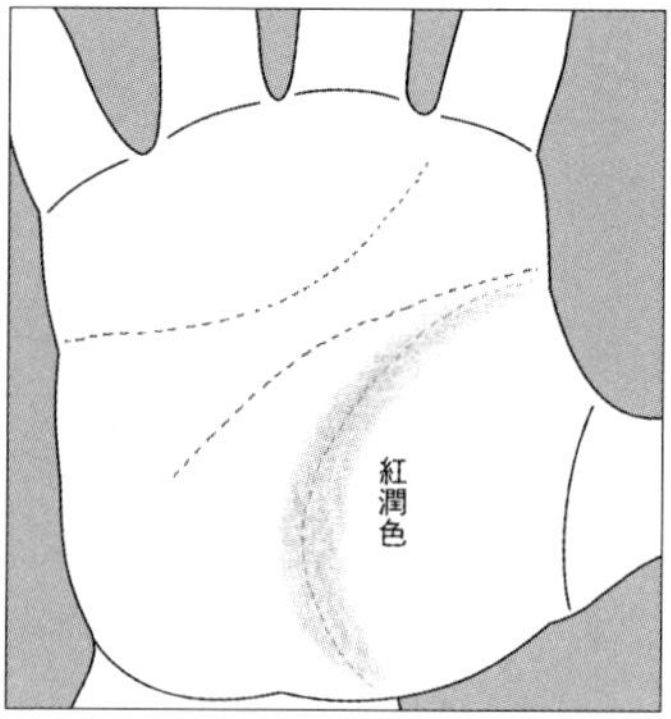

★地紋全体が汚い茶褐色となるのは、肉体が重い慢性的な内部疾患に侵されている時の相で、地紋下部の線が乱れて小さな袋状を形成する場合は癌です。赤銅色や褐色の色合いが強まると回復は難しくなります。

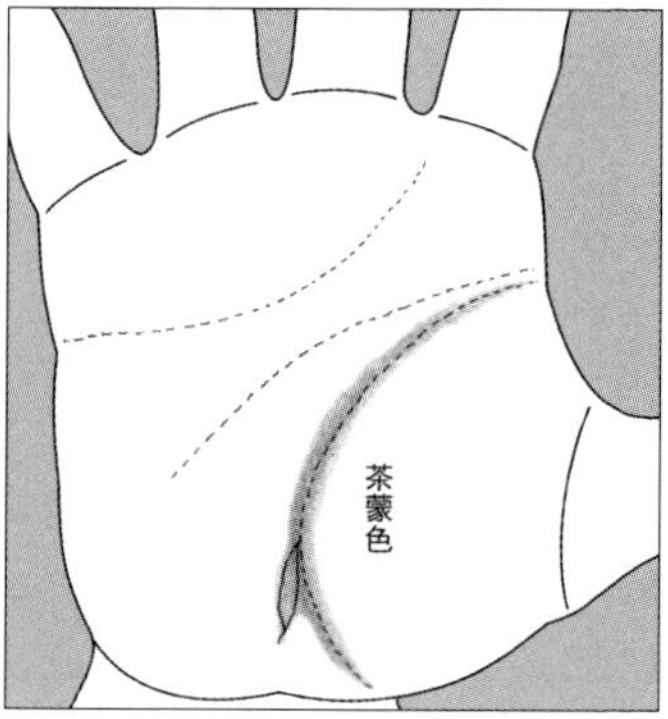

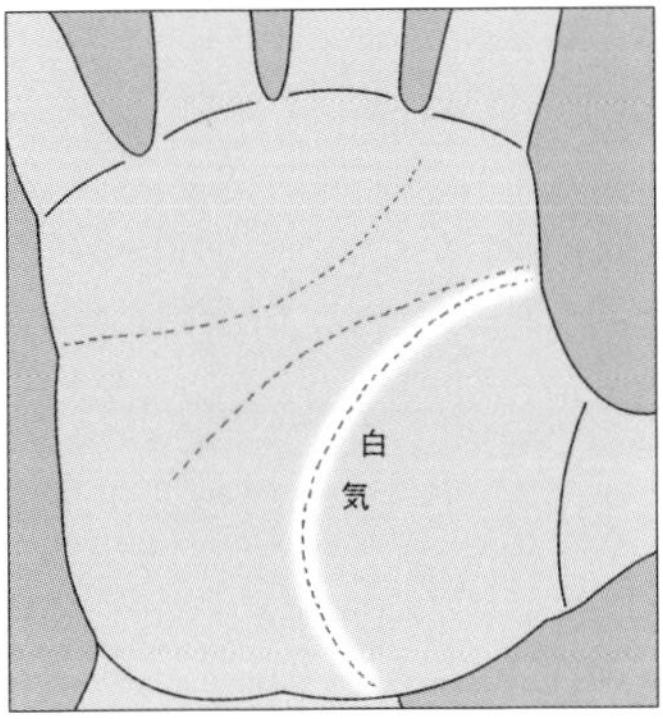

★地紋全体が極端に細く血色が失われて白気に枯れて見えるのは、生命力が乏しくてエネルギッシュに行動できない人の相であり、労働力も失われていて働けず、家庭的にも恵まれず寂しい状態が続く相です。

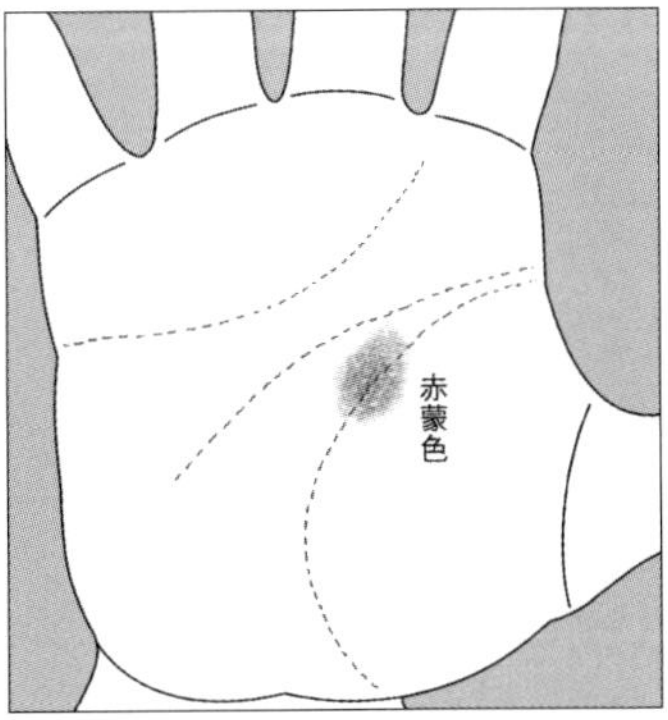

★地紋のやや上部に赤蒙色が出現するのは、法廷上の争い事が生じやすい時の相で、家庭的な問題が争われやすい相です。仲良かった配偶者や恋人との間にトラブルが生じ、離別に進んでしまうケースもあります。

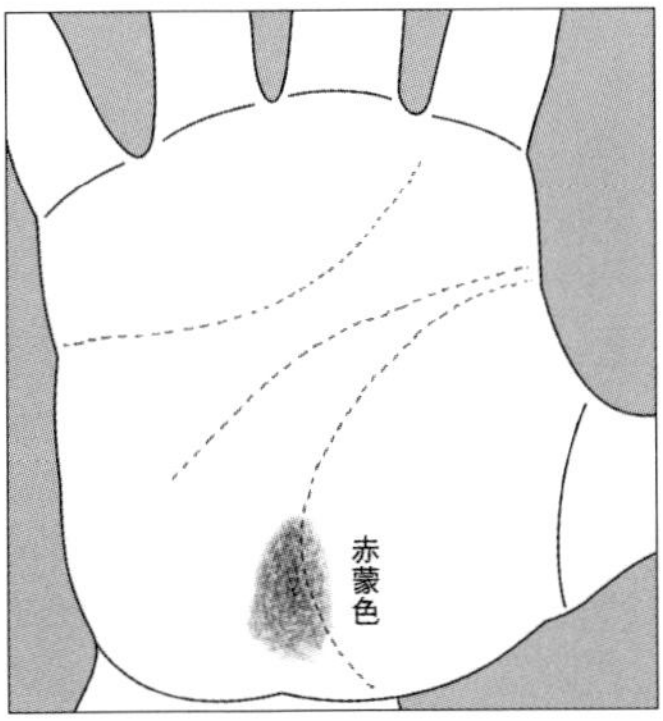

★地紋の下部に赤蒙色が出現するのは、現在の住宅、或いは現在のオフィスから出ていかなければならない問題が発生している時の相です。蒙色が強いと移動先が決まらず、赤色が強ければ移動先は確保できます。

〈それ以外の紋の気血色〉

三大紋以外では、立身紋と聶肩紋と妻妾紋が比較的気血色の出現しやすい紋です。この中で立身紋は、血色というより「紋」自体の勢いが重要で、運気の良い時は紋全体が深く輝き、勢いを感じさせるものです。この点は聶肩紋も同様で、運気が良い時には深く輝き、運気が低迷すると萎れたように細ってくるものです。妻妾紋の場合は、愛情交流が良好ならほんのり桜色に輝き、別れた直後は暗蒙となるか、白気が漂っているものです。

★立身紋に広範囲の輝くような白潤色が出るのは、仕事など自分の使命や役割に対して全力を尽くし、それが好結果に導かれていく時の相で、新しい事業や商売、取引や交渉事などすべてが好都合に運ぶ時です。

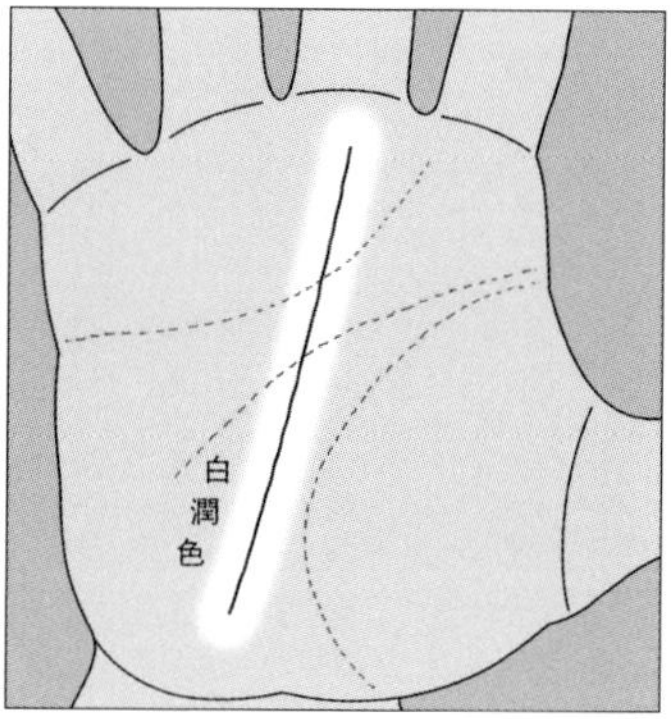

★聶肩紋に紅潤色が出現するのは、華やかな栄誉や賞などを受賞するときの相で、それに伴って人気運も急上昇します。またギャンブル運も絶好調で、一挙に大金を獲得するとか、宝くじに当選するなどします。

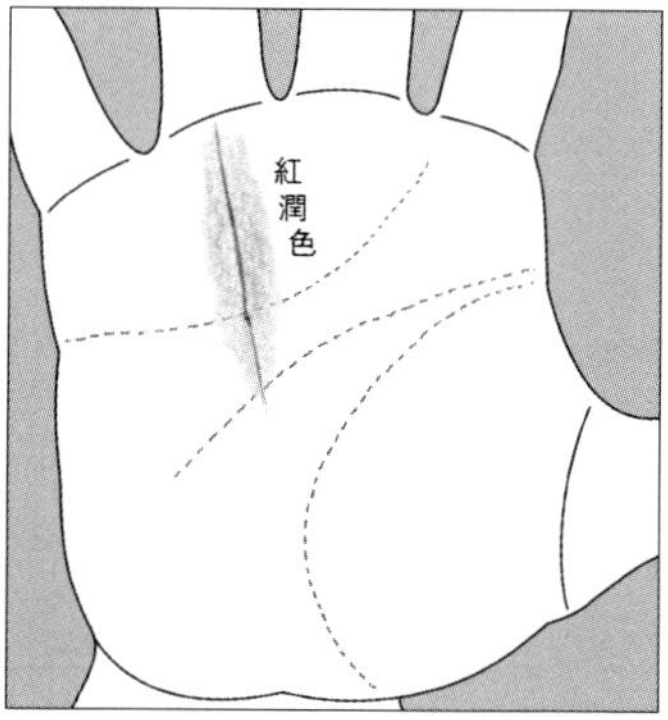

★妻妾紋に紅潤色が出現するのは、愛する人との婚約が成立するとか、結婚披露宴が近づくなど幸せいっぱいの相で、逆に赤暗色が強まるのは離別の相であり、白骨色が出るのは最愛の人が亡くなる時の相です。

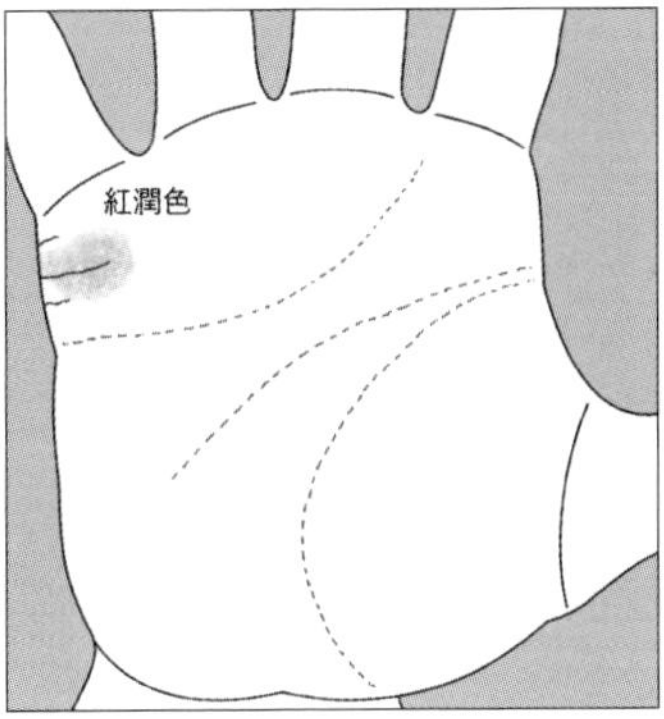

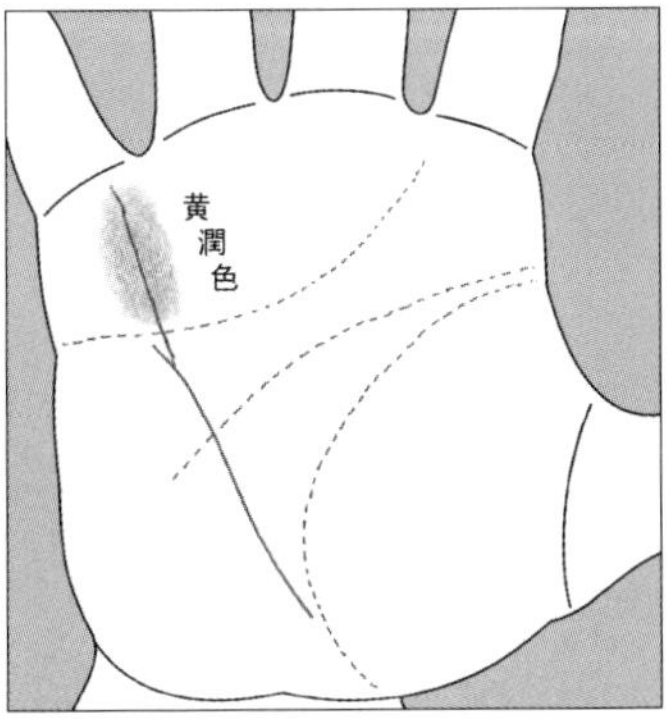

★外芸紋の天紋上部の位置に輝くような黄潤色が出るのは、一気に財産が増えていく時の相で、遺産相続でお金が入るとか、株取引で大成功するなどします。ここに暗蒙色が漂うのはギャンブルで大損する時です。

★外芸紋における天紋〜人紋辺りの部分に蒙色が漂うのは、慢性的な病気を患っている時の相で、その色が濁黄色や褐色に近ければ肝臓や胃腸であり、赤紫に近ければ心臓であり、赤点に近ければ急な発熱です。

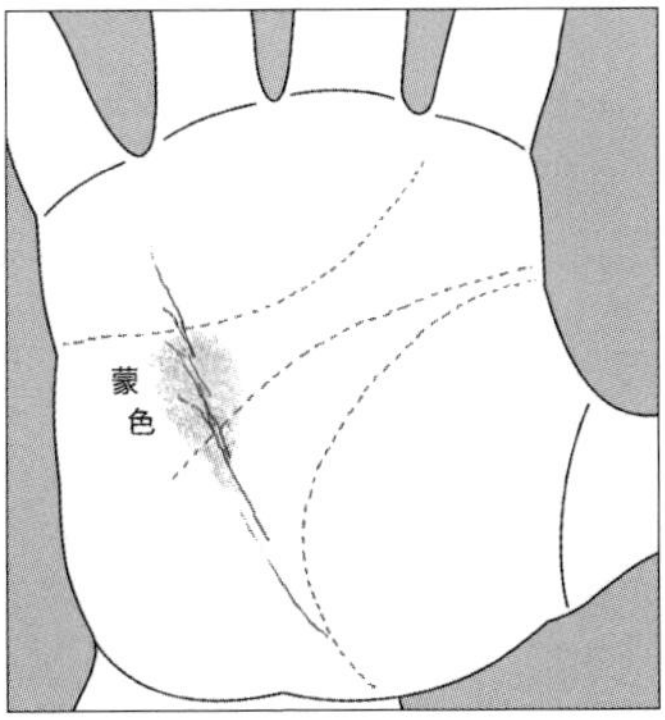

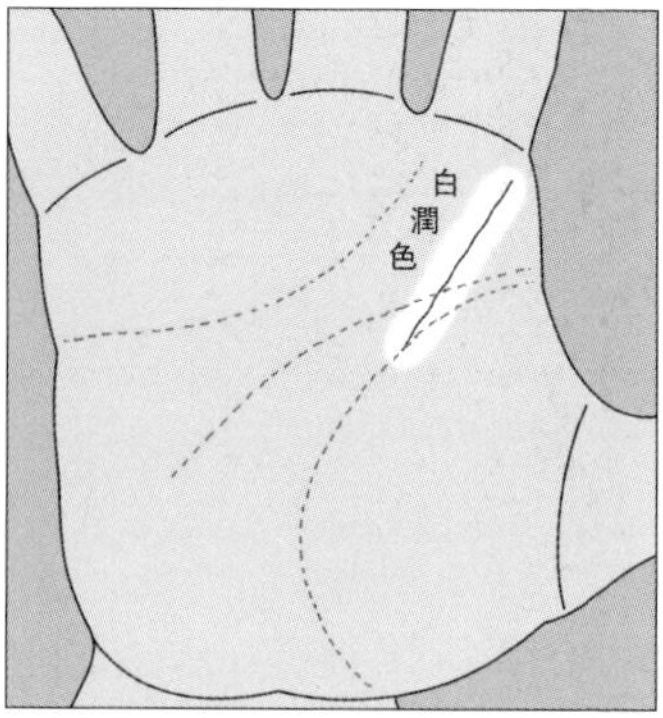

★独朝紋の筋に沿って輝くような白潤色が出るのは、本人が心密かに抱いてきた願望が通達する相で、その多くは本人のたゆまぬ努力が神仏への祈りに通じた形で、何よりも精神的な悦びが大きいことが特徴です。

★銀河紋に赤みの強い紅潤色が出るのは、本人の官能的な魅力が強まっている時の相で、性愛行為に関する悦びや官能が得られやすい相です。銀河紋はあっても暗い白気が漂っているのはＳＥＸご無沙汰の相です。

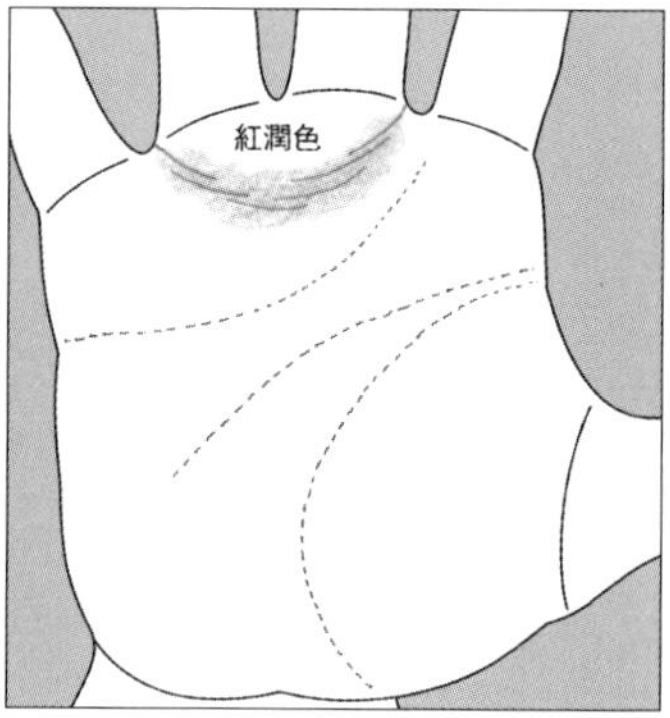

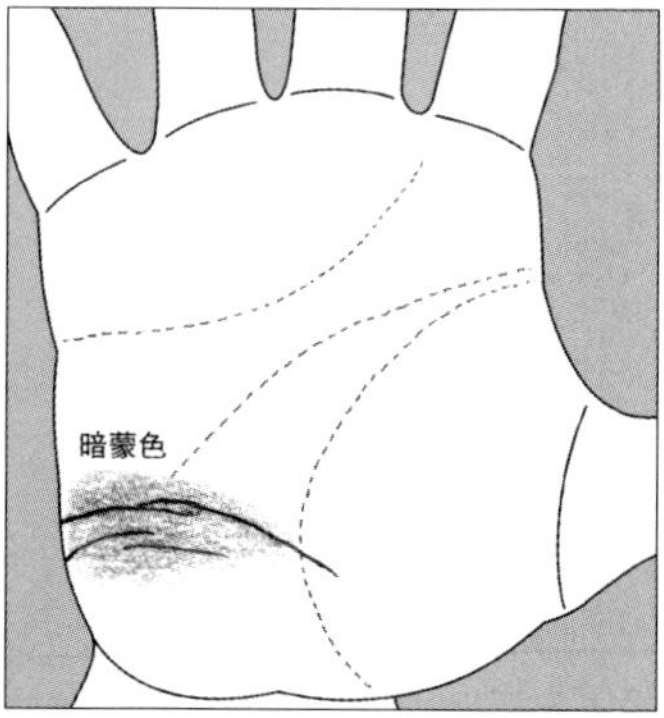

★従欲紋が強く深い線として刻まれ、その従欲紋に暗蒙色が出るのは病症として表れている場合が多く、薬毒に染まりやすい危険な状態の相です。この場合の薬毒には麻薬や酒だけでなく医療薬品も含まれます。

★去家紋に紅潤色が出現するのは、素晴らしい新居への移転や恵まれた形での栄転もありますが、その多くは収穫の多い幸運な海外旅行です。暗蒙色として出現する場合は、移動がもたらす辛い日々の予告です。

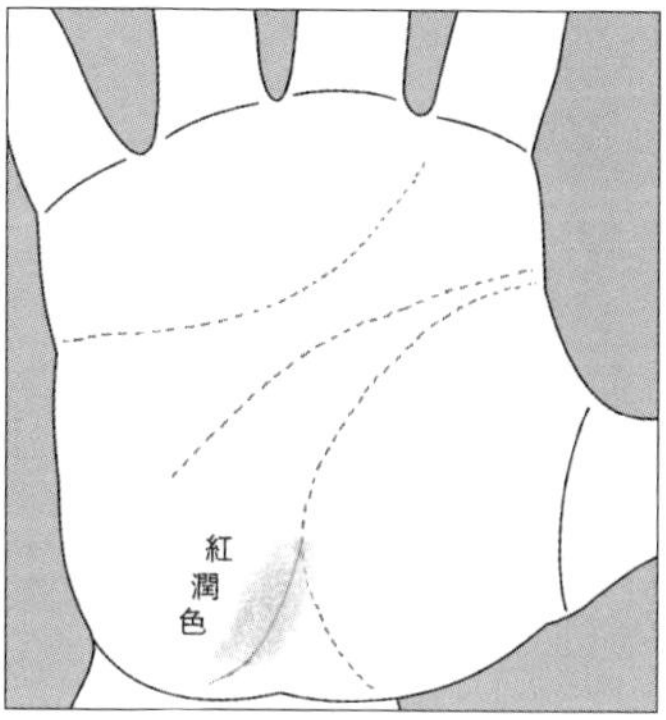

★逸野紋全体の赤みが強まるのは、苛立ちやすく衝動的な行動に陥りやすい時の相で、特に乗り物の運転は要注意の相です。またライバルとの抗争事件も起きやすい時で、予期せぬ怪我や事故が生じやすいでしょう。

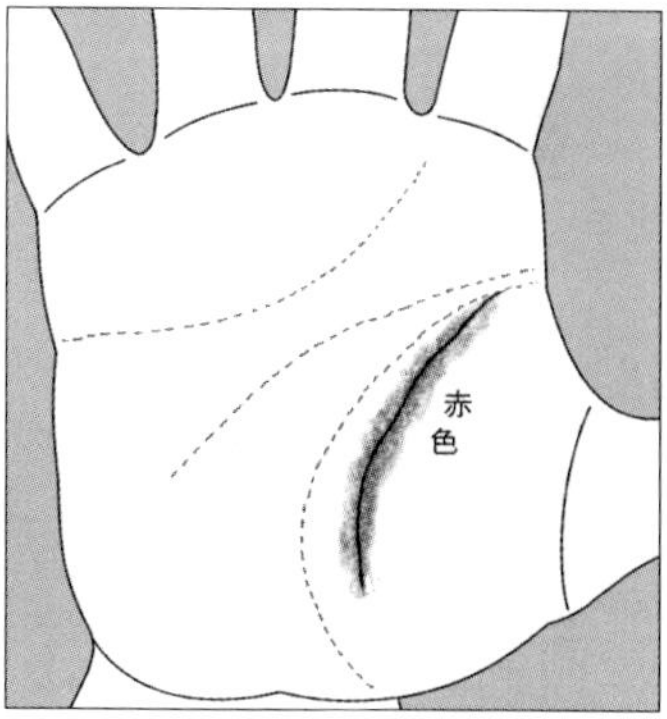

●九宮の位置と「峰」としての頂点

和式手相術における「九宮」は、西洋手相術の「惑星丘」と同じように、掌の上の各領域に固有の意味を与えて、その宮位の状態（主として気血色と肉付き）によって判断を試みる方法です。古代ギリシャに始まる西洋式手相術の場合は、その根拠を「太陽系惑星」に求めました。手首中央を「地球」に観立てて、その地球から近い順に、月↓金星↓火星↓水星↓太陽↓木星↓土星……と肉眼観察が可能な惑星たちの領域を定めていったのです。厳密に言えば、太陽も月も惑星ではありませんが、古代ギリシャの時代、地球中心の宇宙観に立てば「惑星のような存在」と捉えるのは妥当なことでした。

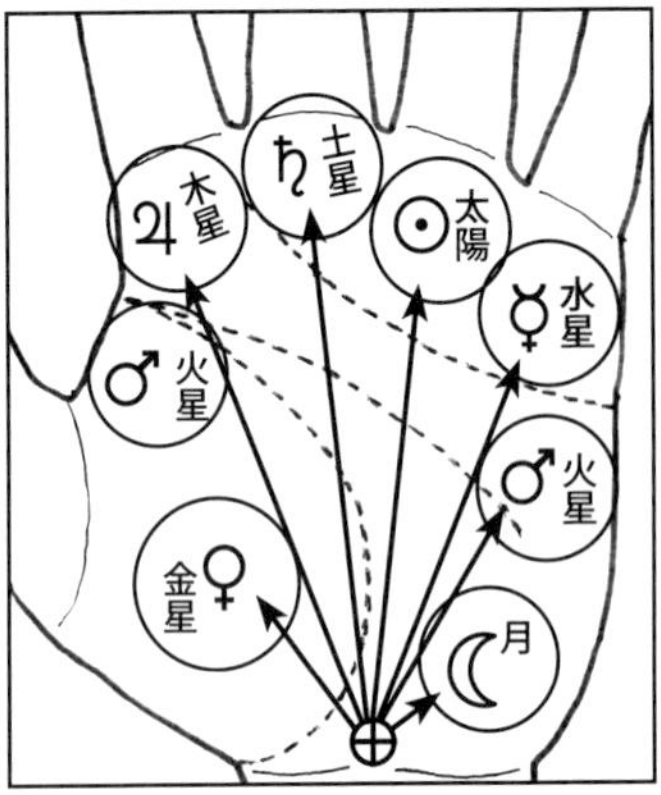

西洋式手相術の惑星丘は、手首を「地球」と見立てたときの地球から各惑星までの距離間に比例する配置となっている。

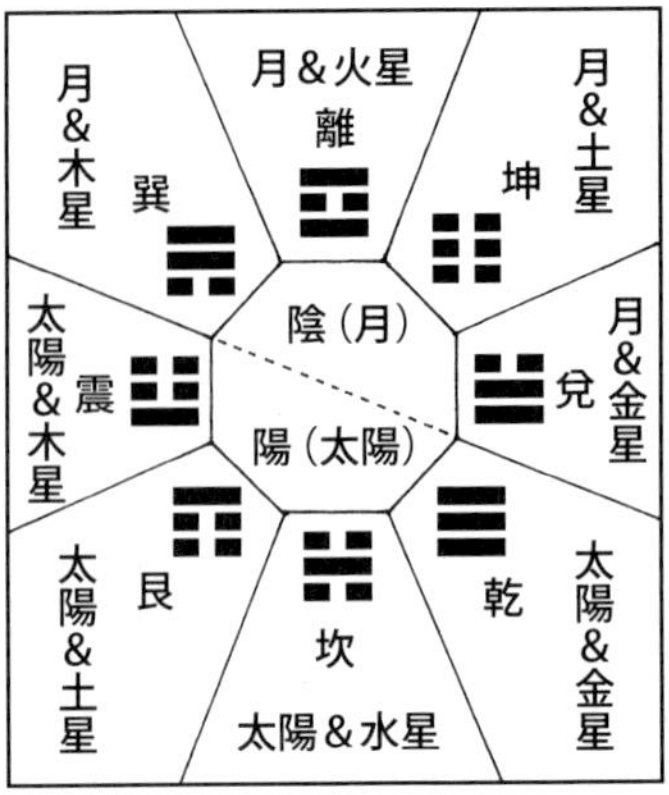

和式手相術の「八掛」宮とは、元々陰陽（月＆太陽）と五惑星（木星・火星・土星・金星・水星）をブレンドして構成した「大自然エネルギー」のことである。

これに対して、和式手相術の輸入元は古代中国でした。

伝統的仮説を受け入れるなら、前漢の鬼谷子は「玉掌之図」を著し、五行、八卦、十二宮、七十二紋理を定めた、とされています。和式手相術も、この原理からスタートしているのは当然です。「五行」というのは既に紹介した「五つの手形分類」のことです。

これから述べていく九宮は「八卦」に基づく掌の領域区分です。占いに興味のある方の多くは知っていると思いますが「八卦」というのは「易」の原理です。元々は「陰陽・五行思想」からきていて、その陰陽とは「月&太陽」のことですし、その五行とは「歳星（木星）&熒惑（火星）&鎮星（土星）&太白（金星）&辰星（水星）」の五惑星なのです。

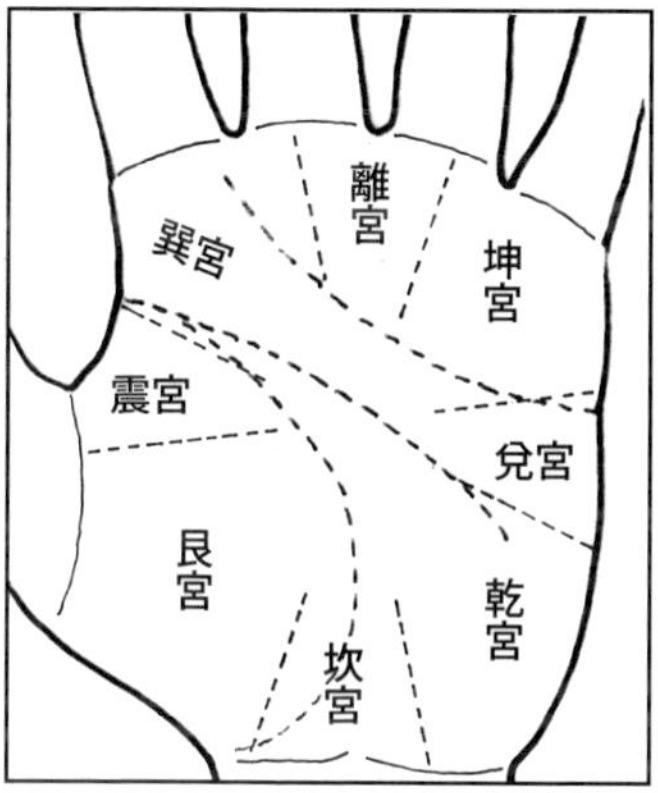

掌に八卦を当てはめる場合、日本の気学で用いる「震・兌・離・坎」宮が各30度強間、「巽・坤・乾・艮」宮が各60度弱間とした方が実占上では妥当なケースが多い。

したがって、解釈的に若干の違いはありますが、「八卦」というのも元をただせば惑星達なのです。西洋式では肉眼観察可能な七惑星を生のまま用いたのですが、東洋式では五惑星に陰陽をブレンドして「八卦」という「大自然エネルギー」を発見したのです。「八卦」なのに「九宮」と呼ぶのは、八卦に属さない中央部分を「明堂」として付け加えているからです。

ちなみに「十二宮」については、九宮と重複する部分が多いため、本書では扱っていません。また、和式手相術としても、それほど重要視された形跡がありません。「七十二紋理」というのは、これまで本書で扱ってきた種々な紋筋解釈の原理です。重複しているもの、ありえない紋理も多数含まれています。

和式で重要視される九宮区分は、私の研究では気学九星で用いる方位盤の「九宮区分」と基本的には同一方式です。つまり、東・南・西・北は各三十度強間で、南東・南西・北東・北西は各六十度弱間として区分を定めるのが妥当なのです。もっとも、和式手相術の宮区分はあくまで目安で明確な区分線ではありません。

実はこの区分領域に関して、西洋式手相術の方でも、和式手相術の方でも、具体的に深く言及している書物を私は知りません。どの書籍でも、極めてあいまいな記述なのです。そこで、この本を書くにあたって、私は自分自身が所有している手相写真多数を使って、改めて検証してみたのです。その結果、西洋式を使おうと、東洋式（和式）を使おうと、明確な区分線を引くことは出来ない、という事実をデータ的に突き付けられました。ただ惑星丘や八卦宮（峰）における「隆起の頂上」という点から考察すると、西洋式が主張する四指の真下に隆起頂上が来るケースは少なく、和式区分の方が実情に符合している傾向がしばしば見受けられました。

また「丘」や「峰」と呼ぶものの、実際にはほとんど隆起していない掌も多く、「丘」や「峰」と呼べるほど高く隆起していない掌の場合、どう扱うかという問題を改めて考えさせられました。一般的にいえば西洋式の「金星丘」、和式の「艮宮」が最も高く面積も広いのが普通です。続いて西洋式「月丘」、和式「乾宮」が高いケースが多く、それ以外は一律に比較できません。もちろん、手相によっては艮宮や乾宮が高く隆起していない掌もあり、面積的に狭くなっているケースも見受けられます。また西洋式「火星丘」、和式「震宮・兌宮」に関しては、その境界線を見出すのは難しく、艮宮（金星丘）や乾宮（月丘）と一体化して隆起している掌も多いものです。

西洋式では四指の真下に惑星丘を置き、人差し指側から「木星丘」→「土星丘」→「太陽丘」→「水星丘」と並べていきます。それに対し和式では、一応、人差し指から中指半ば迄を「巽宮」、中指半

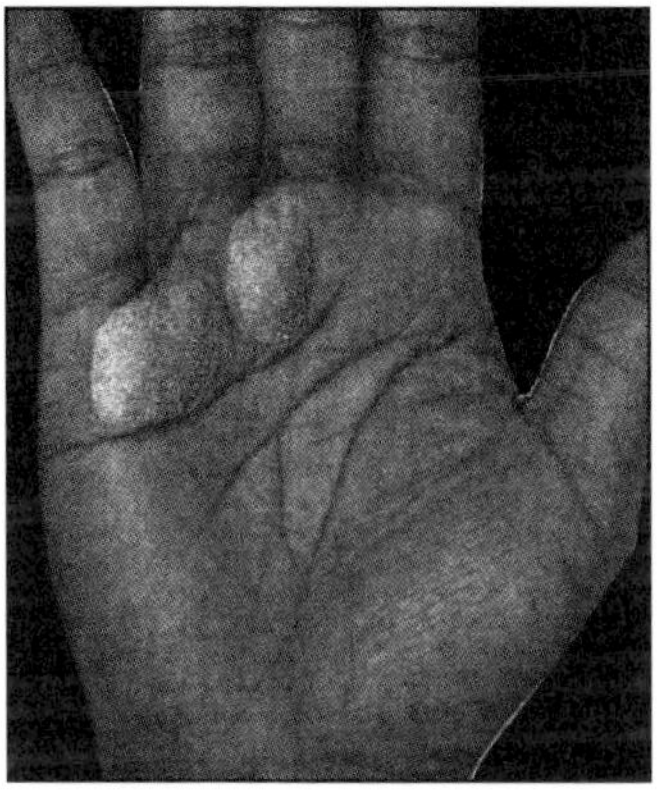

西洋式「丘」区分よりも、和式「宮」区分の方が実際の掌の肉付き隆起位置として適合しているケースが圧倒的に多く見られる。

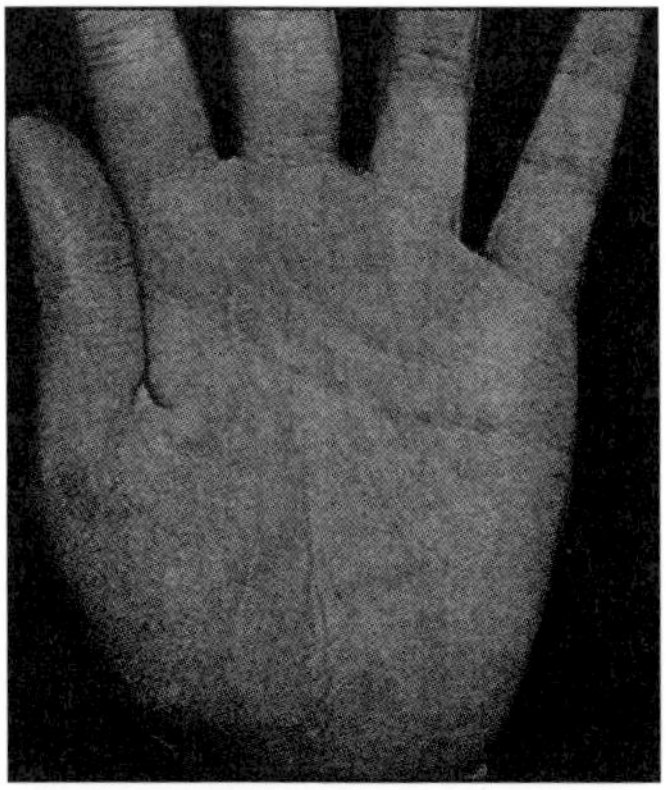

掌の肉付き隆起位置は「丘」とか「峰」と呼ばれるが、実際にはほとんど隆起する部位を持たない掌も時折見かけることがある。

ばから薬指半ば迄を「離宮」、小指から薬指半ば迄を「坤宮」とします。さらに和式の場合、「艮宮」と「乾宮」の中間にあたる手首上部を「坎宮」として加えます。

ただ実占面からいえば、この坎宮も兌宮も震宮も、峰としての固有の隆起頂点があるわけではありません。何となく盛り上がっている印象はあっても、単独の峰としての隆起ではないのです。

それに対して、艮宮、乾宮、坤宮、巽宮、離宮には固有の盛り上がりがあります。ただ個々の隆起頂上は、それぞれの掌で違っていて、誰もが同じ頂上位置とならないのです。また宮区分と面積についても、個々の掌で微妙な違いがあり、明確な区分線を引けません。

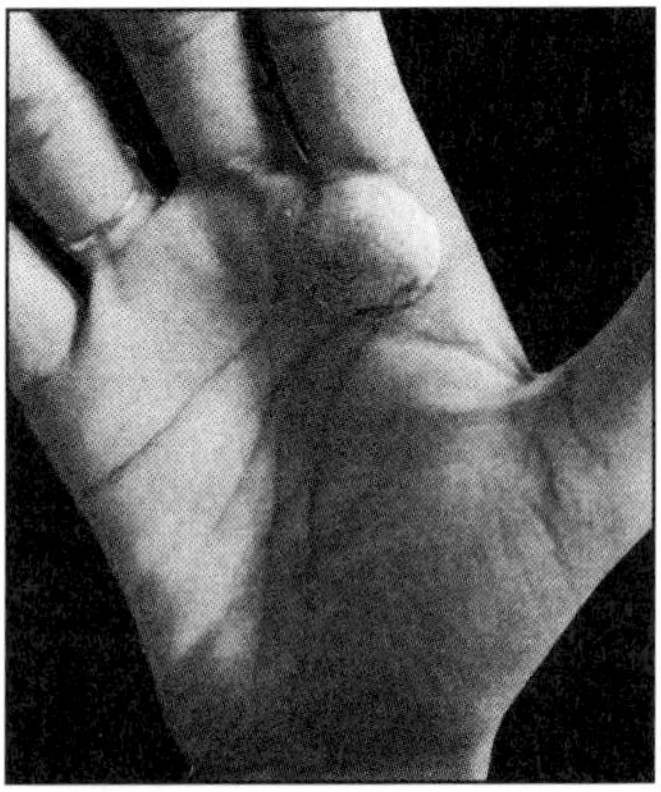

ある人は「巽宮」の峰だけが実例のように異様なほど盛り上がっている。人によって盛り上がる部位や凹む部位はそれぞれ違っている。

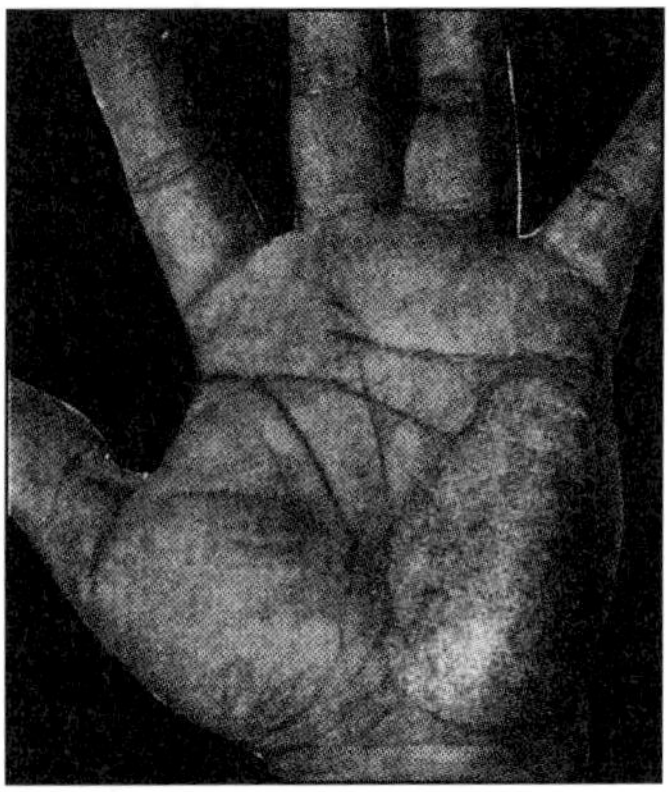

各宮の面積や範囲も人によって相当な違いがあり、ある人は「乾宮」の峰が発達して「兌宮」と一体化して特別に広範囲を占める。

さらに興味深いことは、人によって盛り上がるべき峰（八卦宮）がそれぞれに違っていることです。ある人は巽宮だけが特別に盛り上がり、ある人は坤宮だけが特別に盛り上がります。ある人は艮宮が発達して特別広範囲の面積を占め、ある人は乾宮が発達して特別広範囲の面積を占めます。ある人は離宮が坤宮寄りに高く隆起し、ある人は離宮が巽宮と一体化したように盛り上がります。ある人は離宮が孤立したように小さく盛り上がり、ある人は坤宮が小指寄り（下）と薬指寄り（上）の二か所で頂点形成をしている稀な例もあります。中には四指下すべての盛り上がりが均一化しすぎて、どこが峰としての頂点か判らない掌もあります。

ここでは煩雑になるので詳しく述べませんが、宮が偏っているとか、頂点を移動させているのは、それぞれに意味があると考えられます。例えば巽宮の峰としての頂点が天紋筋に沿っているなら、それは仕事面に関して頂上に昇りつめようという意識が強く働くと考えられます。また乾宮の頂点が人紋筋の終止点付近にあれば、家系的な職業に対して特別すぐれた才能を発揮すると考えられるのです。

これから述べていく気血色に対しても、宮位の問題は重要で、同じ宮内であっても具体的にどの位置付近に出現しているのか、全体的に出現しているのか、九宮領域をはみ出して広範囲に出現しているのか、実際には様々なケースがあるものと思われます。したがって必要性に応じて、ある程度それらも含めながら具体的に記していきます。

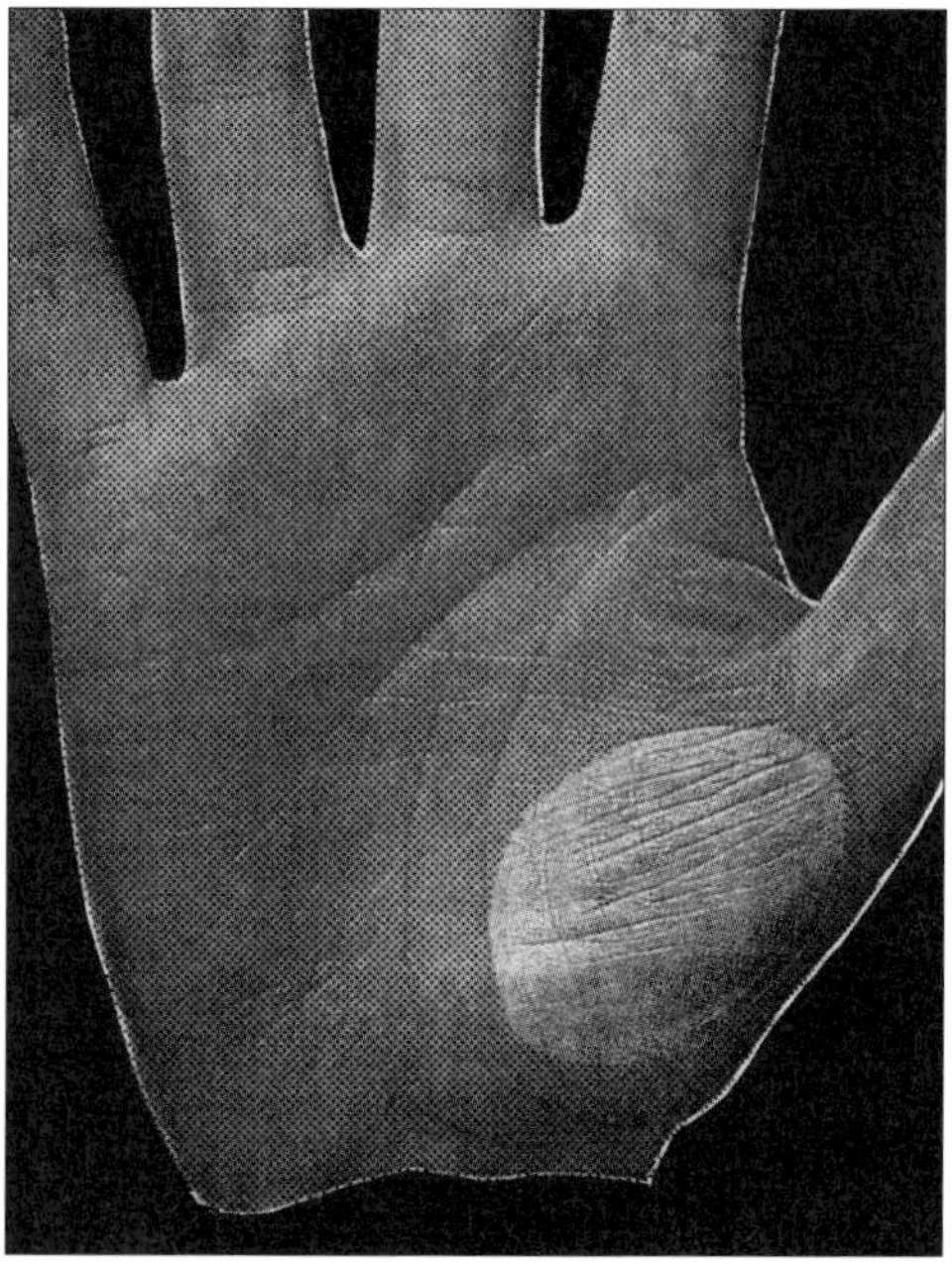

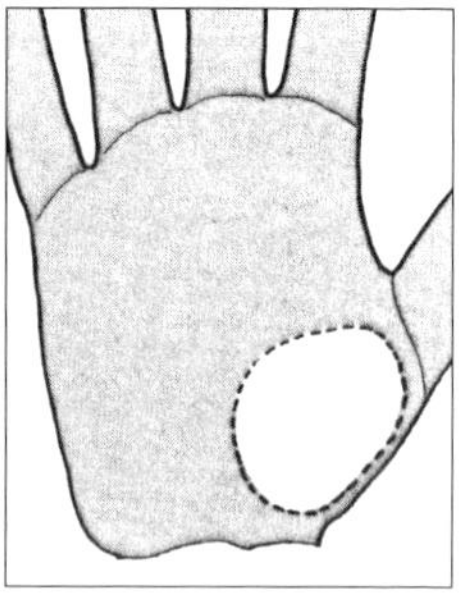

「艮《ごん》」宮における気血色判断

家族との関係と先祖からの財産が示される

「**艮宮**」は親指の付け根に位置し、一般的にいう「**拇指球**」の部分で、西洋式手相術では「**金星丘**」と呼ばれている範囲内です。和式手相術では「**魚腹**」とも呼ばれることがあります。手相の宮区分では最も広い面積を占めているのが普通で、その宮範囲の隆起も高く他の宮より発達しているケースが多いものです。艮宮は、一言で言えば「**家族**」と「**財産**」を物語る宮で、この宮の範囲が広くて肉付き良く発達していれば、家族・親戚が多くて、その交流が活発であることの証拠と言えます。また先祖からの家系的な財産を与えられ、家業継続も成功し、不動産の相続もスムーズな相です。

★艮宮の範囲が特別広いのは「大邸宅」や「大家族」に縁の深い相であり、種々な人脈を持ち、交友関係も人一倍広い相です。艮宮の中央部が特に高いのは「山林」を所有する相で不動産事業に適性があります。

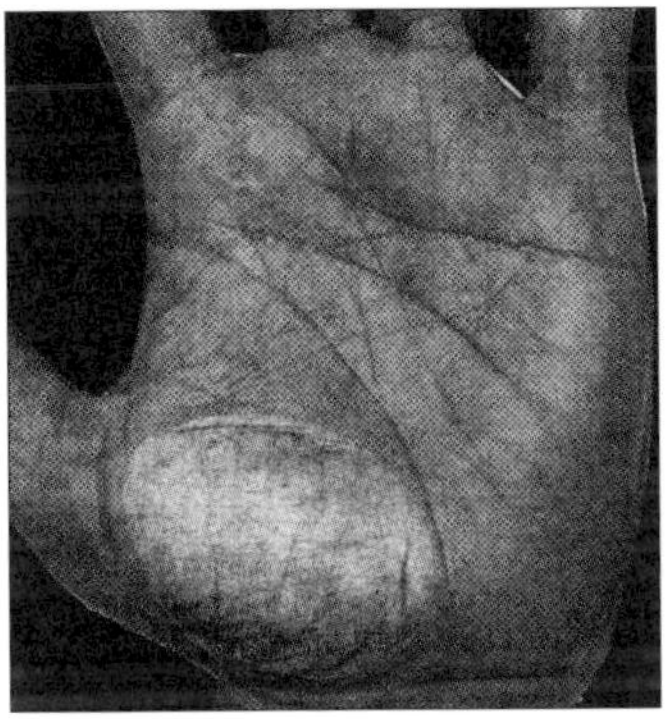

★艮宮の肉付き厚く盛り上がって紅潤色をしているのは、宮内に大きな格子形あれば精力絶倫の相であり、細かな格子形あれば恋愛運活発で浮気っぽい相となります。女性の場合、性的魅力に富む人の相であり、婚約・出産が間もない可能性もあります。

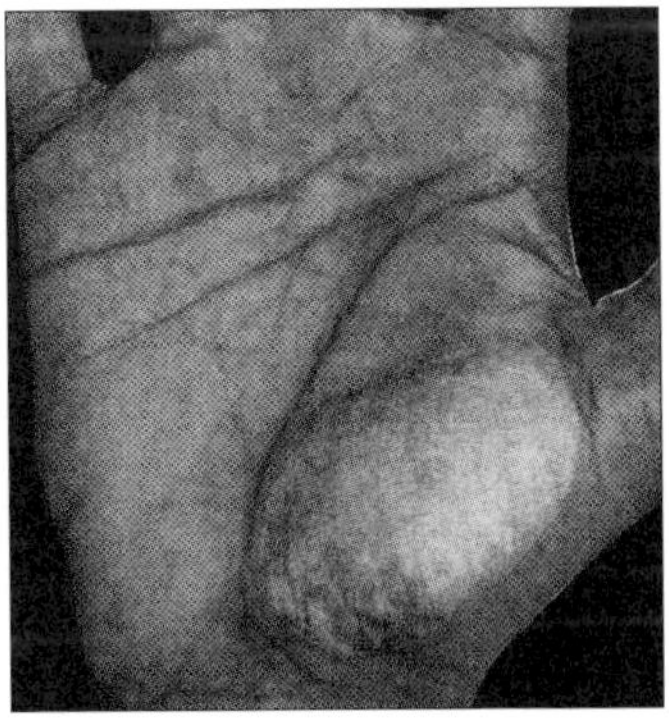

★艮宮の肉付きが発達せず、むしろ凹んでいるように見えるのは、後継者としては特に凶相であり、先祖、両親、或いは夫から受け継ぐことになった財産も、不動産も、家業も、相続したものすべてを失いがちです。

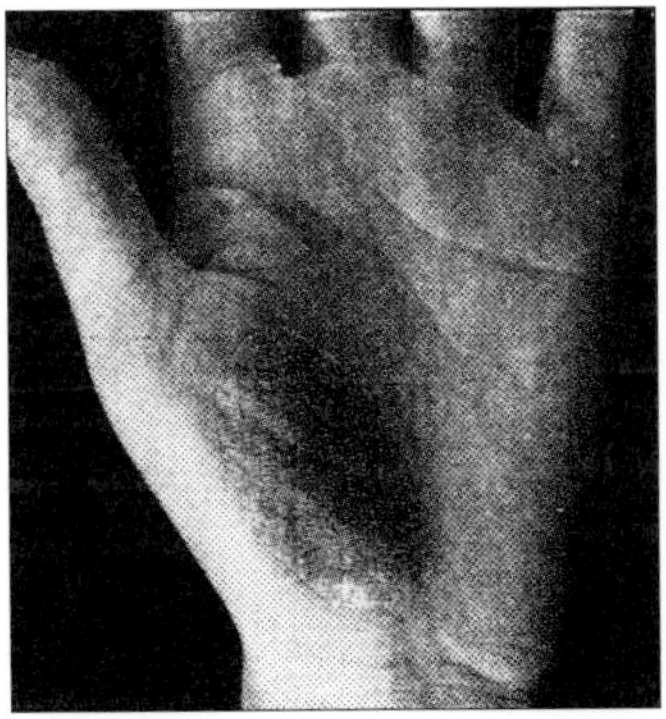

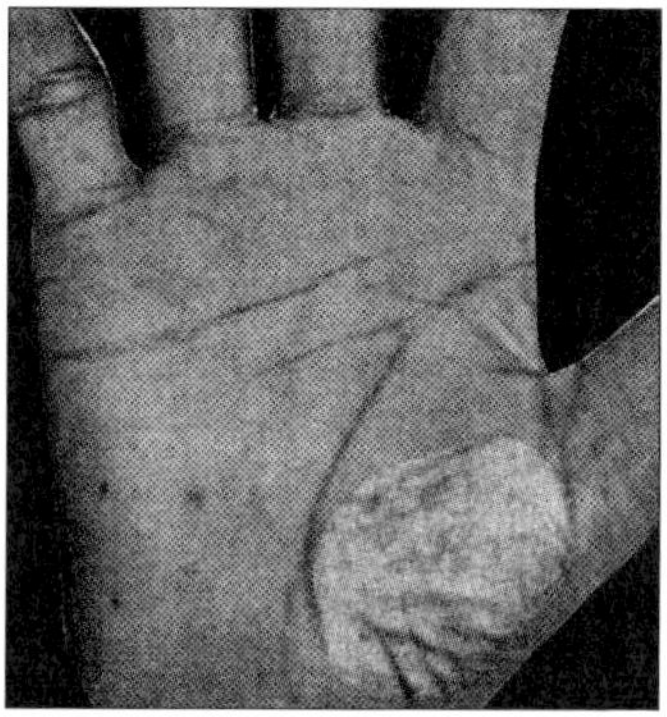

★艮宮の肉付きが急に乏しく凹んでくるのは、大切な家族を喪うとか、築き上げた財産を失う相であり、急に盛り上がって厚みを増してくるのは、子宝を得るとか、予期せぬ財産を相続する出来事が生じます。

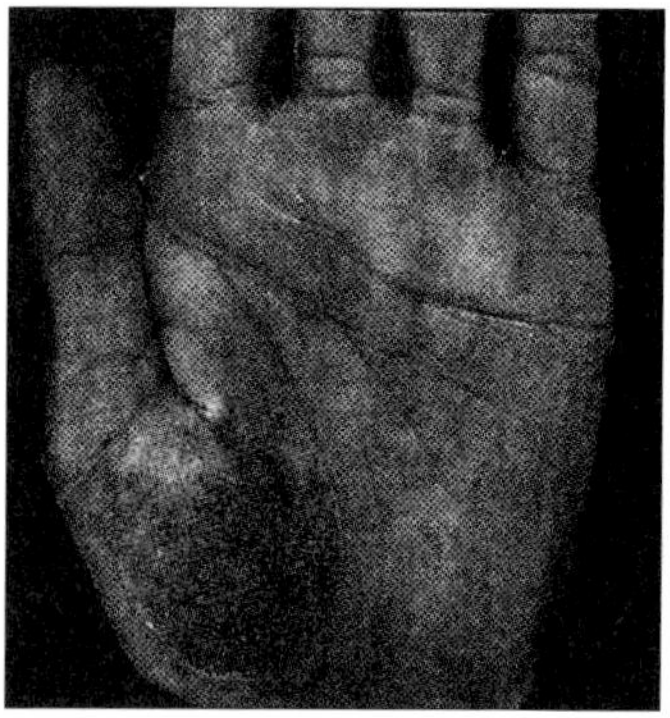

★艮宮の親指側の肉付きは良いのに地紋側の肉付きが乏しいのは、家相の良くない住居に居住し、徐々に財産を失うか、病人相次ぐことになりやすいものです。地紋側に赤気が強いと財産争いに巻き込まれます。

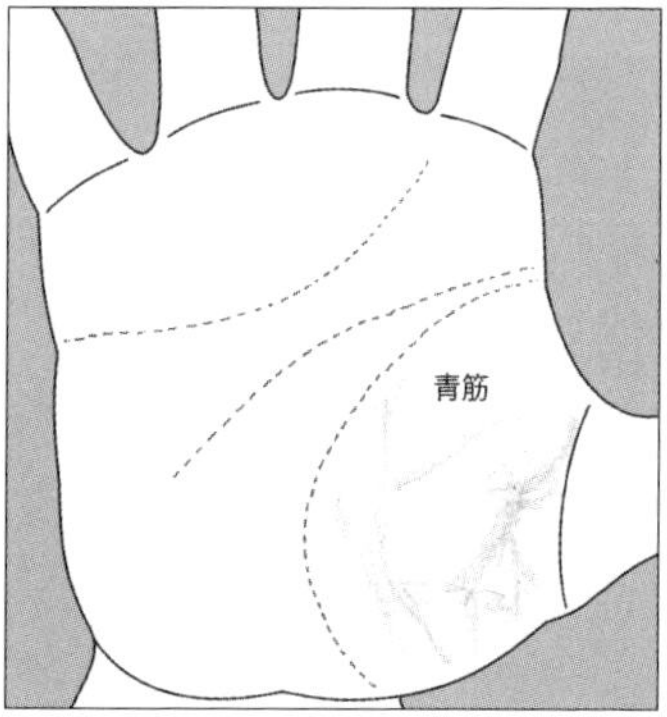

★艮宮に青筋が浮き立つときには、心密かに抱く願望や欲望があって、それが思い通りにならないことを暗示しています。この時、強引に物事を実行すると、家族にも迷惑が掛かることになりやすいものです。

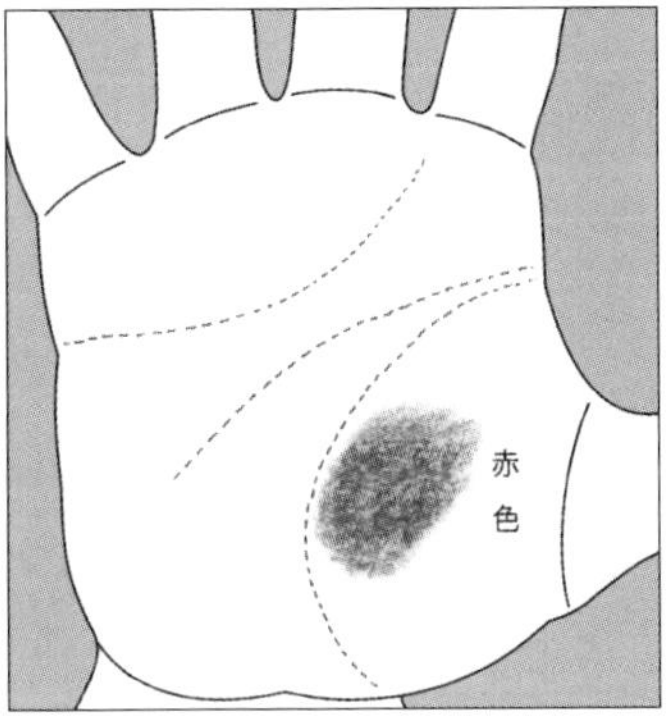

★艮宮に赤色が出現する時には、家庭内において財産とか金銭上のトラブルが生じるようなことになりやすいものです。赤気が筋のごとく出現すれば金策破れることの暗示で、大きな損害や痛手を受ける相です。

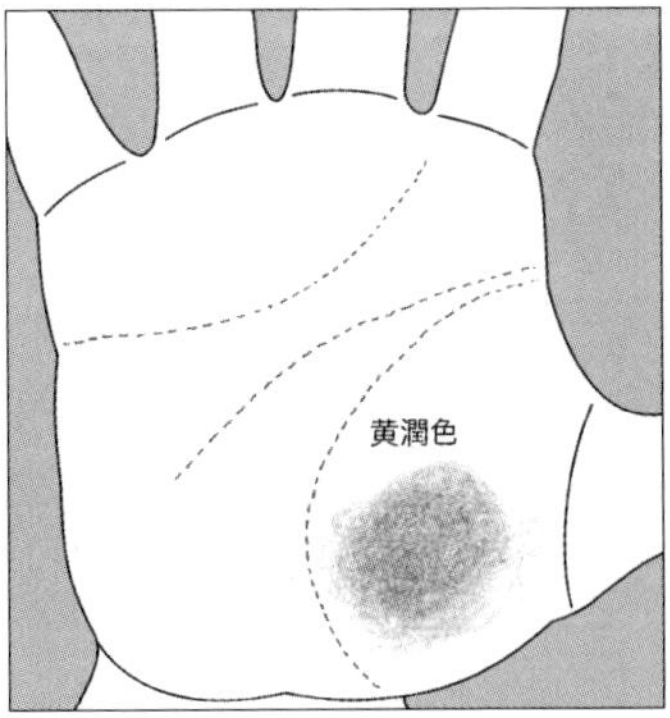

★艮宮に輝くような黄潤色が出現していれば、大きな財産や金銭を相続する形で、或いは不動産上の収益が得られる場合もあります。また親戚に関しての大きな利得が生じる場合にも、この相が見受けられます。

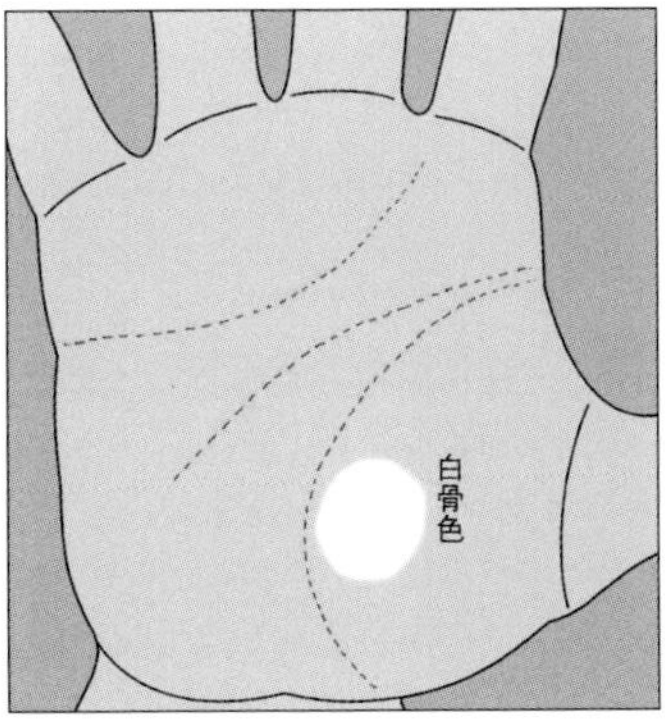

★艮宮に白骨色が強く出現した場合は、家庭内の病人に死が訪れる相であり、この場合の白は潤いがなく遺骨のような白色だと思ってください。一緒に暮らしている家族でなく、遠方の身内の場合もあります。

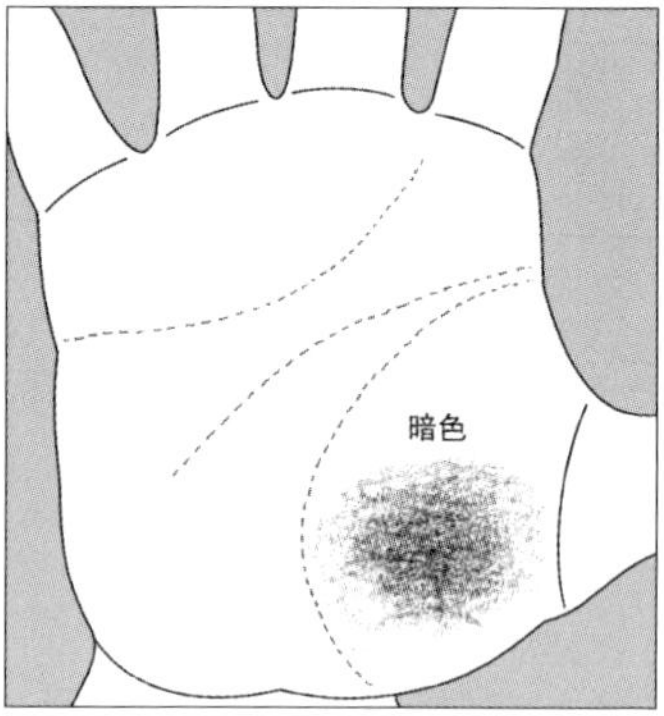

★艮宮に暗色が浮かべば、家庭内が経済的に困窮しているか、身内に重病の病人がいて看病しているか、何らかの犯罪に巻き込まれて苦悩しているか、いずれにしろ辛く苦しい毎日が続いていることを示します。

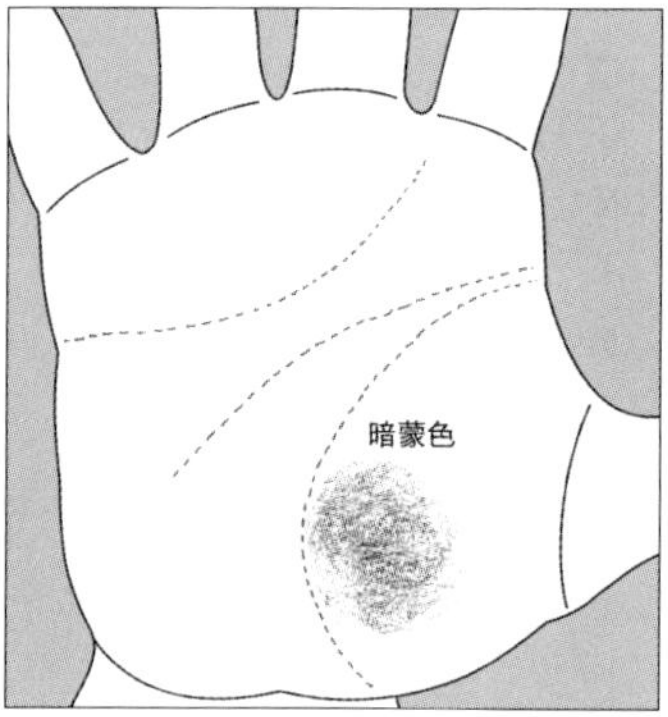

★艮宮の地紋寄りに暗蒙色（煤けた色）が出現するのは、家庭内に悩み事を抱えている時の相であり、家族に関する問題で悩んでいるとか、相続問題で煩悶しているとか、親戚のことで迷惑が掛かって困っている時の相です。

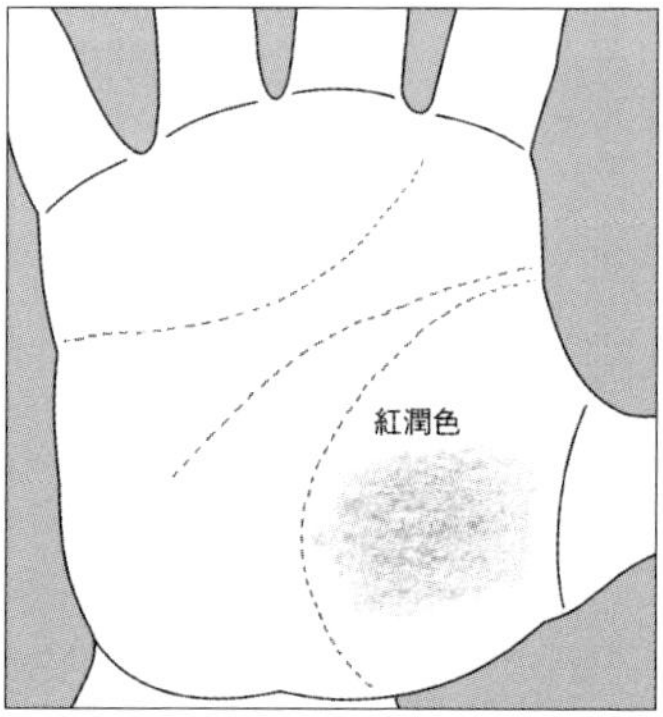

★艮宮に紅潤色（桜色）が出現しているのは、家庭的な悦び事ある表示で、本人の婚約・結婚が成立するとか、待ち望んだ妊娠・出産が訪れるとか、マイホームが実現するとか、子供たちの祝い事が生じるとかします。

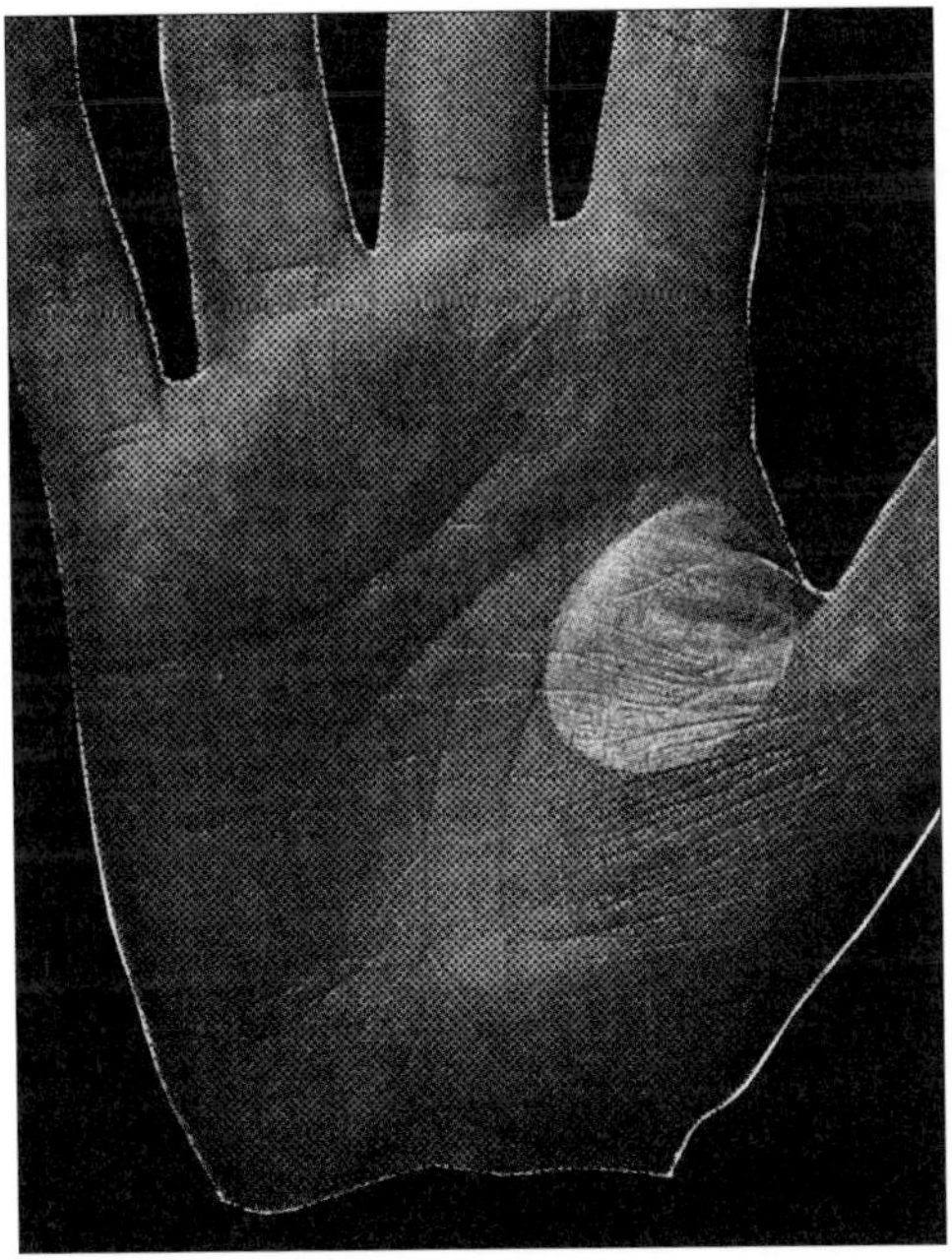

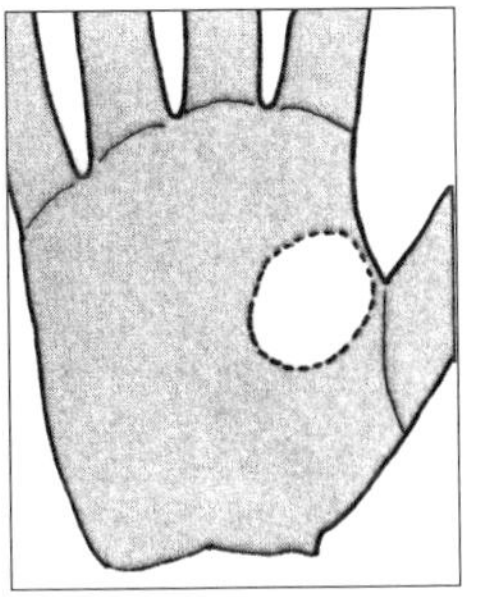

「震《しん》」宮における気血色判断

生命力とプライベートの問題が表れる

「**震宮**」は親指の付け根上部に位置し、西洋式手相術では「**第一火星丘**」と呼ばれている範囲内です。和式手相術では、親指付け根に接している部分を「**合谷**《ごうこく》」とも「**縫**《ほう》」とも呼び、重要視しています。この「合谷」の部分が紅潤色となって盛り上がるのは、**家庭・家族に関しての悦び事**が生じる印で、独身の男女は結婚が決まる時の相として注目されます。

震宮全体は他の宮に比べて発達しにくく低くなるケースが多いのですが、地紋がクッキリと刻まれ、その内部が肉付き良く発達していれば、活動的で生命力強く、若くして人の上に立ち指導的能力を発揮する人の相です。

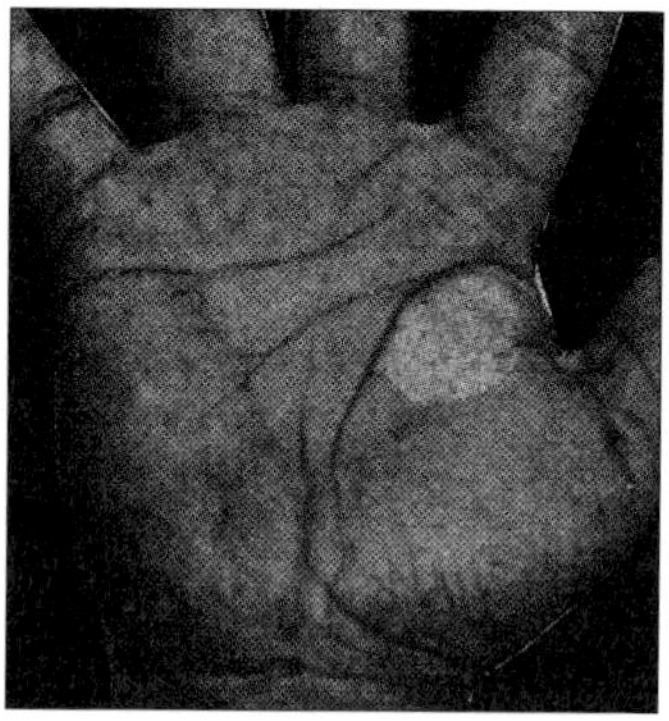

★震宮の範囲内に細かな線が少なくスッキリとしているのは、青少年期の健康と家庭運に恵まれる形で、明朗活発な幼少時代を過ごした人の相です。震宮自体の肉付きが良ければ、好奇心に富み冒険を好む人生です。

★地紋がクッキリ目立つほど震宮の肉付きが盛り上がっているのは、開拓精神や自尊心が人一倍強く、新規事業とか創設された企画に参加して成功する相となります。女性の場合、若くして結婚・出産する可能性が強い相です。

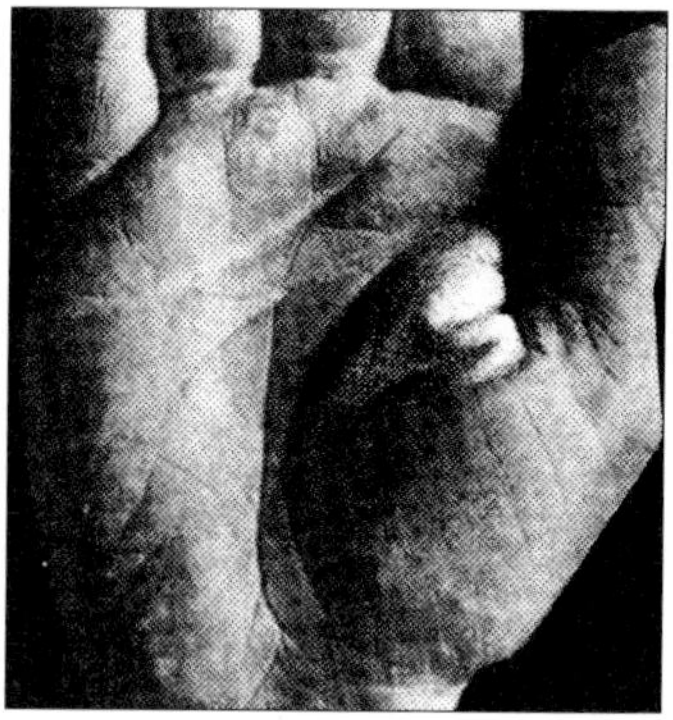

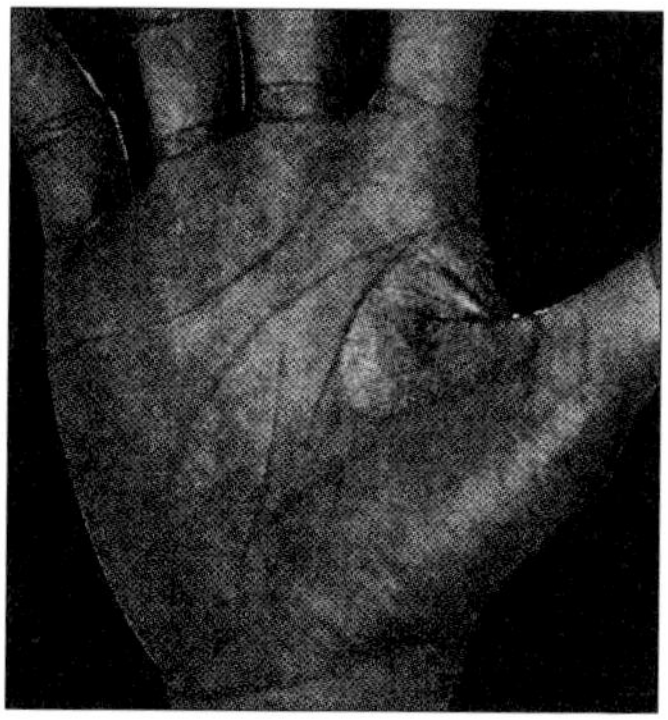

★震宮の肉付きが発達せず、凹んでいるように見えるのは、あらゆることに対して臆病であり、自ら率先して物事を行うことが出来ない人の相です。青年時代は特に不運で、結婚が遅れる傾向が見受けられます。

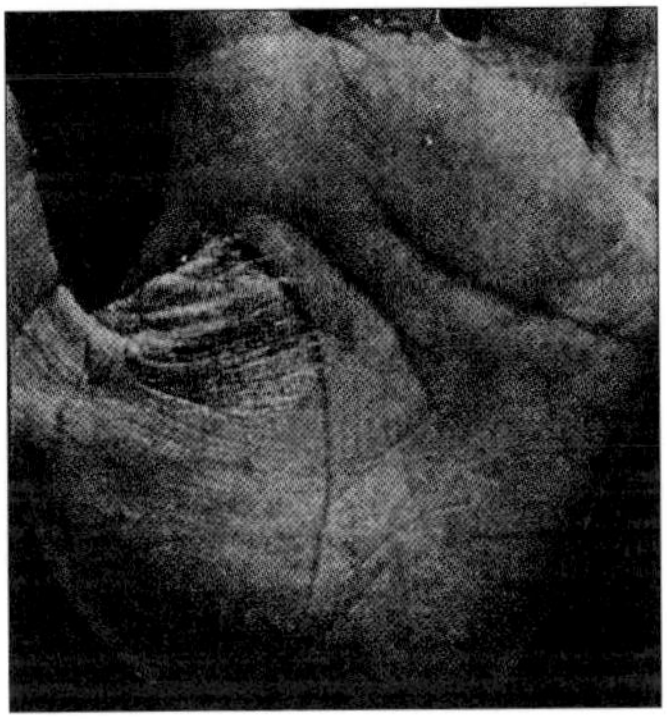

★震宮内に斜線が多く凹んでいるのは、神経質で苛立ちやすく、家庭的な幸福が得られにくい人の相です。若い年齢時の恋愛は家族から反対・干渉が生じやすくスムーズに結婚できません。独立自営も妨害が生じやすいでしょう。

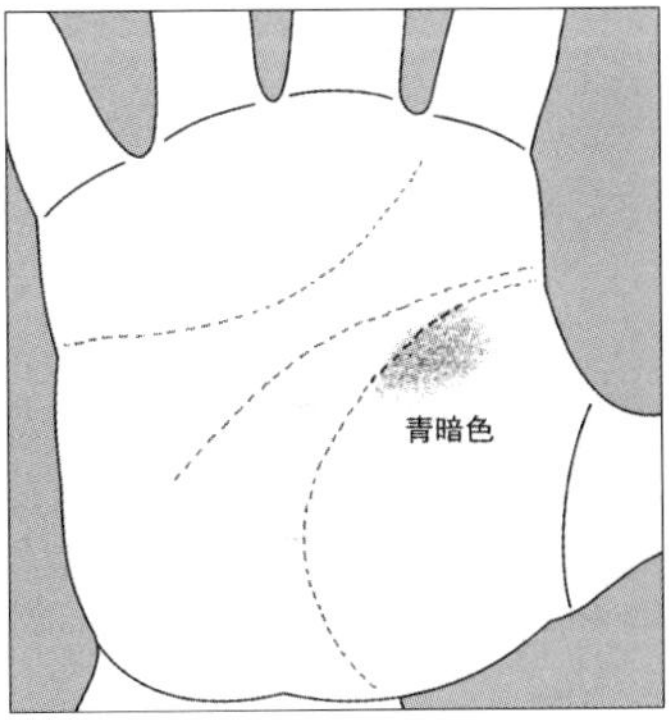

★震宮内の地紋に沿う内側部分に青暗色が出るのは、配偶者・恋人の病気や災難が生じる人の相で、稀に予期せぬ地震や雷雨による生命の危険を暗示していることもあります。新規事業の停滞が暗示されている人もあります。

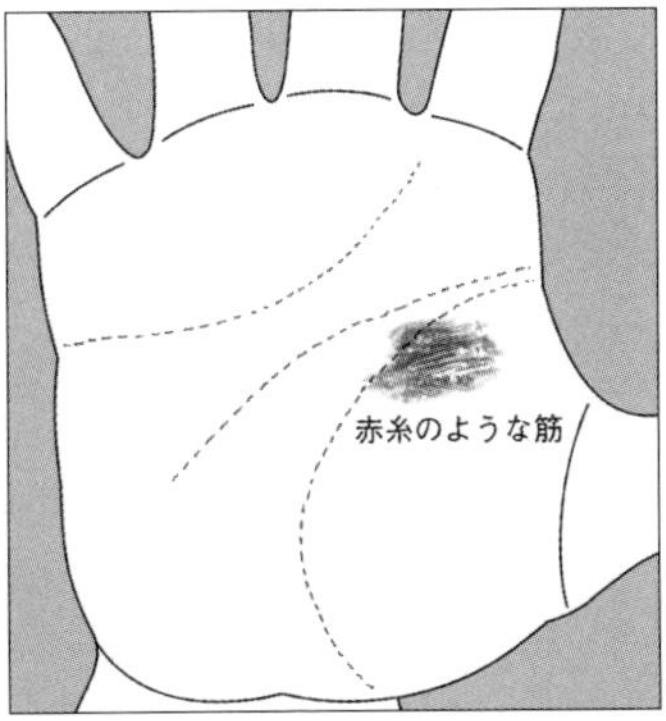

★震宮に赤色、或いは赤糸のような筋が出現する時は、配偶者・恋人との間で争い事が生じる相で、赤色に青筋が混じれば刃物沙汰になる可能性もあります。新規事業の立上げで激しいトラブルが生じることもあります。

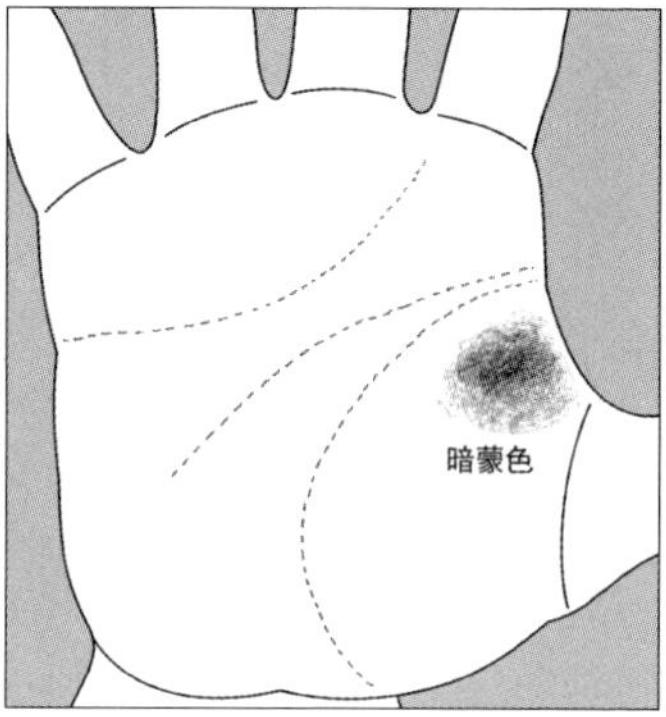

★震宮に暗蒙色が出現していれば、お金が絡んだ書類上の問題や犯罪に巻き込まれる形で、予期せぬ災難によって財産が奪われる相です。事業・商売の破たんや挫折、地紋に掛かり暗蒙色が出ていれば、胃腸障害のこともあります。

★震宮上部に白枯色が出現した場合は、自ら命を絶ちたい衝動に駆られる相であり、地紋上部が乱れた縄状なら実行される可能性があり危険です。地紋内側に低く丸い白骨の気色が生じるのは、配偶者・恋人が病死する相です。

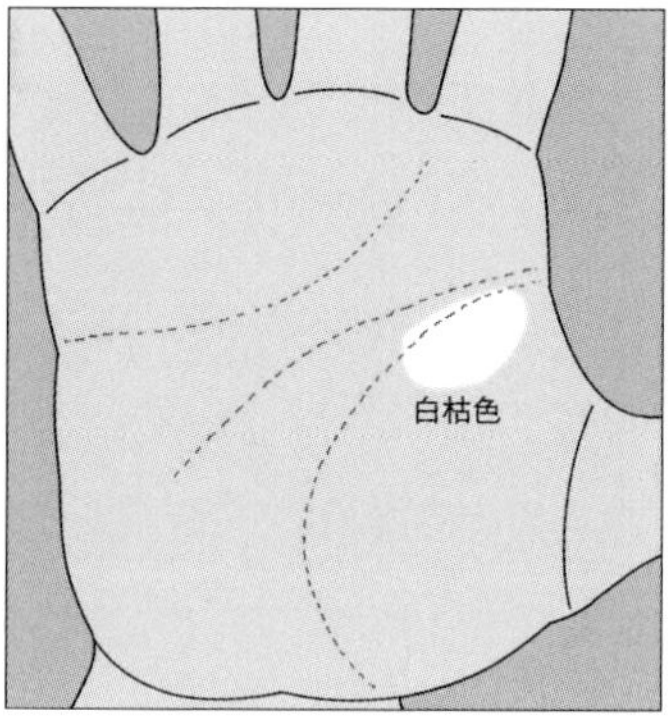

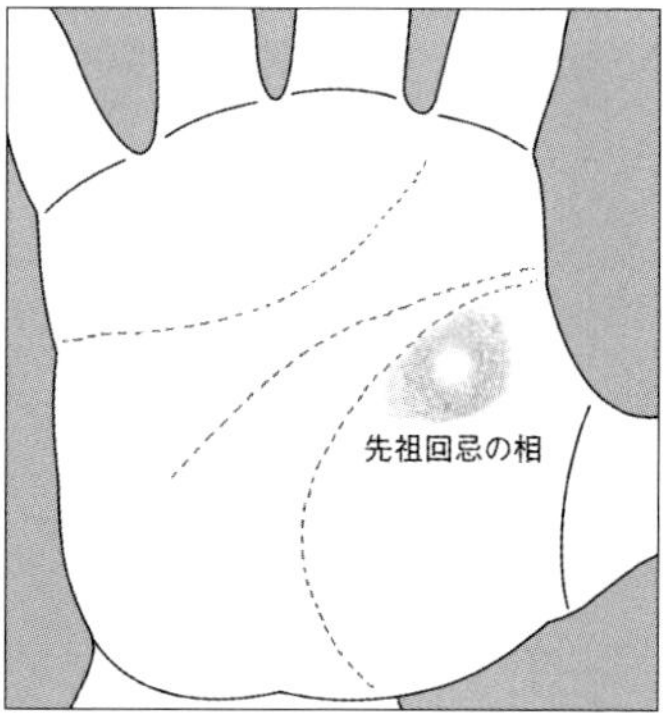

★震宮全体の気血色は淡い紅潤色で、その中に白骨点が出現するのは「先祖回忌の相」であり、心を込めて先祖回忌を行えば、親戚をはじめとして対人関係全般が良好となり、本人の人気運や愛情運にプラスとなるものです。

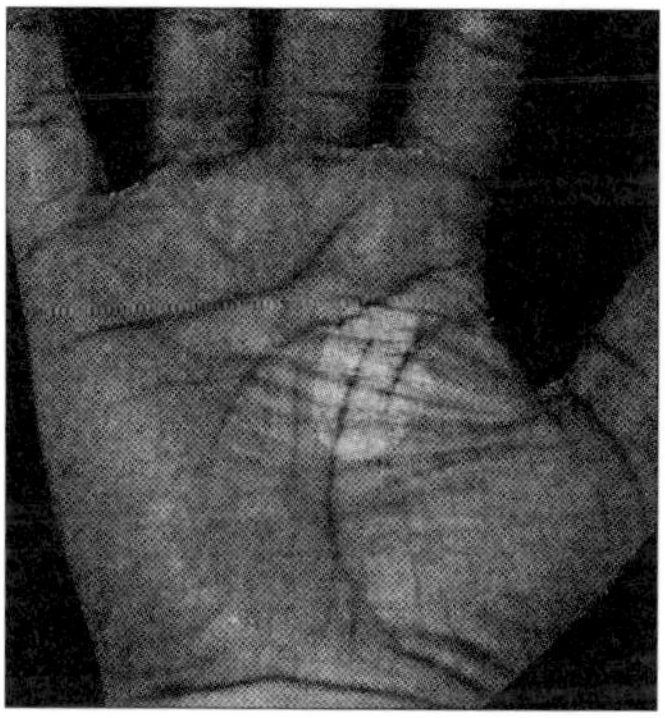

★地紋の震宮下部付近に破れあれば、家庭内が落ち着かない人の相であり、離婚・再婚を繰り返すなどしやすい人の相です。天紋から地紋にかけ赤暗色が流れれば、親戚との間で激しいトラブルが生じる相です。

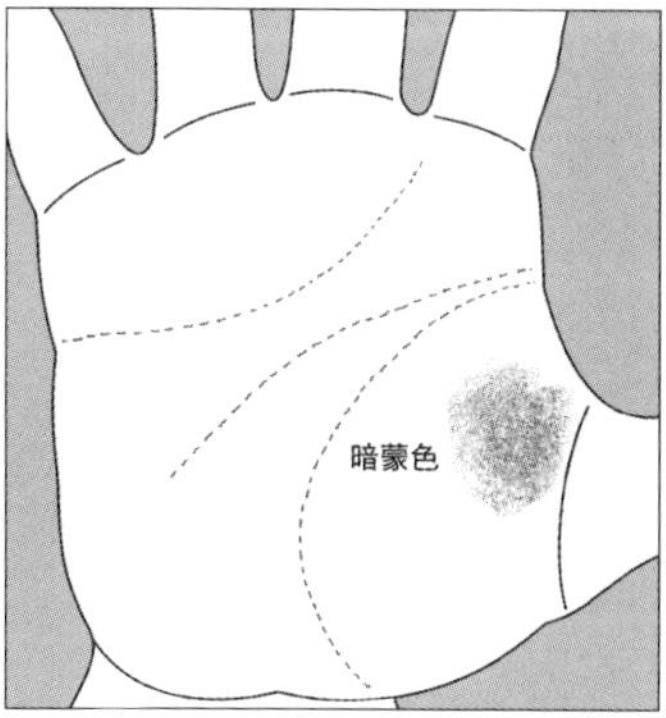

★震宮の親指寄りに暗蒙色（煤けた色）が出現するのは、既婚者は家族の問題や悩み事を抱えている時の相であり、独身者は恋愛が進展せずなかなか結婚まで漕ぎ付けない時の相です。その原因は先祖供養の不足です。

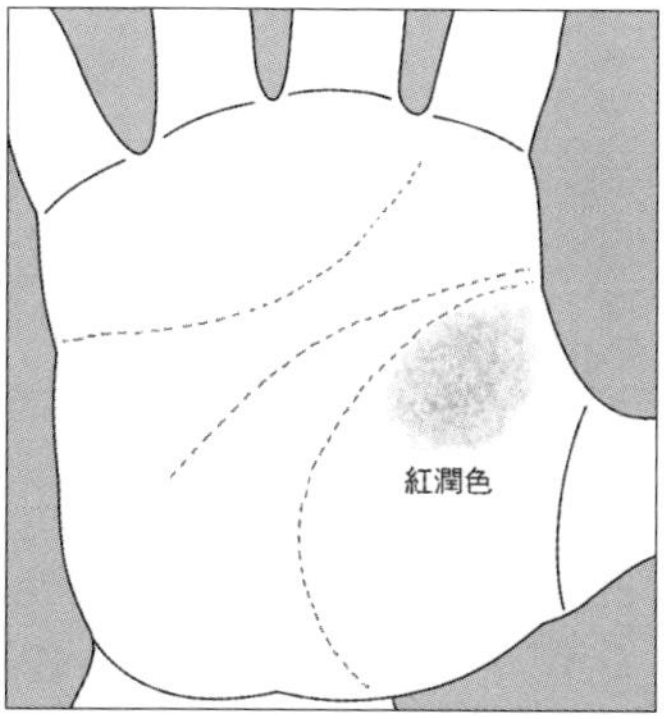

★震宮に紅潤色（桜色）が出現しているのは、心密かに願っている希望・願望が叶う時の相で、愛情面での想いが成就するとか、新規に取り組んだ事業・企画が予想以上の成果を得るとか、新たな能力発揮の時です。

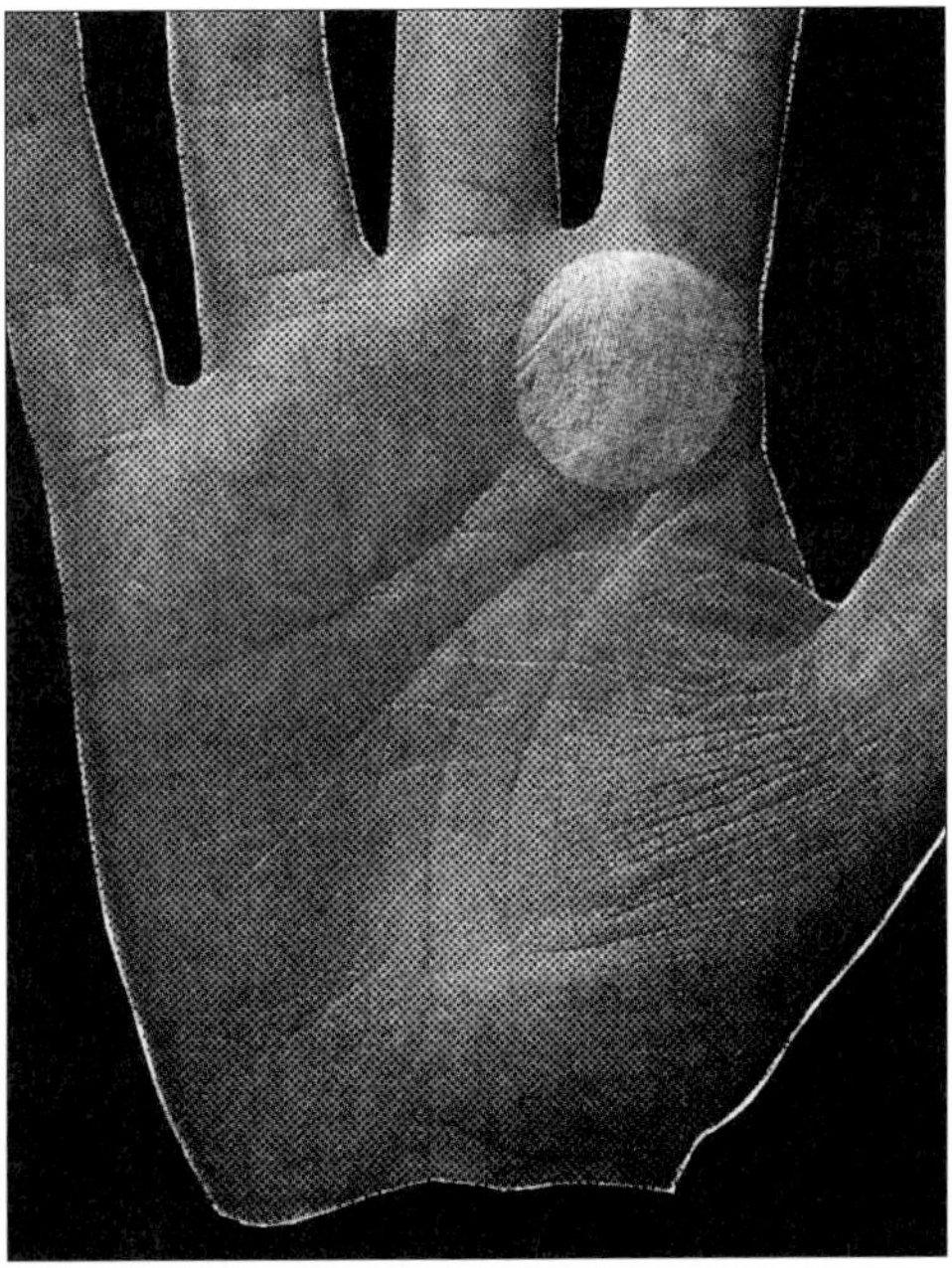

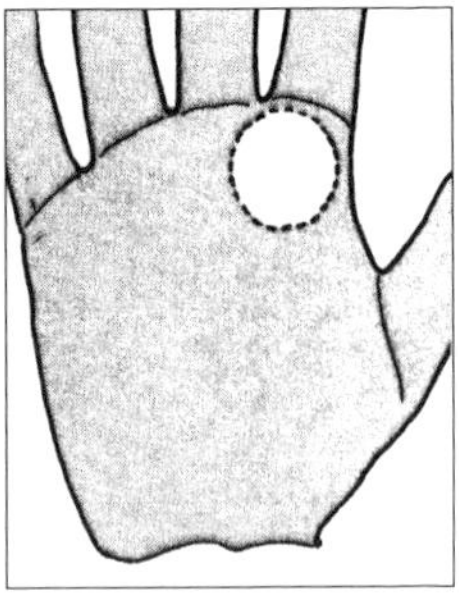

「巽《そん》」宮における気血色判断

才能と財運、そして願望の可否が示される

「**巽宮**」は人差し指の下から中指寄りの範囲までを指し、西洋式手相術では「**木星丘**」と呼ばれている範囲とほぼ同様です。和式手相術では「**財帛**《ざいはく》」や「**禄馬**《ろくば》」とも呼ばれることもあります。手相の宮区分では「離宮」「坤宮」と共に四指下にあって、西洋式のように「四つの丘」とはなっていないのが特徴です。実際、宮の隆起という面から見れば「三峰」という四指中間下の三位置が、もっとも隆起していると言えそうです。

そしてこの「三峰」が高く隆起している手相を「**三峰紋**」と呼び、**社会的に大いに成功**して晩年は財産を蓄える人の相としているのです。

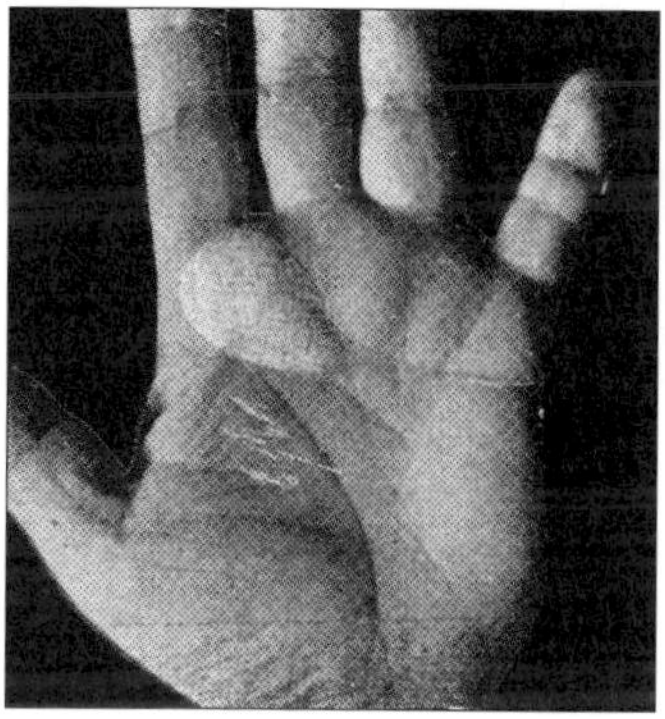

★巽宮の範囲が拡大して中指下半分以上まで連なって盛り上がっているのは、生命力強く長寿であり財運にも恵まれる相ですが、予期せぬ災難や妨害者も出現しやすく、浮き沈みが激しく波乱に富んだ人生となります。

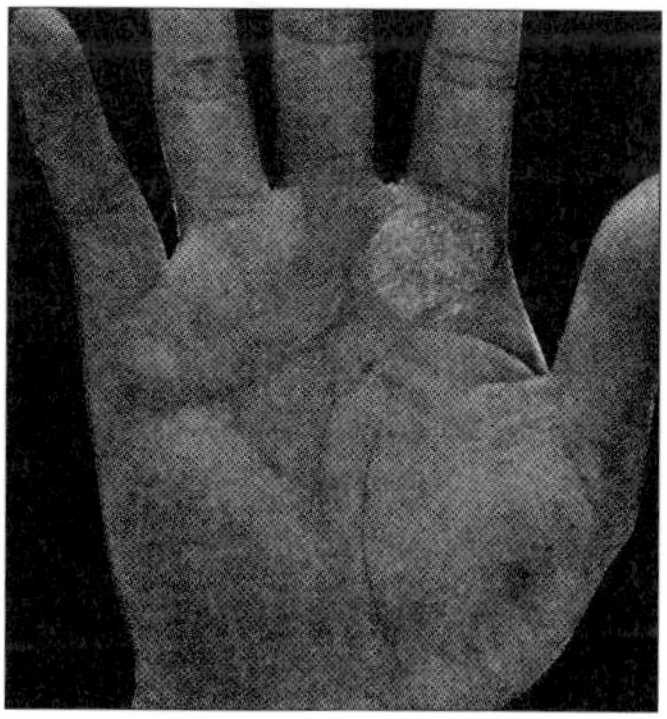

★巽宮内に雑線が見られず肉付き乏しく凹んだようになっているのは、自負心に乏しく卑屈な考え方をしがちで、平凡な小市民として生きていく人の相となります。大きな災難には出遭わないが財運もありません。

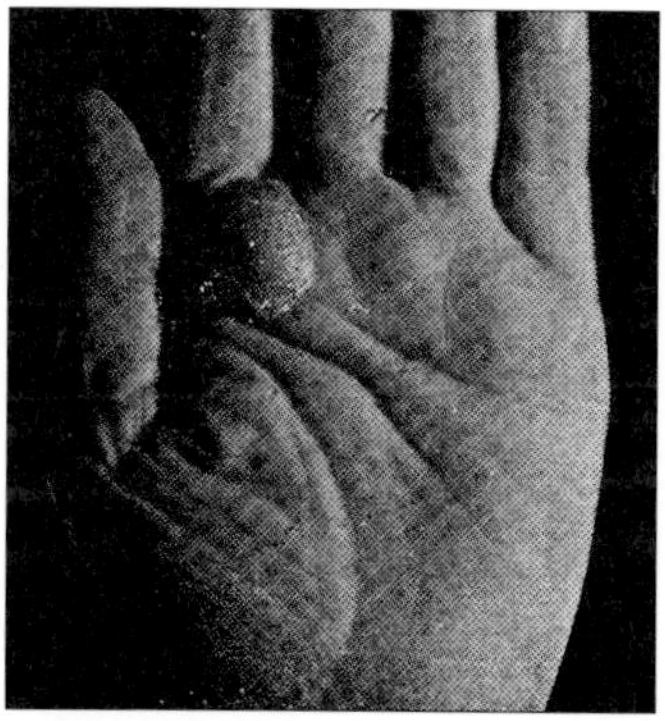

★巽宮内に細かな雑線が見られず、肉付き良く隆起しているのは、自信と意欲に満ちた人生観を持ち、支配的な立場であっても協調性を失わない人の相です。親指側に寄った宮の外側が高ければ財運も強い相です。

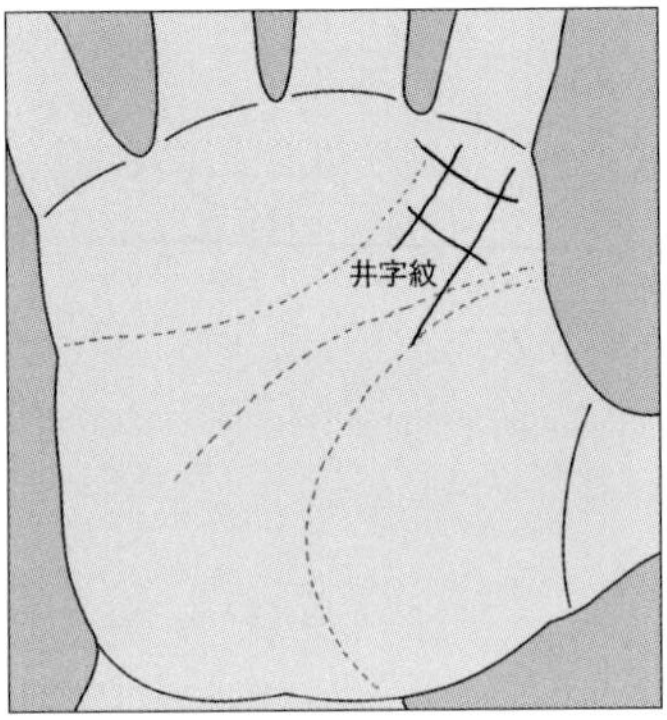

★巽宮内に「**井字紋**」が出現するのは、教育とか指導に対して特別な才能を持っている人の相であり、巽宮内に「**新月紋**」（木星環）が出現するのは、信仰心が強く神秘的な力を発揮してカリスマ的な生き方を貫く相です。

★巽宮の人紋寄りに青暗色が浮かぶのは、憂鬱症の傾向を持っている人の相で、それが仕事や対人関係にも大きく影響していることを暗示しています。また親戚や兄弟との間で複雑な問題が生じている暗示です。

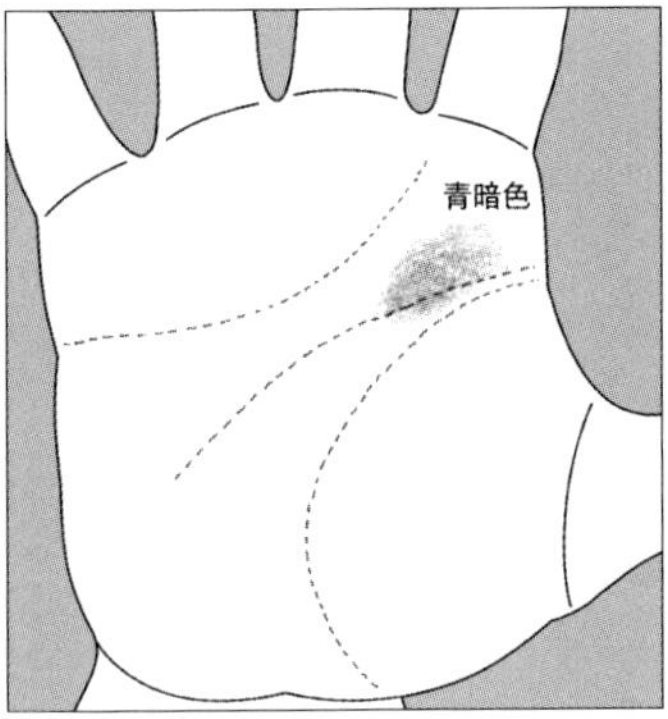

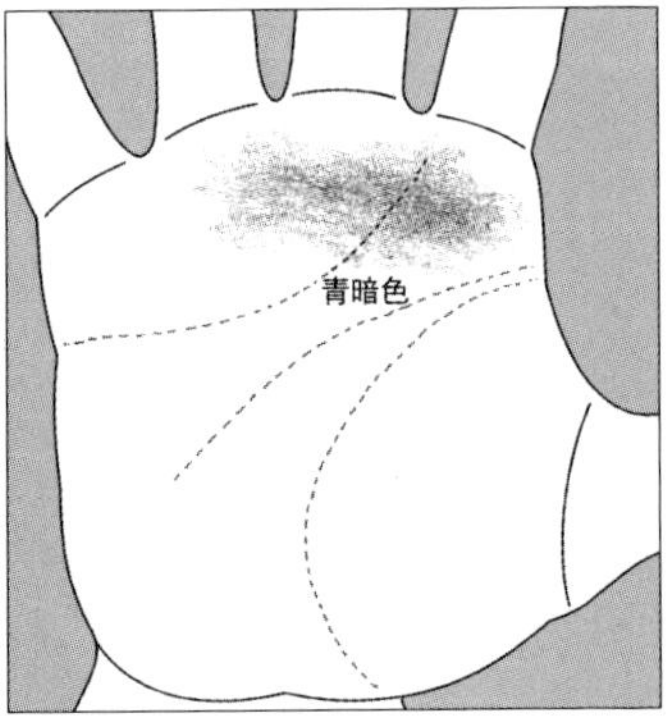

★巽宮から離宮にかけて青暗色が伸びるのは、仕事や金銭に関して訴訟を起こされる時の相で、離宮まで届かなければ訴訟には至りません。たとえ本人の主張が正しくても、青暗色が強ければ認められません。

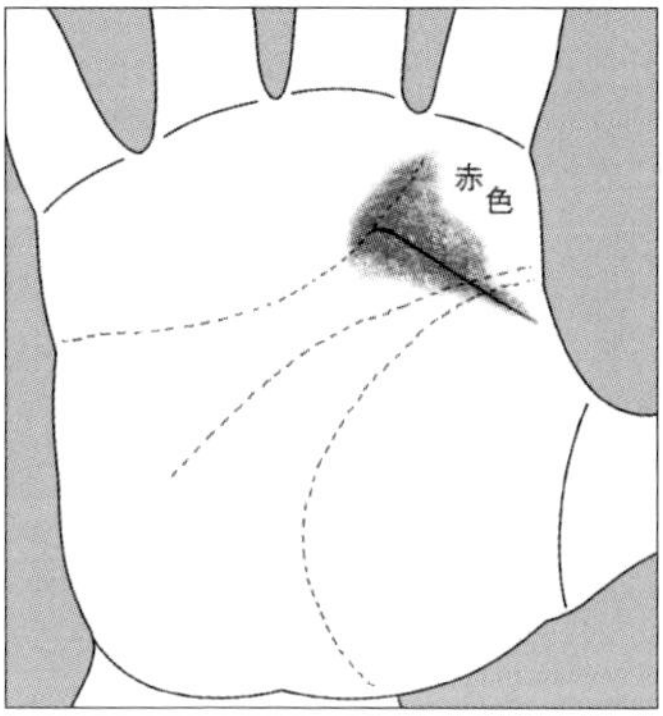

★巽宮上の天紋付近に赤色が出現するは、家庭内において財産とか金銭のトラブルが生じやすい相です。赤気が天紋の下降枝線に付随すれば、親戚間の不和や対立の相であり、赤暗色なら損害や痛手を受ける相です。

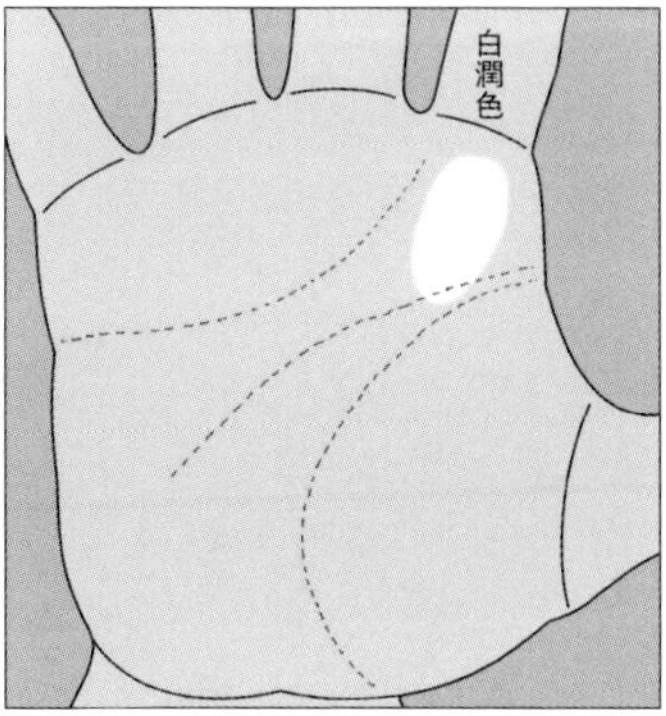

★巽宮に輝かしい白潤色が出現していれば、大きな願望や希望が達成される形で、試験で好成績を得るとか、コンテストに入賞するとか、契約が結ばれるとか、入社内定を得るとか、遠方取引が結ばれるなどの相です。

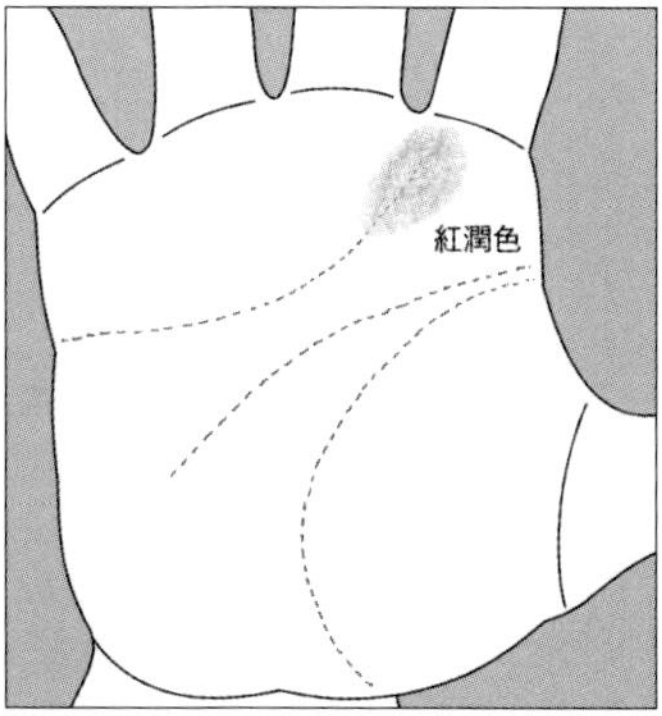

★巽宮内で天紋の先端付近に紅潤色が出現した場合は、恋愛に発展する異性との出逢いが生まれる時の相であり、多くの場合、運命的出逢いから一気に恋愛が本格的な交際へ発展していくことが特徴と言えます。

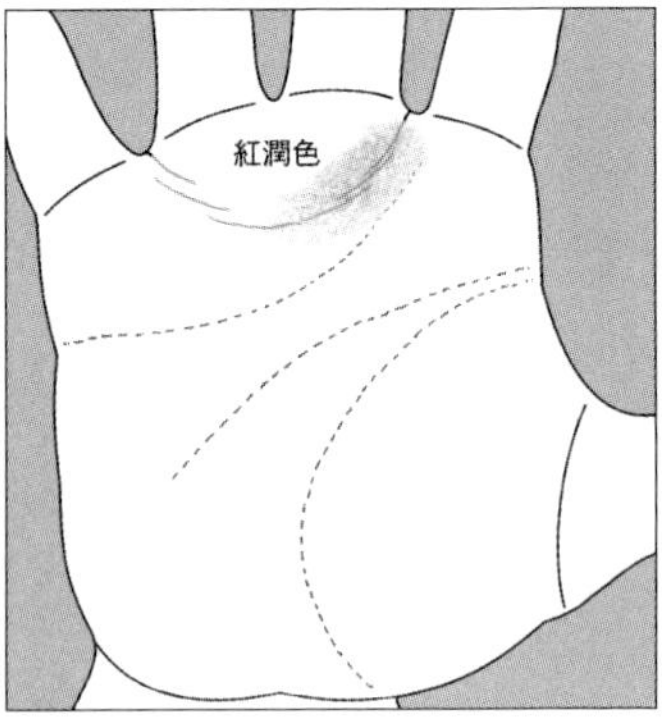

★巽宮内で中指付け根に近い銀河紋付近に紅潤色が出現した場合は、本人のＳＥＸアピールが強まっている時の相で、性的魅力で多くの異性を惹きつけることができ、モテモテ状態が続いていることを表します。

★巽宮に暗蒙色（煤けた色）が出現するのは、仕事運が停滞している時の相であり、事業家は業績が悪化し、事業の存続に悩んでいるし、サラリーマンなら仕事への自信を失い、離職や転職を考えている時の相です。

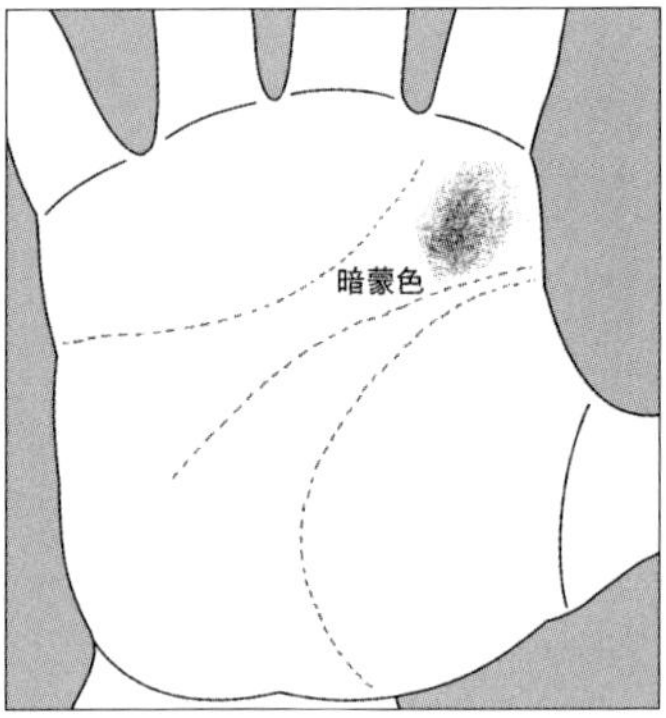

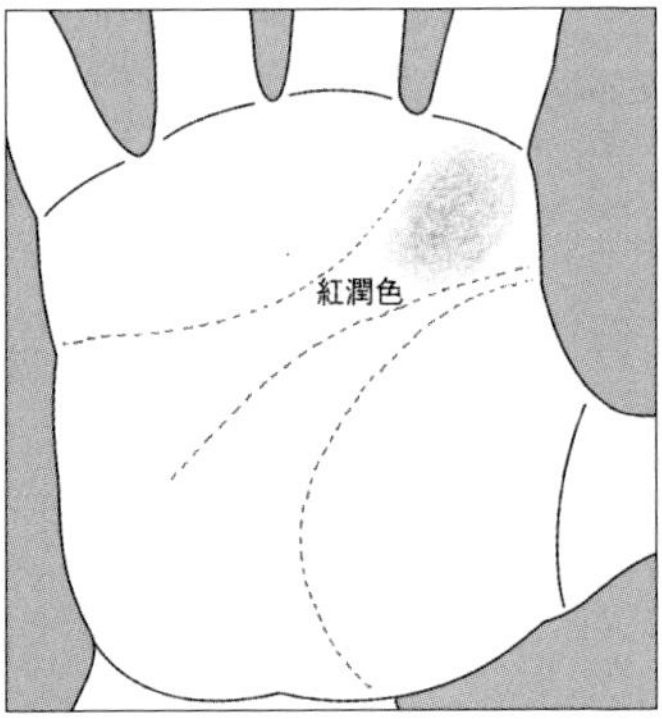

★巽宮全体に紅潤色が出現しているのは、社会生活が順調で目上からの引立てを得ている時の相で、仕事上の昇進を勝ち取るとか、取引先の信用が高まるとか、将来に希望が持てる状態であることを示します。

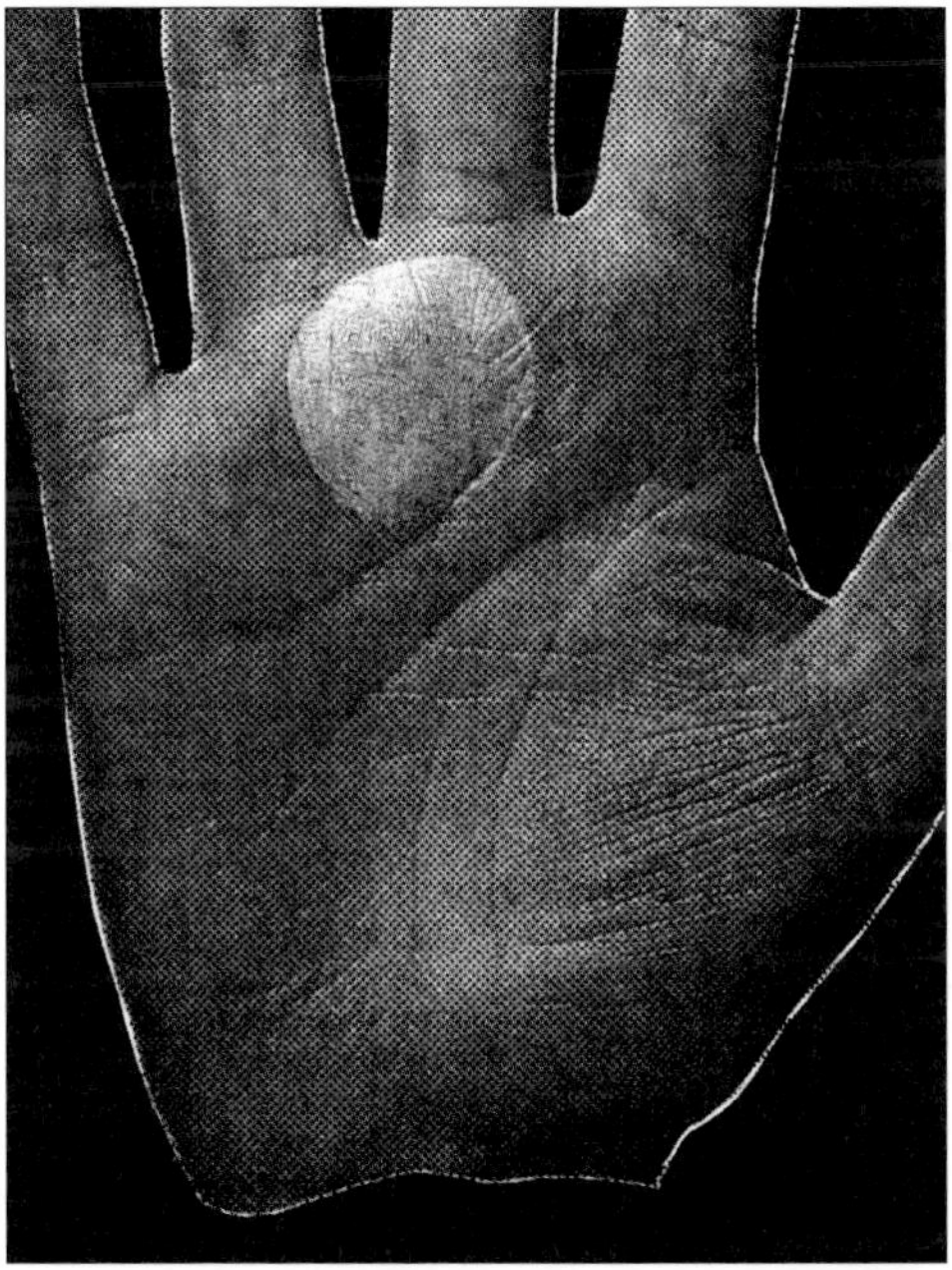

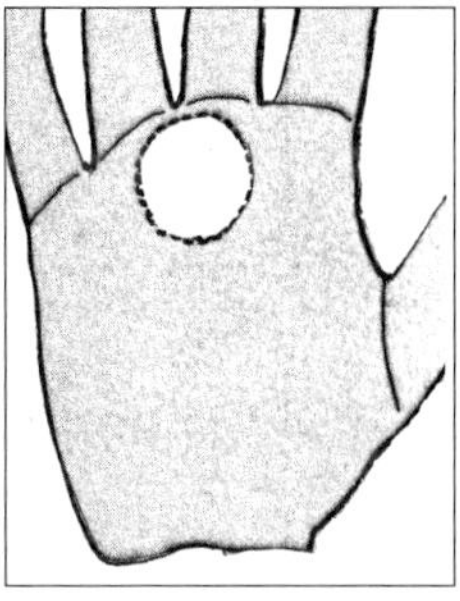

「離《り》」宮における気血色判断

出世・成功運と身分上の出来事が示される

「**離宮**」は中指と薬指の付け根中央下を頂点として、その左右に広がる範囲に位置し、西洋式では「**土星丘**」と「**太陽丘**」にまたがっている範囲内です。和式手相術の古書でも、その位置について正しく記したものは少なく「中指下」と記してある古書は厳密に言うと間違いです。和式手相術では「離宮」に対して、顔面観相上の「印堂・中正」と同じように「**仕事上の成敗を表す**」と見ていたようです。つまり、社会的な出世度、役所関連の問題、公的な地位や役割、身分上の出来事などが示される宮、と捉えていたようです。その位置も含めて、西洋式とは若干異なった解釈をしていました。

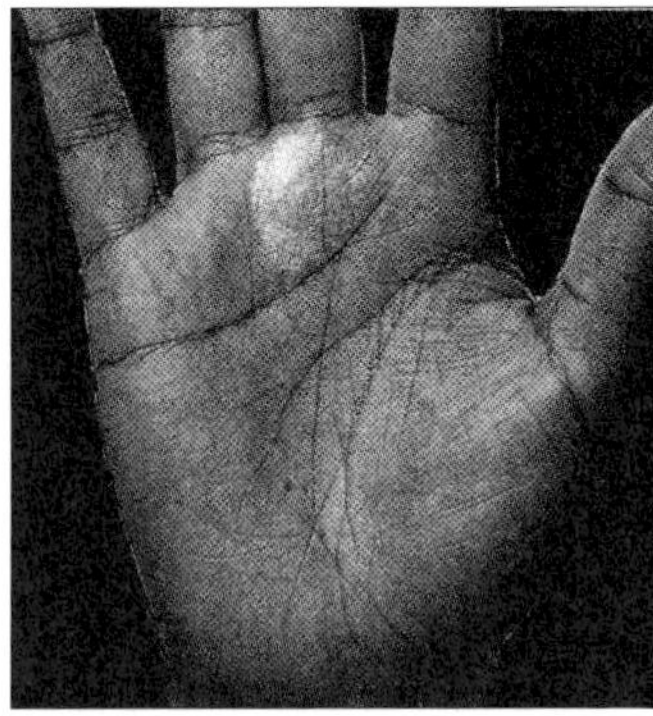

★離宮全体の範囲が小高く発達して広く感じられるのは、土地・不動産に縁の深い人の相であり、大自然との関わりの深い人生を歩む人の相です。平らだった離宮が急に盛り上がるのは不動産縁が強まる時です。

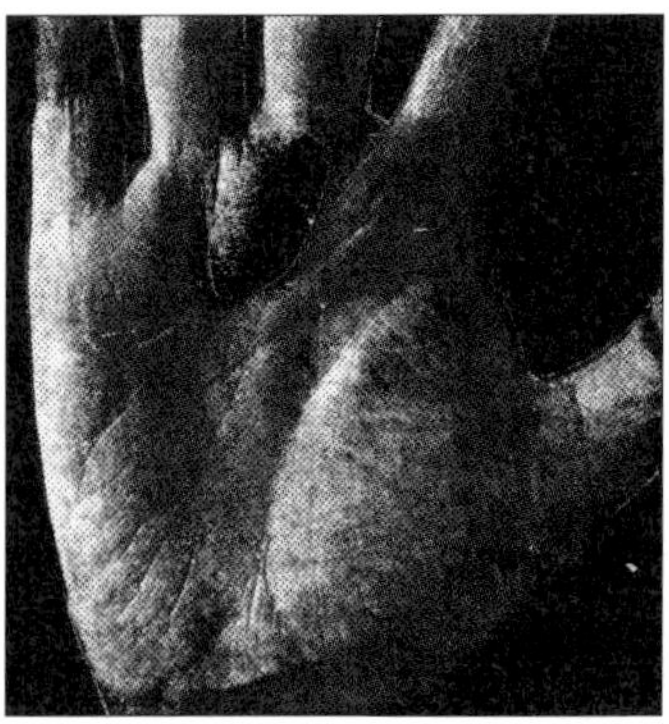

★離宮の隆起が高く、その左右に立身紋と贔屓紋とがクッキリ刻まれているのが理想的な形で、地位や名声を一身に集めることが出来る人の相です。輝くような白潤色となっていれば神仏の加護ある時の相です。

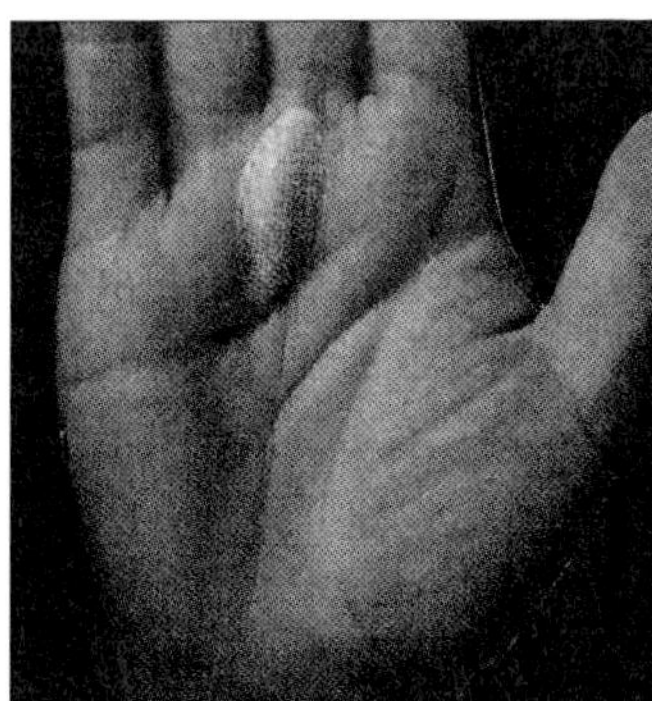

★薬指寄りの離宮が盛り上がって紅潤色をしているのは、世間の評判が良く、人気が高まり、社会的に何らかの名誉や地位を得ていく時の相となります。棚牡丹式のくじ運にも恵まれ、予期せぬ大金がころがり込みます。

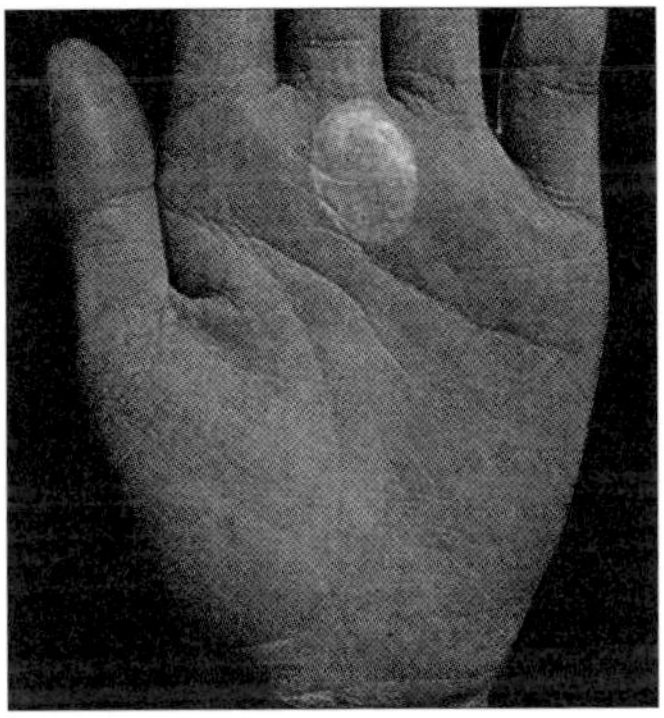

★離宮の肉付きの発達は中年以降の運気と関係が深く、この宮が発達しているのは中年以降に世間的な評価や財運を獲得する形ですが、中指寄りに高く隆起するのは、周囲から孤立しやすいので注意が必要です。

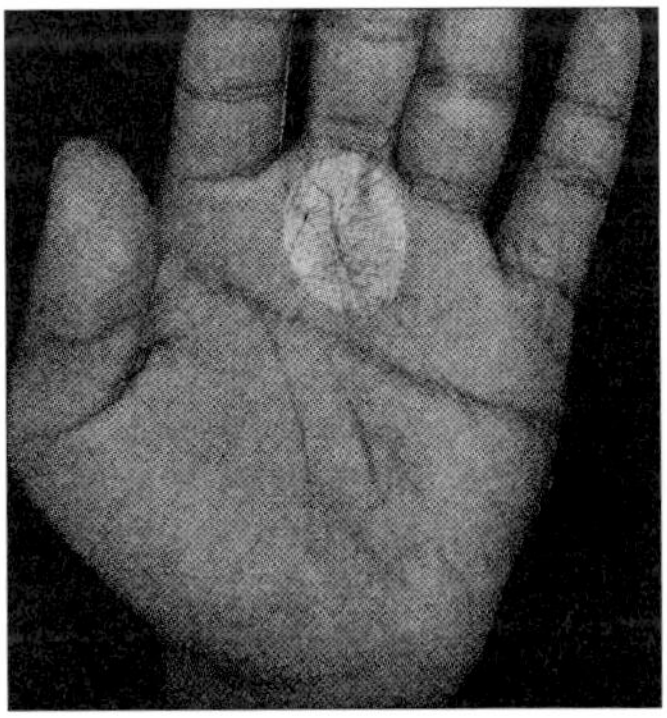

★離宮の肉付き乏しく縦横の雑線が多数あるのは、神経質で取り越し苦労が多く、身の周りの人達と交流していくのが苦手な人の相です。特に茶蒙色が出現していれば、誤解を受けやすく恋愛でも報われません。

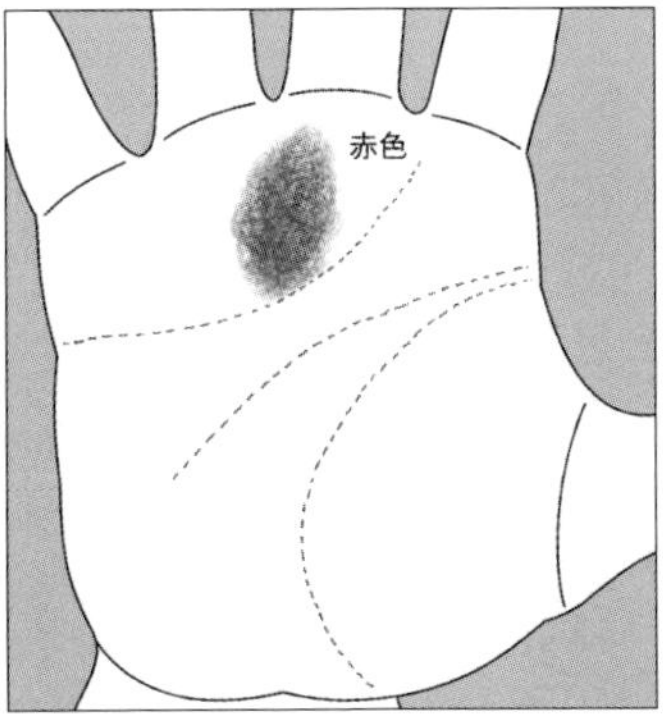

★離宮全体に赤色や赤暗色が目立つときには火難に要注意の時の相であり、愛する人との喧嘩別れなども起きやすい時です。また、仕事上での今後の方針について、目上との間で激しい意見の衝突が起こりやすい相です。

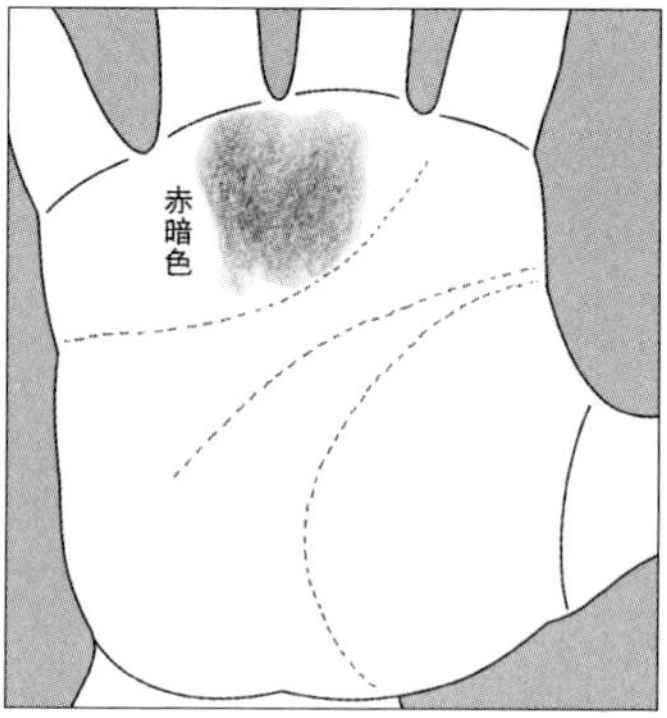

★離宮全体に汚い感じの赤暗色が出現する時には、諸事願望の叶わぬ時の相であり、公的なことは何事も頓挫し易い時の相です。訴訟や裁判は敗れて損失こうむる形で、転職や就職活動も失敗し焦燥感が強い時です。

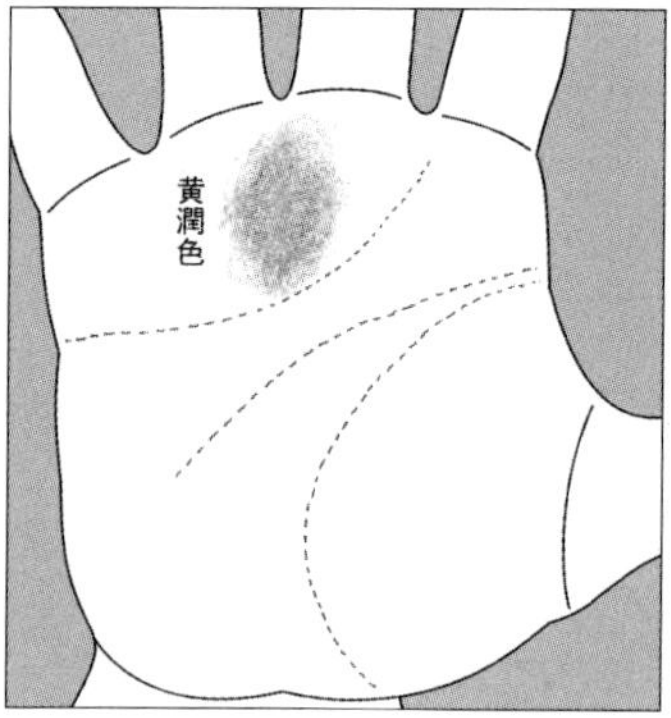

★離宮に輝くような黄潤色が出現していれば、価値ある土地や不動産を取得する場合と、所有する不動産から大きな利益が得られる場合とがあります。地下資源や鉱山開発で予期せぬ収穫が期待できる相です。

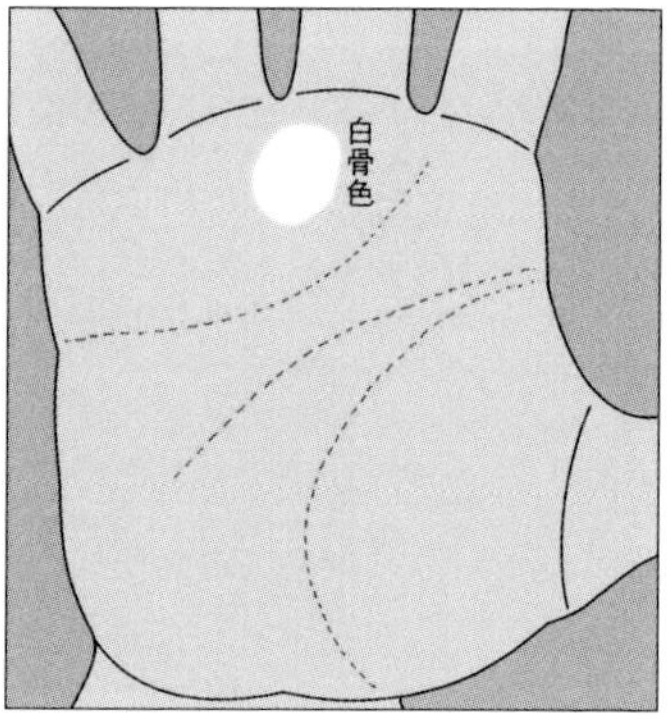

★離宮に白骨色が出現した場合は、職場で慕う上司や身内の尊敬する人物に死が訪れる時の相であり、潤いのない遺骨のような色、或いは昔の糊のような白濁色です。その多くは、突然知らされる驚きの死亡です。

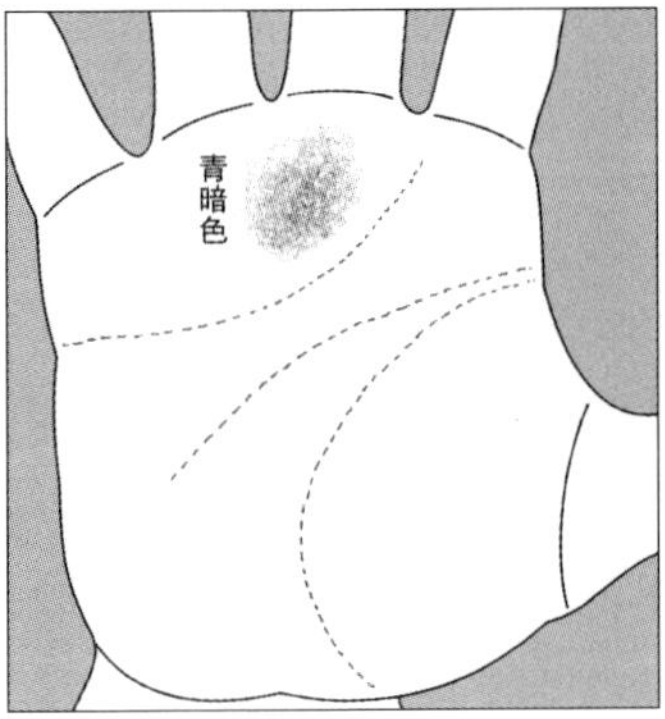

★離宮に青暗色が浮かべば、予期せぬ形で公的な災難をこうむる形で、提出書類上の叱責を受けるとか、裁判の不当判決が下るとか、保証人問題が降り掛かるとか、詐欺被害に遭っていた事実が判明する相です。

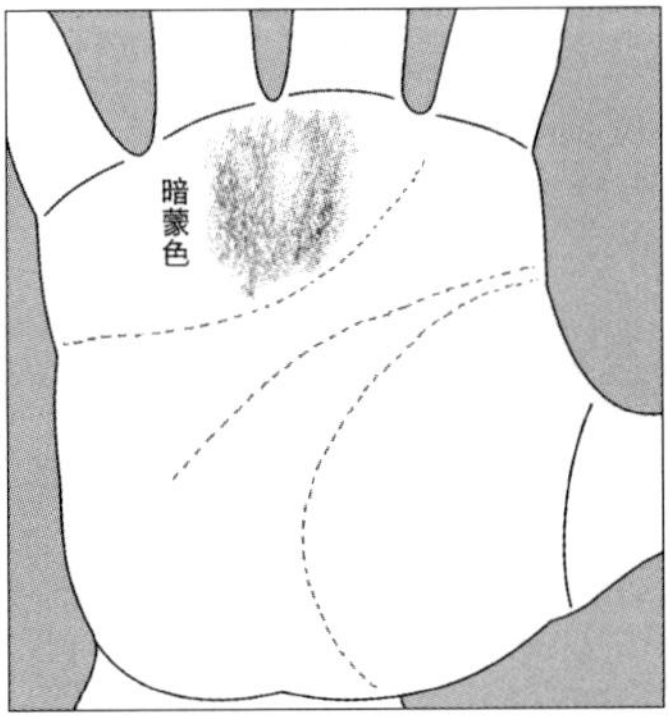

★離宮に黒っぽい暗蒙色が出現するのは、社会生活が停滞している時の相であり、会社組織からリストラされるとか、左遷されるとか、所有していた不動産物件を失うとか、出世の道が絶たれるとかする時です。

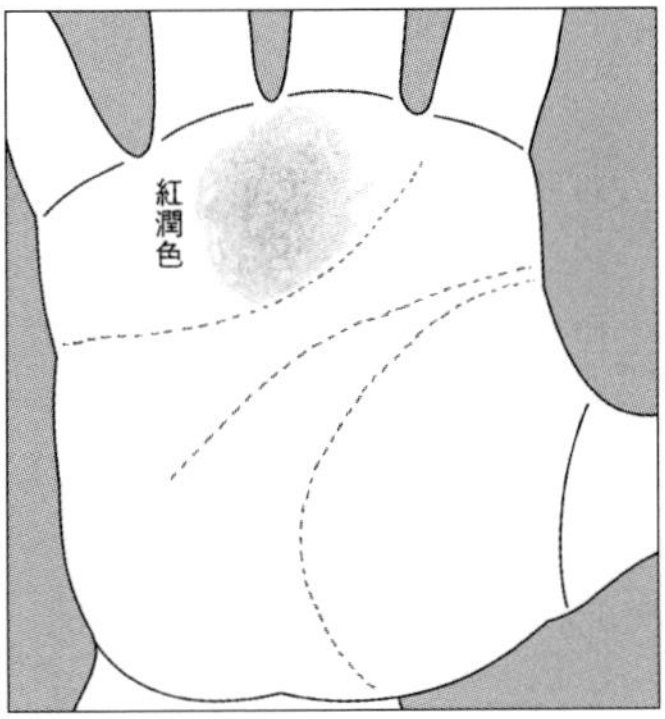

★離宮全体に紅潤色が出現しているのは、風水的に良い住居環境にあることの証しで、理想的な住宅を手に入れるとか、目上の恩恵を受けて役職を得るとか、愛情に満ちた新たな生活が開始されるとかします。

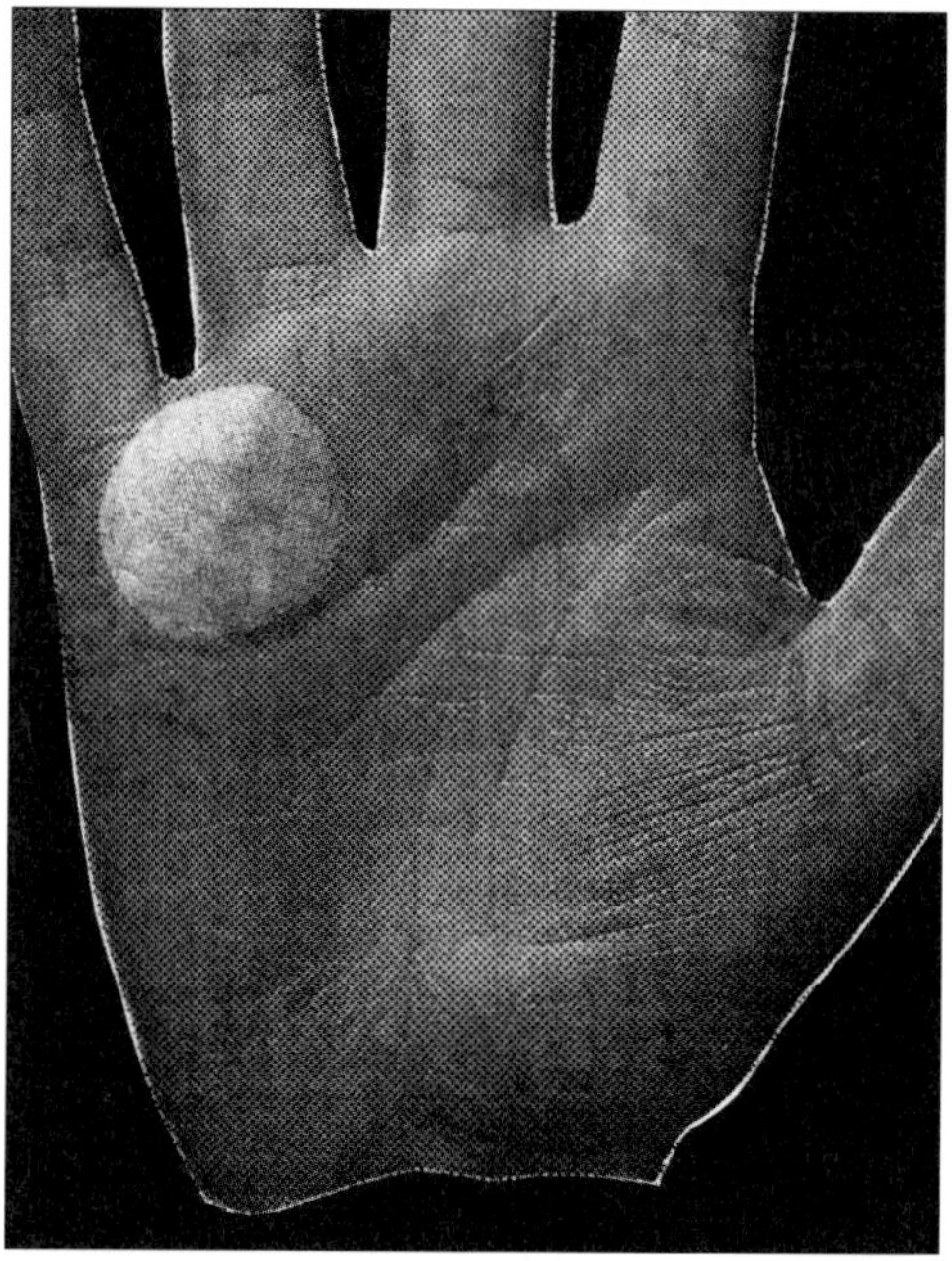

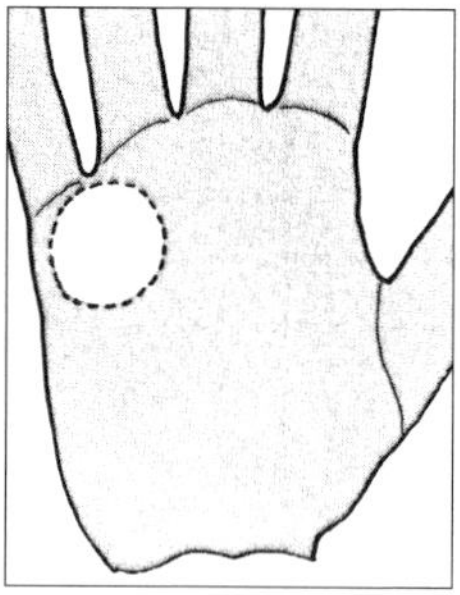

「坤《こん》」宮における気血色判断

配偶者運と商売・取引の吉凶が示される

「**坤宮**」は薬指と小指の中間下に位置し、西洋式手相術では「**太陽丘**」と「**水星丘**」の中間にあたる範囲です。ただ和式手相術では掌脇の部分も含むので、実質的には**水星丘より広い範囲**となります。先にも述べたように「巽宮・離宮・坤宮」の三宮高く連なる形を「**三峰紋**」と呼び、「巽宮＝財帛、離宮＝官禄、坤宮＝福徳」を獲得できる相とします。坤宮は「**配偶者**」や「**母親**」について、「**商売**」や「**金運**」について、「**生活用品**」について観ていく部位とされています。古文書では母親への言及も多いのですが、配偶者との状況や取引関係、購入品、経済状態の方がよく表れるものです。

★坤宮がふっくらと高く色艶も良いのは、経済的に恵まれている人の相であり、交際関係にも恵まれ幅広い人脈を持つ相です。若い時から坤宮の肉付きが良ければ「**早婚の相**」で、営業・販売にも適性があります。

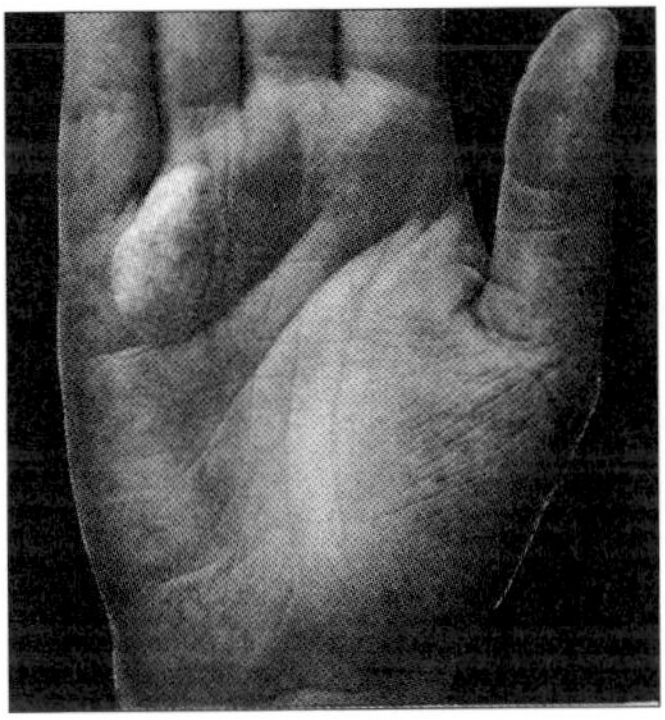

★坤宮の肉付きが良くて薬指寄りに紅潤色が見られるのは、経済状態が順調で恵まれている時の相であり、美容やファッションに関して幸運を得ていく相となります。女性の場合、洋服や装飾品が増えていく時期です。

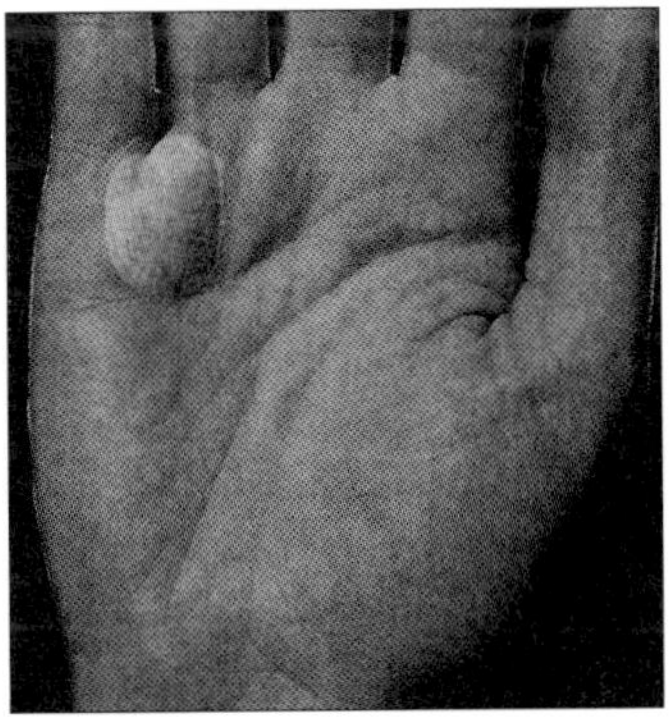

★坤宮の肉付きが発達せず、全体的に凹んでいるように見えるのは、お金のやりくりが苦手な人の相であり、収入豊かでも貯めることができない運気の相です。営業・販売・経理の素質なく交際も広がりません。

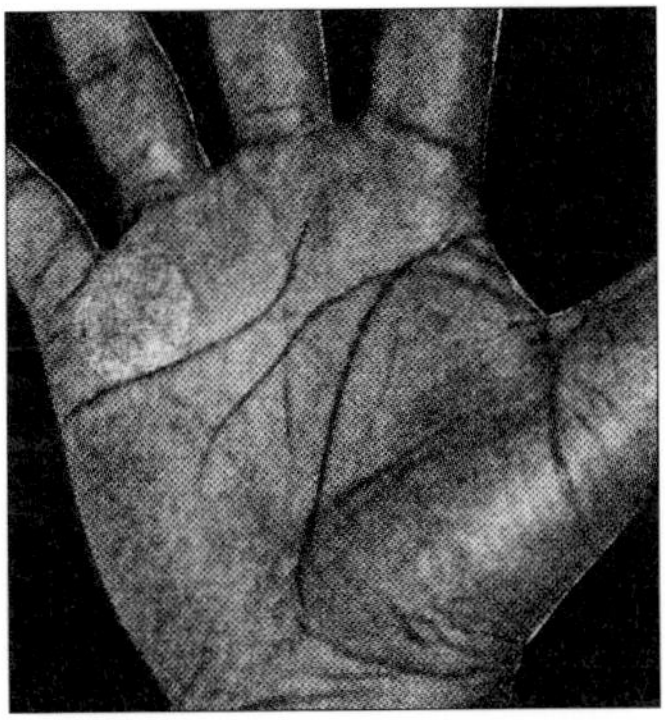

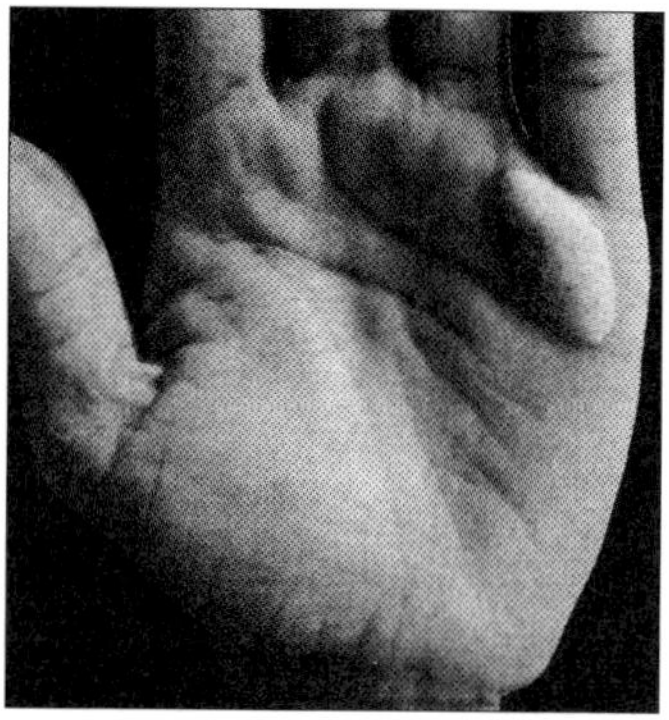

★坤宮の肉付きが豊かに隆起してくるのは、経済面の知識が身につくとか、生活用品を次々と入手するとか、財産が増えてくるときの相で、仕事上でも才能や手腕を発揮し、配偶者や恋人との関係も大変に良好です。

★坤宮の天紋寄りに茶蒙色が出現するのは、慢性的な持病を抱えている時の相であり、雑線が多く見られるのは長期にわたる治療が必要な相です。濃い目の青暗色が出るのは、特に心臓疾患や呼吸器疾患の相です。

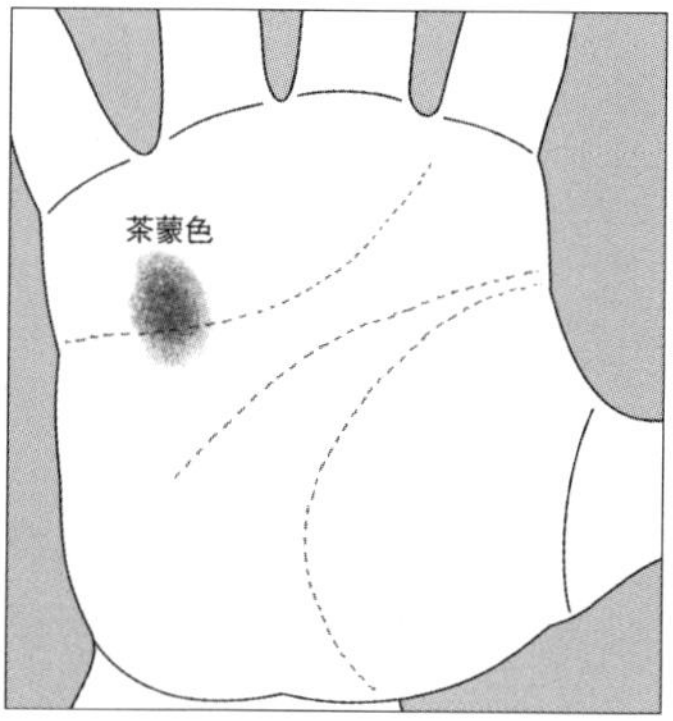

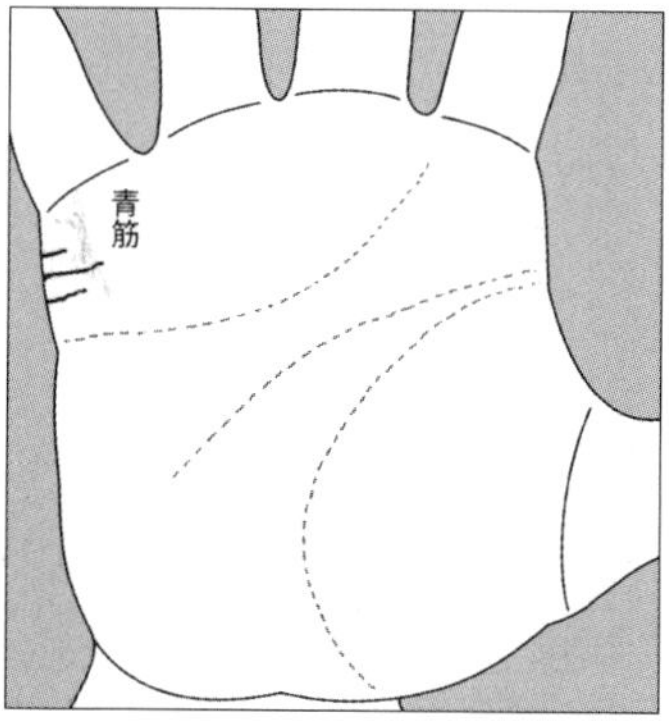

★坤宮の妻妾紋寄りに青筋が浮き立つときには、俗にいう「**色難の相**」で、異性絡みのことで恐怖や悩みを抱えるなどしやすい時の相です。ストーカー問題やＤＶ問題で不安感が強く、安心感を抱けない時の相です。

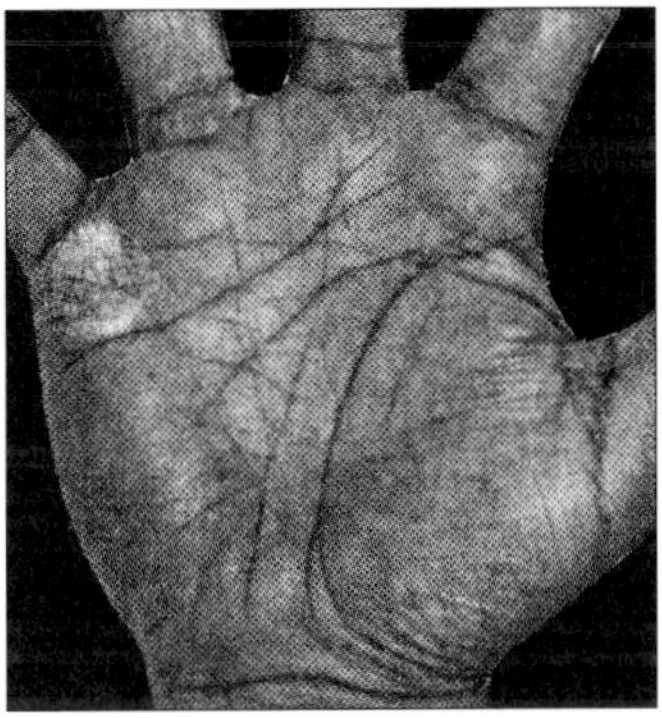

★坤宮の妻妾紋寄りが極端に凹んでいるのは、異性運が乏しく恋愛や結婚に縁が薄い人の相です。自分から積極的に異性と交流することが出来ず、結婚が遅れる相です。母親など肉親縁も薄い場合が多く孤立しがちです。

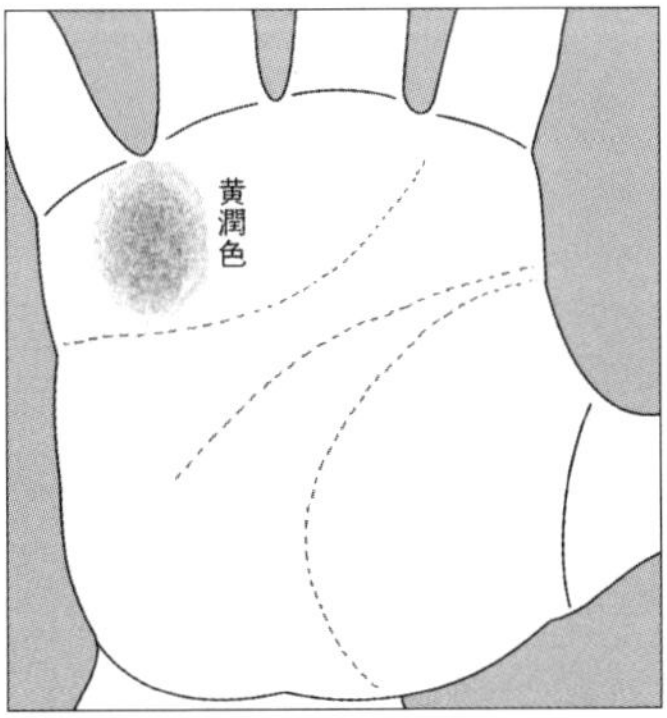

★坤宮の中央部に輝くような黄潤色が出現すれば、母親や配偶者の力添えを得て経済的に成功していく形で、洋服や装身具が増えていく場合もあります。商売・事業で大きな取引契約や交渉事が成立していく相です。

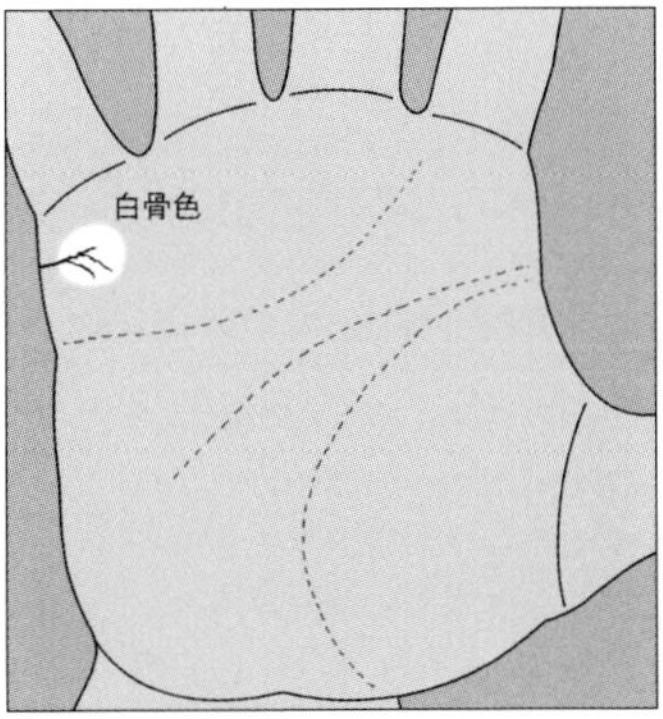

★坤宮の妻妾紋に掛かる位置に白骨色が出現した場合は、配偶者、或いは恋人に死が訪れる相であり、この場合の恋人は通常同棲相手です。妻妾紋自体にも凶相を伴っている場合が多く、合わせ観て判断すべきです。

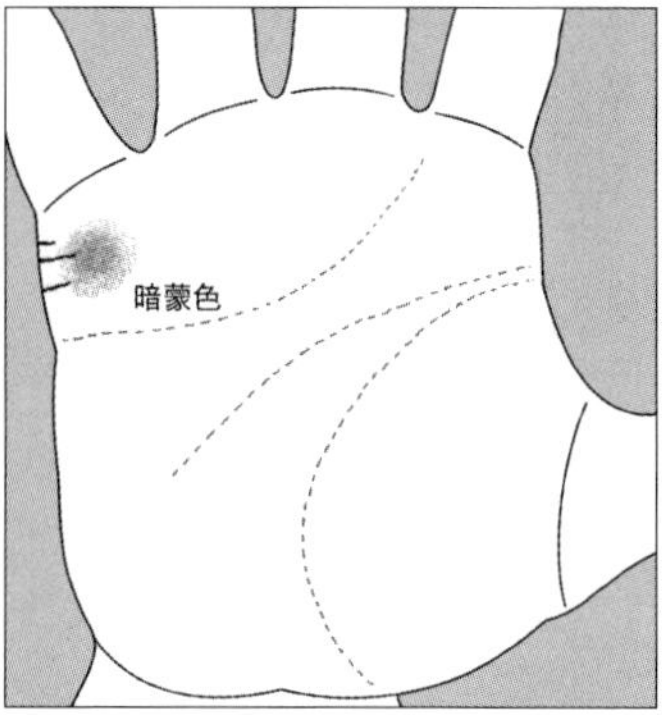

★坤宮の妻妾紋寄りに暗蒙色が浮かべば、愛する配偶者や恋人への心配事であり、その多くは病気の心配で、続いては浮気問題や経済問題です。蒙色が固定色のようになっている場合は別れようかと悩んでいる時の相です。

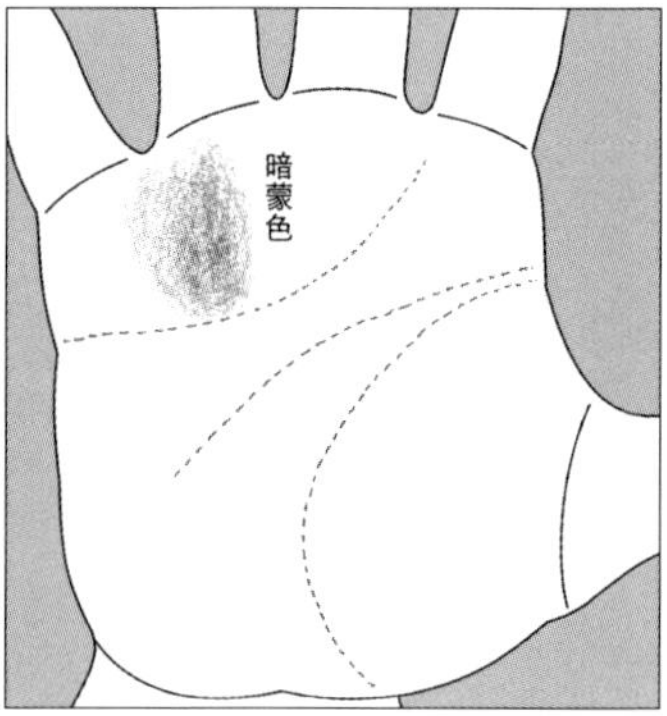

★坤宮の薬指寄りに暗蒙色が出現するのは、事業や商売で苦悶している時の相であり、その多くは金銭問題が背景としてあります。縦横の雑線も多く出ている場合は、金銭上の出入りが激しく仕事に安定感がありません。

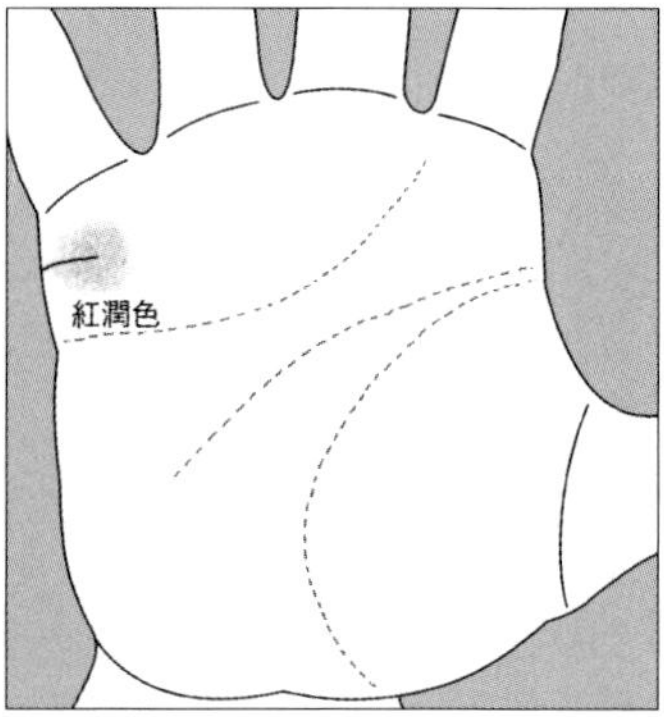

★坤宮の妻妾紋に掛かって紅潤色が出現しているのは、恋愛・結婚の悦び事のある表示で、本人の婚約・結婚が成立するとか、恋愛状態良好で情熱的に愛し合っているとか、悦びの新婚生活や同棲生活が始まる時の相です。

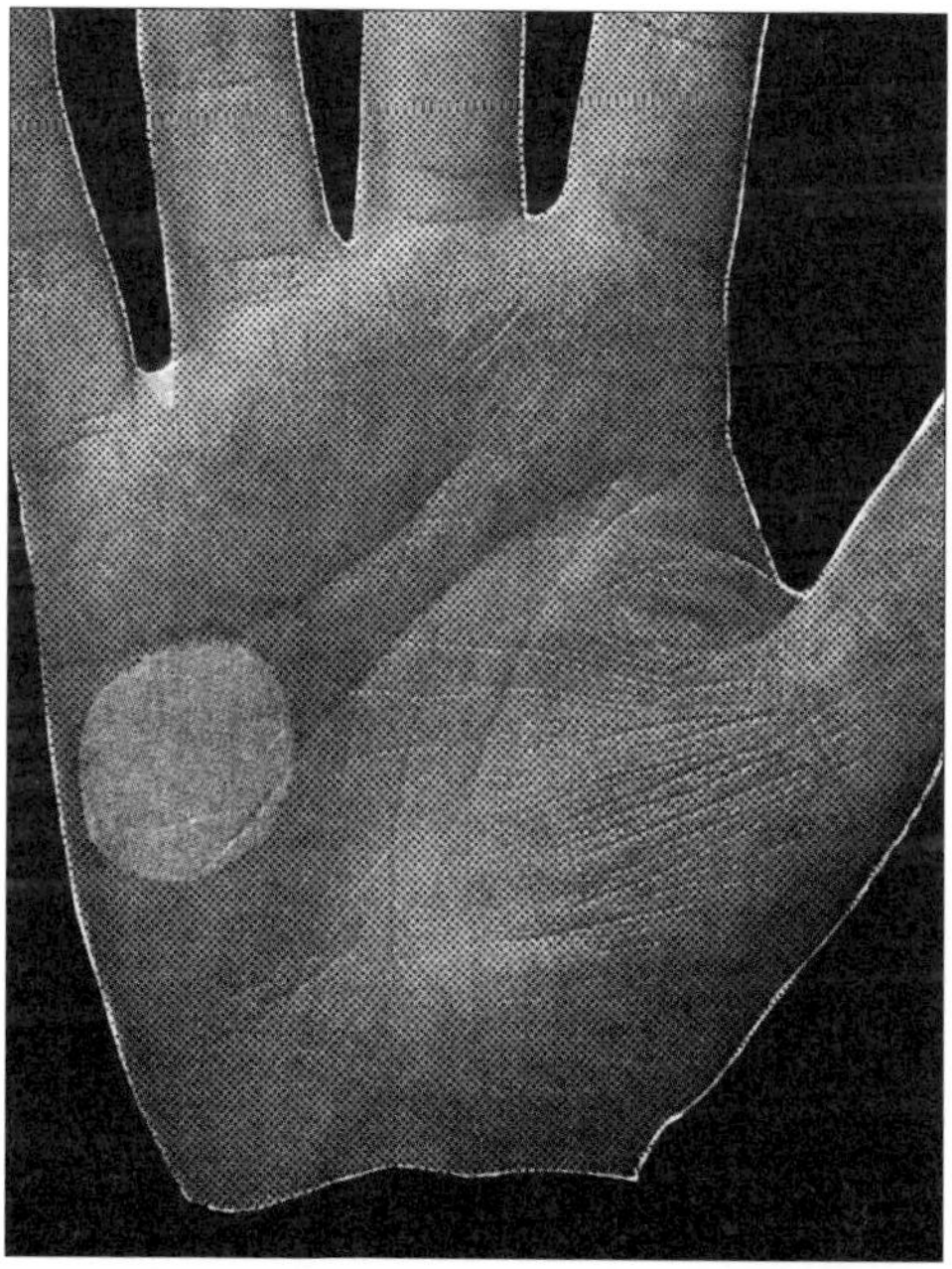

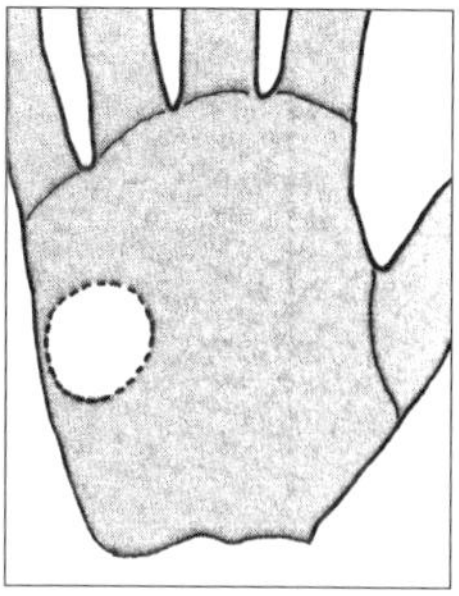

「兌《だ》」宮における気血色判断

気力・体力の充実度と子供運が示される

「**兌宮**」は小指側の下方で天紋の下に位置し、西洋式手相術では「**第二火星丘**」と呼ばれている範囲内です。和式手相術では親指側の「震宮」と向かい合う位置にあります。兌宮の肉付きは、その人の**気力・体力の充実度**と関係が深く、スポーツ選手はその最盛期は肉付きが盛り上がり、衰退期になるにつれ肉付きが乏しくなるのが一般的です。兌宮はまた「**目下の者**」と「**子孫**」を物語る宮で、この宮に雑線なく肉付き良く発達していれば、部下後輩や子供たちに慕われ、尽くしてもらえることの証拠と言えます。大戦時に発行された手相書には、この部位で「戦死」の有無を判別しています。

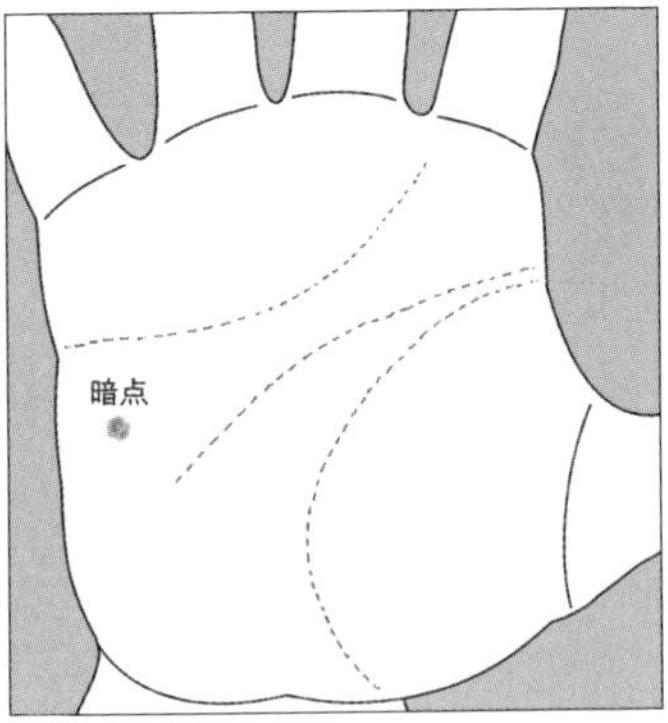

★兌宮内に暗点があるのは暴力事件に巻き込まれやすい人の相であり、兌宮内に傷跡が見受けられるのは恋人や配偶者との間にトラブルが多く再婚の相です。赤点があるのは、事故や喧嘩によって怪我をする時の相です。

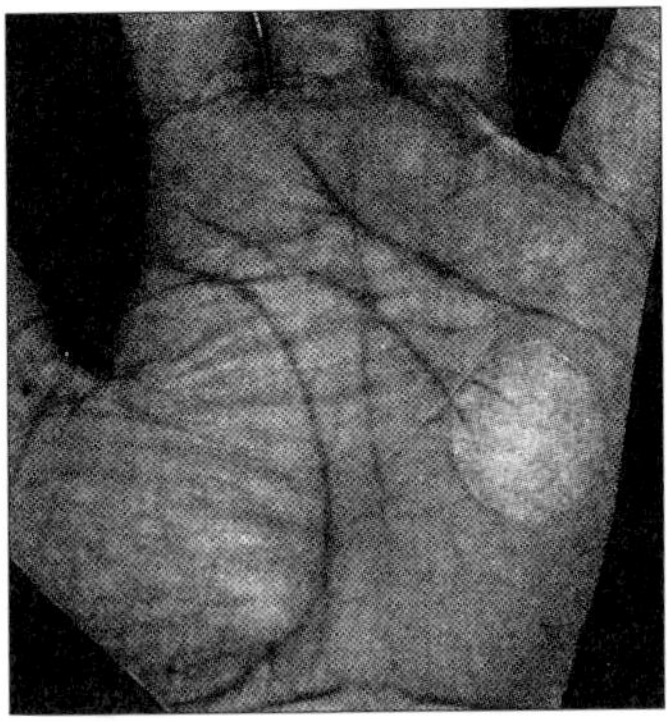

★兌宮が肉付き良く紅潤色をしているのは、部下従業員や子供たちに関して悦び事ある時の相であり、女性の場合は「出来ちゃった結婚」の時もあります。男性の場合は重要な交渉事や取引の契約成立時にも表れます。

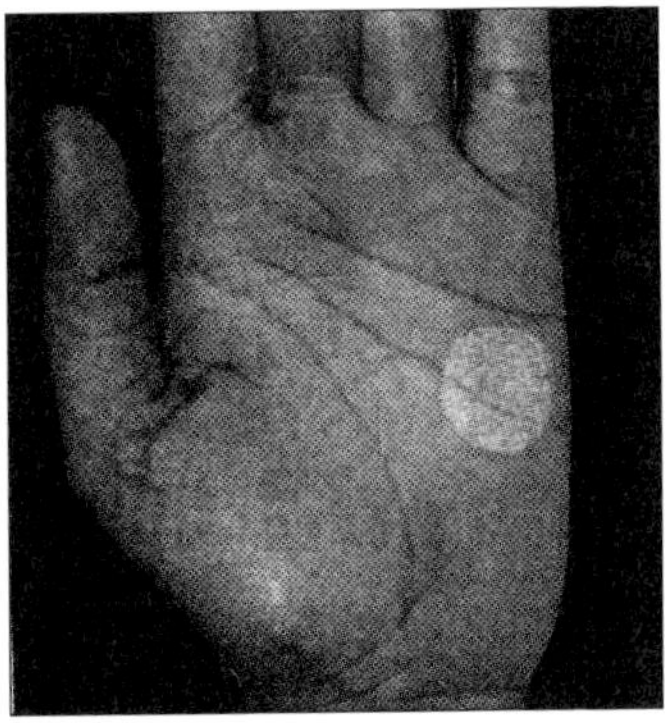

★兌宮の肉付きが発達せず、むしろ凹んでいるように見えるのは、目下の者の運や子孫運の良くない表示であり、子供がいる場合は心労が絶えない相です。子供がいない人は部下従業員に関して苦労が絶えない相です。

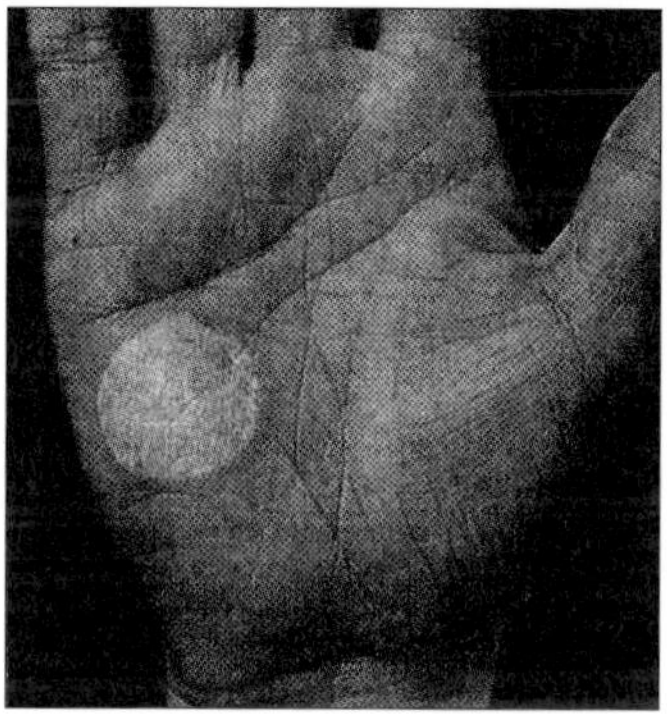

★兌宮に細かな雑線なく盛り上がっているのは、部下従業員を大切に扱う人の相であり、良き子供達を得て資産を相続できる人の相です。兌宮内に小さな豆粒大の紅潤色が出現する女性は婚約が調いやすい時の相です。

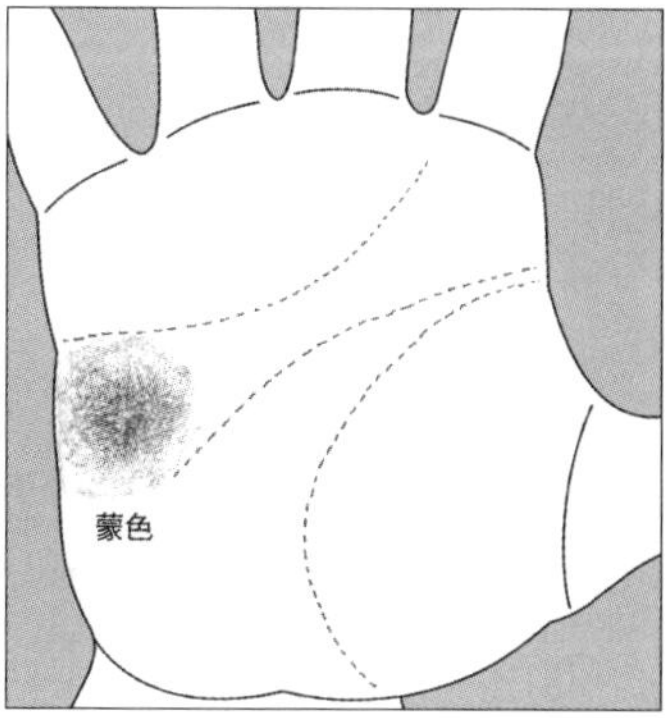

★兌宮内に硬いグリグリがあって蒙色となるのは、どこかのリンパ腺が腫れている証しで性病に罹っていることを表します。兌宮からその下の乾宮にかけて茶蒙色となるのは、中風が進行していることを物語ります。

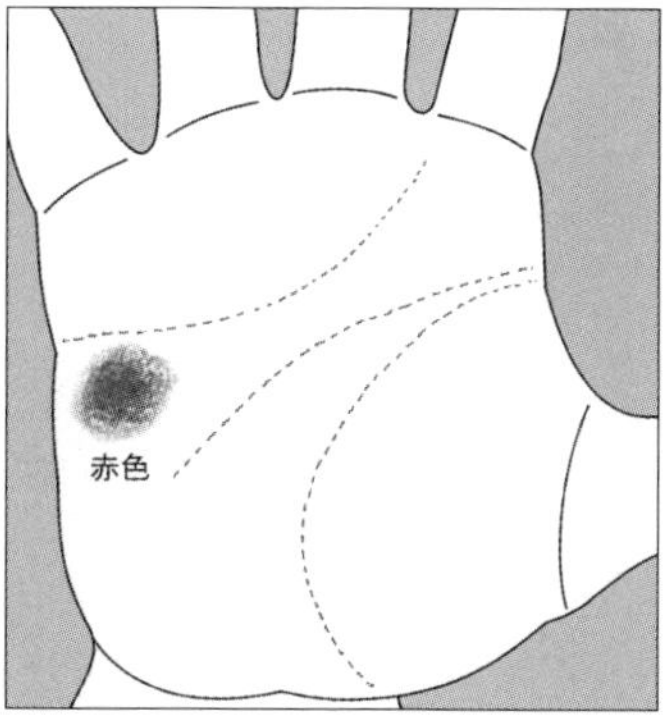

★兌宮に赤色が出現する時には、部下従業員や子供との間にトラブルが生じるようなことになりやすい相です。赤気が強いと刃物沙汰になることもあり要注意です。赤色が薄いと大切なペットが居なくなってしまう時の相です。

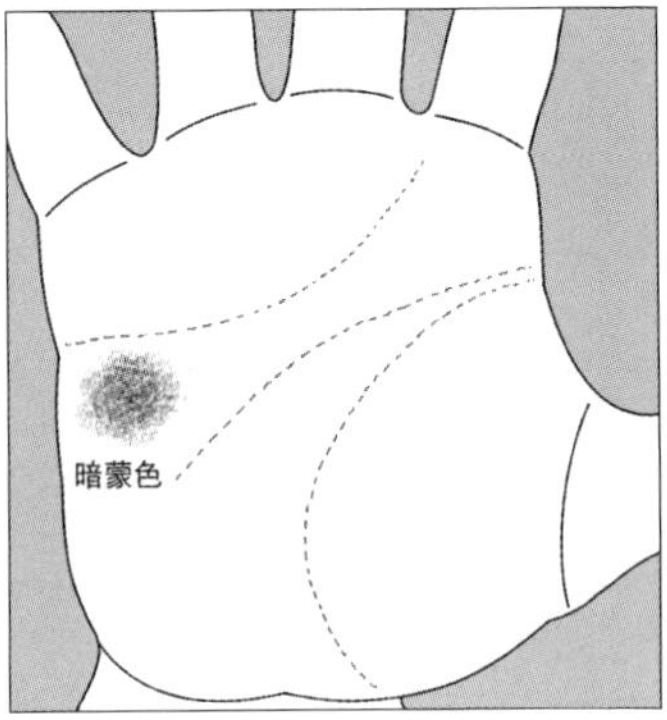

★兌宮に暗蒙色が出現していれば、部下従業員によって事業や商売に大きな痛手をこうむる形で、取引や契約もことごとく不成立となります。子供の素行悪事が原因で仕事上に支障をきたすようなケースもあります。

★兌宮に赤蒙色が出現するのは、警察事件や暴力事件に巻き込まれやすい時の相で、雑線付近に出ている時は要注意の相となります。交通事故にも巻き込まれやすく、普段乗らない乗り物は避けた方が無難です。

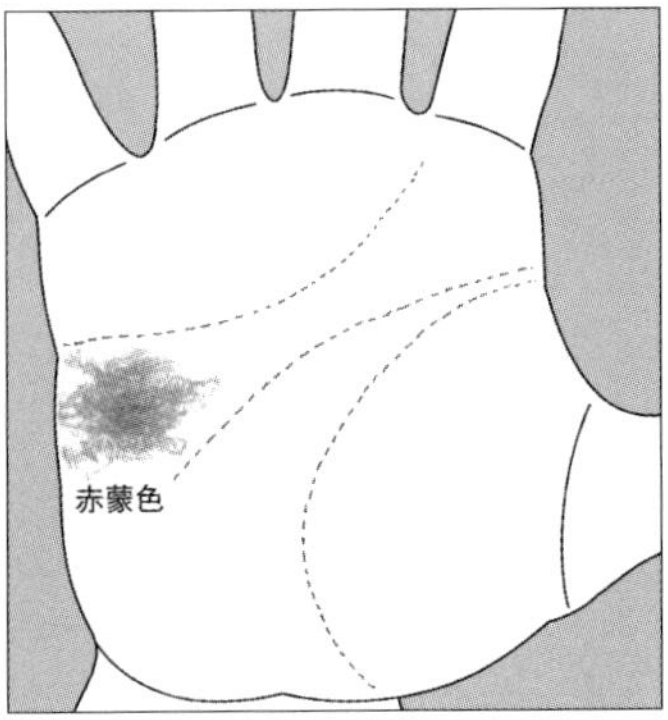

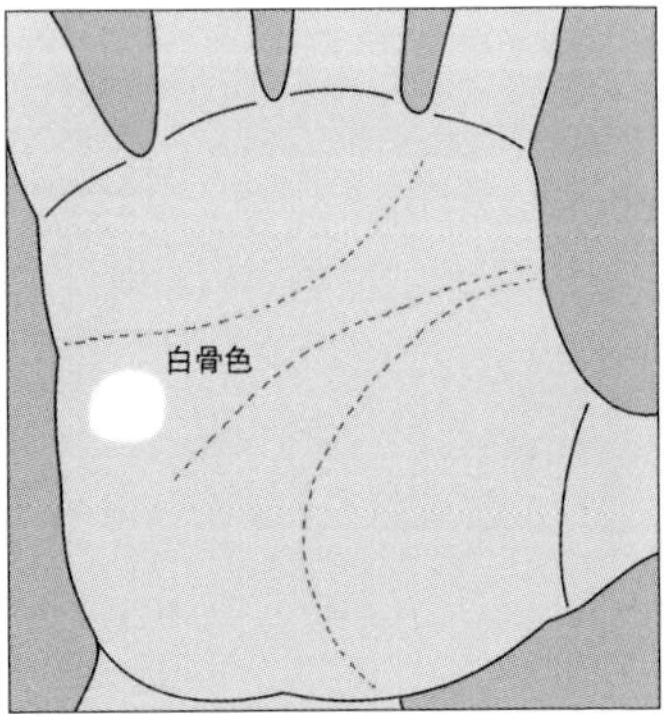

★兌宮に粉を吹いたような白骨色が出現した場合は、愛する子や孫やペットに死が訪れる時の相であり、初めは暗蒙色が出て徐々に白気に変わっていくこともあります。また暗蒙色中に白点として出現することもあります。

★兌宮に青暗色が浮かべば、部下従業員か子供に驚かされる形で、隠し事をしていた子供が突然家出をするとか、信頼していた従業員が犯罪に巻き込まれ逮捕されるとか、ライバル社に突然引き抜かれたりします。

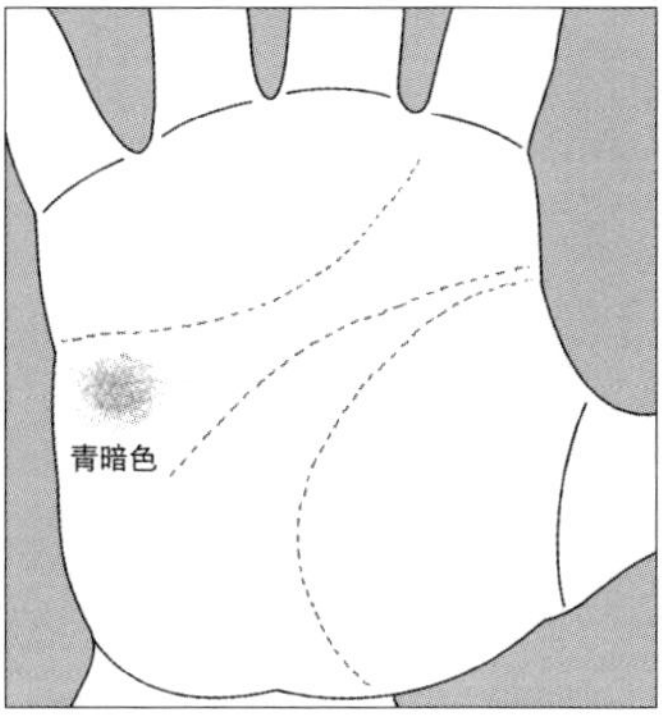

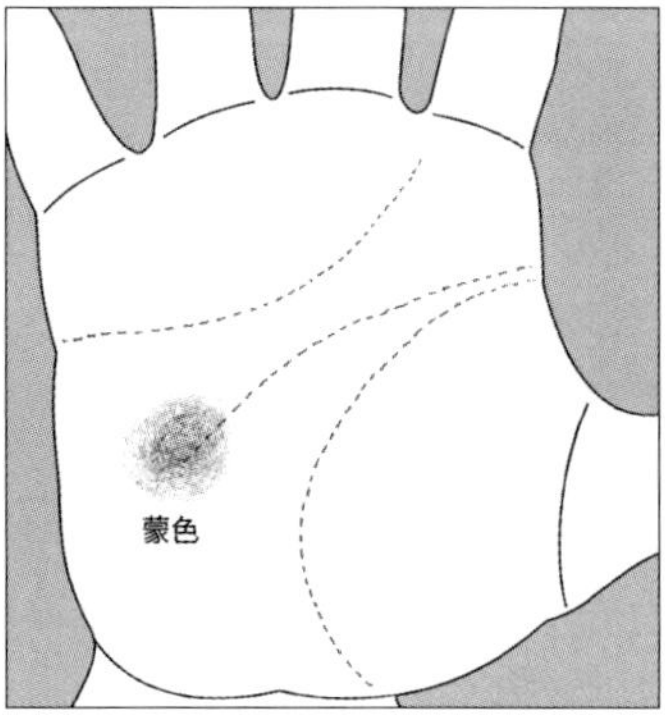

★兌宮の人紋寄りに蒙色が出現するのは、仕事上の悩み事を抱えている時の相であり、前途の方針につき迷っている相でもあります。また天紋寄りに蒙色が出現するのは、子供のことにつき悩み事を抱える相です。

★兌宮内の紅潤色が天紋に掛かって輝いているのは、素晴らしい恋愛の出逢いが生まれる時の相で、必ず男女間の官能的な悦び事を伴うのが特徴です。女性の場合、性的な魅力を増して自信を持っている時の相です。

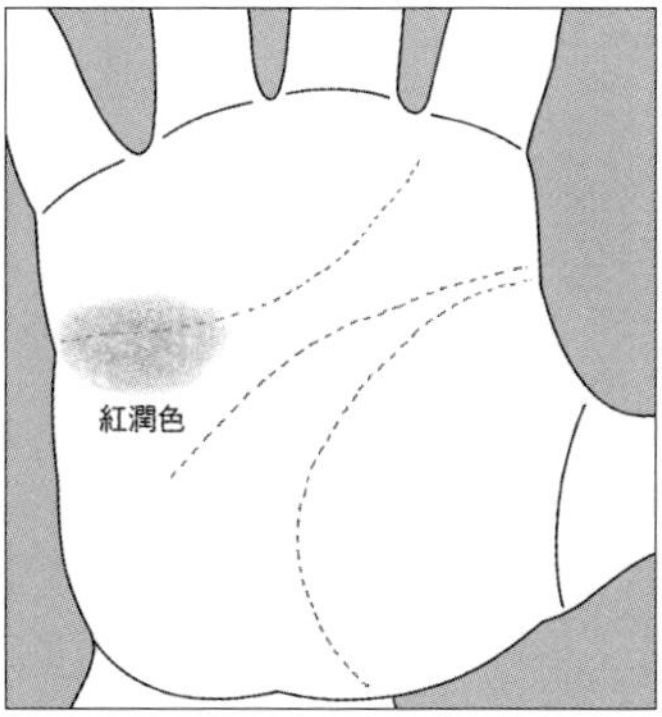

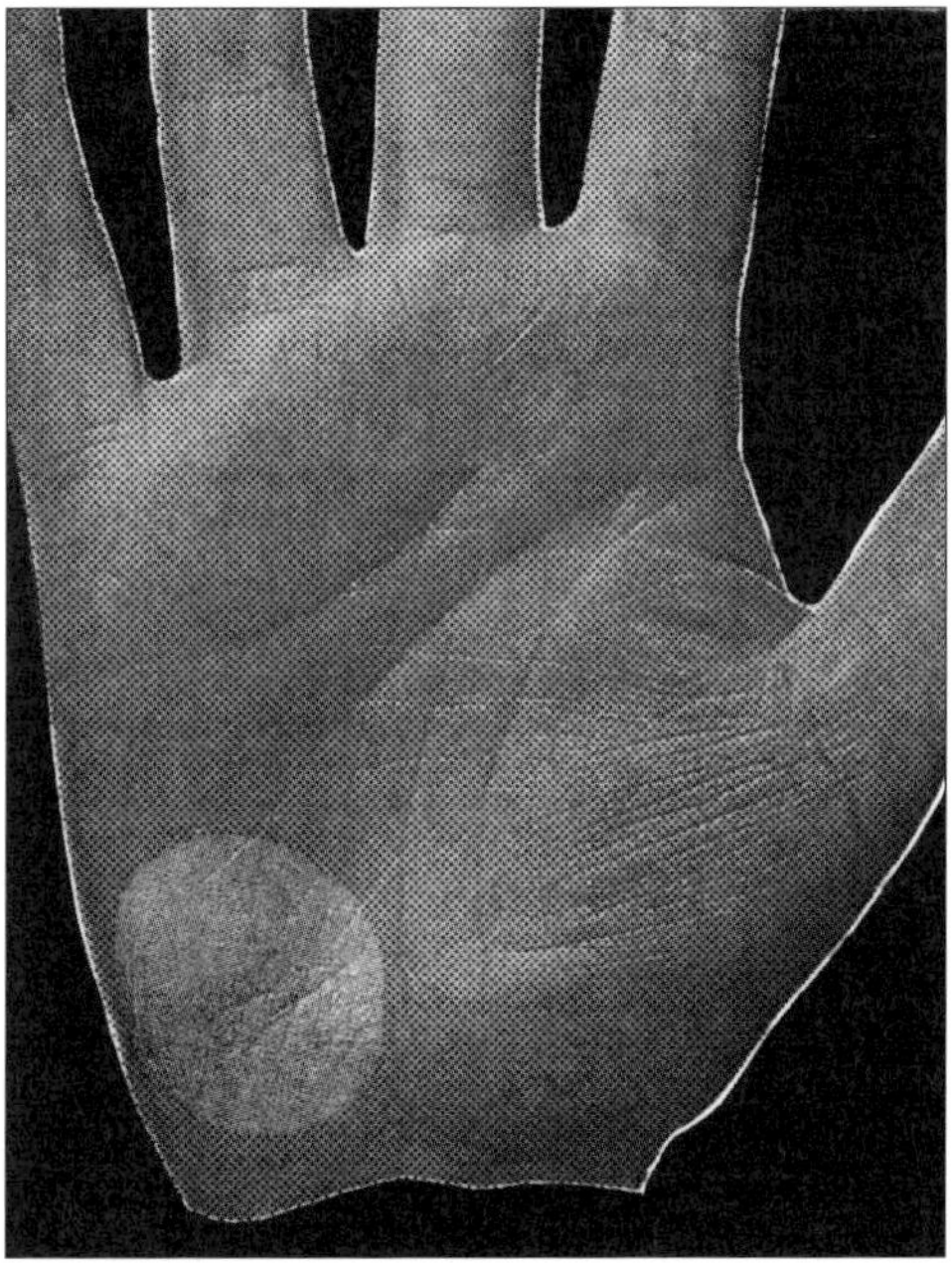

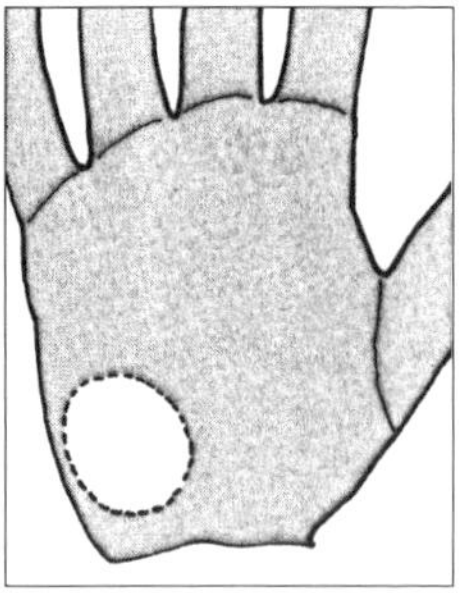

「乾《けん》」宮における気血色判断

先祖からの恩恵と社会的な人望が示される

「**乾宮**」は小指側の手首に近い領域に位置し、西洋式手相術では「**月丘**（**太陰丘**）」と呼ばれている範囲内です。和式手相術では「**天門**」とも呼ばれ、親指側の「艮宮」と向かい合っています。手相の宮区分では艮宮に次ぐ広い面積ですが、その乾宮領域が広く高い人と、低く狭い人に分かれます。この宮の領域が広く肉付きも良いのは先祖からの恩恵を受けやすく、狭くて低いのは先祖の恩恵が受けにくい相です。乾宮は「**先祖**」と「**人望**」に関係が深く、その他「**役所関連**」や「**父親**」に関しても示される部位です。病気をすると乾宮の肉付きが落ちて凹んでくる諸病も少なくありません。

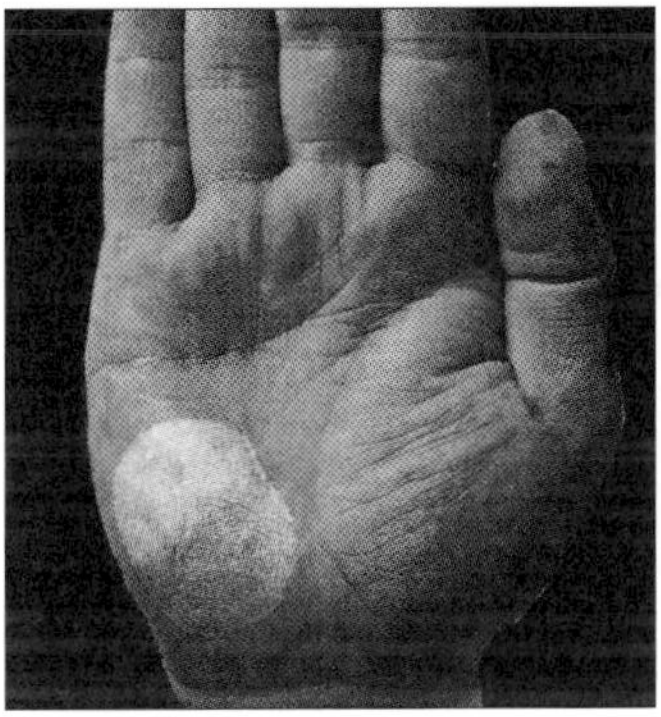

★乾宮の範囲が特別広く肉付きも良いのは、神仏からの加護が人一倍強い人の相であり、感覚が発達し危機を察知しやすいものです。乾宮の中央部が高いのは企画力に優れ、低部が高いのは霊感が優れています。

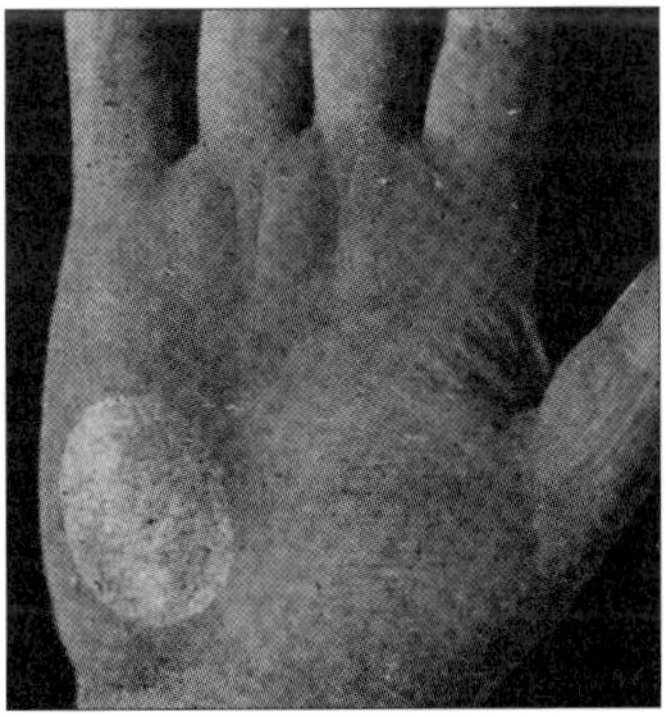

★乾宮が肉付き良く盛り上がって紅潤色をしているのは、神仏や先祖の加護や遺徳が与えられる人の相であり、大衆からの人気や支持も強い相となります。目上からの恩恵を得て仕事上でも評価が鰻登りの時の相です。

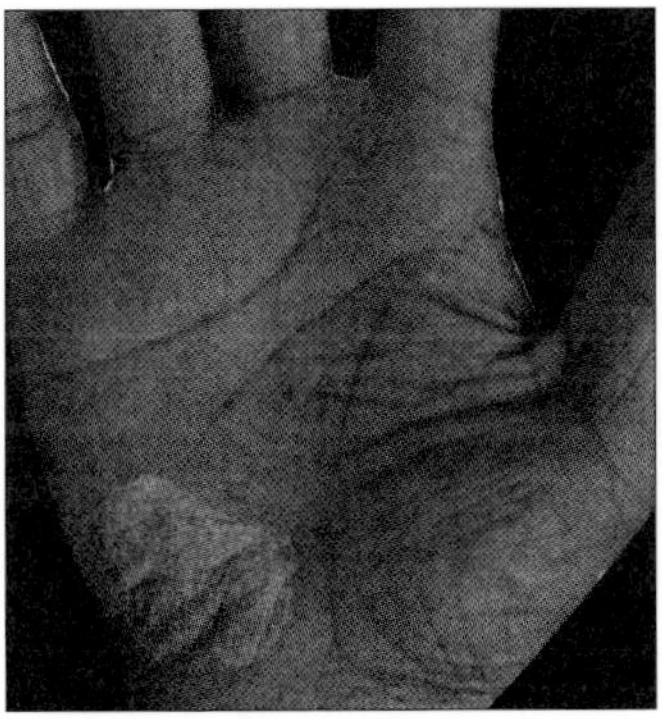

★乾宮の肉付きが発達せず、むしろ凹んでいるように見えるのは、精神面にゆとりがなく、神仏や先祖の加護が得られにくい相であり、家系的な病気である心臓病や脳溢血、神経痛、リウマチ、腸疾患、痛風にもかかりやすいものです。

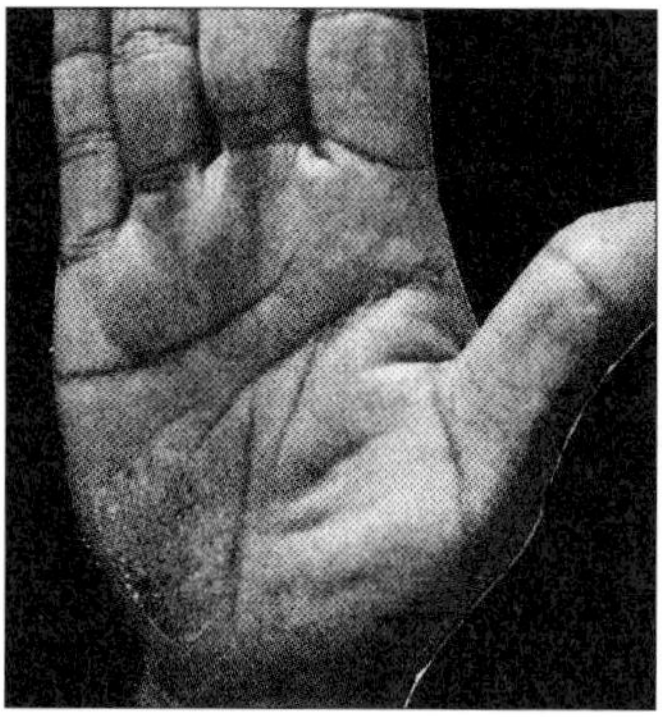

★乾宮の肉付きが急に削がれたように凹んでくるのは、先祖からの信仰や宗教を変えるとか、先祖から継承されてきた財産を失う時の相であり、逆に盛り上がってくるのは財力や権威ある後援者を得られる時の相です。

★乾宮下部に固定色のような暗点があるのは、家系・血縁的な因縁や問題を引きずっていることの証しで、それが原因で目上の引立てが得られないことを暗示しています。またしばしば水難に見舞われる人の相です。

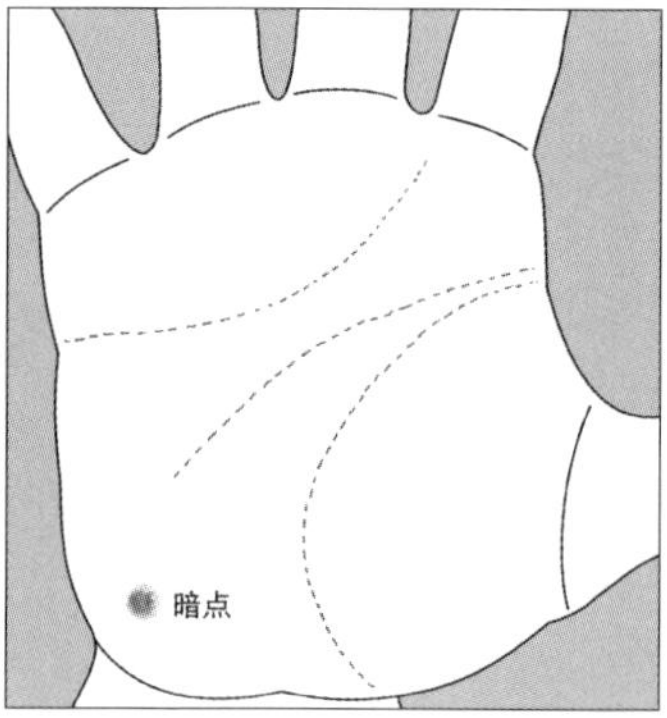

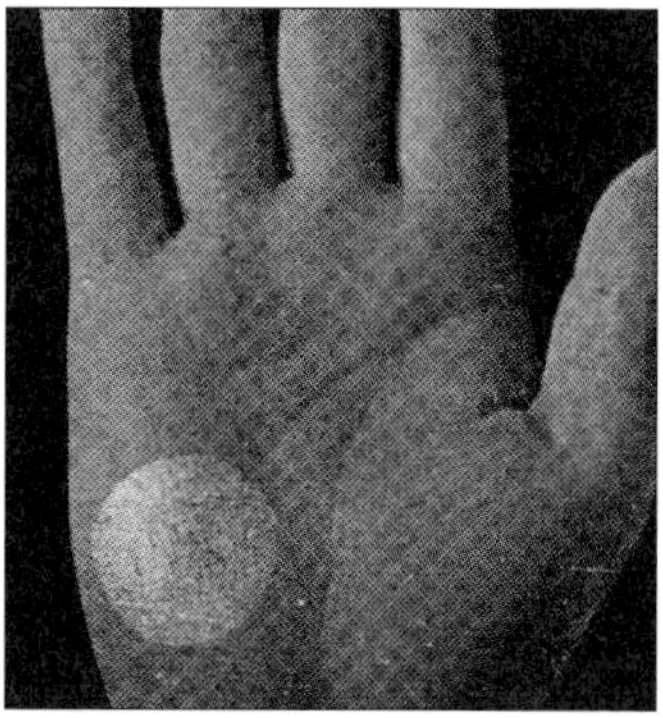

★乾宮上部の肉付きが増してくるのは人気運が強まっていることを表し、乾宮下部の肉付きが増してくるのは信仰心や霊感が強まってくることを表します。上部に輝きある紅潤色が出れば人気急上昇の相となります。

★乾宮上部に赤色や赤暗色が出現するのは、父親の突然の死によって遺産相続のトラブルが発生する相です。この場合、暗色が強いと親の負債が重く圧し掛かってくる形で、窮地に陥りやすい傾向を持っています。

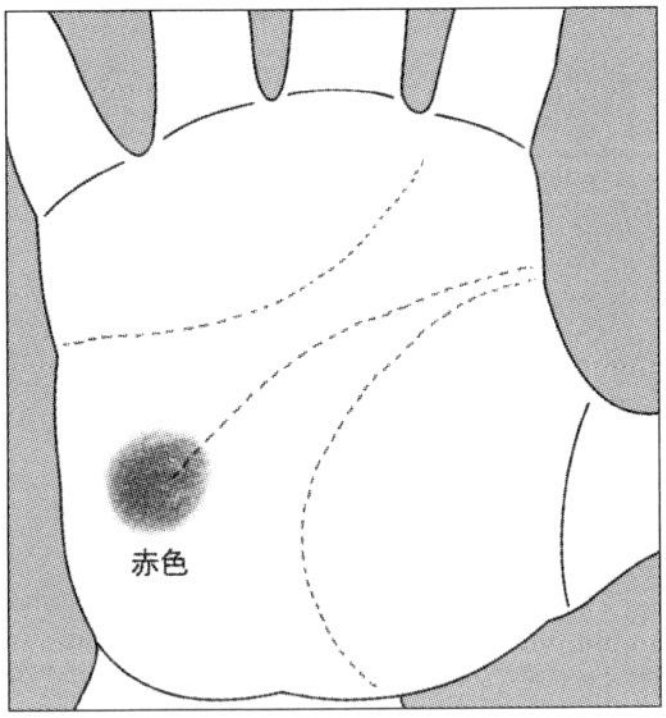

★乾宮に輝くような黄潤色が出現していれば、神仏や先祖の遺徳を受けて価値ある財産や不動産を相続する形で、時に神仏を通じて収益が増えていく場合もあります。建墓や仏壇購入や法要が財運を強める相です。

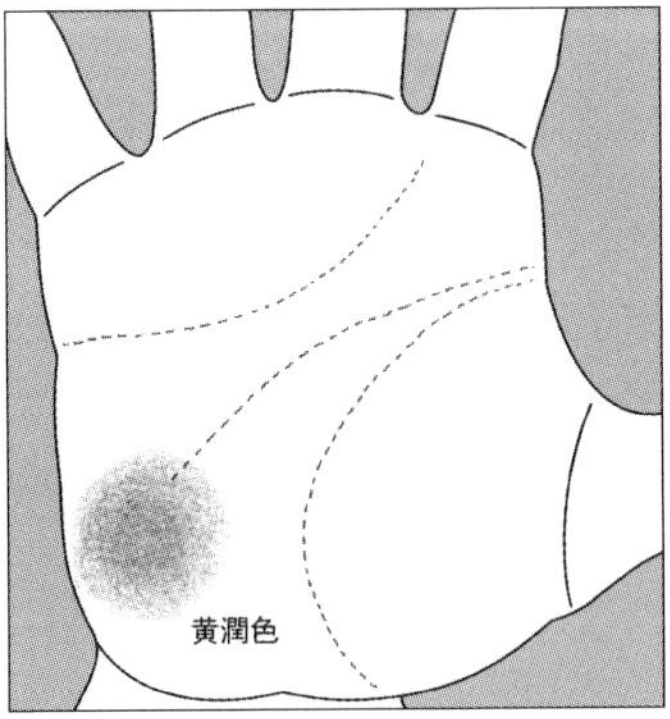

★乾宮に暗蒙色が出現しているのは、父親とか大切な上司が重病時の相ですが、それが白骨色に変化してくる場合は死期が迫ったことを暗示しています。暗蒙色は数か月前から、白骨色は一週間位前から出ます。

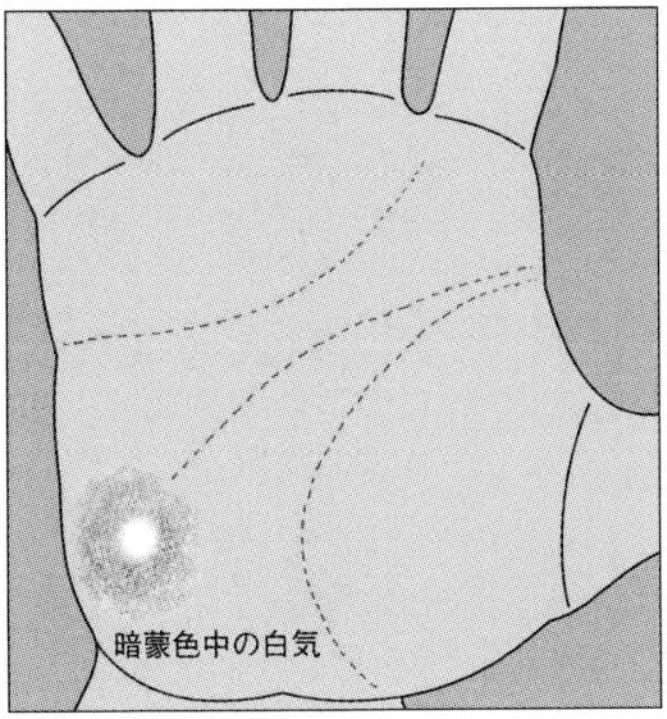

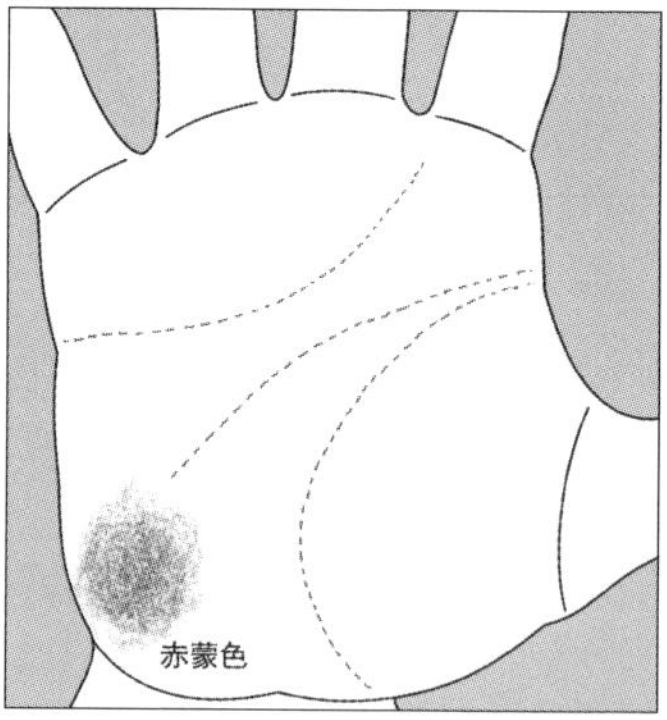

★乾宮の中央から下部にかけ蒙色や赤蒙色となるのは、役所関係に提出する書類に関して問題が生じ苛立つことになりやすい相です。中央から下部に赤暗色が出た場合は、役所関連での金銭トラブルが発生します。

★乾宮下部に青暗色が出現するのは「水難の相」であり、特に旅行中の水難事故に要注意の相です。青暗色中に白気が出るのは、霊障を受けて悩んでいるときにも見掛ける形で、水辺に近寄るのは極めて危険です。

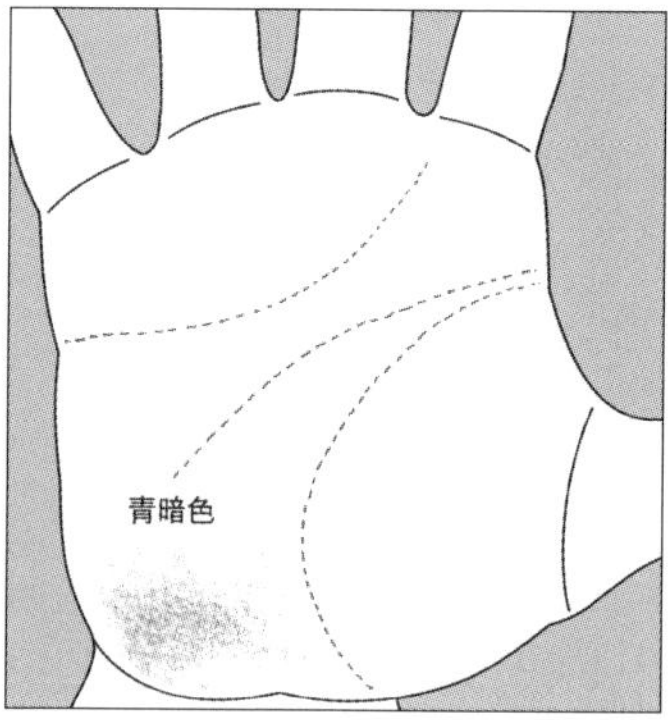

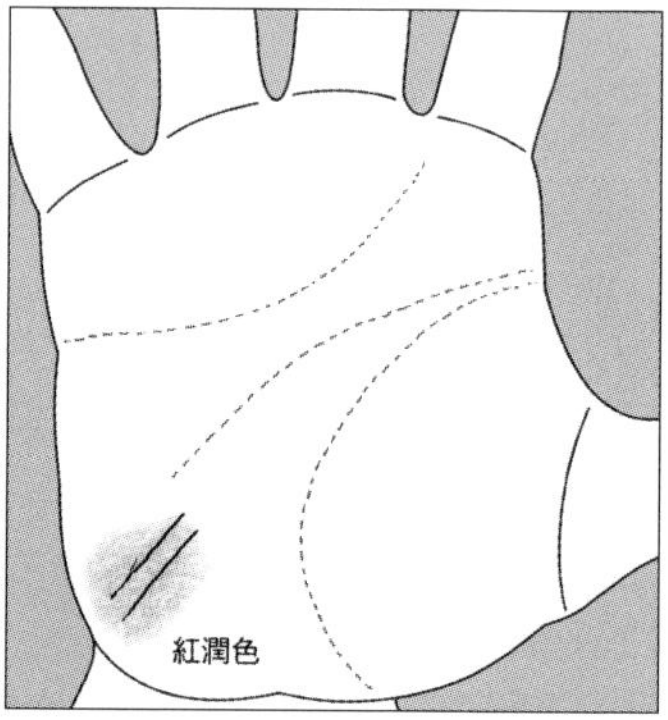

★乾宮下部の受寵紋に紅潤色が出現しているのは、後援者や支持者から熱烈に愛され引き立てられる形で、その結果として人気運が向上し、仕事も順調に進展して、経済的にも大いに満たされる状態となります。

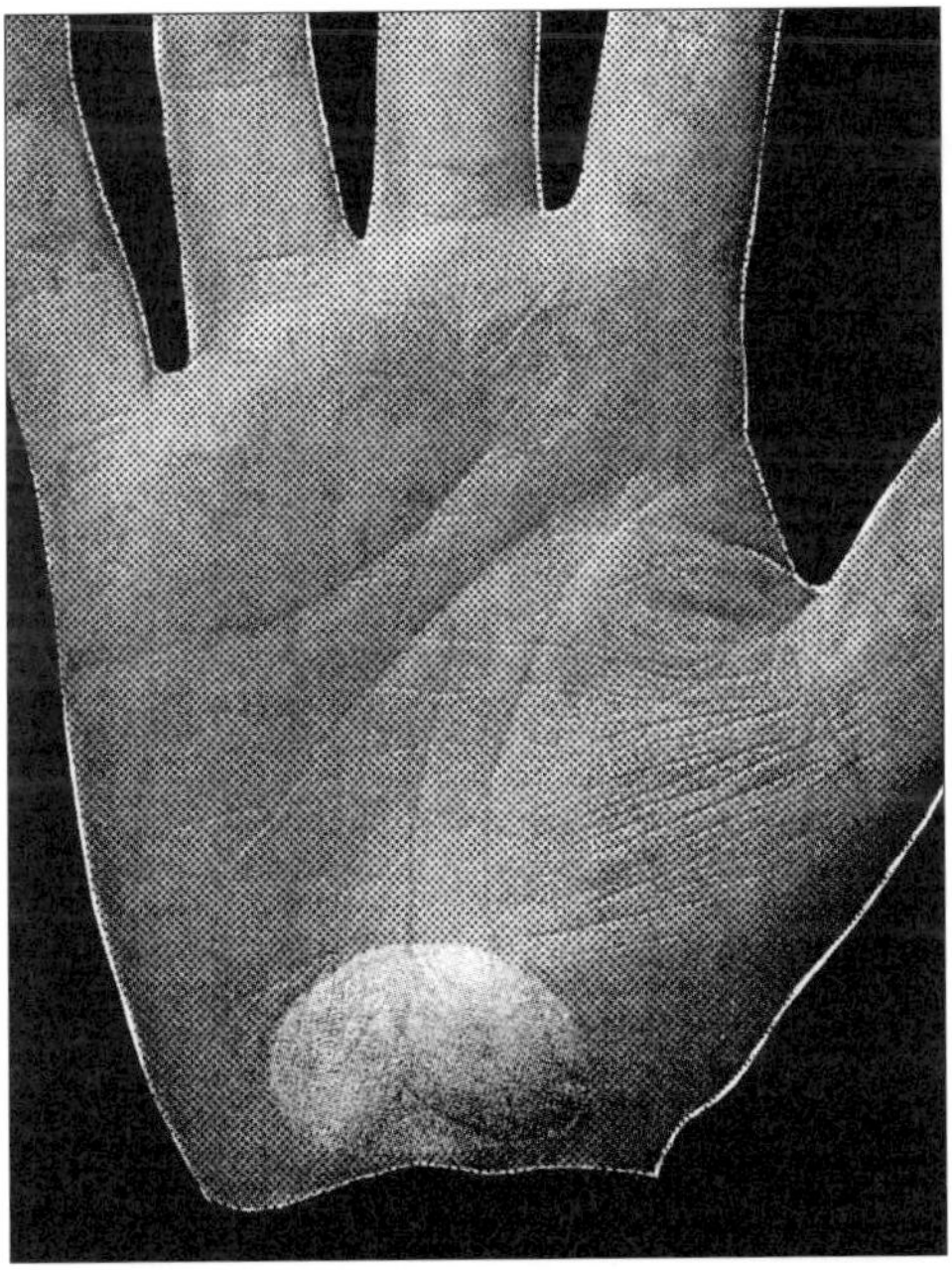

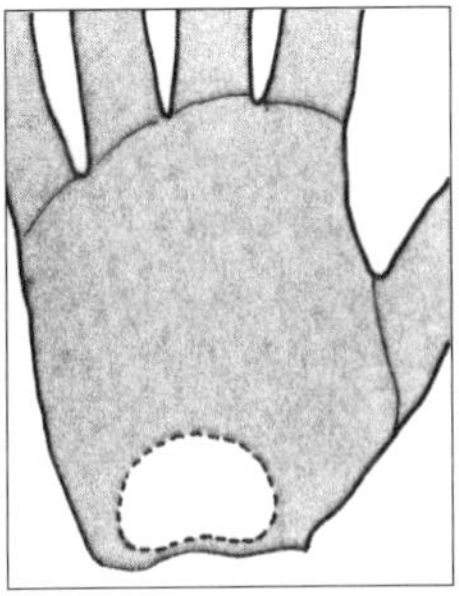

「坎《かん》」宮における気血色判断

住居運とSEXの吉凶が予知できる

「**坎宮**」は手首上部に位置し、西洋式手相術では「**地丘**」と呼ばれたり「**海王星丘**」と呼ばれたりしている部位です。和式手相術では「**海門**」とも呼ばれることがあります。手相の宮区分では親指側「艮宮」と小指側「乾宮」に隣接していますが、一体となって発達しているケースが多いものです。坎宮は「**根基**」と併せて「**住居**」と「**SEX**」を物語る宮で、この宮が厚く肉付き良く発達していれば、SEXと生命力が強く、住居運に恵まれ、晩年になってもその活動が衰えない人生となります。古代ギリシャの神官は、この部位から妊娠の有無を判断し、乙女達に対して結婚の許可を与えたそうです。

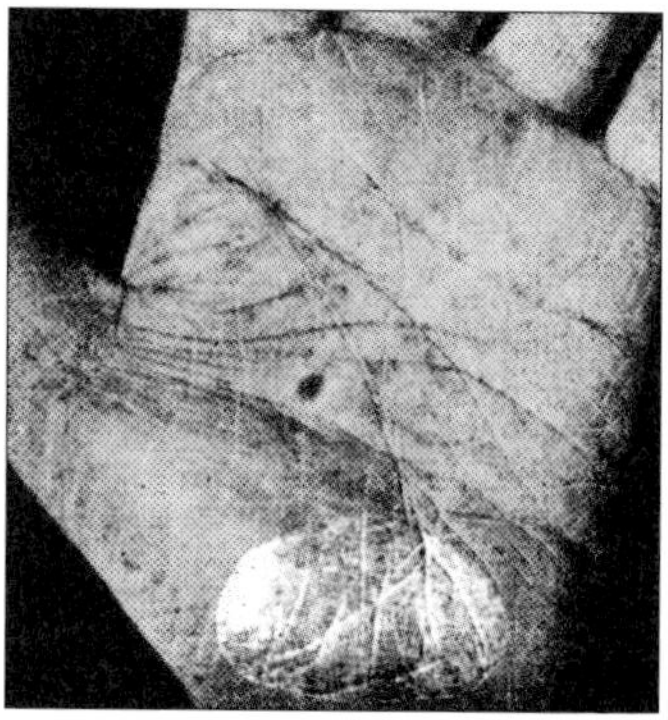

★坎宮が艮宮側で特に高く一体化して発達しているのは、不動産運の強い人の相であり、生まれ故郷との縁も深い相です。生命力も強く、たとえ病気になっても回復が早く、晩年まで性生活を楽しむことが可能です。

★坎宮の上部で地紋外側が紅潤色をしているのは、住居や移動に関しての悦び事を表す相であり、素晴らしい住居に移転するとか、新しいオフィスが完成するとか、栄転が決まって心待ちにしている時の相です。

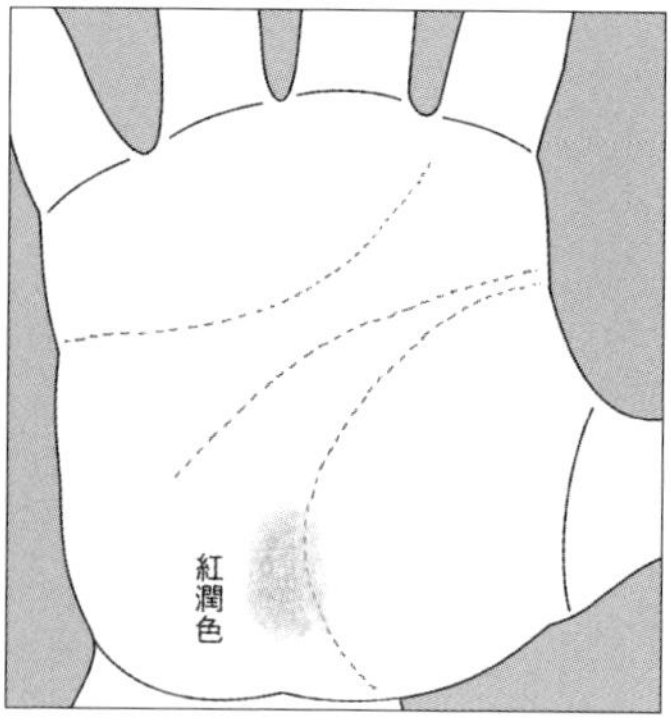

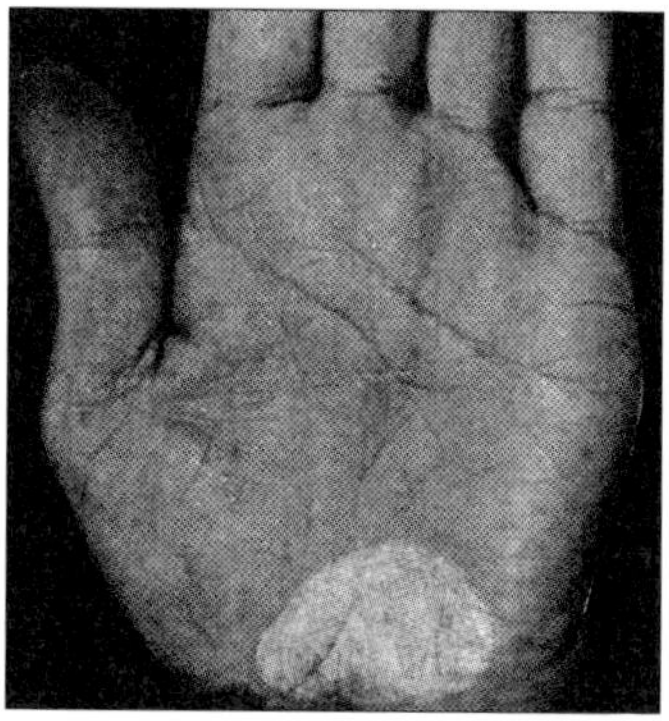

★坎宮の肉付きが発達せず、手首上部が凹んでいるように見えるのは、自分の居場所が落ち着かず不安定な人の相であり、住居が変わりやすいとか、職場が変わりやすいとか、生活環境が安定しないことを表します。

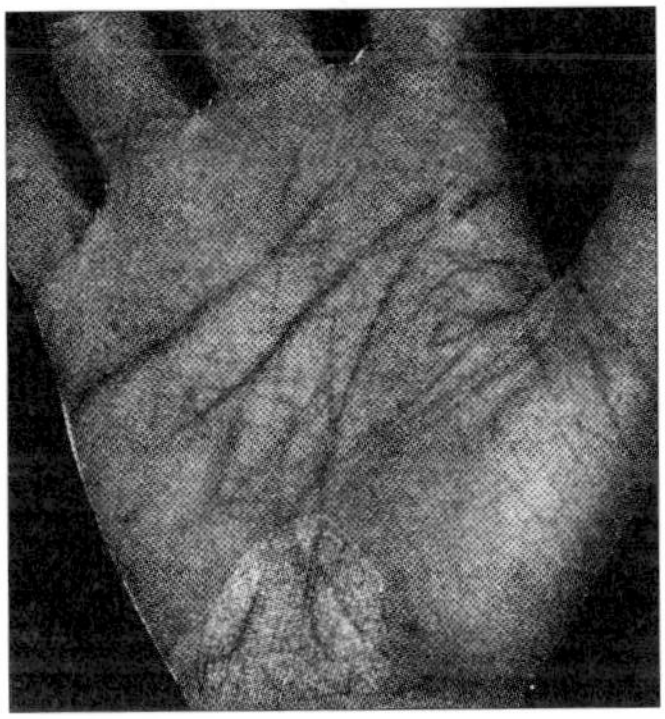

★坎宮の肉付きが乏しく細かな雑線が多いのは、現在の生活環境では雑音が多くて苛立ちやすく、住居や職場がなじめず再三変わる相です。既婚女性なら不妊か流産しやすく、男女とも性生活に自信の持てない相です。

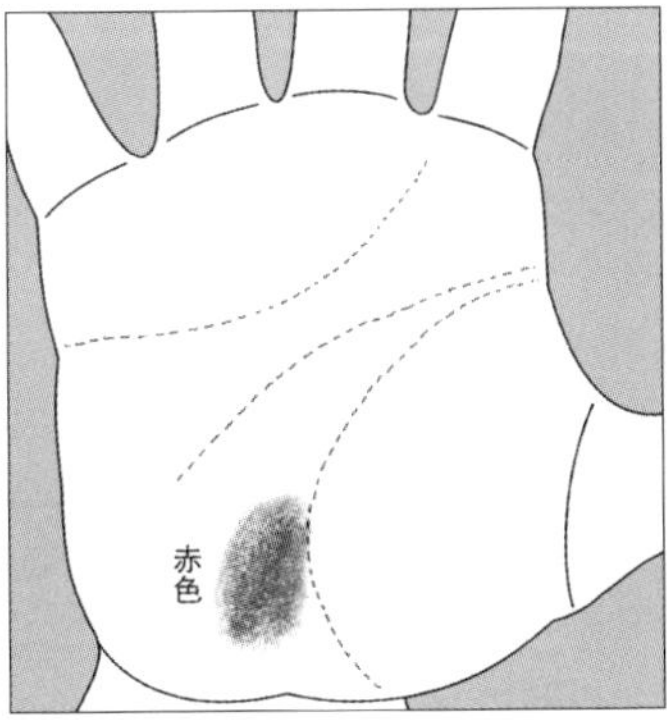

★坎宮上部に赤色が出現するときは、住居移動の相であって、赤みが強いほど移動が迫っています。地紋から少し離れると旅行と観る場合もあります。赤蒙色の場合はなかなか移動が遅れている形でなかなか移動先が決まりません。

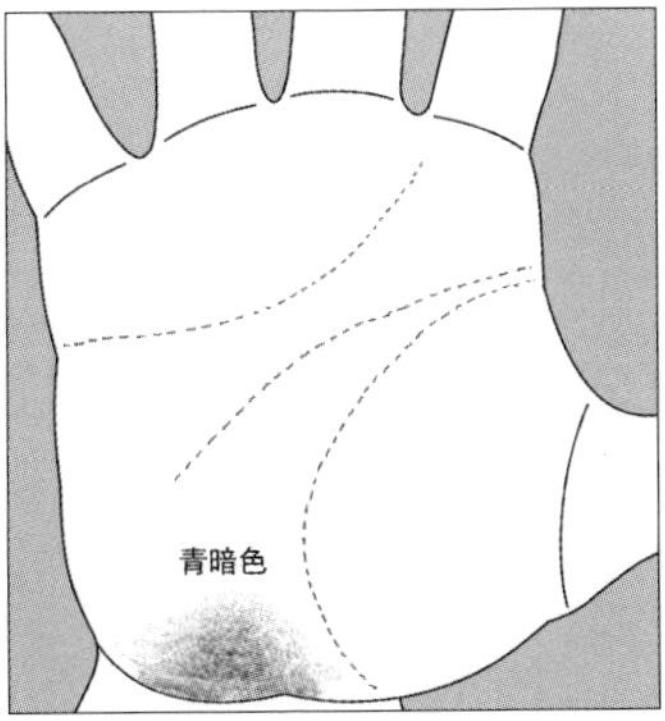

★坎宮下部に青暗色が出現するのは、性病や泌尿器系疾患、或いは婦人病に侵されている時の相です。不妊治療も青暗色が出ている時には効果がありません。稀に航海中の海難事故として表れる場合もあります。

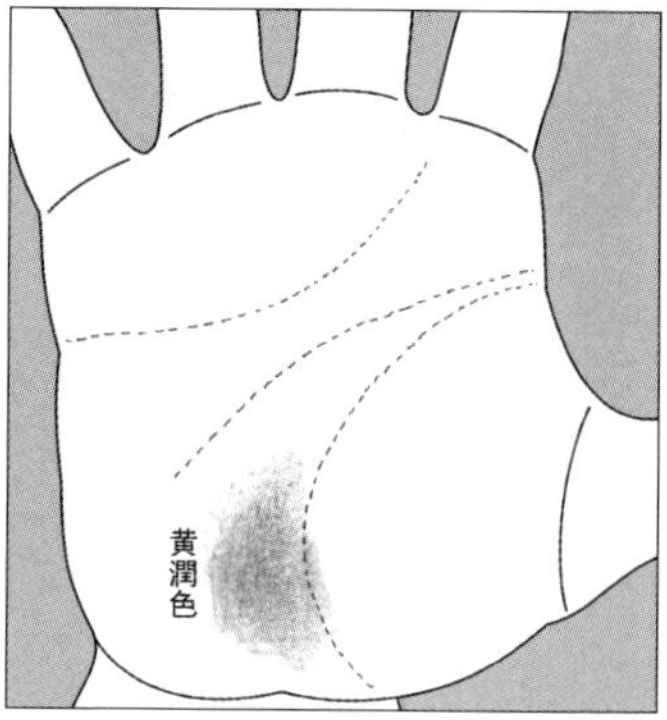

★坎宮上部に輝くような黄潤色が出現していれば、素晴らしい住居を手に入れる形で、理想的なマイホームを取得するときの相です。既に家を所有している場合は、別荘とか、オフィスビル取得の相となります。

★坎宮に固定色のような暗蒙色があって、その中に白気一点が潜むのは、現在の住居内に死霊が潜む形であり、種々の心霊現象が起こっている時の相です。そこに暮らし続けると事故や病魔に蝕まれます。

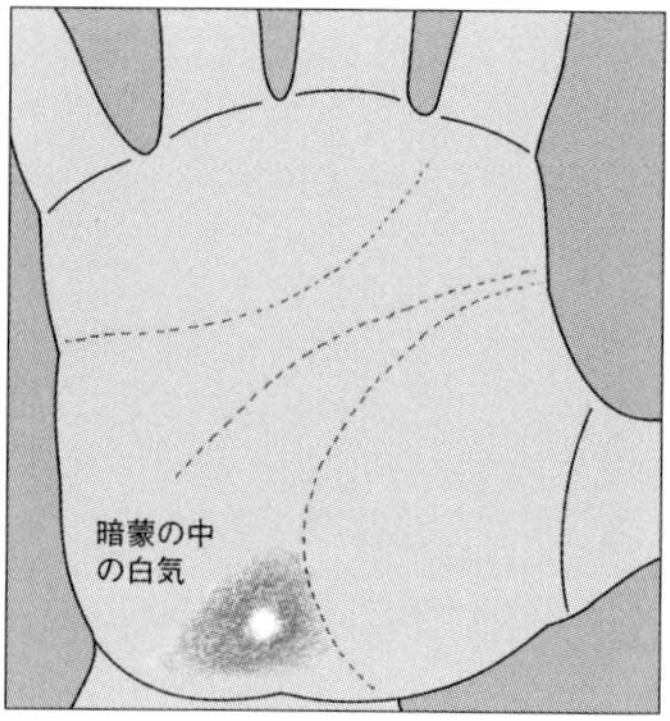

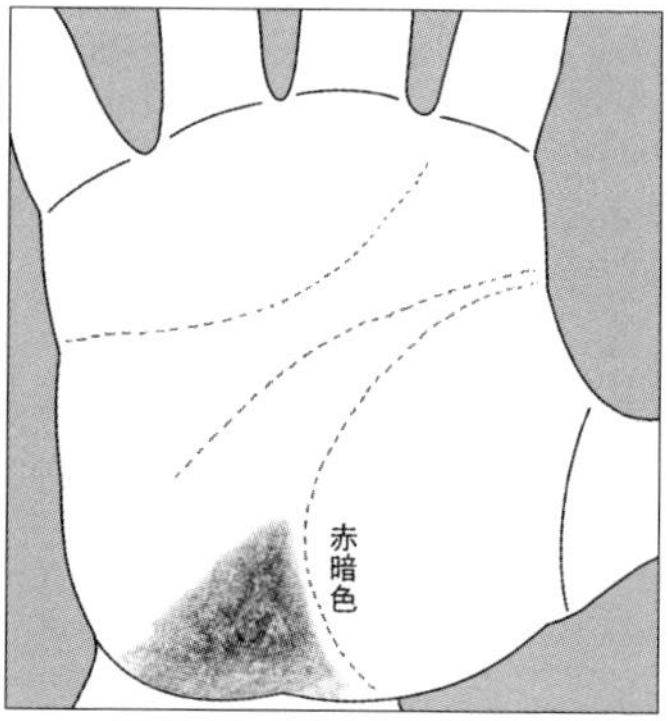

★坎宮に汚い赤暗色が出現するのは、住居や職場が予期せぬ火事に遭う時の相であり、部分的な青暗点が出るのは自宅内か、或いは職場内に盗賊や強盗など悪漢が入って現金など大切な物を奪われてしまう時の相です。

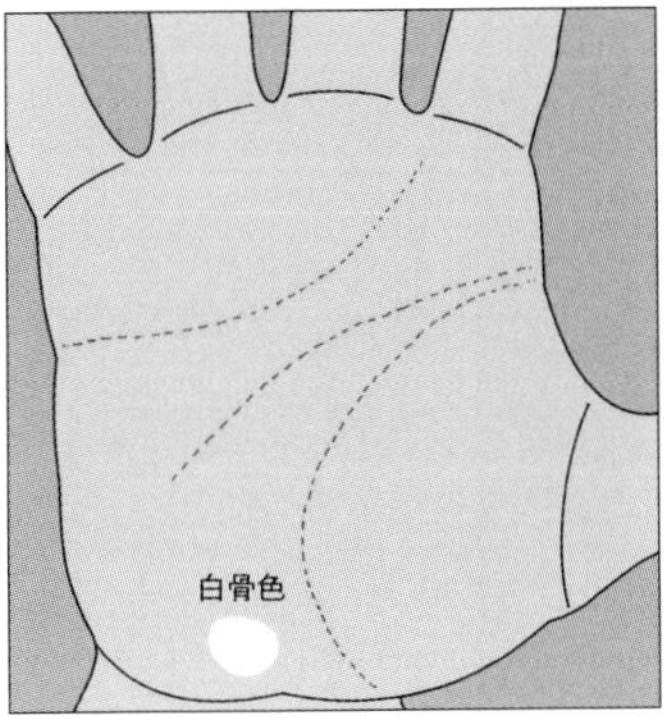

★坎宮に小さな白骨色が見受けられるのは、家庭内に重病人がいる時の相であり、その多くは回復が難しい病気で、世帯主の家業も衰えていくものです。その白骨色の枯れた感じが強まると病人は死を迎えます。

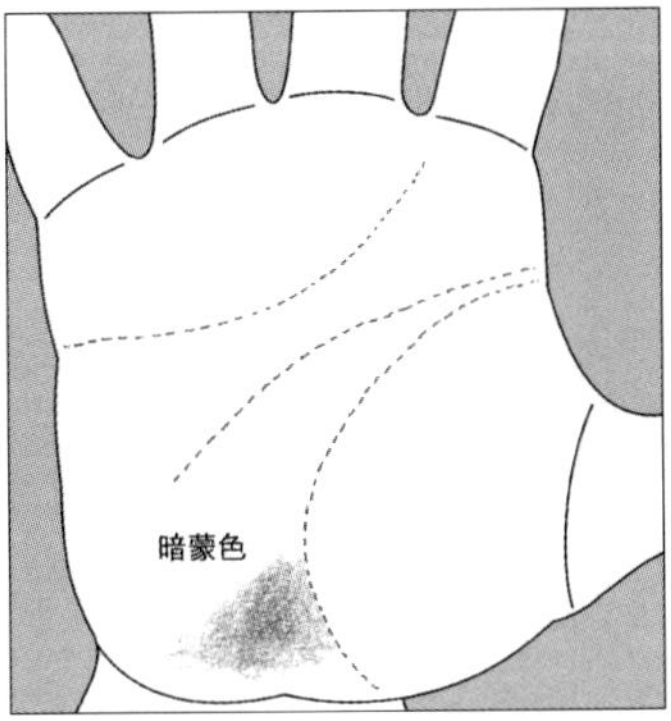

★坎宮全体が暗蒙色となるのは、転居も転職も難しい時の相であり、身動きが取れずに悩み苦しんでいるとか、相続問題で煩悶している時の相です。暗蒙色が坎宮上部だけに強ければ、予期せぬ住居の水害に要注意の相です。

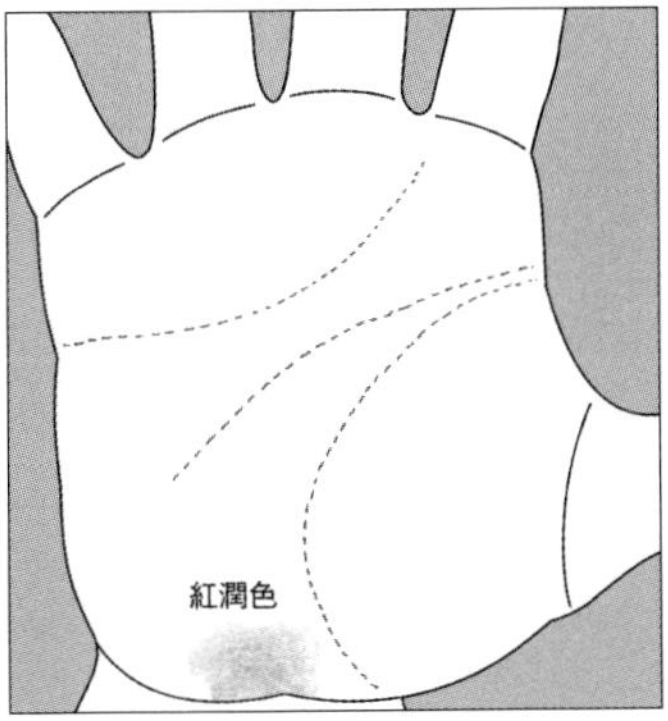

★坎宮下部に紅潤色が出現しているのは、ＳＥＸに関して悦び事ある表示で、自らの性的魅力に自信を持っていて、心と身体の両方で幸せを享受する時の相です。待ち望んだ妊娠・出産の悦びを表す時もあります。

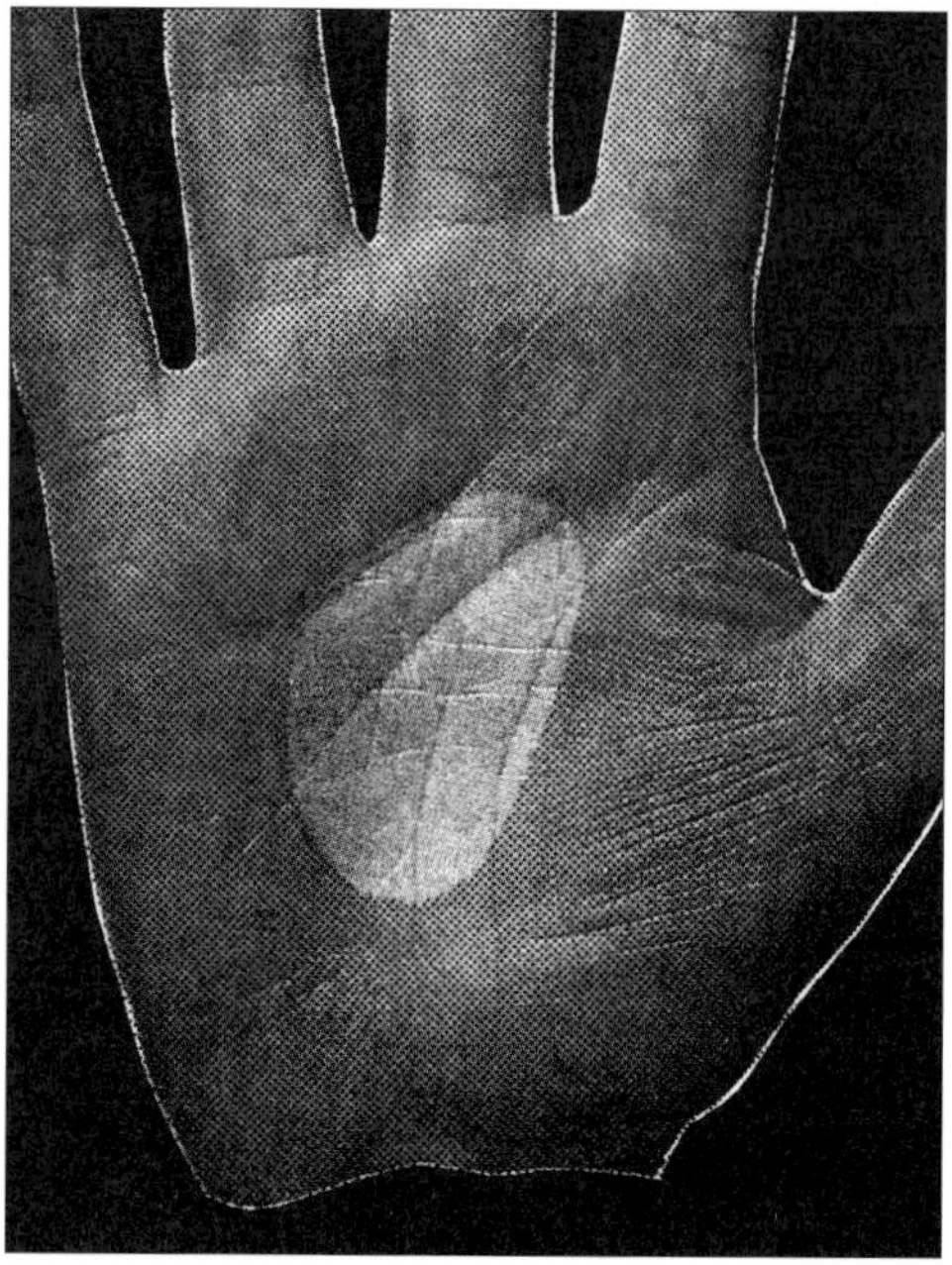

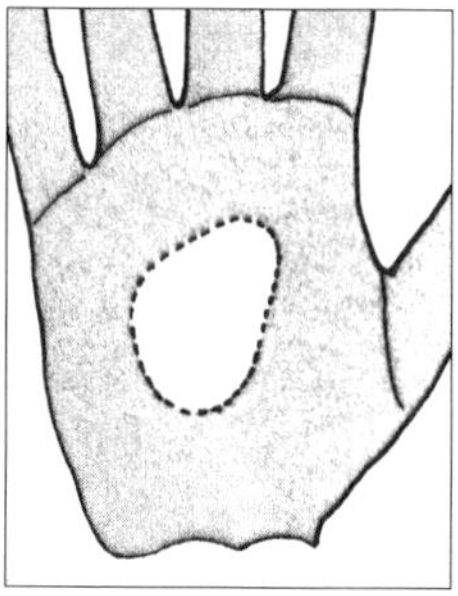

明堂《めいどう》における気血色判断

現在の心境と運気、妊娠の可否が示される

「**明堂**」は掌の中央に位置し、西洋式手相術では「**火星平原**」と呼ばれている範囲内です。和式手相術では「**天一貴宮**」とも呼ばれることがあります。掌の中央部分で他の八宮に囲まれているので、やや**凹んでいるように見えるのが本来の姿**です。八宮全体では、一般的に艮宮がもっとも高く、次いで乾宮、それから震宮・兌宮・坎宮と続き、そのあと巽宮・坤宮・離宮が横一線で並ぶようです。これら各宮の隆起の仕方や広さの状態によって「明堂」の形や範囲は決定されます。最初から完全に定まっているというより、個々の掌によって、時期によって、変化していくのが明堂なのです。

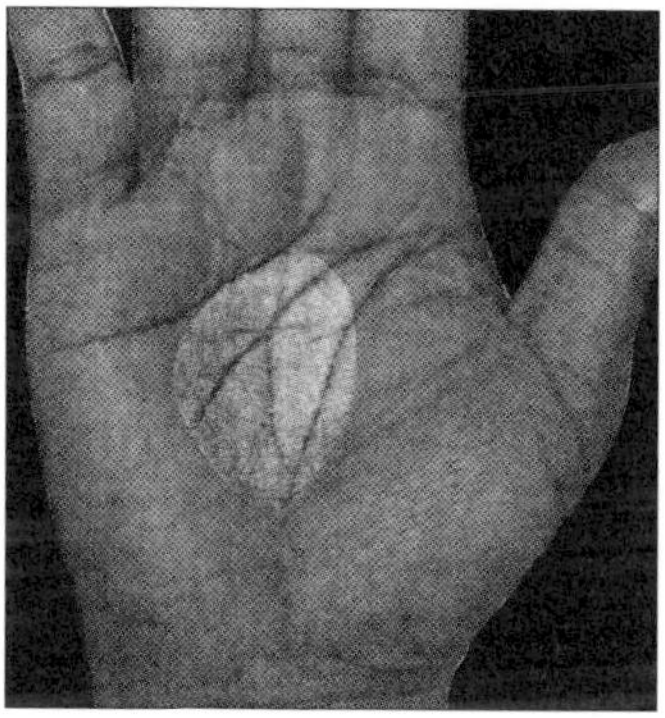

★明堂の周りが高く隆起しているため凹んでいるよう見えるのは、古来「**財宝満ちる相**」と言われ、社会的にも東奔西走している「**成功者の相**」となります。但し、極端に窪むのは気分にムラが多く我儘な人です。

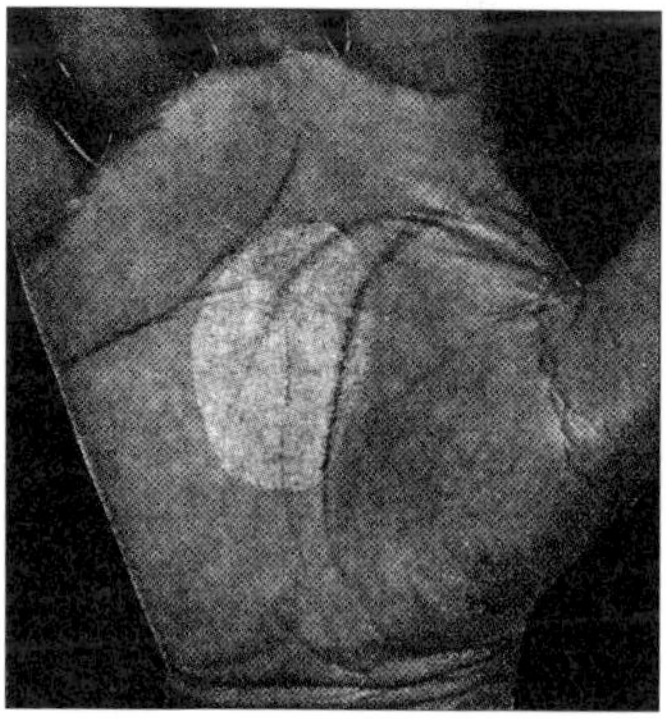

★明堂の周りの宮がほとんど隆起せず凹みのない掌の人は、古来「**お金の貯まらない相**」と言われ、特に四指の付け根に隙間が空けば「**お金がこぼれ落ちる相**」となります。喜怒哀楽が乏しく感激の少ない人生です。

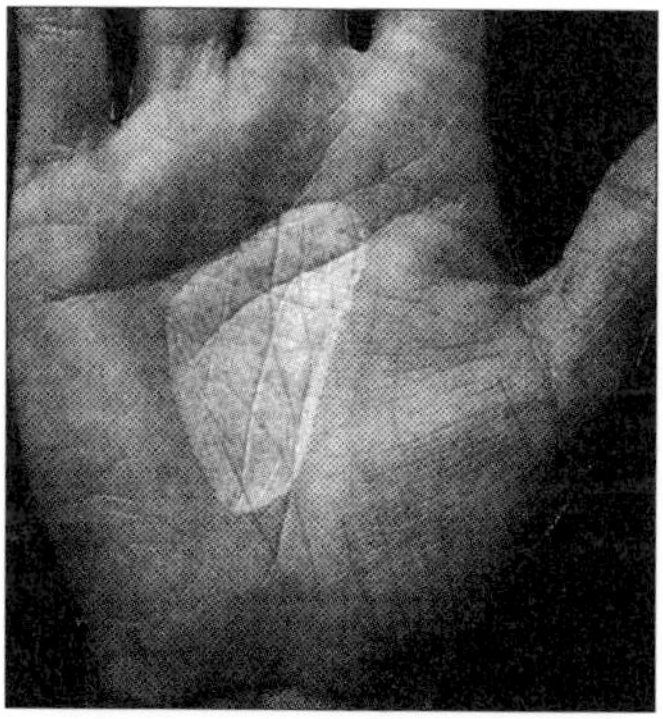

★明堂の中に立身紋をはじめとして縦の線が多ければ、社会的な使命感や責任感が強く、常に前向きな働き者であり仕事に忙しい人生となります。仕事上の苦労も多い代わりに名誉や地位にも恵まれる人の相です。

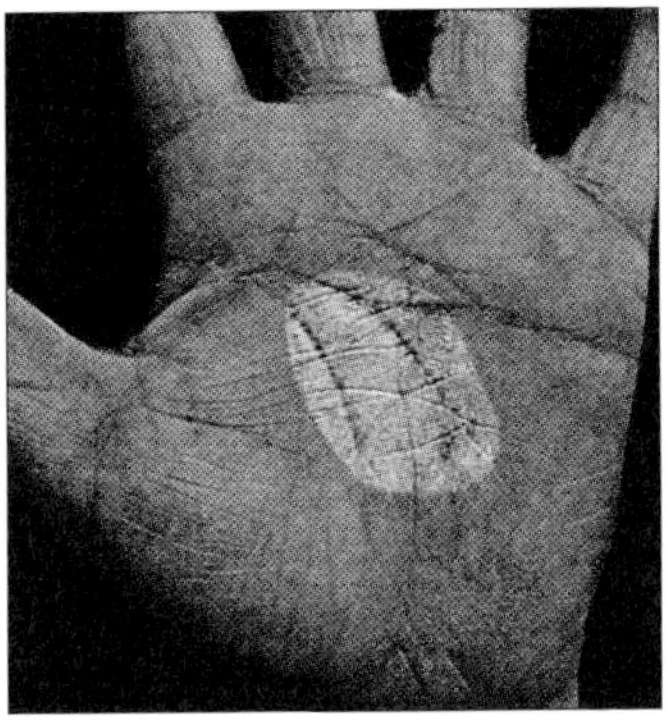

★明堂の中に剋害紋をはじめとして横の線が多ければ、人生の行く手に障壁や妨害の多い形で、様々なところに落とし穴が待ち構えている運命となります。意志が強く人生に立ち向かわなければ挫折してしまいます。

★明堂の中央部で地紋寄りに紅潤色が出るのは、女性の場合は妊娠している可能性が強く、その時同時にピクピクと脈打つのが特徴ですが、それが右手に強ければ女の児、左手に強ければ男の児…を暗示しているものです。

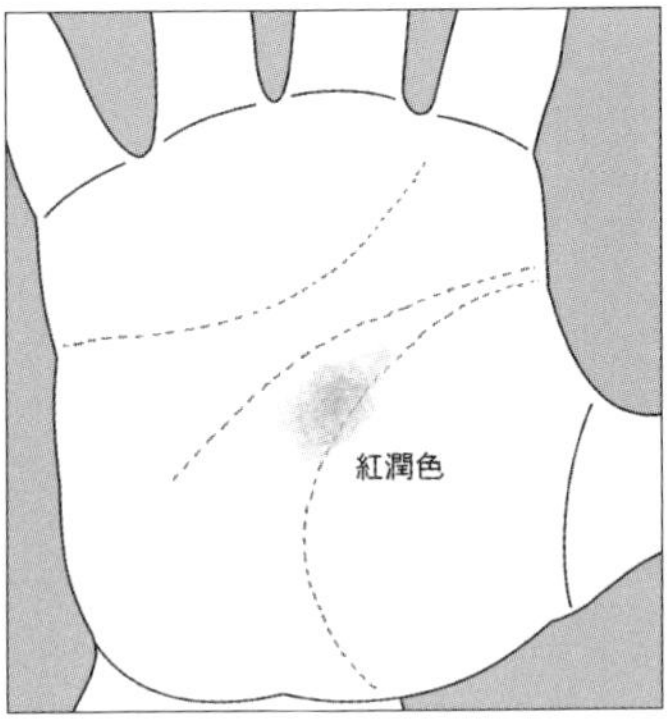

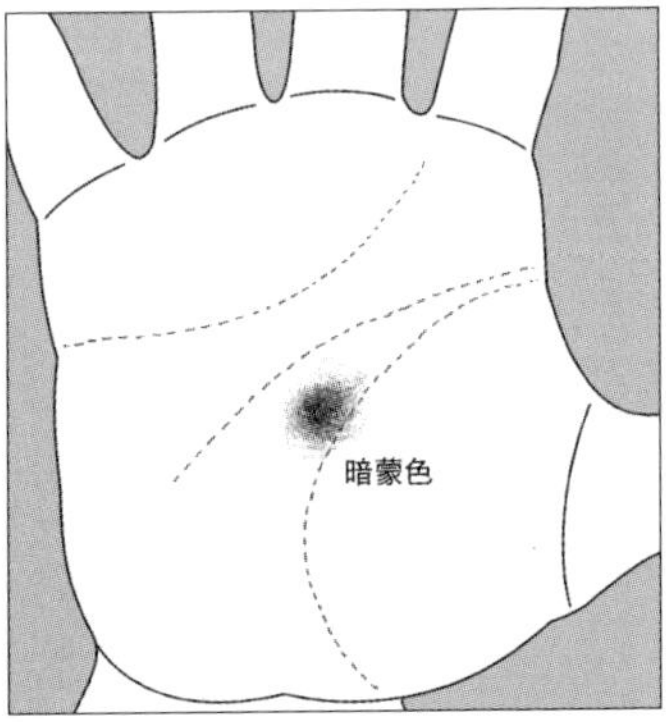

★妊娠後期に至っても、明堂の中央部が「大・小の脈」を交互に打たないのは難産の相であり、黄濁色や、暗蒙色や、白骨色となるのは、母体や胎児に「**生命の危険が及ぶ相**」として注意しなければなりません。

★一般的な明堂中央部の気血色は、今現在の本人の心境や希望が示されるところで、ここが輝きある白潤色や紅潤色となっているのは運勢好調です。本人が幸せを感じている時であって、「**希望が叶う相**」と言えます。

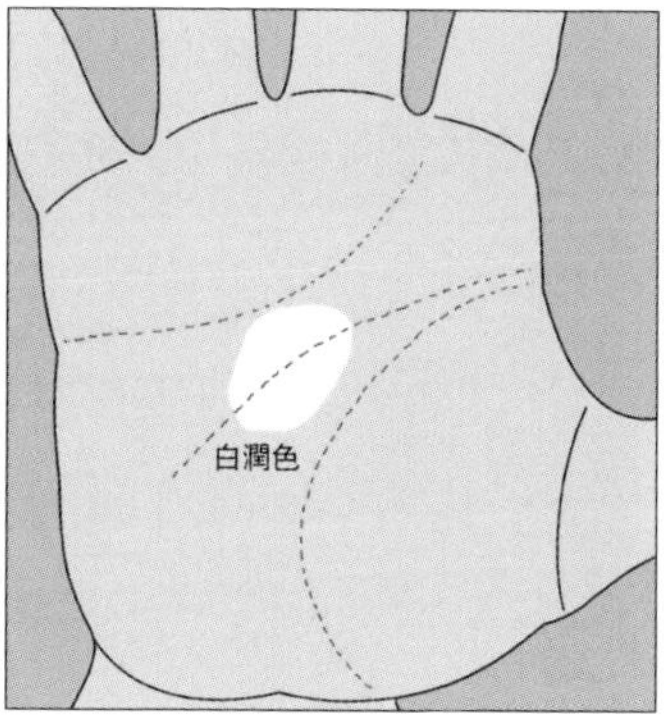

★明堂から離宮にかけて暗蒙色が漂っているのは、今現在の運気が振るわず、物事すべて停滞気味の時の相で、仕事面でも体調面でも不調です。特に役所関連の物事はうまくゆかず、損耗や汚名を着せられる相です。

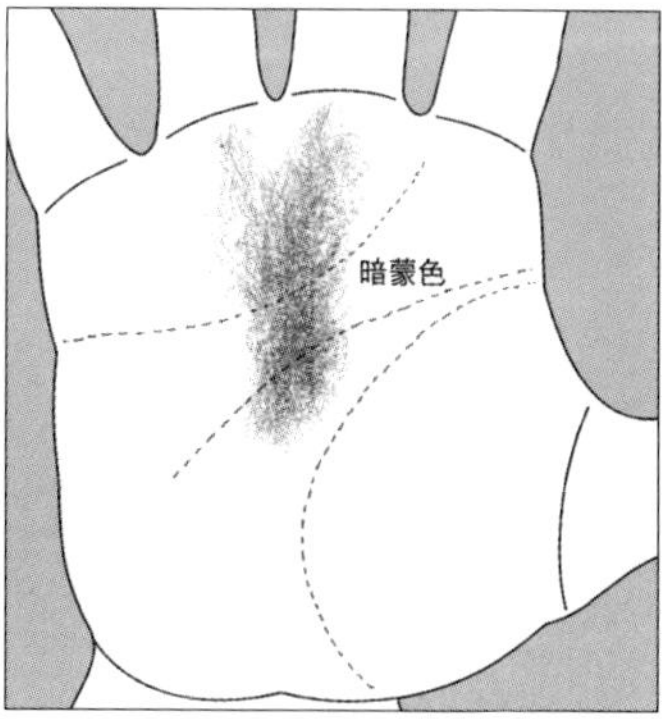

★体調面から見た明堂は、胸部から腹部にかけての健康状態と関係を持っていて、色彩として薄めの青暗色や暗蒙色が出現しているのは慢性的な疾患や持病を持っていて、鬱々とした毎日を送っている時の相です。

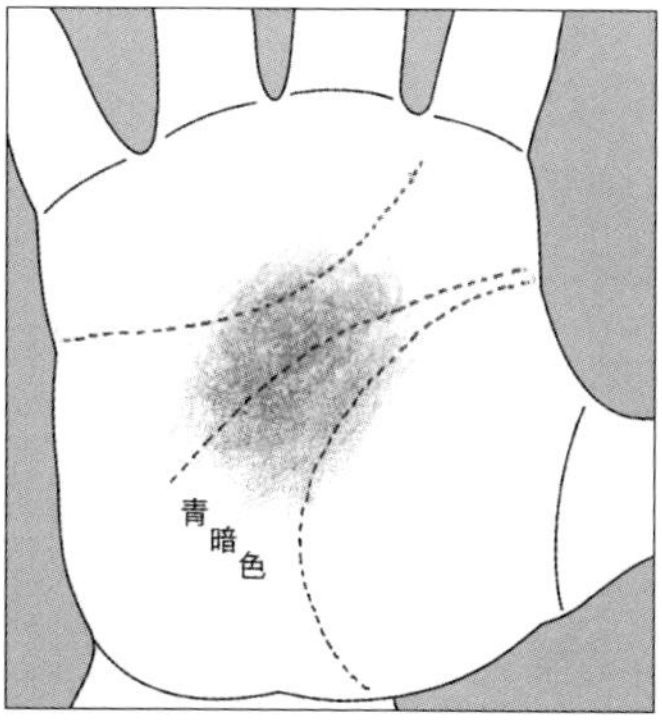

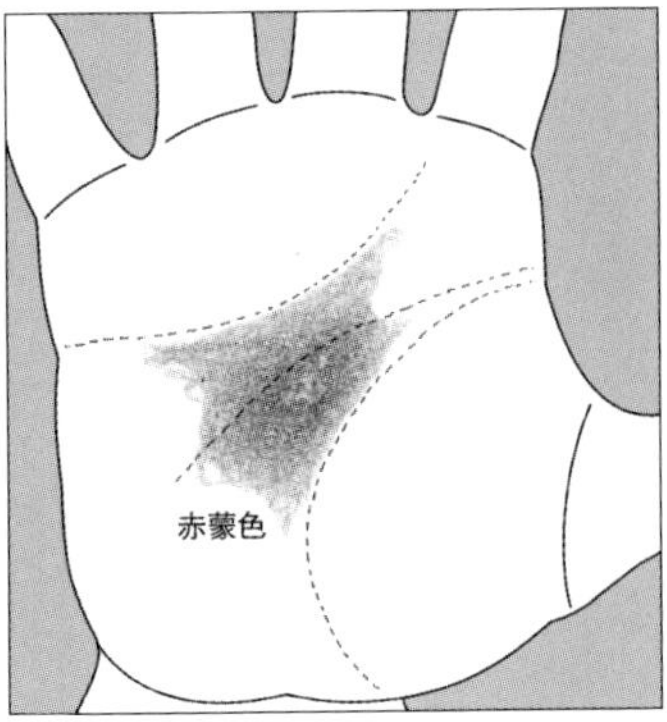

★明堂に赤蒙色が出現しているのは、現状に行き詰っていて焦燥感を持っている時の相であり、焦れば焦るほど結果が出ないことになりがちの時です。いったん頭を冷やして新たに取り組む方が好結果を得られます。

★明堂に青白色が出現しているのは、ヒステリックになりやすい時の相であり、ちょっとした事でもムキになり敵対視をしやすいものです。白気だけが強くて枯れているのは、すべてに気力を失っている時の相です。

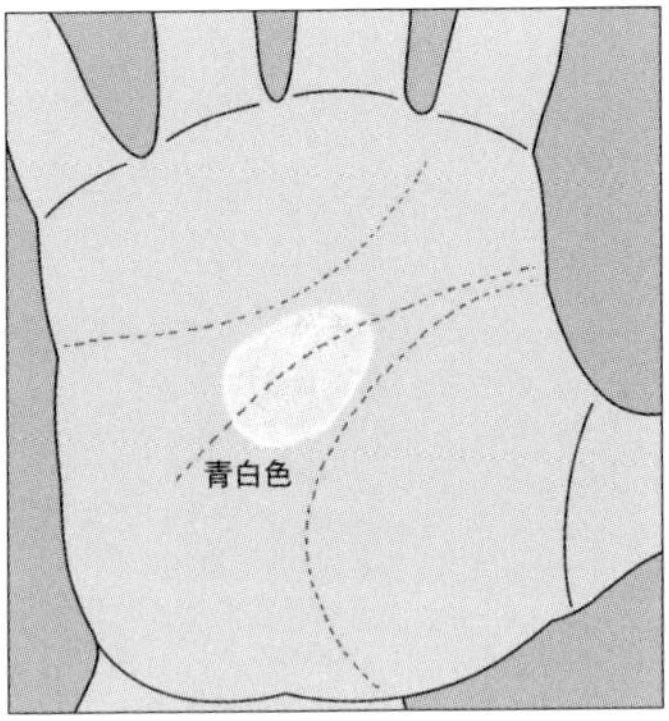

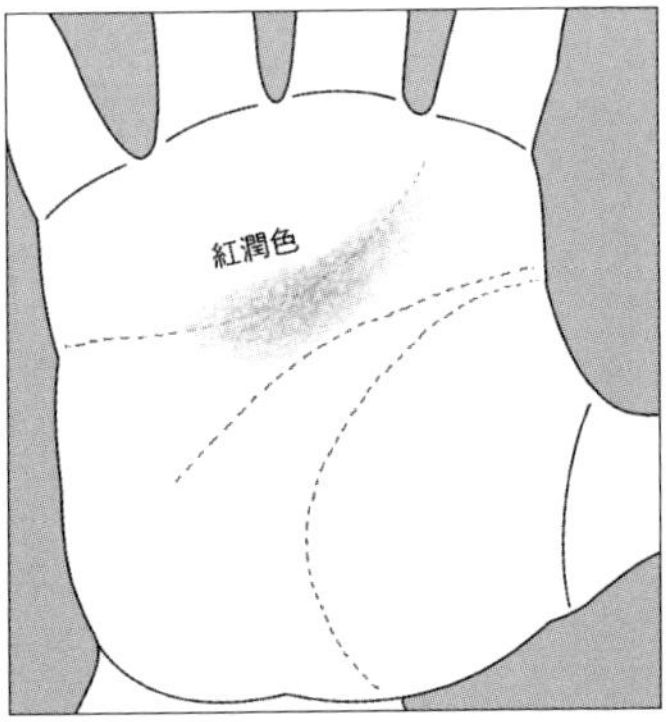

★明堂内の天紋下の部分が紅潤色となるのは、恋愛運や異性運の好調時であり、人紋を中心にして紅潤色となるのは仕事や学問が好調の時であり、地紋寄りに紅潤色となるのは家庭的な悦び事が生じやすい運気の時です。

●気血色判断上の注意点について

手相で実際に気血色判断を行う場合の注意点について、いくつか記してみたいと思います。

まず、第一に気血色の「色」についてですが、本書で扱っている気血色というのは基本的には掌全体の地色のことではなく、部分色のことです。さらに「部分色」とはいうものの、その血色範囲については、掌の三分の一くらいを占めるような大きなものから、米粒大の小さなものまで実にさまざまで、大きさが定まっているものではありません。広範囲に出てくる血色や、目立つほど濃い血色は、それだけ起こってくる出来事が重要であることを物語っています。

健康状態を反映して表れてくる場合は「常色」と云って、固定色のように同じ色が出続けることもあるのですが、それ以外の気血色は、その時その時で微妙に変化していくものです。もしも固定色のように数ヶ月以上も同じ血色が出続けているなら、病理的な血色を疑った方が良いかもしれません。

部分色としての手相の気血色は、誰の掌にでも出現しますが、比較的表れやすいタイプの手と、表れにくいタイプの手とがあるよう感じられます。また、比較的長期間にわたって表出し続ける血色と、短期間で消えていってしまう血色とがあります。通常は、その出来事が起きる前（数日～数週間）から血色としての色艶が表れ、その出来事が終了しても少しの間（数日間）は消えず残っていることが多いものです。

掌上に表れてくる気血色については、人相の方で表れてくる気血色に比べると色としての種類は少なく、ある程度限られていますが、私は外国人の手相をそれほど見ていないので、外国人の掌も同様なのかについては確信が持てません。

どのような色が手相の場合に出現しやすいのかを改めて述べると、左記のようになります。

赤　色……「**血を薄めたような色**」という表現が一番理解しやすい色として出現します。
基本的には、離別、喧嘩、事故……などを表します。

蒙　色……「**曇り空の色**」という表現が一番理解しやすい色として出現します。
基本的には、悩み事、迷い事、運気低迷、煩悶……などを表します。

暗　色……「**暗闇に向かう色**」という表現が一番理解しやすい色として出現します。
基本的には、苦悩、物事の失敗、大きな損失、重病……などを表します。

紅潤色……「**ほんのり桜色**」という表現が一番理解しやすい色として出現します。
基本的には、悦び事、祝い事、希望達成、恋愛……などを表します。

黄潤色……「**薄い金箔色**」という表現が一番理解しやすい色として出現します。
基本的には、財宝を得る、大金を得る、成功する……などを表します。

白骨色……「**枯れた白骨の色**」という表現が一番理解しやすい色として出現します。
基本的には、身近な人の死、年忌、墓参り、死霊現象……などを表します。

青暗色……「**透けた静脈の色**」という表現が一番理解しやすい色として出現します。
基本的には、水難、恐怖心、怨念、病気……などを表します。

暗蒙色……「**暗く煤けた色**」という表現が一番理解しやすい色として出現します。
基本的には、物事の延滞、絶望状態、損失拡大、重病……などを表します。

赤暗色……「**濃く汚い血色**」という表現が一番理解しやすい色として出現します。
基本的には、焦燥感、苛立ち、訴訟、交通事故、闘争事件……などを表します。

茶蒙色……「**薄い褐色**」という表現が一番理解しやすい色として出現します。
基本的には、慢性的な疾患、退廃的心境、荒廃現象……などを表します。

白潤色……「**美しい真珠色**」という表現が一番理解しやすい色として出現します。
基本的には、神仏からの守護、運勢好調時、願望成就……などを表します。

正しい気血色観察には、特殊な能力は不要ですが、多少の慣れと冷静な観察力が必要です。日本人の肉眼による観察力は、他の人種や民族に比べ優秀だと私は思っています。ただ手相が初めての方がいきなり気血色から入ろうとすると、最初のうち戸惑うことが多いかもしれません。最初は容易な紋理の観察や判断から始めて、次に各宮の肉付きとか隆起とかを見定め、徐々に気血色観察へと進む方が間違いがないと言えるでしょう。

身近な人達の紋理（掌線）観察に慣れないうちは、気血色の観察も正しく行うことができないのが普通です。和式手相術はどうしても気血色中心と思われがちですが、まずは紋理の観察や判断が正しく行えて、それに自信を持ってから気血色判断に進まれるのが的確に習得できるコツだと理解してください。

第七章　指紋による運命鑑定

指紋には大きく分けて「**渦巻き型**」と「**流れ型**」の二種類があります。専門的には「**渦状紋**」（純渦状紋・環状紋・二重蹄状紋・双胎蹄状紋）の系列に含まれる指紋と、「**蹄状紋**」（甲種蹄状紋・乙種蹄状紋・有胎蹄状紋）の系列に含まれる指紋と、「**弓状紋**」（普通弓状紋・突起弓状紋）の系列に含まれる指紋とがありますが、ここでは単純に〝**中央が渦を巻くタイプ**〟と〝**渦を巻かず流れるタイプ**〟の二種に分類し、五本指の配列を観察して判断します。男性は三十四歳までが左手、女性は三十四歳までが右手、男性は三十五歳以降が右手、女性は三十五歳以降が左手、として観察してください。指紋配列の名称は、代表的なものを採用しました。

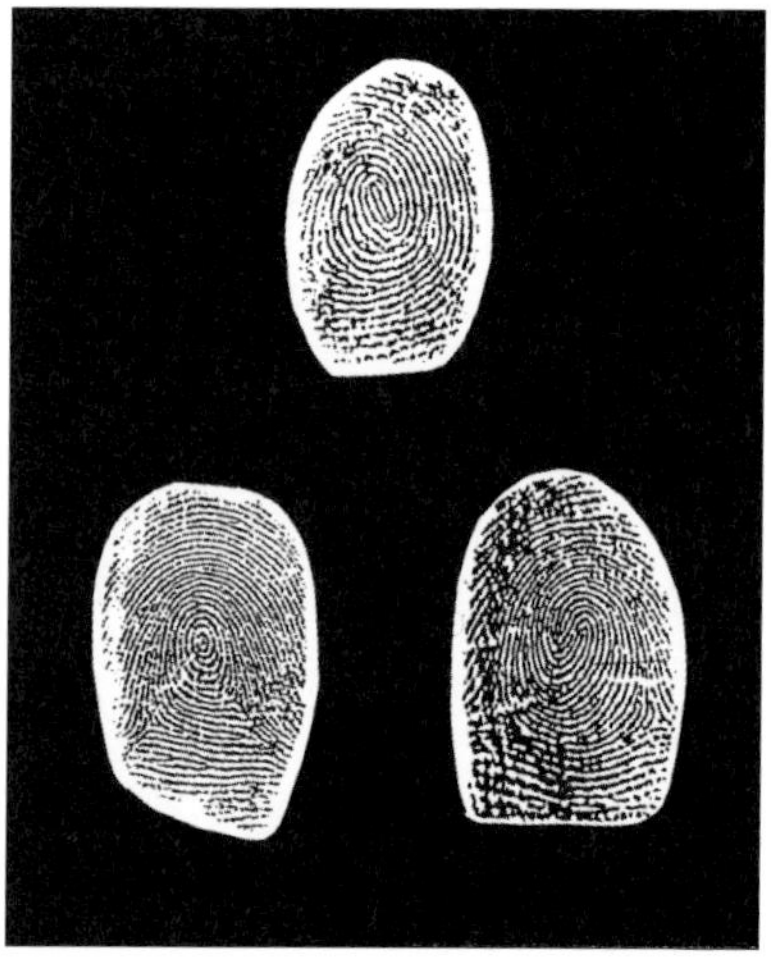
「渦巻き型」に属する三つの指紋。上が純渦状紋、下左が環状紋、下右が双胎蹄状紋。

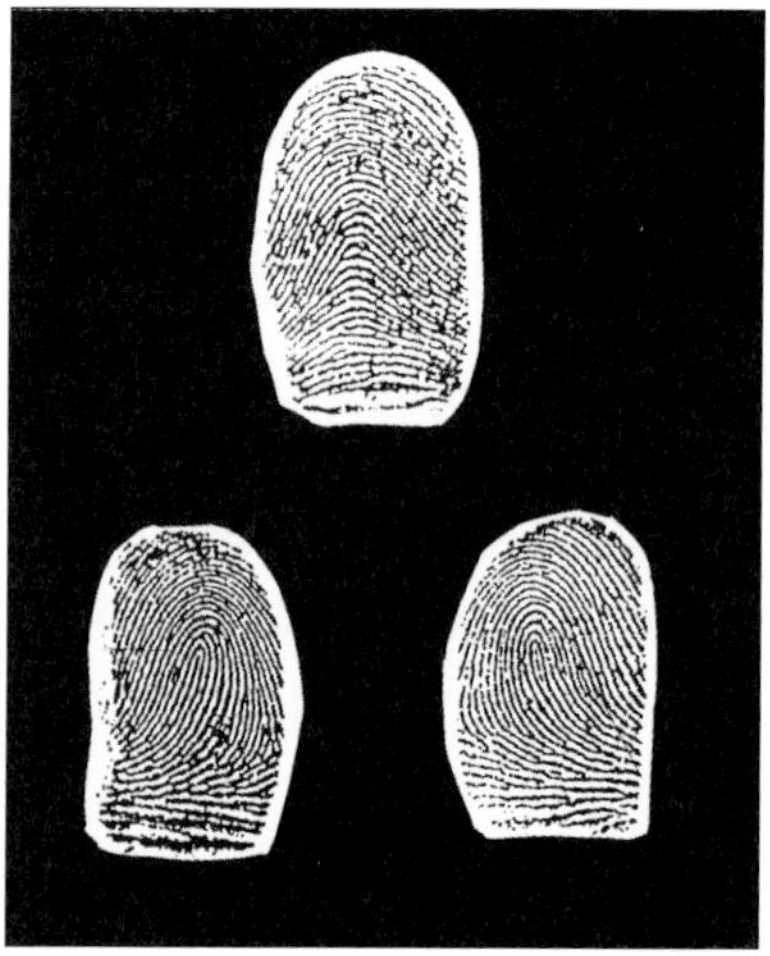
「流れ型」に属する三つの指紋。上が普通弓状紋、下左が乙種蹄状紋、下右が甲種蹄状紋。

〈皆渦紋〉

★五指すべて渦巻きの人は、自尊心が強く、勝ち気で物事を徹底的にやり通す性質を持ちます。早婚型ですが、後継者運は乏しいようです。社会的な地位や名誉は得られても人気運や商売運は乏しい相です。健康面では呼吸器や消化器に要注意。

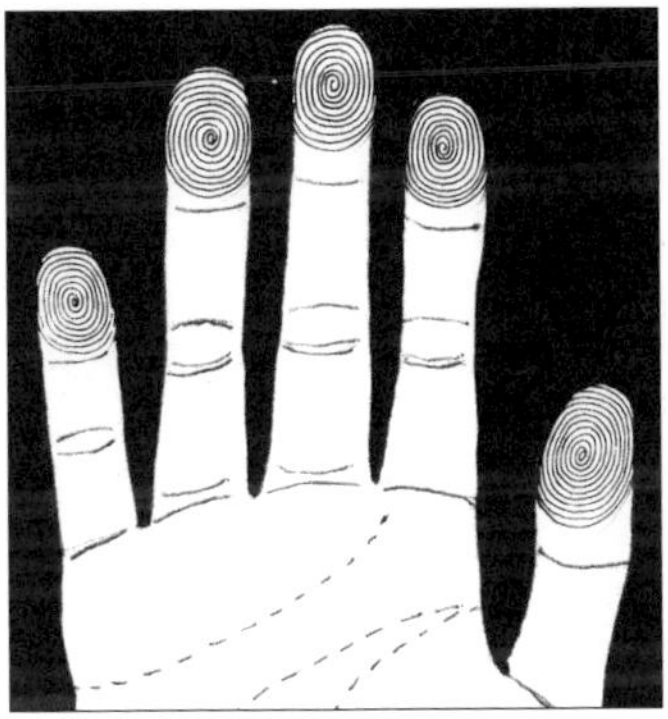

〈寵渦紋〉

★小指以外すべて渦巻きの人は、明るく社交性が豊かで細かなところに気が付く性質を持ちます。異性に甘く、恋愛対象が変化しすい相です。運勢は成功発展型だが晩年運が弱く、子供との縁が薄くなりがちです。健康面は呼吸器と泌尿器に注意。

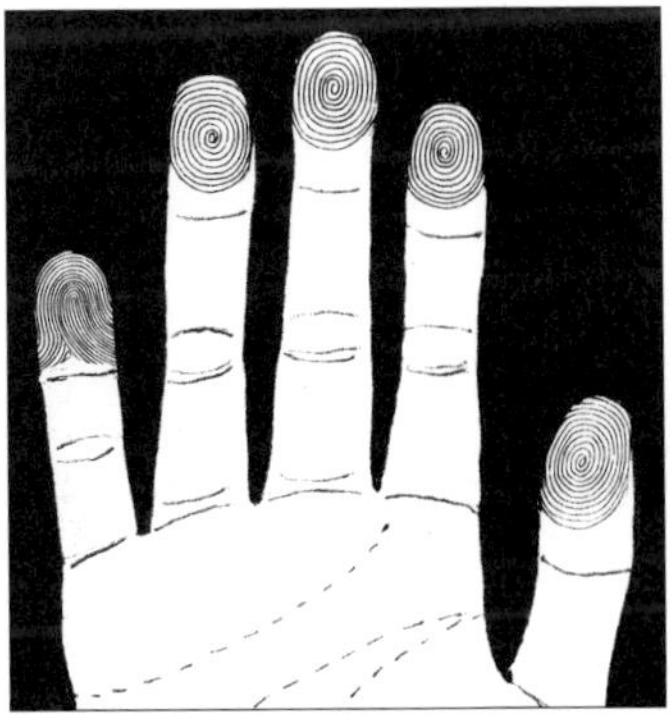

〈親幸紋〉

★薬指以外すべて渦巻きの人は、大人しく協調性があり、学問好きで誠実な性質を持ちます。人に同情して損失を招きやすい傾向があります。恋愛・結婚運は無難だが、曲がりくねった人生を歩みやすい相です。健康面では神経系の疾患に注意。

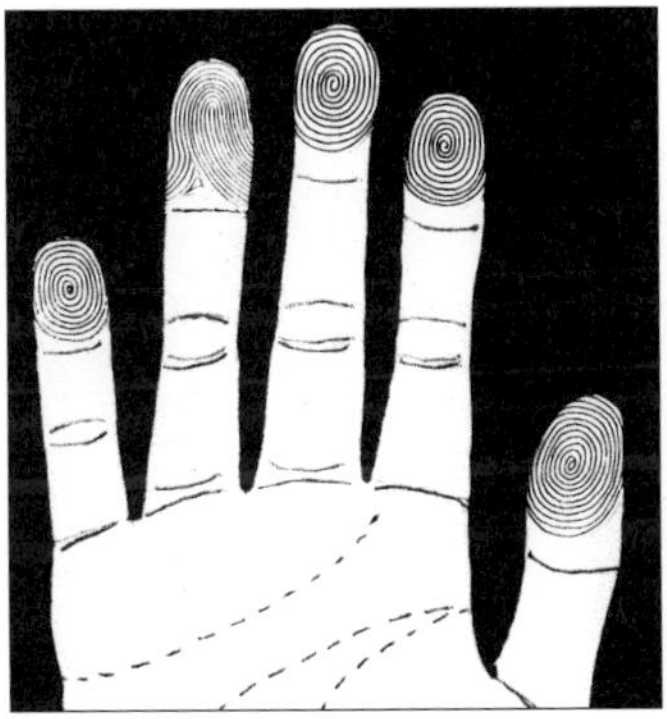

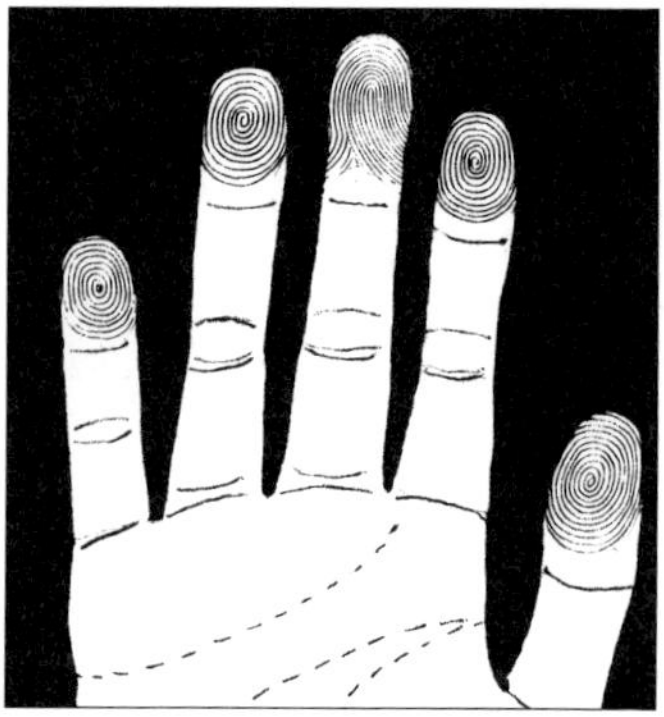

〈感通紋〉

★中指以外すべて渦巻きの人は、愛嬌に乏しいけれど温厚篤実で几帳面な性質を持ちます。誠意があり周囲から尊敬されて社会的地位を得ます。専門分野で成功しやすいが、路上でのトラブルに注意が必要です。健康面は心臓・眼・歯の病に要注意。

〈照満紋〉

★人差し指以外すべて渦巻きの人は、情愛細やかだが感情の起伏が激しく移り気な性質を持ちます。元気で行動力があり社会的には成功します。敵を作りやすいのが欠点で、他人を非難しすぎないことが大切です。健康面は熱病や循環器係に注意。

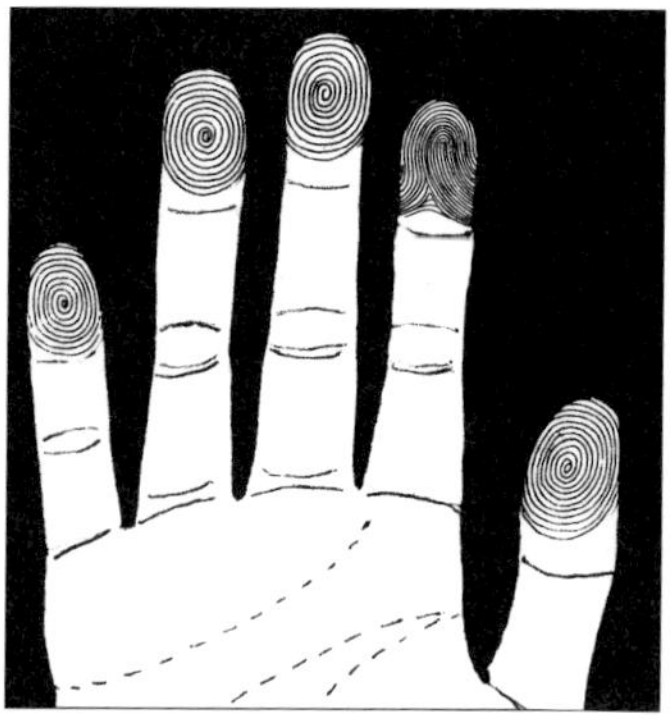

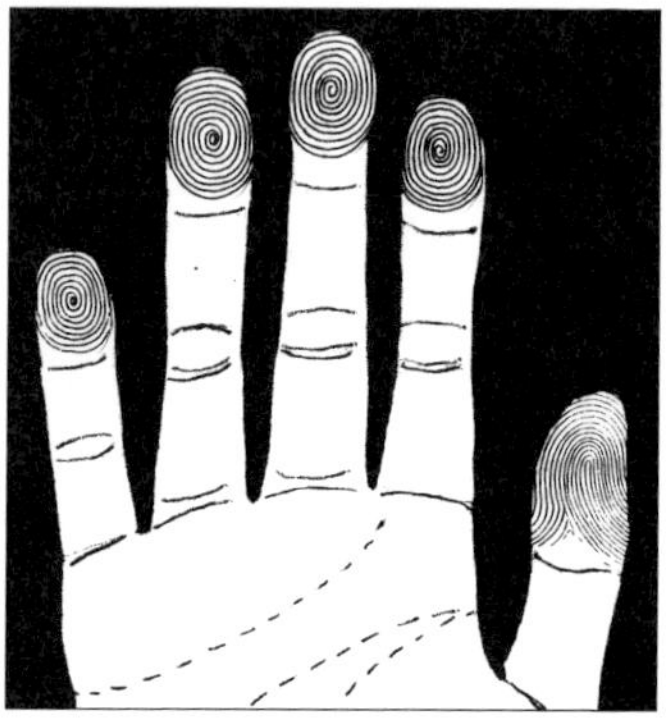

〈性急紋〉

★親指以外すべて渦巻きの人は、勝ち気で義侠心に富み人の面倒をよく見る性質を持ちます。家系的にリーダー型の生き方が多いようです。性急ですが度胸と熱意があるので困難な仕事でも成功へと導くようです。健康面では頭部と事故に注意。

〈不定紋〉

★薬指・小指以外が渦巻きの人は、自己反省心が強く何かの目標に向かって突き進む性質を持ちます。世渡りが下手で融通も利かないが、粘り強くて成功を掴みます。実力はあっても復讐心が強い弱点があります。健康面では突発的な事故に注意。

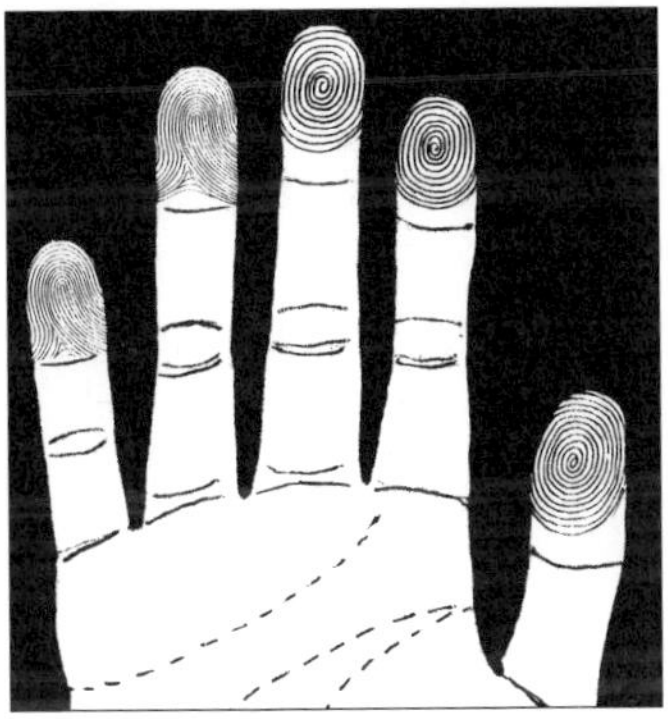

〈雷鳴紋〉

★中指・薬指以外が渦巻きの人は、束縛を嫌い自由を愛して華やかに飛び回る性質を持ちます。恋愛志向が強く、人一倍愛情の欲求が強い相です。運勢は接客分野や異性相手の仕事が良く経済的に恵まれるようです。健康面では気管支と心臓に注意。

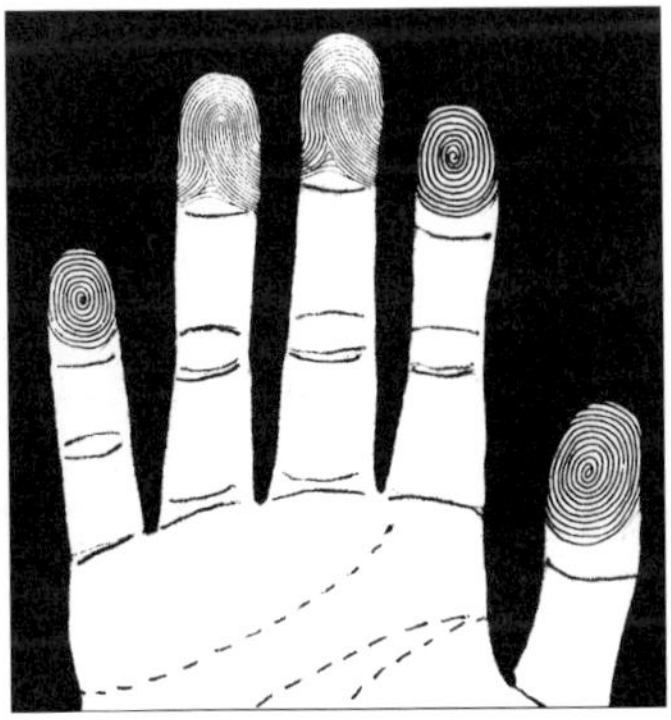

〈潜龍紋〉

★人差し指・中指以外が渦巻きの人は、親しみやすく情愛も豊かだが、ややお節介な性質を持ちます。経済観念が乏しく大盤振る舞いで金運は波乱気味です。何かの専門的な研究方面、或いは神秘的分野は成功します。健康面は胃腸病と狭心症に注意。

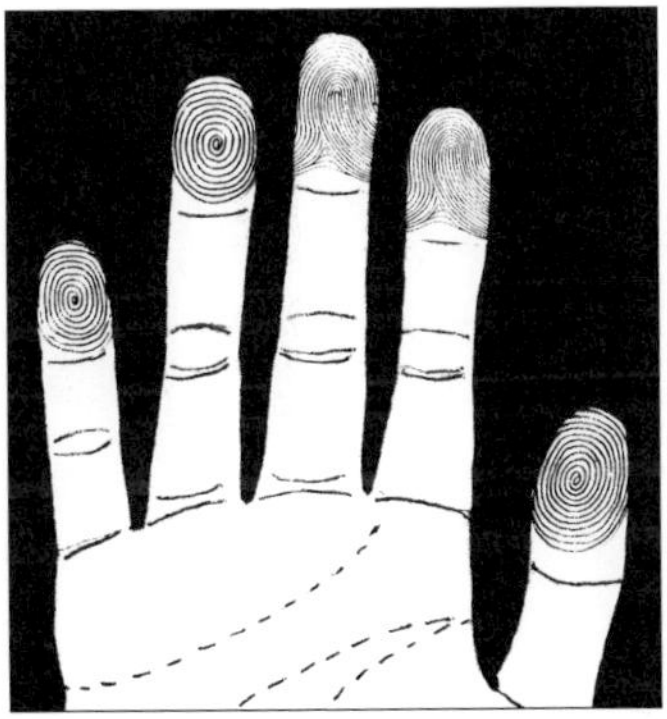

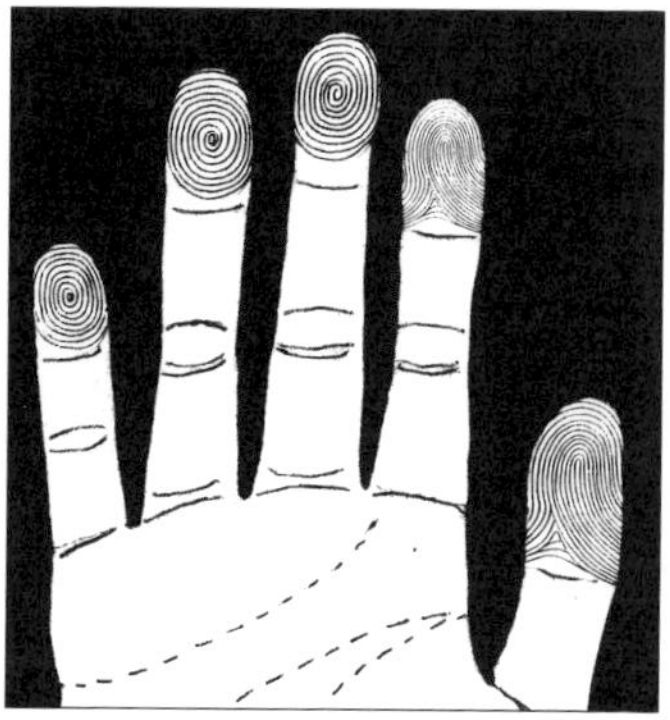

〈暢和紋〉

★親指・人差し指以外が渦巻きの人は、感情に走りやすい点はあるが誠実で志が高い性質を持ちます。一匹狼型で孤軍奮闘して成功を掴みます。親の縁薄い傾向を持っていますが、財運は恵まれるのが特徴です。健康面は狭心症と胃痙攣に注意。

〈三光紋〉

★親指・小指以外が渦巻きの人は、理想家だが現実を忘れがちで直情的に物事に突進する性質を持ちます。自由奔放で無軌道な面があるが宗教心は強いようです。故郷に縁なく異性関係は華やかな人生です。健康面では心臓、脊柱、泌尿器に注意。

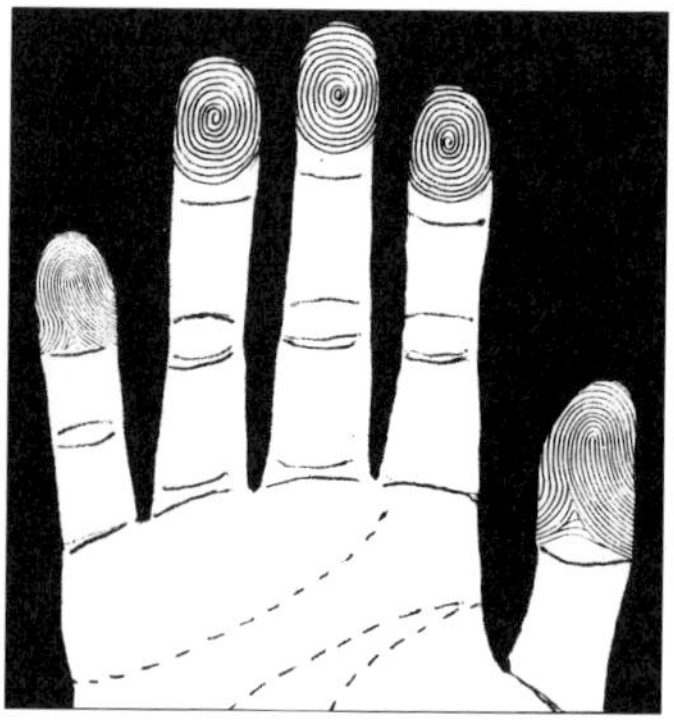

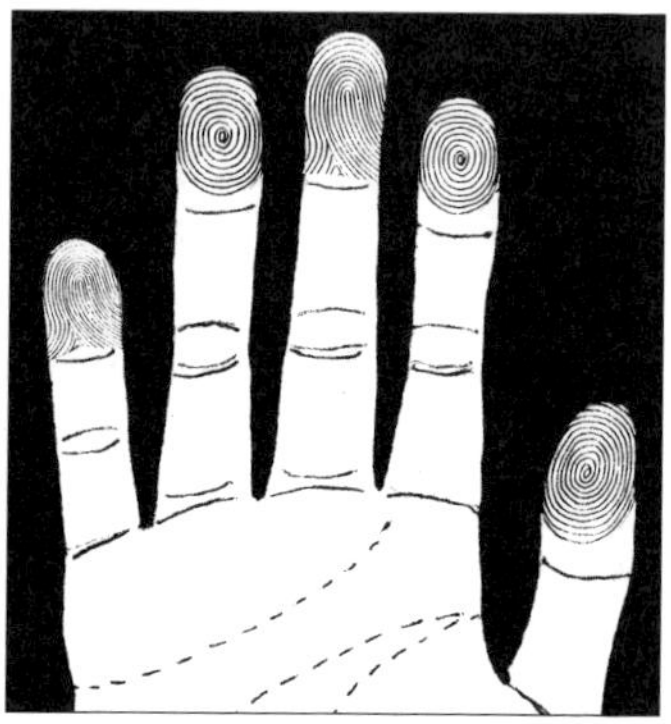

〈散解紋〉

★中指・小指以外が渦巻きの人は、適応能力が高く几帳面でテキパキと物事に当たる性質を持ちます。住居や職場に安定を欠いているが幅広い分野で成功できます。養子の家系で子供との縁は乏しいようです。健康面は胃腸、高血圧、糖尿病に注意。

〈三鼎紋〉

★人差し指・小指以外が渦巻きの人は、人情味と指導力があり、まとめ役として優れた性質を持ちます。接客や商売より、固い企業や技術系の仕事が向いています。親子の縁が強く、晩年は子供が世話してくれそう。健康面では若干呼吸器系に注意。

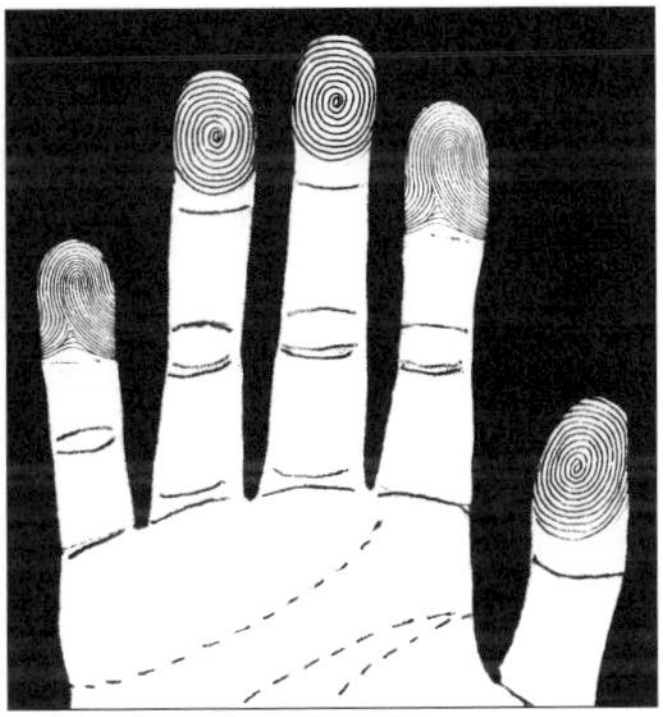

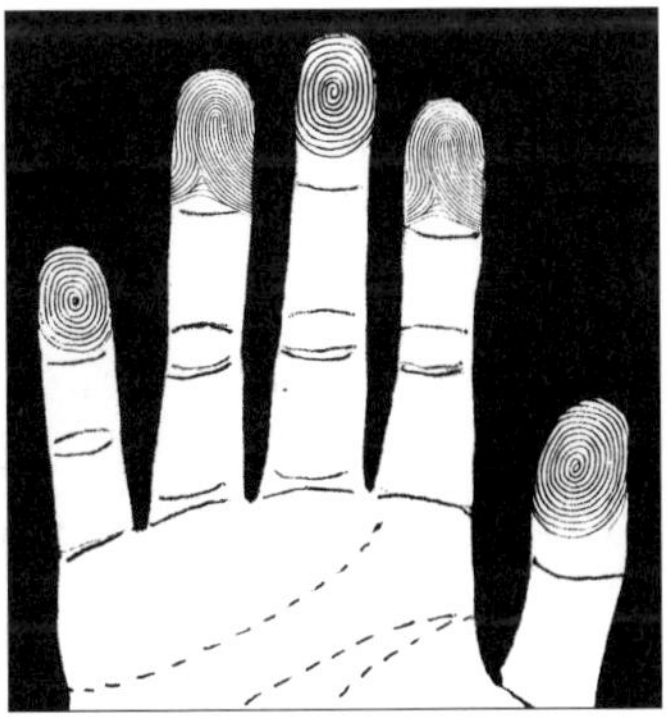

〈善果紋〉

★人差し指・薬指以外が渦巻きの人は、派手好きな一面もありますが、温厚で控えめな性質を持ちます。周囲を気にして迷いやすく物事の決断が苦手です。虚栄心に踊らされ無理をしなければ運勢は悪くありません。健康面は神経系、食中毒に注意。

〈後栄紋〉

★親指・薬指以外が渦巻きの人は、独立心が強く環境からの束縛を嫌って荒野を目指す性質を持ちます。表面上はのんびりしているように見えます。運勢的には中年以降になって真価を発揮するのが特徴です。健康面では神経系と酸性過多に注意。

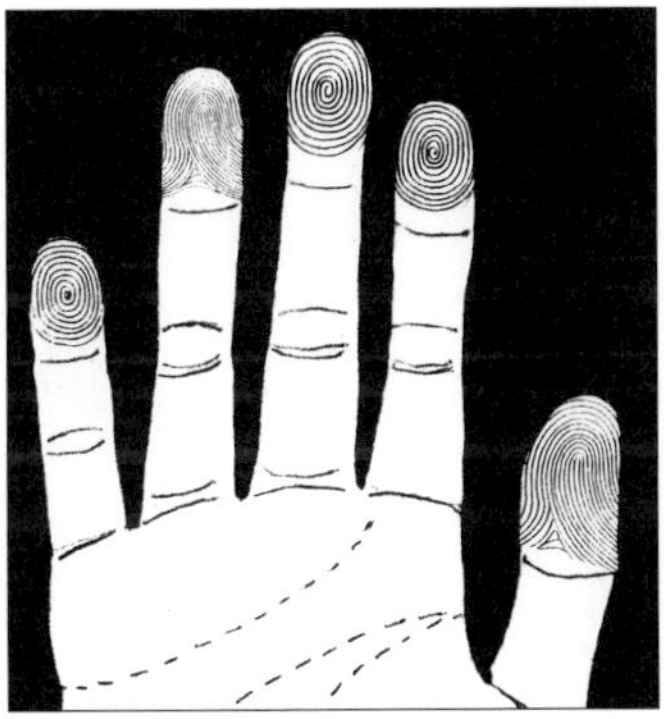

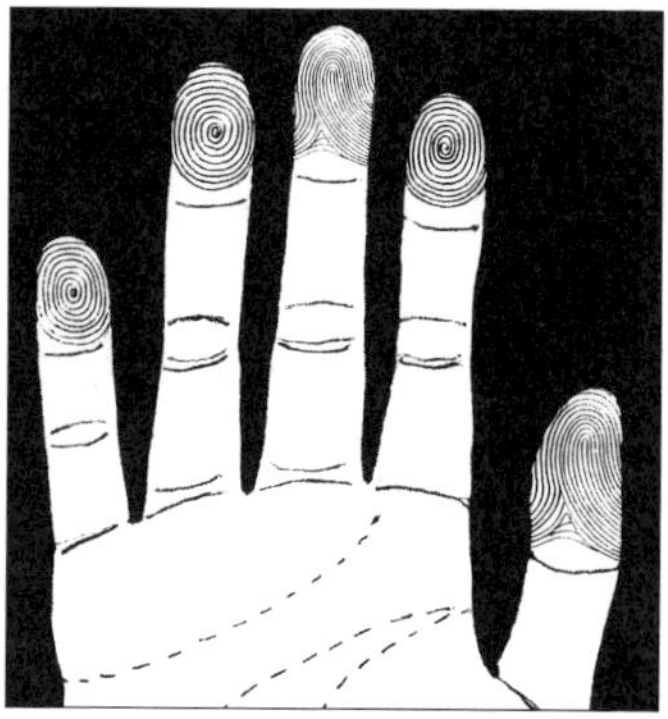

〈万慎紋〉

★親指・中指以外が渦巻きの人は、本質的に楽天家ですが、気が変わりやすく所有欲が強い性質を持ちます。幼少期に変化の多い生活を体験します。美的感覚が鋭く恋愛面でトラブルが生じやすいようです。健康面では寒さに弱く耳と血圧に注意。

〈風地紋〉

★親指・人差し指だけが渦巻きの人は、信仰心と名誉心が強く必要あれば雄弁となる性質を持ちます。気難しい一面もありオシャレセンスを持っています。社会的に成功しても派手な生活をして財は残しません。健康面は肝臓、腎臓、精力減退に注意。

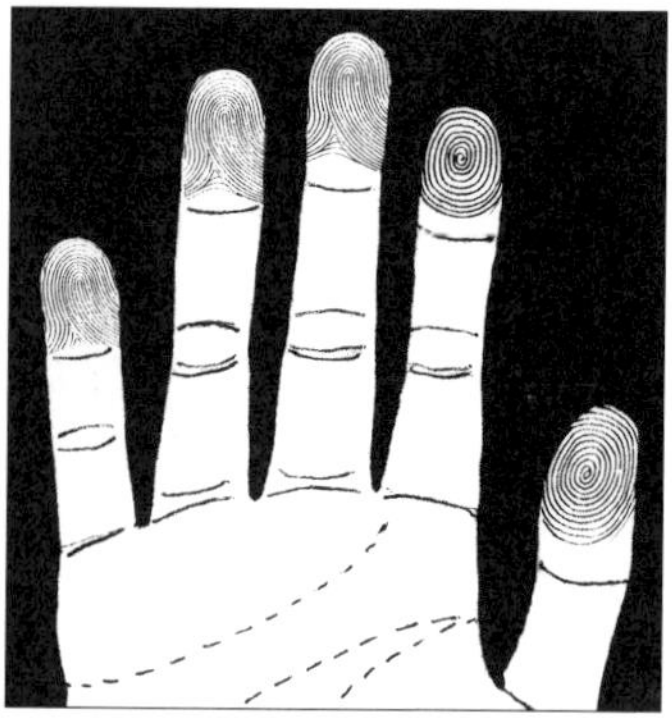

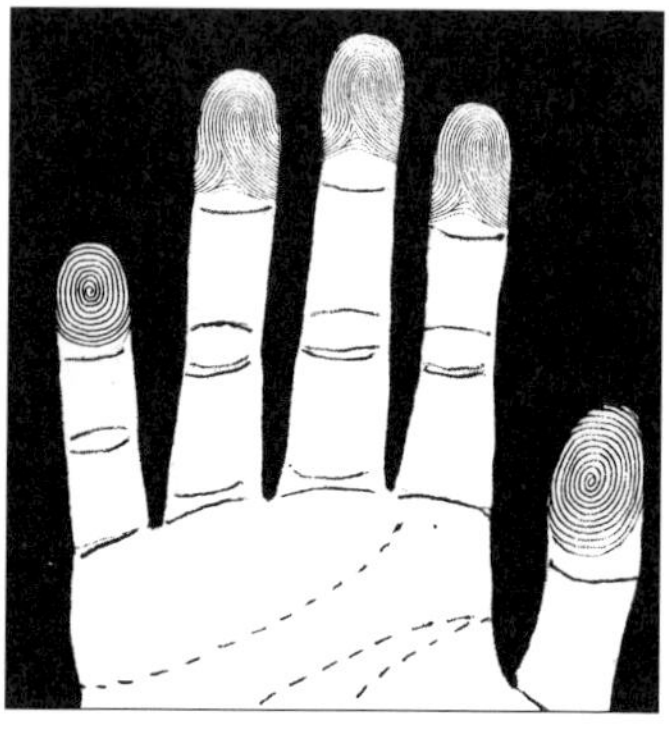

〈速随紋〉

★親指と小指だけが渦巻きの人は、陰ひなたなく黙々と努力します。温厚で面倒見の良い性質を持ちます。勤勉で研究心も強いが独創力には欠けています。地元にUターン型の人生となりやすい運命を持っています。健康面では胃腸病、糖尿病に注意。

〈済喜紋〉

★薬指・小指だけが渦巻きの人は、人当たりが柔らかで要領が良く引立てを受けやすい性質を持ちます。医療関係で才能を発揮しやすいようです。家庭運も良く移動変化を伴う中で成功を掴んでいく人生です。健康面では皮膚病や循環器に注意。

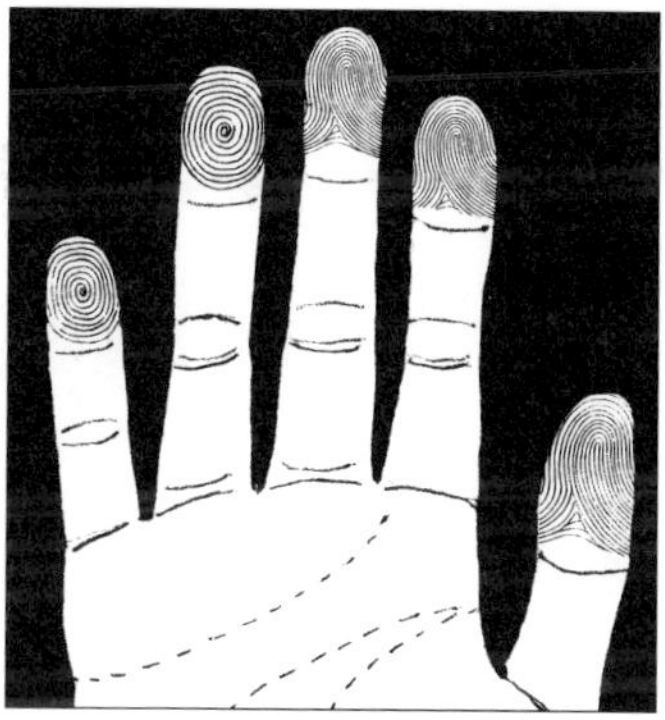

〈雁連紋〉

★中指・薬指だけが渦巻きの人は、深情け型で面倒見が良く、主義主張がハッキリとした性質を持ちます。恋愛では貢ぎ型となりやすいようです。指導力もあり長命ですが家庭的には問題を抱えやすい運命です。健康面は神経系疾患と風邪に注意。

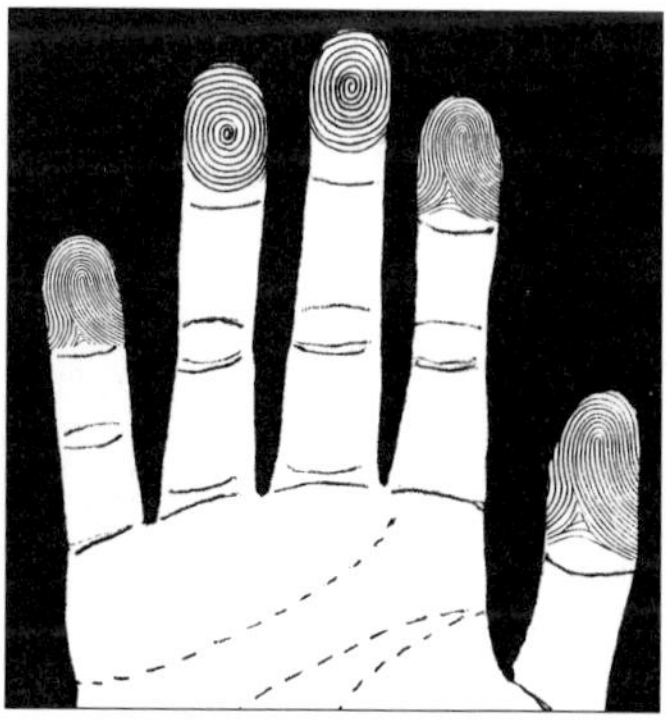

〈人和紋〉

★人差し指・中指だけが渦巻きの人は、常識派で用心深く周囲への配慮を常に忘れない性質を持ちます。計画的に物事を進め、どのような状況でも落ち着いて対処します。男女とも資産家と結ばれる運命です。健康面は伝染病とリウマチに注意。

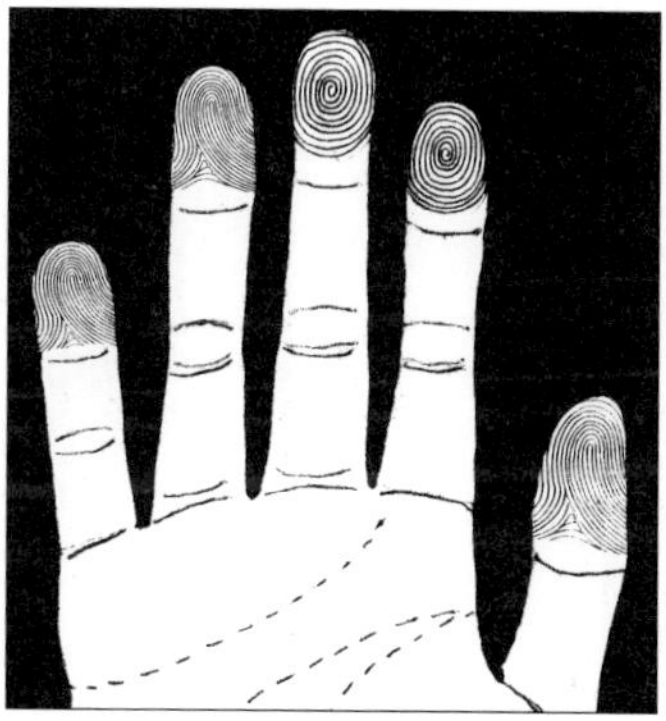

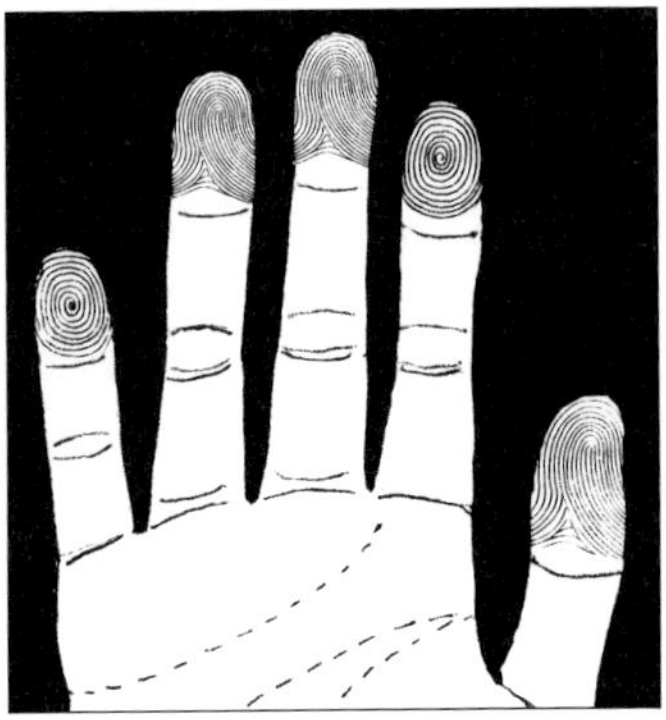

〈集遅紋〉

★人差し指・小指だけが渦巻きの人は、親切で忍耐強く人が善く争い事を好まない性質を持ちます。母親から愛されて育つようです。中年に苦労をしやすく、それを乗り越えた後チャンスに恵まれるようになります。健康面では脳と消化器系に注意。

〈残花紋〉

★中指・小指だけが渦巻きの人は、表面上は華やかに振る舞うが内面は孤独な心情の持ち主です。私生活上で問題を抱えやすく、海外との縁が深い運命です。仕事で一発勝負を掛けることが多いのも特徴です。健康面では急性肺炎やチフスに要注意。

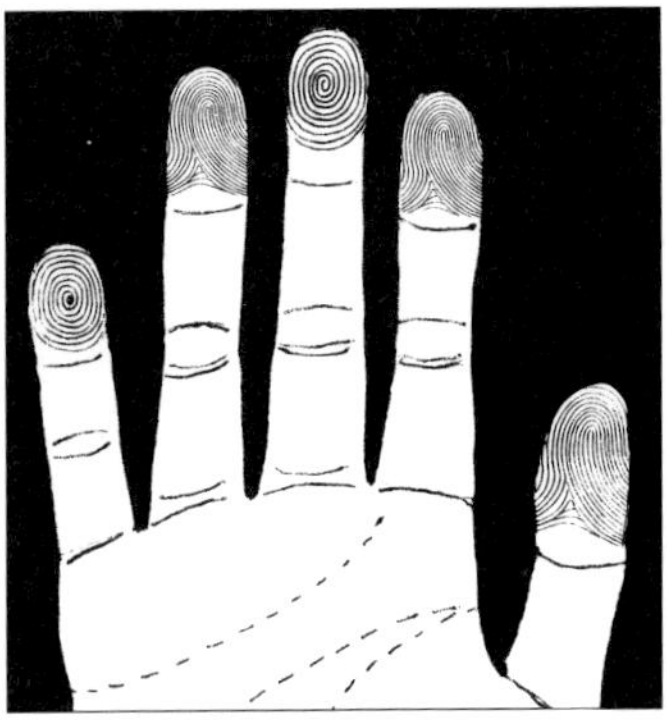

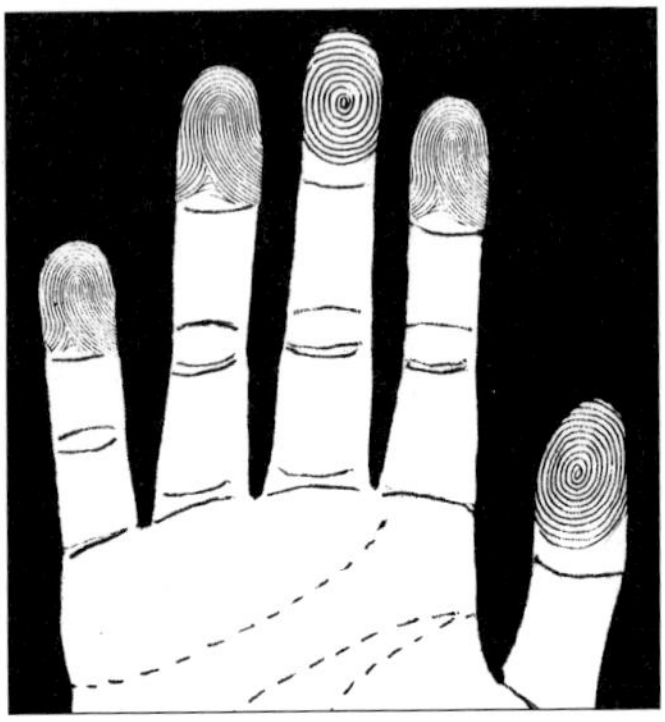

〈旅意紋〉

★親指・中指だけが渦巻きの人は、裏方的な分野で才能を発揮し、器用で融通が利く性質を持ちます。仕事や立場を変えやすく、結婚も一度で済まない傾向を持っています。晩年孤独な生活となりやすいようです。健康面では胃腸が弱く、事故に注意。

〈常守紋〉

★親指・薬指だけが渦巻きの人は、慎重で潔癖感が強く、気迷い多く物事に凝りやすい性質を持ちます。やや頑固で偏屈な面もあり、地元で成功を掴みにくいようです。好き嫌いの激しさが困難を呼び込みます。健康面では腰痛と呼吸器系に注意。

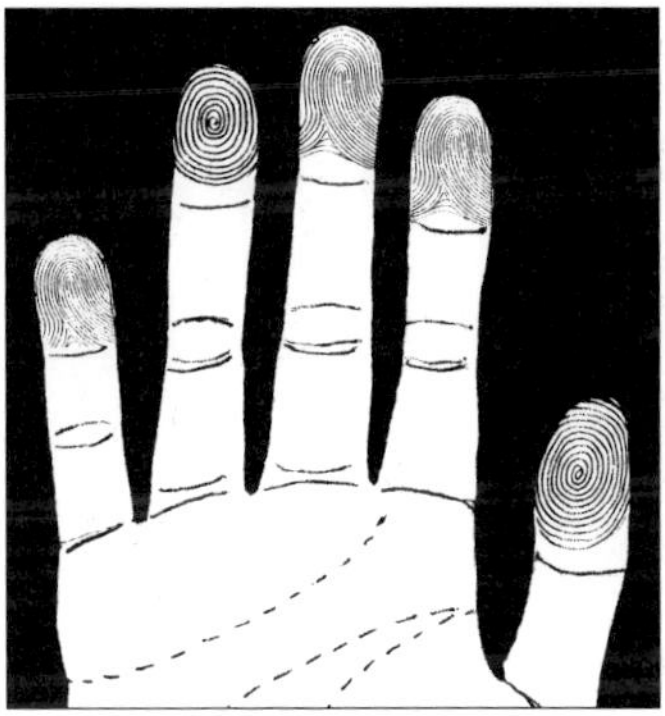

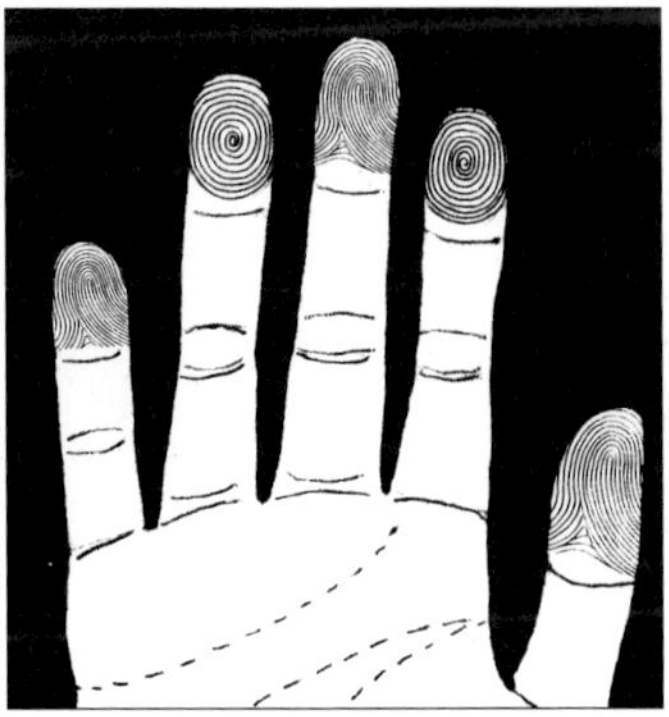

〈信祈紋〉

★人差し指・薬指だけが渦巻きの人は、敏感で気苦労多く、世渡りが下手でこだわり強い性質を持ちます。親子・親戚間で反目しやすいようです。研究心強く一つのものに打ち込むと、たぐい稀な才能を発揮します。健康面では耳鼻咽喉疾患に注意。

〈漸吉紋〉

★小指だけが渦巻きの人は、周りに対しての配慮を忘れず、社交性豊かで話術巧みな性質を持ちます。芸術品を扱う商売や不動産事業に向いた素質があります。子供に先立たれやすい運命を持っているようです。健康面では脚気や婦人科に注意。

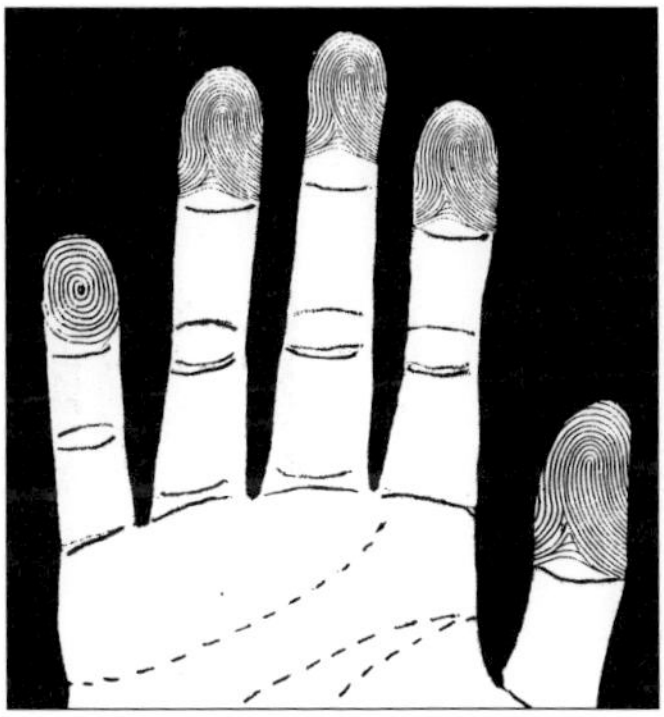

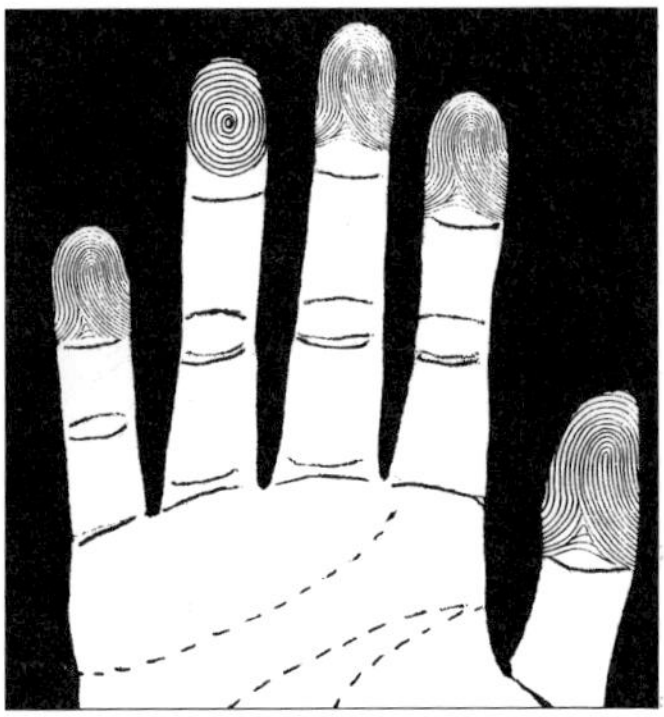

〈威徳紋〉

★薬指だけが渦巻きの人は、慎重で警戒心が強く、負けず嫌いで正義感強く律儀な性質を持ちます。無駄を嫌い技術面で優秀な素質の持ち主です。結婚は恋愛より見合いや紹介からの方が幸福になれるようです。健康面では神経痛と中風に注意。

〈兵器紋〉

★中指だけが渦巻きの人は、理想を追い求めて信仰心が強く、周囲から孤立しやすい性質を持ちます。物事に熱心で仕事上では大いに成果を得ます。身内の縁薄く途切れがちで愛情関係は変化しやすい運勢です。健康面では胃腸と神経系に注意。

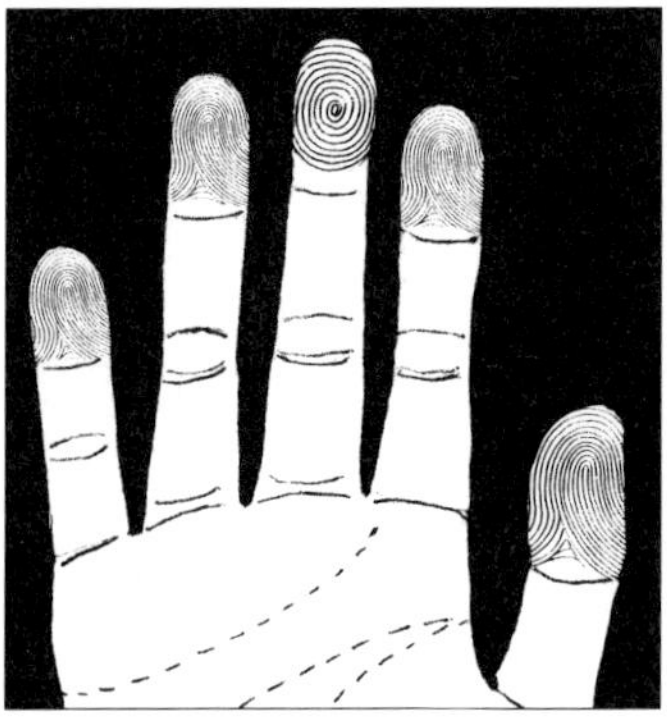

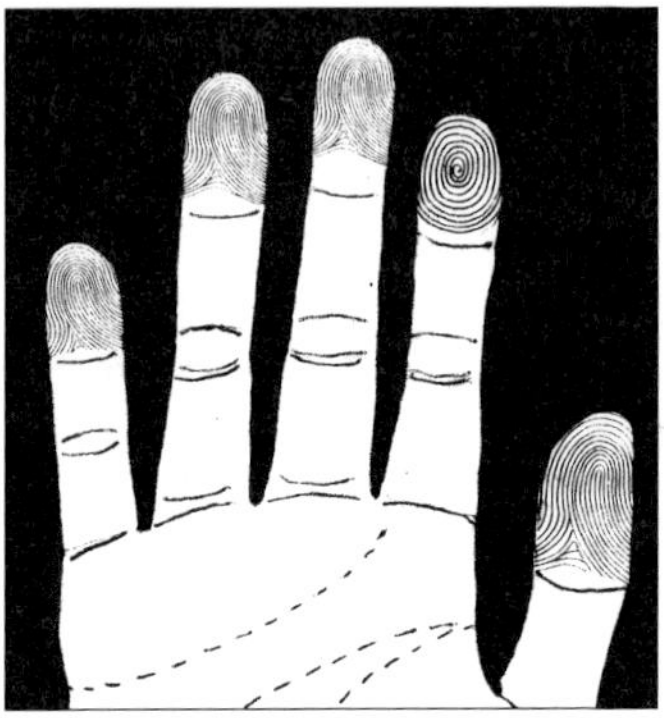

〈虎遊紋〉

★人差し指だけが渦巻きの人は、自主性と積極性があり、誰でも気安く話し掛け、如才ない性質を持ちます。地元に留まると出世できない運勢です。人気運と部下運を持っていて、どのような分野でも成功します。健康面は呼吸器と便秘に注意。

〈後盛紋〉

★親指だけが渦巻きの人は、正直で独創力があり、孤軍奮闘して逆境に立ち向かっていく性質を持ちます。家系的影響を受けやすい人生です。成功しても何度か振出しに戻りやすい運命を背負わされているようです。健康面は糖尿病と痔に注意。

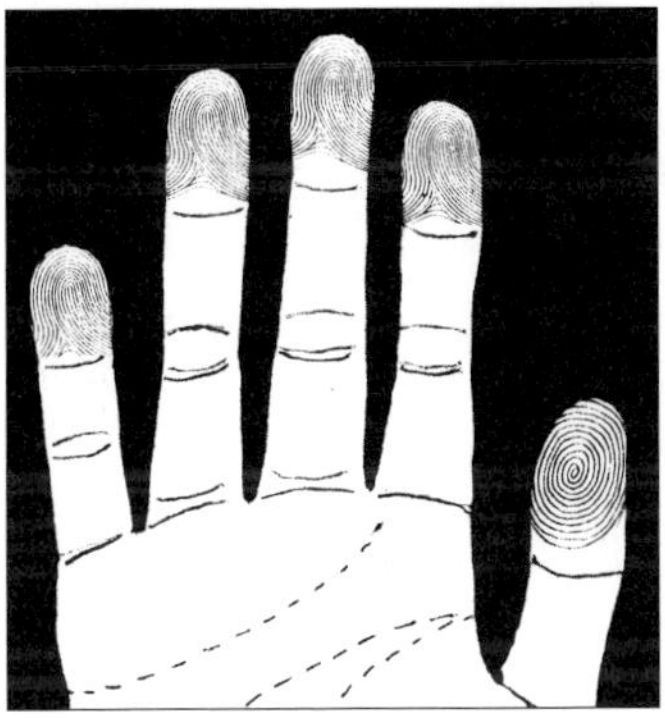

〈皆流紋〉

★五指とも渦巻きがない人は、穏やかで常識を備え協調性もあり環境に順応しやすい性質を持ちます。地元より未知の所に活躍の場を求める方が成功します。組織の中で無理をせず徐々に頭角を現していく人生です。健康面では慢性疾患に注意。

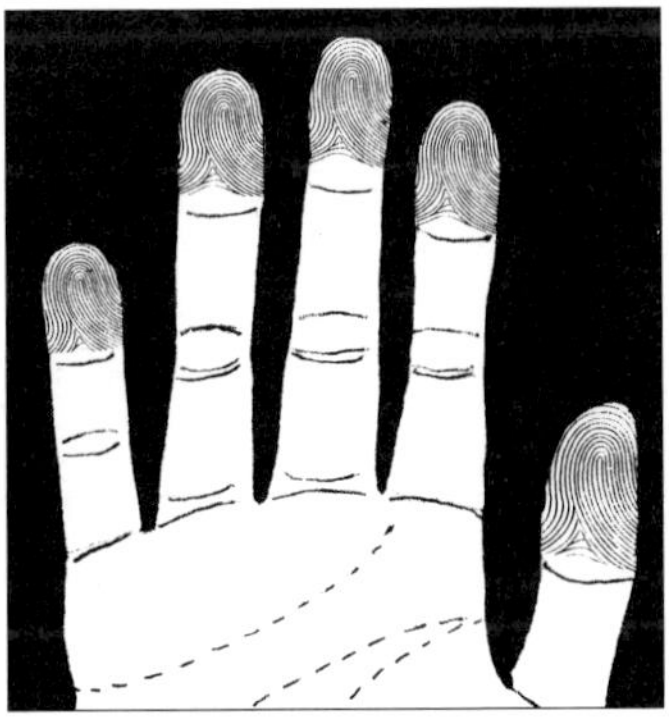

■主要参考文献一覧

『手相血色法（上・下）』原著者不明　写本
『手相独稽古』原著者不明　写本
『手相観法秘訣』岡嶋一爐　正美舘
『手相即座考（上・下）』蘆塚齋　文政堂
『相法示蒙解』俣野景忠　正美舘
『南北相法早見』水野南北　文光堂
『神相全篇正義』陳希夷　文林堂
『相法玉振録』菅沼梅荘　写本
『神相極秘詳解』栗坂年春　公道観相學會
『相法類編』五獄道人　松山堂
『人相手相墨色指南』博多桃紅　大島屋
『人相手相五體相學図解』柄澤照覺　神誠館
『手相學』小西久遠　日東堂
『手相の神秘』永鳥眞雄　実業之日本社
『神秘・手相と運命』阪井末雄　近代文藝社
『手相講義録』鈴木亨齋　言海書房
『手相吉凶大全』岡田泰山　大洋社
『手相新解』西勝造　実業之日本社
『手相現象秘録』中村文聰　悠久書閣
『新しい手相の研究』大和田斎眼　清教社
『手相の実相』出雲又太郎　村田松栄舘
『手相の解説』三輪祐嗣　コピー本
『手相と運命』松原宏整　奥山書房
『手相術実践集』尾栄大寛　日光堂書店
『手相の神秘百ヶ相』田畑大有　教材社
『手相学詳解』伊東通象　神宮館
『手相の総集』門脇尚平　明治書院
『新しい手相術』田中玲香　日本文芸社
『手相で病気を早期発見』直塚松子　講談社
『占い推理帖　手相篇』高木彬光　文藝春秋新社
『ズバリ手相術』石川浩司　池田書店
『霊感手相占い』小川遊石　金園社

あとがき

今から二十三、四年も前に、それまでの手相研究の総まとめとして『実際手相鑑定密義』という専門書を、自費出版という形を借りて世に問いました。私の処女出版でもあったこの本は五千円という高額で、何軒かの「占い専門書店」のみで販売された本ですが、予想以上に好評で、初版すべてを売り切った後に絶版としましたが、その後も「入手したい」というメールや電話を多数の方達から頂きました。

ただ、その後は新たな手相の本を一冊にまとめる機会がなく、西洋占星術、風水術、易占術……そして昨年出版した『古代エジプト守護神占星術』と、同じ占い分野ではあっても、明らかに異なる占いの実占研究型の本を、種々な出版社から単行本化してきました。そういう意味では、今回、本当に久しぶりに処女出版とは〝異なった観点〟から、手相の本を書き上げることが出来ました。

占いの研究を十歳の時に「手相」から入っている私は、自分の〝原点〟となる占いが「手相」だという想いが強く、実占家として何十年という長い歳月を、この占いと共に歩んできたことになります。

単行本化はされていませんが、実は数年前まで『占い堂』という地方雑誌の中で、毎年、手相の観方に関しては様々な形で発表してきました。通常の雑誌では扱わない独自な観方や研究なども紹介したものです。

今回の本は、そういった私の過去の専門書や雑誌でも一度も扱ったことのない「和式手相術」に真正面から取り組んだ内容で、現代の手相書としては世界中見渡しても〝類似本を発見できない内容〟となっています。しかも、なるべく実際の手相を使って証明したいという私の思いから、図解に関しても極力リアリティーが出せるよう工夫しました。

日本人である私が、やさしくわかりやすい〝日本人らしい手相術〟の観方を後進に伝承しておく、というある種の使命感に駆られて取り組んだのが本書の執筆です。正直、まだまだ未完成ですが、この本を起点として〝和式手相術〟が蘇り、「気血色」を始めとする和式手相の実占研究が広く普及していくことを願ってやみません。

■著者略歴

波木星龍（なみき　せいりゅう）

北海道・室蘭市生まれ。現在・札幌市在住。占術研究家。古代文明研究家。「正統占い教室」主宰。事業に失敗して北海道に逃れた父と、病身の母との間に生まれ、幼くして「人間の運命」に興味を抱く。15歳から本格的な占いの研究に入り、母親の“不慮の死”が転機となり、24歳からプロ占い師としてのスタートを切る。同時に「正統占い教室」もスタートさせた。その後､実占・研究の対象範囲を、手相、人相、西洋占星学、四柱推命、風水、周易、タロット、紫微斗数、墨色一の字判断、測字占法、エジプシャンオラクル、心易など、古今東西の占術にまで広げていった。WEB占いコンテンツでは、「前世からの約束」「緋糸秘占」「古代エジプト予言秘術」「わたしの宿命」「大人の恋占い」「波木星龍占い大全」などを監修。ライブドア・ブログ「この一言で救われる」では、毎日のように話題となっている“注目の人物たち”をホロスコープや四柱推命式で占い、その予言を手短に公開している。

著書に『全身観相術の神秘』『新装版 四柱推命の謎と真実』『実際手相鑑定密義』『神占開運暦2016』『この占いがすごい！ 2017~2018年版』（以上、八幡書店刊）、『占星学秘密教本』『心易占い開運秘法』『波木流風水・幸運の法則』『古代エジプト守護神占星術』など。電子書籍に『運命の法則がわかる―幸せのヒント・秘伝メッセージ』『運命がわかる～「手相・人相」ワンポイント秘伝レッスン』『恋の「悩み・苦しみ」45の処方箋』『クフ王出現』『蒼い刻印』等多数。

URL：http://www.namikiseiryu.com　　E-mail：namiki@namikiseiryu.com

TEL：(011)231-3344

江戸《えど》JAPAN《ジャパン》極秘《ごくひ》手相術《てそうじゅつ》

2014年4月21日　初版 第1刷発行

2023年2月15日　初版 第4刷発行

著　者　波木星龍

発行者　堀本敏雄

発　行　八幡書店

東京都品川区平塚2-1-16 KKビル5F

TEL：03-3785-0881　FAX：03-3785-0882

装　幀　勝木雄二

印　刷　平文社

製　本　難波製本

ISBN978-4-89350-736-5 C0076 ¥1800E

顔相・耳相・足裏相から乳房相・陰毛相まで

全身観相術の神秘

波木星龍＝著　B5判　並製

人体の細部に宿る運命予知の法則

定価8,800円（本体8,000円+税10%）

観相法は、一般的には「顔相」「手相」が中心ですが、実のところ、「頭骨相」「観額相」「眼球相」「五官相」「顔面紋理相」「黒子相」「神導線相」「掌紋相」「爪相」「乳房相」「陰毛相」「足裏相」「書相」など、さまざまな「相」及び、その観方が存在する。本書は、西洋・東洋の観相術にこだわらず、古伝・現代、いずれに偏ることなく、さらに、日本初公開の占術、秘伝として一般公開されてこなかった占術、波木先生独自のデータから発見したオリジナルな研究も含めて、先生の該博な知識・占断経験・各種データを集積した、恐ろしいほど内容の濃い一冊。

絶版実占手相秘書　遂に復刊！

本書は、著者自らの手書き本の復刻になります

実際手相鑑定密義

波木星龍＝著　A5判 並製

定価5,280円（本体4,800円+税10%）

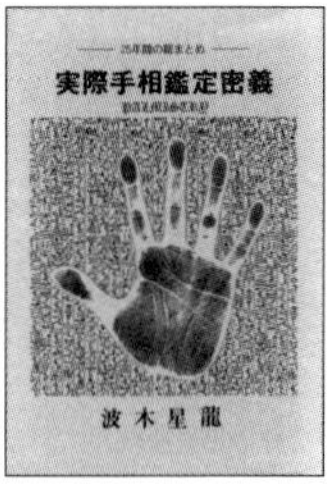

本書は、有名、無名を問わず多数の人物の手相をとりあげ、実際の人生軌跡に反映されているかを検証するのみならず、手相占いの通説への疑問や反証を展開、さらに著者独自の観方や判断の仕方を判りやすく興味深く解説した、実占手相の集大成ともいえる書である。著者自ら描いた実例・精密図解は実に280点余にものぼる。手相鑑定の要訣、秘伝をあますところなく披瀝し、実占のあらゆる局面に役立ち、かつ読者が観相眼を養うには格好のテキストである。

新装版 四柱推命の謎と真実

A5判 並製

波木星龍＝著　定価3,080円（本体2,800円+税10%）

本書は、通常の推命学書とは異なり、多数の史料を駆使してその根本原理から徹底的に見直し、一般に普及している「四柱推命」と呼ばれる占いが、本当はどのような組み立てを持ち、どこまで信じられるものなのか、謎や真実を提起しながら考えていく内容となっており、さらに西洋占星学からその原理の多くを借用して成立している事実をも解き明かしている。また、中国占術の予備知識がない方でも、ミステリーを読み解くように、わくわくしながら四柱推命を学んでいける内容になっているので、どなたにもお薦め。